근대 대중가요의 지속과 변모

저자

장유정(張攸汀, Zhang, Eujeong)은 현 단국대학교 교수이다. 2004년 서울대학교 대학원 국어국문학과에서 「일제강점기 한국 대중가요 연구－유성기음반 자료를 중심으로」라는 논문으로 박사학위를 취득하였다. 저서로 『오빠는 풍각쟁이야－대중가요로 본 근대의 풍경』(민음in, 2006), 『다방과 카페, 모던보이의 아지트』(살림, 2008), 『대중음악의 이해』(공저, 한울아카데미, 2012) 등이 있고, 대중음악과 대중문화 관련 논문을 다수 내었다. 2009년 인천문화재단이 주최한 '플랫폼문화비평상' 음악 부문상을 수상한 후 대중음악 평론을 시작했으며, 2011년에는 임상음악전문가 준2급 자격증(한국음악치료학회)을 취득하였다. 아울러 2012년에 《근대가요 다시 부르기》 디지털 싱글 1에서 5까지를 제작하고 노래하였다.

근대 대중가요의 지속과 변모

초판인쇄 2012년 12월 15일 **초판발행** 2012년 12월 25일
지은이 장유정 **펴낸이** 박성모 **펴낸곳** 소명출판 **출판등록** 제13-522호
주소 서울시 서초구 서초동 1621-18 란빌딩 1층
전화 02-585-7840 **팩스** 02-585-7848 **전자우편** somyong@korea.com **홈페이지** www.somyong.co.kr

값 29,000원
ISBN 978-89-5626-808-8 93670

근대 대중가요의 지속과 변모

The Continuation and Alteration of Korean Modern Popular Songs

장유정

소명출판

일러두기

1. 인용문과 노래 가사 등은 원문대로 표기하고 띄어쓰기만 적용하여 독자들의 가독성(可讀性)을 높였다.
2. 음반 서지 사항은 제목, 작사자, 작곡자, 가수, 음반회사(음반 번호), 발매 연도의 순으로 적었다.
3. 각 장의 제목에서 원 논문이 수록된 출처를 밝혔다.

책머리에

2002년도였습니다. 모 학술대회에서 '트로트'를 주제로 발표했던 해가. 그때 저는 몇 가지 기준을 들어 트로트의 정체성을 밝히고, 기존의 민요와 비교해서 트로트가 민요를 계승하거나 변모시킨 요소가 무엇인지를 발표했었습니다. 이는 그때까지 기존 학계에서 트로트를 바라보던 시각과는 완전히 다른 것이었습니다. 발표가 끝나고 정작 제 발표의 지정 토론자는 괜찮았는데, 다른 발표의 지정 토론자와 사회자까지 들고일어나는 분위기였습니다.

하지만 그분들의 이야기를 가만히 들어 보면, 이성이 아닌 감정이 앞선다는 느낌을 지울 수 없었습니다. 한마디로 이성이 개입할 여지가 없이, "어떻게 트로트를……." 정도의 감상적 비난 정도로 여겨졌던 것이죠. 논쟁이 오가면서 시간은 흘렀고 결론을 내지 못한 채, "저녁 먹는 시간에 심도 있는 논의를 하자"는 식으로 마무리했던 기억이 납니다. 비록 당시 학술대회의 분위기는 제 발표를 받아들이지 않는 듯하였으나, 저는 그 당시 '이 정도라면 해볼 만하다'는 용기를 얻었습니다. 왜냐하면 관념과 감정에 맞서 실체와 이성으로 대응할 자신이 있었기 때문이죠.

그때부터 자료와의 지난한 씨름이 시작되었습니다. 당시의 음원, 음반 가사지, 신문, 잡지 등을 수집하고 정리하고 분석하면서 광복 이전 대중가요를 거시적이고도 미시적으로 바라볼 수 있는 시각을 지니기 위해 노력했습니다. 맨 처음에는 도저히 맞출 수 없는, 만 조각 이상의 퍼즐을 앞에 놓고 있는 것처럼 깜깜하기만 했던 것도 사실입니다. 종종 제가 완전히 이상한 퍼즐 조각들을 앞에 놓고 있는 것은 아닌지 의심이 들었던 적도 있습니다. 하지만 논문을 한편 한편 완성하고 그 논문들이 하나 둘 모이면서 제 자신의 예상이 틀린 것이 아님을 확인할 수 있었습니다.

약 10년 동안 쓴 논문들을 모아서 이제 두 권의 책으로 내게 되었습니다. 처음에는 한 권으로 묶으려 했으나 한 권으로 묶기에는 분량이 생각보다 많았습니다. 그래서 『근대 대중가요의 지속과 변모』와 『근대 대중가요의 매체와 문화』라는 두 권의 책으로 내게 된 것입니다. 그간, 저는 근대 대중가요뿐만 아니라 광복 이후부터 현대의 대중가요에 이르기까지 제법 많은 분량의 논문을 썼습니다. 하지만 이번에는 근대 대중가요에 대한 10년 공부를 결산하겠다는 마음으로 근대 대중가요 관련 논문들만 모아 보았습니다.

총 3부로 이루어진 『근대 대중가요의 지속과 변모』는 근대 대중가요의 정체성 찾기와 갈래에 대한 천착을 목표로 합니다. 결국 대중가요에 대한 연구는 그 정체성을 찾는 것으로 나아가야 하고, 그러기 위해서는 이전 가요와의 연속성과 단절점을 찾는 방식으로 연구를 진행하는 것이 맞는다고 생각했습니다. 제1부 '근대 대중가요의 주체와 타자'에서는 근대 대중가요에서 문제가 되는 주체와 타자의 모습을 살펴보았습니다. 먼저 이 책의 서론 격에 해당하는 1장 「근대 대중음악과 일본이라는 타자」에서는 근대 대중가요에서 가장 논쟁이 되는 '이식'과 '왜색'의 문제를 짚어보았습니다. 이는 2008년도 비교문화연구소 학술대회 자료집에 실렸던 글에, 최근의 경향을 보완한 것입니다.

다음으로 2장 「일제강점기 대중가요에 나타난 가족의 양상」에서는 가족을 소재로 한 대중가요 가사를 살펴, 그 양상이 어떻게 나타나며

음악적 갈래에 따라 어떤 특징이 드러나는 지를 고찰하였습니다. 마지막으로 3장 「20세기 전반기 한국 대중가요와 디아스포라」에서는 광복 이전 대중가요에 나타나는 '디아스포라'의 양상을 살펴본 것입니다. 일제강점기에 만주와 간주 등지로 떠나야 했던 우리 민족의 모습을 대중가요를 통해 살펴보고, 비록 주체와 타자는 바뀌었으나 그것이 아직 끝나지 않은 노래임을 확인하였습니다.

제2부 '근대 대중가요와 갈래'에서는 광복 이전 대중가요의 대표적 갈래를 중심으로 그 구체적인 모습을 살펴본 것입니다. 1장 「갈래를 통해 본 20세기 초 한국가요의 전개 양상」은 대중가요를 포함한 20세기 전반기에 음반으로 발매된 모든 가요를 문학적으로 접근할 수 있는 한 방법을 제시한 시론(試論)으로써의 성격을 지닙니다. 2장 「한국 트로트의 정체성에 대한 일고찰」에서는 오늘날까지도 향유되는 트로트 75곡을 중심으로 트로트의 정체성을 살펴보고, 이것이 기존 민요와 같고 다른 점이 무엇인지를 고찰하였습니다. 3장 「1930년대 신민요에 대한 당대의 인식과 수용」에서는 당대의 사료를 토대로 1930년대 신민요의 위상과 의미를 살펴보고, 신민요에 적극적인 의미를 부여하고자 했습니다. 마지막으로 4장 「재즈송으로 본 20세기 전반기 서양 대중음악의 수용과 양상」에서는 서양 대중음악이 우리나라 대중음악에 끼친 영향을 '재즈송'을 통해 구체적으로 알아본 것입니다.

제3부 근대 대중가요와 전통가요에서는 구체적인 작품 군을 대상으로하여 이것이 대중가요에 어떻게 이어지고 단절되는지를 고찰한 것입니다. 1장 「대중매체의 출현과 〈수심가〉 텍스트의 변화 양상」에서는 '수심가'를 중심으로 기존의 수심가가 대중가요 수심가로 변모된 양상을 살펴보았습니다. 2장에서는 대중가요 아리랑의 구체적인 양상과 의미를 고찰했습니다. 이어서 3장 「20세기 전반기 〈방아타령〉계 노래

의 지속과 변모」에서는 〈방아타령〉 계로 지칭할 수 있는 노래들이 음반에 실리고 대중가요로 변모하면서 도출된 특징을 살펴보았습니다. 마지막으로 4장 「〈엿장수 타령〉을 통해 본 민요의 웃음 창출 방식과 그 계승」은 〈엿장수 타령〉을 중심으로 민요의 웃음 창출 방식이 대중가요 '만요(漫謠)'에서 어떻게 계승되고 변모되는 지를 살펴본 것입니다.

그간 연구 환경이 많이 달라졌습니다. 여전히 학계에서는 대중음악 연구에 쌍수를 들어 환영하는 분위기는 아닙니다만, 2011년에 '한국 유성기음반 아카이브'가 구축되면서 자료에 쉽게 접근할 수 있는 길이 열렸습니다. 이제 예전처럼 옛날 신문을 보기 위해 마이크로필름을 돌리면서 현기증과 구토 증세를 느낄 필요가 없게 되었습니다. 이번 책에는 아카이브 구축에 따른 자료 보강을 온전하게 반영하지는 못했습니다. 되도록 당시 논문을 그대로 싣되, 자료를 더 찾으면서 달라진 부분은 수정하고 보완하려 했으나 완벽하지 않습니다. 논문을 쓰던 당시에는 최선이었으나 지금에 와서 보니 부족한 부분이 많이 드러나기도 합니다.

그래도 다행입니다. 대중가요에 대한 저의 사랑은 십 년 전이나, 혹은 그 훨씬 이전이나 지금이나 한결같으니 말입니다. 이제 저는 10년간 간직해 온 제 사랑의 결실을 세상에 내놓습니다. 때로 부끄럽고 때로 서툴렀지만, 진실했고 순수했기에 후회는 없습니다. 돌이켜 보면 언제 끝날지 모르는 터널처럼 어둡고 깜깜한, 그래서 외롭고 쓸쓸한 시간들을 참 많이도 지나왔습니다. 처음엔 외로움과 쓸쓸함과 싸웠고, 이어서 그것들과 화해했고 이제 그것들과 친구가 되었습니다. 그 친구들이 있었기에 저는 강해질 수 있었고 자랄 수 있었습니다. 그러므로 이 세상에 나오는 제 글들은 고독이 제게 준 선물인지도 모릅니다.

이토록 미련하고 끈질긴 제 사랑의 끝이 어디인지, 앞으로도 그저 계속 가 볼 생각입니다. 때로 힘들고 끔찍했고, 그래서 때로 외면하고 버리고 싶었지만 이제 압니다. 그 사랑의 힘으로 지금껏 버텨왔다는 것을. 앞으로도 계속 사랑하고 싶습니다. 제가 살아있는 한 이렇게 한결같은 마음으로 말입니다. 그리고 그 사랑의 결실을 논문으로, 책으로, 노래로 이 세상에 내놓을 것입니다. 제 자신은 비록 지금처럼 고독할지라도 논문과 책과 노래로 저는 이 세상과 계속 소통할 것입니다.

이렇게 저는 대중가요만 바라보며 살아왔지만 여러 분들의 도움으로 여기까지 올 수 있었음을 압니다. '연세근대한국학총서'로 이 책을 낼 수 있게 배려해주신 연세대학교 근대한국학연구소 선생님들과 소명출판의 박성모 사장님, 그리고 책의 편집을 담당하신 성영란 님 이하 소명출판 식구들에게 감사의 마음을 전합니다. 특히 박성모 사장님의 은근한 재촉이 아니었다면 이 책은 또 늦춰졌을지도 모릅니다. 여전히 성글고 부족합니다. 하지만 차차 채워가겠습니다. 그리고 그저 바랍니다. 제 사랑이 당신에게 가 닿기를.

2012년 11월,
가을이 지나는 길목에서
첫눈을 기다리는 설렘을 안고,

장유정

●차례●

제2부 근대 대중가요와 갈래

제3부 근대 대중가요와 전통가요

제1부
근대 대중가요의 주체와 타자

제1부 제1장

근대 대중음악과 일본이라는 타자[1]

1. 머리말

일본만큼 불편한 타자도 없을 것이다. 우리나라가 일본의 식민지였다는 사실을 상기하면 이성적인 판단력은 마비되고 고통, 굴욕, 패배 등의 단어가 먼저 떠오르는 것이다. 이것은 자연스러운 반응이라고 할 수 있다. 아직까지 해결되지 않은 문제 — 종군 위안부 문제, 역사 교과서 왜곡 문제, 독도 문제 등 — 에까지 생각이 미치면 일본에 대한 객관적이고 공정한 평가는 애초부터 어려워진다고 할 수 있다. 이는 비단 한국만의 상황은 아닐 것이다. 일본의 식민지를 경험하였던 아시아의 다른 나라도 마찬가지일 것이다.[2] 왜 그렇게 되었을까? 이는 일차적으

1 「한국 대중음악과 일본이라는 타자」, 『2008년도 비교문화연구소 학술대회 자료집』, 비교문화연구소, 2008.

2 일본의 식민지를 경험한 모든 나라가 일본에 유사한 감정을 지니고 있는 것은 아니다. 예를

로 일본에 그 책임이 있다고 할 수 있다.

'결자해지(結者解之)'라는 말이 있다. 화해로 나아가는 과정에서 일본은 솔직한 마음으로 진실한 사과를 해야 함에도 불구하고[3] 역사에 대한 진정한 사과 대신에 단지 '유감(遺憾)'이라는 말과, 오히려 역사 왜곡 등으로 식민지를 경험하였던 다른 나라들에 재차 상처를 주었다. '유감'의 사전적 의미는 '마음에 차지 아니하여 섭섭하거나 불만스럽게 남아 있는 느낌'이다. 그렇다면 어떻게 '유감'이란 표현으로 과거에 대한 사과를 대신할 수 있다는 말인가?

상처를 받고도 상처에 태연하거나 무덤덤한 사람은 많지 않다. 사람이 그러한 것은 인지상정(人之常情)이며, 이것이 국가의 문제로 확대되어도 마찬가지이다. 우리나라 사람들이 '민족'이라는 말에 유독 반응을 보이고, '민족'을 강조하면 해당 사안의 사실 여부를 떠나서 일단 긍정하고 보는 것도 그러한 역사적 상처와 무관하지 않다. 우리가 일본, 특히 일제강점기와 관련된 어떤 일에 민감하게 반응하는 것은 '식민지 앙금(colony baggage)'이 남아 있기 때문이며, 이는 과거 청산이 깨끗이 이루어지지 않은 상황에서 자연스러운 일인 것이다.

일본은 냉정하고도 철저한 역사적 반성 과정을 거쳐야 한다. 그것이 진정한 화해로 나아가는 첫 단계이기 때문이다. 그러나 일본이 스스로 반성하고 사죄할 때까지 무작정 기다릴 수만은 없다. 단지 감정에 휘둘려서 사실을 왜곡하는 누(累)를 범할 수도 없다. 진정한 반성과 사죄를 촉구하되, 그것을 하고 안 하고의 몫은 일본의 것이다. 그렇다면 우

들어, 대만(Taiwan)은 중국(China)과의 좋지 않은 관계 때문에 우리나라와 비슷하게 일본의 식민지를 경험하였으면서도 우리만큼 일본에 부정적인 인식을 지니고 있지는 않다.

3 천 꽝싱, 백지운 외 역, 『제국의 눈』, 창비, 2003, 254~255쪽. 천 꽝싱은 동아시아 지역의 화해가 어렵고, 지역 내의 합작과 통합이 불가능한 이유를 일본 내부의 역사 문제가 아직도 충분하고 진실하게 정리되지 못한 데에서 찾고 있다.

리가 해야 할 일은 무엇일까? 사료를 바탕으로 사실을 정확하게 이해하고 이를 냉정하고 공정하게 평가해야 한다.

본고는 이러한 입장을 전제한 차원에서 작성되었다. 본고에서 대상으로 삼은 것은 일제강점기의 대중음악이다. 본고에서는 일제강점기의 대중음악을 바라보는 기존 학계[4]의 몇 가지 문제점을 지적하고 그에 대한 나름대로의 견해를 밝히고자 한다. 일제강점기 대중음악이 오늘날 대중음악의 모태가 된다는 점에서 이 시기 대중음악에 대한 객관적이고 공정한 평가는 중요하다. 이는 '이 시기 대중음악의 연구가 필요한가?', '필요하다면 이 시기 대중음악을 어떻게 연구해야 하는가?'와 같은 질문과도 연계된다. 결국 본고는 한국대중음악사 다시 쓰기를 위한 초석으로서의 의미를 지닐 것이다.

2. 한국 대중음악과 '이식성'[5]

일제강점기의 대중음악을 바라보는 기존 학계의 입장은 크게 두 가지 단어로 요약할 수 있다. '이식'과 '왜색'이 그것이다. '이식'은 대체로 일제강점기 대중음악의 전반적인 상황을 지칭할 때 사용하였던 용어이고,

---

4 '기존 학계'에서 '학계'에 강조점을 찍어야 할 것이다. 이른바 '업계'에 있는 사람들은 대중음악에 대해 오히려 학계와 상반된 견해를 제시하곤 한다. 그렇다고 해서 업계 쪽이 항상 맞는다는 것은 아니다. 업계와 기존 학계의 입장을 떠나서 객관적 사료를 바탕으로 한 공정한 평가가 필요하다.

5 장유정, 『오빠는 풍각쟁이야— 대중가요로 본 근대의 풍경』, 민음in, 2006은 당대의 사료를 토대로 일제강점기 대중가요의 형성과 전개 과정을 재정립하기 위해 작성된 것이다. 2절의 내용은 기본적으로 이 책을 토대로 하여 작성되었음을 밝혀둔다.

'왜색'은 주로 트로트라는 특정 대중가요 갈래를 언급할 때 등장하였던 용어이다. 먼저 '이식'과 관련된 기존 학계의 입장을 보면 다음과 같다.

기존 학계에서는 일제강점기의 대중가요를 '이식'한 것으로 전제하고, '창가-유행 창가-유행가'의 차례를 거쳐서 대중가요가 출현하였다고 하였다. 즉 일제의 적극적인 창가 규제의 소산인 관인 교육 창가에서 유행 창가로 이행된 과정을 살피면서 유행 창가에서는 관인 창가의 현실 도피적 서정성이 3·1 운동 후의 민족적인 좌절감과 조응하여 더욱 심화되었다는 것이다. 그 중심적인 형태가 일본 번안 창가이며, 이 일본 번안 창가의 퇴영적 정서가 민중의 저항 의지를 거세시키고 민족적 무력감을 교묘하게 정화시켜서 체념과 현실 안주로 유도하였다는 것이다. 그리고 일본 자본에 의해 이러한 유행 창가의 성격이 흡수되어서 왜곡된 현실 인식을 조장하고 현실에의 순응 내지는 현실 도피로 나타난다는 것이 주장의 핵심이다.[6]

1980년대에 처음 제기되었던 일제강점기 대중음악에 대한 이러한 해석과 평가는 당시의 시대적 정황을 고려할 때 최선의 해석이었다고도 볼 수 있다. 애초부터 대중음악을 '거짓의 노래'로 간주하고, 이른바 민중가요를 '진정한 음악'으로 설정한 상황에서 대중음악에 대한 올바른 해석과 평가는 그 시작부터 불가능하였을지도 모른다. 게다가 그 대중음악의 첫 모습이 '이식'된 것이라면 '거짓의 노래'라는 대중음악의 속성을 더욱 강조할 수 있었던 것이다. 그들이 대중음악을 연구할 때 애초부터 이를 의도했다는 것이 아니라 결과적으로 그렇게 되었다는 것이다.

---

6 한국 대중음악의 이식성에 대한 기존 학계의 입장은 김창남, 「대중가요, 그 현실 순응의 이데올로기」, 『한국문학의 현단계』 III, 창작과비평사, 1984; 김창남, 「유행가의 성립 과정과 그 문화적 성격-찬송가의 보급에서 유행가까지」, 『노래』 1, 실천문화사, 1984; 이영미, 『한국대중가요사』, 시공사, 1998 참조.

초창기 대중음악의 연구는 당대의 사료를 충분하게 검토하지 않은 채, 선입견으로 대중음악을 재단하고 평가한 측면이 많아서 문제가 된다. '발전은 과거를 기억함으로써만 가능하다'는 말을 상기할 때, 과거를 기억하는 가장 정확한 방법은 구체적인 텍스트로 돌아가는 일임이 확실하다. 그럼에도 불구하고 초창기 대중음악에 대한 연구는 사료보다 관념에 기댄 측면이 많았던 것이다. 게다가 이러한 논의로 인하여 이후 대중음악 연구에서 일제강점기 대중음악은 한국 대중음악사에서 아예 제외되거나 배제되곤 하였다.

일제강점기 대중음악의 상황은 '이식'과 기존의 도식만으로는 해석할 수 없는 다양하고도 복잡한 양상을 드러낸다. 단순계의 사고에서 배태된 일원론적 사고로는 당시의 복잡하고도 역동적인 상황을 모두 설명할 수 없다. 일제의 식민지였으므로 '이래야 한다'는 당위성과 '이러하였을 것'이라는 선험적인 인식으로는 상황을 올바르게 바라볼 수 없는 것이다. 대중음악과 관련해서 일제의 의도가 있었더라도 꼭 그대로의 결과를 내지 않았고,[7] 일제의 의도와 상관없이 우리나라의 대중음악 판은 매우 역동적이고도 복잡하게 돌아가기도 했다. 단적인 예로 나치 독일처럼 확고한 정치적 권력을 지닌 정부조차도 음악의 생산과 소비를 간단하게, 혹은 효과적으로 통제할 수 없었다. 그토록 통제적인 정권조차도 전체적인 프로그램의 일관성을 확립하지 못했던 것이다. 문화적 실제와 정치적 신념, 경제적 활동은 간단하게 일치될 수 없는 것이 현실이다.[8]

---

7 일제의 의도적인 산물로는 1930년대 후반의 군국가요를 들 수 있다. 그러나 군국가요가 대중음악과 동일한 생산과정을 거쳤더라도 그 성격이 판이하기 때문에 본고에서는 제외하였다. 한 가지 지적할 것은 일제의 강압으로 인해 군국가요를 만들기는 하였으나 대중의 호응을 많이 받지는 못하였다.(「전시하의 레코－드계 현상」, 『조광』, 1943.5; 장유정, 앞의 책, 2006, 333~342쪽)

선행연구에서 종종 강조하는 '이식(移植)'은 말 그대로 '옮겨심기'이다. 그러나 '귤이 회수를 건너면 탱자가 된다(橘化爲枳)'는 말이 있듯이, 같은 사물이나 사람도 환경과 상황에 따라 다르게 성장할 수 있다. 일제강점기 때 한국 대중음악이 형성되었을지라도 일본의 그것과 한국의 대중음악을 같은 것으로 취급한다든지, 일제의 통제 아래에서 한국 대중음악의 판이 형성되었다고 보는 것은 매우 단선적인 이해이다. 특정한 민족은 원형에서 파생한 전시대의 문화를 등에 업고 당대의 역사 체험을 겪으며 시대마다 새로운 문화를 창조해 간다. 또한 민족 문화는 한 가지 요인으로는 규정할 수 없는 여러 복잡한 요소의 얽힘 속에서 각 시대마다 특색 있는 시대 문화를 구성하는 것이다.[9]

일제강점기도 마찬가지이다. 일단 선행 연구에서 동일한 선상에서 언급하였던 학교 창가와 유행가는 그 형성과 전개 과정이 다르기 때문에 별도로 취급해야 한다. 오늘날에도 음악 교과서에 수록된 노래와 대중음악이 다르듯이, 일제강점기에도 학교 창가와 유행가는 본질적으로 달랐다고 볼 수 있다.[10] 학교 창가는 일제의 통제를 받으면서 만들어진 의도적인 산물이지만 유행가는 일차적으로 정치적인 지배 원리가 아닌 경제적인 지배 원리를 받으면서 형성되고 전개되었던 것이다. 즉 음반은 기본적으로 음반회사들이 이윤 창출이라는 상업적 목적을 달성하기 위해 만든 것이다.

물론 당시 우리나라의 음반회사는 대부분 일본 음반회사의 지점으

---

8 키스 니거스, 송화숙 외 역, 『대중음악이론』, 마티, 2012, 328쪽.

9 김용운, 『카오스의 날갯짓』, 김영사, 1999, 186쪽, 188쪽.

10 학교 창가와 유행가가 달랐던 것은 일본도 마찬가지이다. 학교 창가와 유행가의 세계는 상이하였고 어떤 경우에는 대립적이기까지 하였다고 한다. 양악을 위로부터 수용한 것이 학교 창가라면 엔카를 위시한 유행가는 양악을 아래로부터, 즉 대중이 보다 자발적으로 수용한 것이다.(야마우치 후미타카, 「한국에서의 일본 대중문화 수용에 관한 역사적 고찰– 구한말 · 일제강점기 창가와 유행가를 중심으로」, 한국외국어대 석사논문, 2000, 21~26쪽, 32쪽)

로서의 성격을 지녔다. 그러므로 일본으로부터 완전히 자유롭거나 독립적이었다고 할 수 없다. 그렇다고 해서 일제 당국이 애초부터 강제나 강압을 통해 대중음악 산업에 관여하였던 것은 아니다. 1933년에 일제가 음반 검열을 시작하기 전까지 일본 총독부는 우리나라의 음반 산업에 무관심하였을 뿐만 아니라 심지어 우리나라의 음반 산업을 등한시하기까지 하였다.[11] 따라서 1933년 이전까지 우리나라의 대중음악계는 자리를 잡아가기 위한 혼돈과 혼란의 시기를 보낼 수 있었다. 그리고 이러한 혼돈의 시기를 거쳐 대중가요 갈래가 형성되었던 것이다.

모든 새로운 문화는 항상 외래의 문화가 자국의 문화와 만나서 경쟁하고 공존하면서 생성되기 마련이다. 이는 일제강점기라고해서 다르지 않다. 무엇보다도 대중의 취향과 선호가 중요하게 작용하는 대중음악은 더욱 그렇다. 서양과 일본의 음악이 전통 음악과 만나서 경쟁하고 공존하면서 일정한 유형을 형성하고 그것이 몇 가지 대중음악의 갈래로 안착하였던 것이다. 김용운은 새로운 문화의 창발을 다음과 같은 순서로 설명하고 있다.[12]

외래문화 유입 → 요동 → 카오스의 가장자리(분기) → 원형의 자기조직화 → 새로운 문화의 창발

서양과 일본을 통해 들어온 새로운 형태의 외래 음악이 우리나라에 들어와 기존의 문화에 요동을 야기하고 그것이 점점 큰 규모의 요동을 유발함으로써 카오스의 가장자리[13]에서 분기하여 원형의 자기조직화

11 장유정, 앞의 책, 2006, 281쪽.

12 김용운, 앞의 책, 171쪽.

13 김용운의 글에 따르면, '카오스의 가장자리'는 카오스적 현상이 완전한 무질서에 돌입하기 직전에 새로운 질서를 형성하는 곳이다. 즉 카오스의 가장자리는 무질서와 질서 형성의 분

를 거쳐 새로운 형태의 대중음악을 형성하였던 것이다. 집단의 기본적인 가치관이라고 할 수 있는 원형은 마치 블랙홀과도 같아서 외래문화를 받아들여 자기화 된 내용(문화)을 만들어내는 한편 원형에 여과할 수 없는 것들은 무시한다.[14] 이는 일본의 엔카가 들어와서 트로트라는 갈래로 형성되었던 반면에 당시 일본에서 상당한 인기를 얻었던 온도[音頭]가 우리나라에서 음반조차 거의 발매되지 않았던 상황을 설명해준다.[15] 그러므로 '이식'으로는 당시의 역동적이고도 복잡한 상황을 설명할 수 없다. 그렇다면 대중음악과 관련된 당시의 상황을 좀 더 구체적으로 살펴보기로 한다. 대중음악 생산자의 인적 구성을 보면 대중음악이 일본 대중음악의 이식으로만 설명할 수 없다는 것이 더욱 선명해질 것이다.

대중음악의 생산자로는 작사자, 작곡자, 편곡자, 가수 등을 들 수 있다.[16] 일제강점기 대중음악의 생산자를 다룬 선행 연구[17]와 당시의 음반의 정보를 정리한 목록집인 『유성기음반 총목록』[18]과 『유성기음반 총람자료집』[19]을 통해 당시 대중음악 생산에 참여한 일본인의 모습을 살펴볼 수 있다. 언어의 제약으로 인해서 작사자와 가수 중에는 일본인이 거의 없고 작곡자와 편곡자는 합쳐서 약 70여 명 정도의 일본인을 찾을 수 있다.[20] 70여 명의 일본인 작·편곡자들이 참여한 작품 수

기점이 된다.(위의 책, 122쪽)

14 위의 책, 229쪽.

15 장유정, 앞의 책, 2006, 192쪽.

16 당시의 우리나라인 작사자, 작곡자, 가수에 대해서는 위의 책, 65~71쪽을 참조할 수 있다.

17 일제강점기 우리나라 음반제작에 참여한 일본인에 대해서는 야마우치 후미타카, 「일제시대 음반제작에 참여한 일본인에 관한 시론」, 『한국음악사학보』 제30집, 한국음악사학회, 2003; 이준희, 「1945년 이전 한국 대중음악 음반에 나타난 일본인의 활동」, 『제4회 세계 한국학대회 논문 CD』, 한국학중앙연구원, 2008 참조.

18 한국정신문화연구원 편, 『한국 유성기음반 총목록』, 민속원, 1998.

19 김점도 편, 『유성기음반 총람자료집』, 신나라레코드, 2000.

는 작곡의 경우 약 240여 곡, 편곡의 경우 약 630여 곡에 달한다. 1945년 이전에 한국에서 발매된 대중음악 작품 수가 약 4천 5백곡 정도라고 할 때, 그 비율이 그렇게 낮다고 볼 수 없다. 여러 정황으로 보건대, 우리나라 대중음악에 일본인 작·편곡자가 작곡 7% 이상, 편곡 40% 이상까지 참여하였다고 볼 수 있는 것이다.[21]

그러나 일본인 작곡자와 편곡자의 음악적 배경과 활동을 살펴보면, 일본인 작·편곡자의 참여가 우리나라 대중음악이 일본 대중음악의 영향을 전적으로 받은 것이라는 가설의 근거가 될 수 없음을 알 수 있다. 우리나라 대중음악의 작곡과 편곡에 참여하였던 일본인은 일본 대중음악의 작곡과 편곡에도 마찬가지로 참여하였던 사람들이다. 그런데 이들은 다음과 같은 특징을 드러낸다. 첫째, 이들은 대체로 음악대학교 출신 또는 군악대를 비롯한 악대 출신으로 기본적으로 양악 교육을 받은 사람들이다. 둘째, 재즈를 음악적 토대로 한 사람이 많다는 것이다.[22]

예를 들어, 핫토리 료이치[服部良一]는 어린 시절부터 소년음악대와 관현악단에 소속되었고 에구치 요시[江口夜詩]는 해군 군악대를 거쳐 도쿄 음악학교에서 작곡을 배웠다. 그런가 하면 핫토리 료이치[服部良一]와 오쿠야마 데이키치[奥山貞吉]는 재즈밴드에서 활동을 시작하였고 니키 타키오[仁木他喜雄]도 재즈밴드의 일원이었다.[23] 결국 이들의 음악적 배경은 기본적으로 서양 음악이었기 때문에 이들이 우리나라 대중

---

20 우리나라 대중음악 생산에 참여한 일본인 작곡자 수는 60명, 편곡자 수는 30명 정도이다. 江口夜詩, 古關裕而, 古賀政男, 大村能章, 레이몬드服部, 服部良一, 仁木他喜雄, 奥山貞吉, 天池芳雄 등이 일본 대중음악 생산은 물론 우리나라 대중음악의 작곡 내지 편곡에 참여하였던 일본인들이다.(이준희, 앞의 글, 2쪽)

21 위의 글, 3쪽.

22 야마우치 후미타카, 앞의 글, 807~809쪽.

23 위의 글, 807~808쪽.

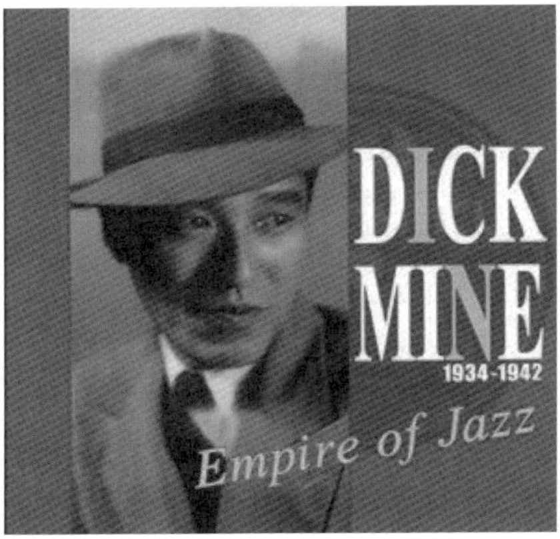

그림 1. 디크미네

그림 2. 디크미네의 〈다이나〉

음악의 작 · 편곡에 참여하였던 것도 그러한 차원에서 이해해야 하는 것이다.

그런가 하면, 작사자와 가수 중에는 일본인의 모습을 거의 찾을 수 없다. 번안의 문제가 있기는 하나,[24] 기본적으로 대중음악은 우리나라 사람이 우리나라 말로 작사하였다고 볼 수 있다. 일본인 가수로 한국어 음반에 참여한 대표적인 가수로는 디크 미네(ディック・ミネ, 1908.10.5~1991.6.10)를 들 수 있다. 본명이 미네 토쿠이치[三根 德一]인 디크 미네는 일본의 재즈 · 블루스 가수이면서 배우로도 활약하였던 인물이다. 디크 미네는 일본에서 1934년에 발매한 재즈 번안곡 〈다이나(ダイナ)〉로 인기를 얻고, 이어서 1935년에는 삼우열이라는 예명을 사용하여 오케 회사에서 우리말로 〈다이나〉를 취입하였다. 이후, 디크 미네(삼우열)는 조선어로 10곡 정도의 음반을 더 녹음하였는데, 조선인들에

24 아직까지 일제강점기 대중가요 중에서 번안곡의 전반적인 상황은 밝혀지지 않았다. 앞으로 이에 대한 작품의 발매 정보를 정리하고 작품 하나하나의 비교를 통한 번안곡의 연구가 필요하다.

게 팬레터를 받을 정도로 우리나라 사람들에게 인기가 있었다고 한다.[25] 그러나 이 경우에도 디크 미네가 조선어로 노래를 녹음하였을 뿐만 아니라 주로 재즈송을 불렀기 때문에 일본인 가창자라고 해서 일본의 영향을 언급하기는 어려울 것이다.

일제강점기의 대중음악을 중심으로 이루어진 일본과 조선의 소통은 어느 면에서는 쌍방향적이었다고 볼 수 있다. 1930년대 중반의 최고의 인기를 구가하였던 왕수복은 동경과 대판 등지에까지 그 명성이 높아서 '미스 오-상'이라는 칭호를 들었으며,[26] 이난영이 부른 〈목포의 눈물〉은 일제강점기 일본 사람들도 애창하던 한국 노래였다고 한다. 그리고 일본에서 후지야마 이치로[藤山一郎]가 부른 〈酒は涙か溜息か〉를 번안한 〈술은 눈물일까 한숨이랄까〉를 부른 채규엽은 일본에서 하세가와[長谷川一郎]이라는 이름으로 활동하였다.

또 전수린이 작곡한 〈고요한 장안〉(이현경 작사, 전수린 작곡, 이애리수 노래, 빅타 49154B, 1932 발매)에 일본인 작사자 사이죠 야쇼[西條八十]가 일본말 가사를 붙인 〈아다나사케[仇情]〉는 일본에서 크게 유행하였다. 남인수의 〈애수의 소야곡〉도 일본의 명배우였던 도도로끼 유끼꼬[轟田起子]가 〈哀愁의 세레나데〉라는 제목으로 불러 일본에서 유행하였다. 이밖에 장세정의 〈연락선은 떠난다〉도 일본에서 인기를 얻었고, 일어를 잘 하였던 가수 김선영도 일본에서 순회공연을 벌이기도 하였다.[27]

결국 일제강점기의 대중음악의 생산은 단순히 '이식'이나 일본의 일방적 영향만으로는 설명할 수 없다. 그렇다고 우리나라 음반회사가 온전하게 독립적이었다는 것을 주장하는 것은 아니다. 또한 한동안 학계

---

25 박찬호, 『한국가요사』, 현암사, 1992, 223쪽.

26 『매일신보』, 1935.1.3; 장유정, 「1930년대 기생의 음악활동 일고찰 – 대중가요 가수를 중심으로」, 『민족문화논총』 제30집, 영남대 민족문화연구소, 2004, 476쪽.

27 반야월, 『야화 가요 60년사』, 전곡사, 1983, 38쪽, 43쪽, 48쪽, 94쪽, 164쪽.

昨年十一月初旬부터約一個月동안 半島音樂의殿堂이되엿던 콜럼비아・레코ー드 吹込場입니다。여긔에모히엿던吹込演奏者야말노 當代의名人뿐이엿고 또한演奏된曲은實로萬人의愛好讃揚ᄒᆞ는妙曲뿐이엿습니다。今般의吹込은全世界의最高權威를掌握하고잇는 콜럼비아蓄音器株式會社가朝鮮音樂吹込의第一回事業으로 吹込方法은最新發明의「바이바・토ー낼(電氣吹込)」式으로되엿고 「레코ー드」는「코社」獨特의「뉴ー푸로세쓰」製法을利用하야 二月十五日頃부터朝鮮市場에賣出됩니다。

南大門通一丁目에잇는
콜럼비아朝鮮레코ー드
吹込所全景

—(1)—

그림 3. 콜럼비아 취입소(1929년) 전경

에서 논의되던 '문화제국주의'가 의미 없음을 말하는 것도 아니다. 우리나라 음반 녹음이 일본에서 이루어진 경우가 많았기 때문에 연주와 편곡 부분에 일본인의 참여가 두드러졌던 것도 사실이다. 그러나 각 음반회사의 문예부와 우리나라 사람으로 이루어진 문예부장은 조선어 음반을 만드는데 매우 적극적으로 참여하였다.[28] 실질적인 대중음악의 생산은 이들에 의해서 이루어졌던 것이다.

문예부장의 지휘 아래 음반 제작과 관련된 총괄적인 업무를 보았던 당시의 문예부는 가수를 선발하고 작사 · 작곡 · 편곡을 선정하고 배정하며, 재래 조선 음악과 극각본(劇脚本) 등을 선정(選定)하였다. 그리고 이를 마치면 가수를 연습시키고 취입 예산과 여정(旅程)을 편성(編成)하고, 취입 후에는 매월 신보선정문구(新譜選定文句) 카드, 월보편집(月報編輯), 선전방법(宣傳方法), 검열(檢閱) 등을 담당하였다.[29] 이런 모든 작업은 본사와의 협의를 통해 이루어졌을 것으로 추정한다. 그렇더라도 각 음반회사의 문예부와 문예부장은 대중들의 기호와 취향을 파악하기 위해 부심하였다. 요컨대 일제강점기의 대중가요는 생산자와 수용자 사이의 소통, 일본과 조선의 소통, 그리고 세계사적인 대중음악사의 흐름이라는 복잡하고 복합적인 상황에서 형성되었던 것이다.

---

28 참고로, 1934년 당시 각 음반회사의 문예부장과 소속가수는 다음과 같다.

음반사	문예부장	소속가수
콜럼비아	안익조	채규엽, 김선초, 박헌익, 김선영, 최명주
빅타	이기세	이애리수, 강석연, 최남용, 전옥, 강홍식
포리돌	왕평	왕수복, 김용환, 신일선
시에론	이서구	김연실, 나선교, 김영환, 최향화, 남궁선
태평	민효식	이난영
오케	금릉인	신불출, 전춘우, 신은봉, 서상석, 백화성

(「六大會社레코－드戰)」, 『삼천리』 1934.12, 34~36쪽)

29 김준영, 「문예부장의 제작 고심기」, 『조광』, 1938.2.

3. 한국 대중음악과 '왜색성'

일제강점기 대중음악의 '왜색성'을 거론할 때마다 등장하는 것이 트로트이다. 트로트는 당시에 사용하던 용어는 아니다. 오늘날 우리가 거론하는 트로트가 일제강점기에 처음 만들어진 것은 사실이나, 당시에는 트로트라는 용어 대신에 '유행가'라는 용어를 사용하였다. 처음에 트로트는 '리듬'을 지칭하는 용어로 사용되다가 광복 후에 점차 갈래를 지칭하는 용어로 자리 잡아 갔다.

트로트는 기존 학계에서 왜색성을 띤 대표적인 노래로 종종 거론되었다. 일제강점기에는 트로트 외에도 신민요, 만요(漫謠), 재즈송 등의 갈래가 있었음에도 불구하고[30] 기존 연구에서는 일제강점기 대중음악이 모두 트로트인 것처럼 기술하였을 뿐만 아니라 트로트의 왜색성을 들어서 일제강점기 대중음악 전반을 부정하는 입장을 취하기도 하였다. 그렇다면 선행 연구에서 강하게 주장하는 '왜색성'의 실체는 무엇인가?

선행연구에서 지적하는 '왜색성'은 대체로 트로트의 음계를 의미하였다고 볼 수 있다. 즉 일본의 5음계인 '라시도미파'가 트로트에도 그대로 사용되었기 때문에 트로트가 왜색성을 지닌다는 것이다.[31] 노래에서 음계가 절대적으로 중요한 요소라면 오늘날 7음계로 이루어진 모든 대중가요는 '양색'을 지니는가? 그렇다면 '왜색'은 그토록 강도 높게 비판하면서 '양색'은 당연하고도 자연스럽게 받아들이는 것은 왜일

30 일제강점기 대중가요의 대표적인 갈래와 형성 과정은 장유정, 앞의 책, 2006, 95~124쪽을 참고할 수 있다.

31 트로트의 음계가 지닌 왜색성은 이영미, 앞의 책, 62~65쪽에 상세하게 나와 있다. 이영미는 이후 논의에서도 트로트의 음계를 들어서 트로트의 왜색성을 주장하였다.(이영미, 「트로트 논쟁의 흐름과 쟁점」, 『비평과 이론』 제13권 1호, 한국비평이론학회, 2008)

까? 이영미는 양색을 지적하지 않고 트로트의 왜색을 지적하는 것이 반일 감정과 지식인들의 이른바 고급 취향[32]에서 비롯하였다고 지적하였다. 하지만 이영미 스스로 '왜색'과 '이식'을 기정사실화함으로써 마찬가지의 오류를 범하고 있기도 하다.

솔직히 엔카를 들어보면 트로트와 매우 유사하다는 것을 알 수 있다. 그런데 이는 오늘날 주류 대중음악이 미국의 팝송과 흡사하게 들리는 것과 별반 다르지 않다. 하지만 비슷하게 들린다고 해서 그것이 우리 것이 아니라고 할 수는 없다. 예를 들어, 한국의 록이나 포크는 서양의 그것과 유사하다. 그렇다면 한국의 록이나 포크는 우리의 것이 아니며 그것들은 모두 양색을 띠고 있으므로 비판받아야 하는 것일까?

대중가요는 음악과 노랫말이 결합해서 만들어진다. 음악과 노랫말 중에 어느 것 하나만 더 중요하다고 말할 수는 없겠으나 음악이 형식이라면 노랫말은 내용이라고 볼 수 있다. 음악이라는 형식 속에 어떤 가사의 내용이 채워졌는가를 살펴볼 필요가 있다. 일제강점기의 트로트는 우리나라 작사자가 한국어로 만들었다. 때문에 당대인의 삶을 절절하게 반영하였고, 이것이 당대인의 공감을 사서 인기를 얻고 오랜 시간 향유되었던 것이다.

음악만 보아도 그렇다. 어떤 노래에서 음계가 차지하는 비중이 어느 정도인지는 단언할 수 없으나, 음계만으로 특정 노래의 음악적 특징을 도출할 수는 없을 것이다. 음악적인 요소로는 크게 리듬(Rythem), 선율(Melody), 화성(Harmony)이 있다. 음계(Scale)는 음악을 구성하는 한 요소에 불과하다. 그럼에도 불구하고 다른 음악적 요소는 무시한 채 오직 음계만으로 트로트의 왜색을 강조하는 것은 지나친 감이 있다. 게다가

32 흥미로운 것은 한때 천박과 촌스러움의 대명사로 일컬어지던 트로트가 일제강점기에는 지식인들의 음악이었다는 것이다.

'라시도미파'의 음계는 일본 고유의 음계가 서양 음계와 만나는 과정에서 만들어졌고, 이것이 다시 한국에 들어와서 트로트의 음계를 구성하였다. 1978년에 한국을 방문하였던, 당시 일본 저작권협회장이자 일제강점기 대표적인 작곡자였던 핫토리 료이치[服部良一]는 "한국에서 왜색이라고 말하는 트로트는 일본의 것도 한국의 것도 아니"라고 했다고 한다.[33] 일본 작곡자마저도 부인한 것을 한국의 몇몇 학자들만 계속 강조하는 것은 문제가 있다고 본다.

만약 트로트의 '왜색'을 비판하고 싶다면 더 구체적으로 했어야 한다. 단순히 음계의 유사성만으로 트로트의 왜색성을 주장하는 것은 설득력이 떨어진다. 엔카와 트로트의 구체적인 작품을 들어서 그 유사성을 언급했어야 한다. 그러나 설사 음계에서 유사성을 찾아냈더라도 그것이 트로트의 왜색성을 의미할 수 있을지는 의문이다. 그 가사까지 종합해서 본다면 트로트는 당대인의 삶을 핍진하게 반영하면서 공감을 얻었기 때문이다. 여기에 대해서도 이영미는 트로트가 보여주는 과잉된 눈물과 탄식이 자학과 자기 연민과 뒤범벅되어서 체제에 순응하는 결과를 낳았다는 식으로 해석하였다.[34]

그러나 일제강점기의 트로트를 '눈물과 탄식'으로만 설명할 수 없다. '눈물과 탄식'은 일제강점기 트로트의 한 부분일 뿐이지 전체가 아닌 것이다. 필자는 2003년에 일제강점기의 대표적인 노래이면서 오늘날까지 향유되고 있는 75곡의 노래를 분석한 바 있다. 당시의 논의에서 필자는 정체성이 단지 기원의 문제가 아니라는 것을 밝힌 후에, 정체성의 판별 기준인 현재성, 대중성, 주체성의 세 가지를 들어서 트로트가 한국의 정체성을 지닌 노래라고 하였다.

33 『주간한국』, 1984.4.29.
34 이영미, 앞의 책, 1998, 67~72쪽.

이어서 75곡의 트로트를 분석한 결과, 기존에 트로트를 눈물과 탄식의 노래로만 규정한 것과 달리 '슬픔과 비탄의 정서'보다는 '동경과 그리움의 정서'를 표출한 노래가 더욱 많다는 것을 밝혔다. 아울러 시어와 수사체계, 그리고 정서의 차원에서 트로트가 전통적인 요소를 계승하였음을 고찰하였다. 특히 트로트가 보여주는 '임의 부재(不在)에서 비롯한 화자의 과거 지향성'과 그에 대한 '시적 화자의 수동성'은 민요의 정서를 계승한 것이며, 이러한 전통적인 요소가 당대인의 호응을 이끌어낸 요인이라고 하였다.[35] 그러므로 음계만으로 트로트의 왜색성을 주장하기가 힘들며, 가사적인 측면을 보더라도 오히려 전통적인 요소를 계승한 측면이 많아서 왜색을 운운하기는 어려운 것이다.[36] 더 중요한 문제는 '과연 엔카가 일본의 전통적인 음악인가'에 있다.

2012년 7월, 타이완 타이베이에서 제 4회 아시아대중음악학회(Inter-Asia Popular Music Studies Conference)가 열렸다. 2박 3일 동안 10개국에서 모인 60여 명의 학자들이 발표를 하였는데, 이 중에서 싱가포르 국립대학교의 데보라(Deborah SHAMOON)가 발표한 「전후 일본 대중음악 속 국가정체성의 창조(Creating National Identity In Postwar Japanese Popular Music)」라는 발표는 '트로트의 왜색성'이 그 전제부터 성립할 수 없음을 보여준 중요한 발표였다.

데보라는 발표를 통해 일본의 엔카가 애초부터 일본의 전통적인 음

35 장유정, 「한국 트로트의 정체성에 대한 일고찰-1945년 이전 노래의 시적 화자를 중심으로」, 『구비문학연구』 제16집, 한국구비문학회, 2003. 이 논의를 수정 보완하여 장유정, 「한국 트로트의 정체성에 대한 일고찰-1945년 이전 노래의 시적 화자의 정서를 중심으로」, 한국구비문학회 편, 『현대사회와 구비문학』, 박이정, 2005에 다시 수록하였다.

36 1960년대의 트로트는 오히려 향토색이 강해지면서 일제강점기 신민요가 담당하였던 역할마저 수행하는 모습을 보여준다.(이에 대해서는 이영미, 앞의 책, 1998, 179쪽에서도 언급하였고 장유정, 「1960년대 한국 트로트 연구-이미자의 노래를 중심으로」, 『2008 가을 대중서사학회 31차 정기학술대회 발표집』, 대중서사학회, 2008, 60~64쪽에서 이미자의 구체적인 작품을 들어 설명하였다)

그림 4. 2012 아시아대중음악학회 포스터(대만, 타이베이)

악이 아니라는 것과 1920년대 초기와 1930년대 일본 대중음악은 재즈와 여타 서양 음악 장르를 받아들여 특별한 일본 소리를 창조하였다는 것, 그리고 일본이 전후(戰後, postwar)에 국가 정체성을 확립하기 위해 의도적으로 엔카를 전통적인 음악으로 만들었다고 밝혔다. 이러한 과정에서 1930년대에 유행가(流行歌, ryūkōka)와 가요곡(歌謠曲, kayōkyoku)으로 불리던 노래가 1960년대 엔카로 정착되었다는 것이다.

그녀는 또 엔카가 요나누끼 음계(4음과 7음이 빠진 음계), 5-7-5 운율, 그리고 특정한 보컬 테크닉을 사용했지만, 이것들이 메이지 시대[明治

時代] 이전의 음악적 양식과 직접적으로 관련 있는 전통적인 요소라기보다는 국가적 음악 장르를 창조해내기 위해 발명된 것이라고 하였다. 음악 자체가 전통 음악 형식과 거리가 있음에도 불구하고, 점차 엔카의 주 청중이 나이 들어가면서 그들은 엔카를 통해 과거의 '순수했던' 일본에 대한 향수에 집중하게 되었다는 것이다.

이 발표를 들으면서 1945년 이전에 나온 우리나라 노래 중 왜 '엔카'를 갈래명으로 사용한 노래가 없는지에 대해 알게 되었다. 엔카가 애초부터 존재한 음악이었다면 '유행가'나 '가요곡' 대신 '엔카'를 장르명으로 사용했을 테고, 우리나라의 '트로트'도 트로트 대신 엔카라 불렸을 것이다. 하지만 광복 이전에 발매된 대중가요 중 '엔카'를 갈래명으로 사용하고 있는 곡은 거의 없다. 최근 일본에서 발간된 『만들어진 일본의 마음 신화—'엔카'를 둘러싼 전후 대중음악사(創られた'日本の心'神話—'演歌'をめぐる戰後大衆音樂史)』(輪島裕介 著, 光文社新書, 2012)도 만들어진 신화인 '엔카'에 대해 다루고 있다고 한다.

결국 트로트의 왜색성은 엔카 자체가 일본 전통의 음악이 아니므로 그 전제부터 성립할 수 없었던 것이다. 게다가 이영미 본인이 지적하였듯이, "1950년대부터 트로트와 팝이 뒤섞이기 시작하였고 1980년대 후반 이후에는 트로트로 분류되는 노래의 상당수가 5음계적인 흔적을 거의 갖지 않게"[37] 되었다. 음계만으로 왜색성을 운운하는 것은 한계가 있을 뿐만 아니라 이후의 트로트는 음계에서도 왜색성을 벗어났으니 '음계'로 트로트의 왜색성을 주장하는 일은 더 이상 유효하지 않다.

이제까지 트로트의 왜색성을 주장한 것에는 다른 의도가 있었던 것으로 보인다. "트로트에 익숙해진 사람들이 패배와 절망감을 느끼고

---

37 이영미, 앞의 글, 2008, 61쪽.

그것이 체제순응적인 성격을 보여준다"는 것을 강조하기 위해서 트로트의 왜색성도 강조할 필요가 있었던 것이다. 그러나 이러한 주장은 오늘날 주류 대중가요를 비판할 때도 항상 등장하는 공식구라고 할 수 있다. 그러나 정말 그러한가? 당시에 트로트를 향유하였던 사람들은 트로트에 익숙해지면서 일본에 동조하였던 것일까? 하지만 당시의 대중음악 생산자들이 일본에 동조시키기 위한 수단으로 트로트를 만든 것도 아니며 설사 그러한 정치적 목적을 가지고 트로트를 만들었다고 해도 그 의도가 그대로 대중에게 전해졌을 가능성은 희박하다.

오히려 전형적인 트로트의 형식을 보여주는 〈목포의 눈물〉은 그 가사로 인해서 당시에도 민족적인 노래로 받아들여졌고 오늘날까지 그렇게 인식되고 있는 것이다. 생산자의 의도와 수용자의 향유 사이에는 매우 복잡한 요소들이 작용한다. 사실상 어떤 노래에 대한 선호는 개인적인 기호와 취향에 의존한다. 당시의 트로트를 향유했던 사람들이 트로트를 통해 절망과 패배, 그리고 무력감을 느꼈다고 보는 것은 오늘날의 관점에서일 뿐이다. 당대의 사료를 살펴보면, 트로트를 향유하면서 당대인들은 위로를 받고 살 힘을 얻었던 것을 목도할 수 있다. 어떤 팬이 자살하려다가 황금심의 노래를 듣고 살 힘을 얻었다는 내용의 편지를 황금심에게 보냈다는 일화는 대중가요의 힘을 보여준다.[38]

'비틀즈(The beatles)'의 일원인 폴 매카트니(James Paul McCartney)가 "음악에 편견을 가지는 것은 인종차별보다 무섭다"고 하였던 것처럼 트로트라는 갈래에 편견을 가지는 것은 옳지 않다. 실체도 불분명한 '왜색'이라는 것을 들어서 갈래를 차별하는 데에는 오히려 다른 의도가 있는 것은 아닌지 살펴보아야 한다. "중요한 것은 장르가 아니라 음악 자체"

38 장유정, 앞의 책, 2006, 159~164쪽에서는 당대의 사료를 토대로 삶의 위안물로써의 대중가요에 대해 언급하였다.

라고 하였던 루이 암스트롱(Louis Daniel Armstrong)의 표현처럼 중요한 것은 음악 자체이다. 트로트는 일본에서 유입되어 순화 · 형성된 우리 대중가요이다. 이제 비소모적이고 비생산적인 트로트의 왜색 논쟁은 종지부를 찍어야 할 때가 아닌가 한다.

4. 서양의 아류로서의 일본

앞에서 일제강점기 대중음악과 관련해서 강건하게 자리 잡은 편견인 '이식'과 '왜색'을 들어서 그 문제점과 한계를 지적하였다. 이 절에서는 일제강점기에 일본이 우리나라 사람들에게 어떤 타자였는지를 대중음악을 중심으로 살펴보기로 한다.

대중음악을 통해 볼 때, 흥미로운 현상은 대중가요에서 일본을 동경하거나 묘사하고 있는 노래가 거의 없다는 것이다. 만주, 상해, 하와이, 이태리, 베니스, 중국, 안남(베트남)과 같은 이국이나 도시가 등장하는 것과 달리 일본 자체를 묘사한 노래는 거의 찾을 수 없었다. 게다가 가사에는 종종 일본어가 사용되기는 하나 노래 제목에 일본어를 사용한 것이 드문 것도 주목할 만하다. 이는 제목에 모던, 재즈, 로맨스, 하이킹, 랑데부 등의 외래어가 종종 사용되었던 것과는 대조된다고 할 수 있다.

일단 일본을 동경하거나 묘사하는 노래가 없는 것은 일본이 동경해야 할 대상이 아니라 현전하는 대상이었기 때문이다.[39] '동경(憧憬)'은

39 현전하는 대상이 대중가요에서 직접적인 동경의 대상으로 등장하지 않는 것은 광복 이후의 노래에도 마찬가지로 나타나는 현상이다. 즉 이국성을 드러낸 1950년대의 대중가요에 미국을

주로 내가 갖지 않은 것이나 보고 싶은데 보지 못하는 것에서 발현되는 정서이다. 그런데 일제강점기의 일본은 가까이에서 만나고 볼 수 있는 대상이었다. 따라서 일본을 동경하거나 묘사하는 노래가 거의 없는 것은 그러한 차원에서 이해할 수 있다. 그러나 그 보다 더 중요한 것은 우리의 지향점이 일본이 아니라는 데에 있다.

일본은 다른 나라를 지배하였던 여타의 서양 제국주의 국가와는 달랐다. 결정적으로 일본과 조선 사이에는 인종이 끼어들 여지가 없었다. 피부색으로 우월감을 강조하였던 여타 서양의 나라와는 달랐던 것이다. 그런 일본을 바라보는 조선인의 감정도 양가성을 띠고 있었다고 할 수 있다. 즉 선망과, 반감 내지 무시의 양가감정이 존재했던 것이다. 서양에 대한 적극적인 답습과 모방을 통해 우위의 위치에 있었던 일본에 대한 선망과 소중화(小中華) 의식에서 배태된 일본에 대한 반감과 무시가 동시에 작용하였다고 볼 수 있다.

결국 우리나라 사람들에게 있어서 일본은 지향점이 아니라 매개자였다고 할 수 있다. 일본을 배운다는 것도 일본을 통해 서양을 배우는 것이지 일본 자체를 배우는 것은 아니었다. 우리나라 사람들이 일본에 유학 가서 음악을 배운다고 할 때도 그들이 배운 것은 일본의 음악이 아니라 서양의 음악이었다. 물론 우리나라 대중음악 판은 일본 대중음악 판의 영향을 상당 부분 받으면서 전개되었다. 그러나 일본의 대중음악은 서양 대중음악의 영향을 받으면서 이루어졌기 때문에 일제강점기의 대중음악은 서양 대중음악, 일본 대중음악, 그리고 우리나라 대중음악의 상호 비교를 통해 고찰해야 하는 것이다. 당시의 사료에도 대중음악을 지칭하면서 '전 세계적인 추세'를 운운하는 경우가 많은데,

---

직접적으로 동경한 노래가 없는 것은 미국이 현전하는 대상이었기 때문이다.(장유정, 「1950년대 대중가요의 이국성 고찰」, 『구비문학연구』 27집, 한국구비문학회, 2008)

이는 당대 대중음악이 단순히 일본 대중음악의 영향만을 전적으로 받은 것이 아니라는 것을 말해준다. 세계, 특히 미국의 대중음악의 흐름 속에서 일본 대중음악과 우리나라 대중음악을 이해할 필요가 없다.[40]

> 레코드 會社에서는 엇잿든 몬저 流行된 노래를 吹入하야 販賣率의 正確을 期하고 잇다. 그러함으로 朝鮮에서 팔니는 레코드에는 日本서 건너온 가짜 流行歌가 대부분을 차지하는 터이다. 어느 때이나 우리에게도 作曲作詞에 興味와 雅趣가 넘치는 流行歌가 나아올넌지 생각하면 창창하다. 점자는 체 하는 作曲家는 게시나 大衆의 마음을 울녀주는 流行歌에는 임자가 업다. 그러함으로 朝鮮아! 너는 一時라도 速히 天才잇는 流行作曲家를 나어라.[41]

> 우리 정통(正統)의 민요를 본바다 혹은 서양노래의 맛당한 전통(傳統) 아래 시대의 향기를 도다 우리의 나갈 길을 찾는 것이 가장 당연한 노릇이 아닌가 한다. (띄어쓰기는 인용자, 이하 동일)[42]

일제강점기의 조선 대중음악은 크게 두 가지 특징을 드러낸다. '일본을 통한 서양 대중음악의 수용'과 '전통가요의 발굴과 재인식'이 그것이다. 대중음악을 놓고 볼 때, 우리의 지향점이 일본 대중음악 자체는 아니었다. 그보다는 서양 대중음악에 그 지향점이 있었다고 볼 수 있다. 다만 일본이 직접 서양 대중음악의 영향을 받으면서 자신들의 대중음악 판을 형성해왔던 것과 달리 우리는 일본이라는 매개자를 거쳐서 서양 대중음악을 수용하는 경우가 태반이었다. 그러한 과정에서

40 세계 대중음악의 흐름 속에서 우리나라 대중음악을 살펴보아야 한다는 주장은 권도희에 의해서도 제기된 바 있다.(권도희, 『한국 근대음악 사회사』, 민속원, 2004, 284~288쪽)

41 이서구, 「조선의 유행가」, 『삼천리』, 1932.8.

42 이하윤, 「사로에 방황하는 대중가요」, 『가정지우』, 1939.6.

다양한 굴절과 변용이 이루어지기도 하였다.

그런가 하면, 당시 대중음악 관련 종사자들도 일본의 대중음악을 베끼는 일을 비난하였다. 판매율의 정확을 위해서 조선 대중음악 생산자들이 일본에서 유행하였던 대중가요를 모방하는 일이 많았는데, 당시에도 일본에서 유행하였던 노래를 베끼는 것은 잘못이라고 비판하였던 것이다. 그리고 그러한 음악을 일러 '가짜 유행가'라고 하였다. 그러면서 대중의 심금을 울려줄 대중가요를 작곡할 조선인 천재 작곡가가 어서 나왔으면 좋겠다고 하였던 것이다. 그런데 여기서 대중의 심금을 울려줄 대중가요의 요소에 빠지지 않고 등장하는 것이 바로 '민요'와 같은 전통가요의 계승이었다. 두 번째 인용문에서 이하윤이 제시한 바람직한 대중가요도 '민요를 본받았'거나 '서양 노래의 마땅한 전통 아래에 시대의 향기를 담은 곡'이었던 것이다.

이처럼 대중음악을 통해 볼 때, 조선에 있어서 일본이라는 타자는 서양의 아류에 불과하였다고 볼 수 있다. 일본은 적극적인 서양 추종을 통해 자신들의 우월함을 강조하고자 하였고, '유사 서양' 내지는 '사이비 서양'을 자처함으로써 식민지 조선을 지배하는데 정당성을 획득하고자 하였다. 그러나 일본의 그러한 의도가 온전하게 수행되었다고 보기는 어렵다. 일단 서양과 달리 일본과 조선 사이에는 인종이 끼어들 여지가 없었고 오랜 역사적 경험을 통해 일본을 무시하는 감정마저 지니고 있던 조선은 일본 자체를 지향하지 않았다고 볼 수 있다.

조선의 대중음악 상황은 생각보다 매우 역동적이고도 복잡하게 전개되었다. 일본을 통한 서양 대중음악의 수용과 향유 과정에서 그에 대한 비판과 정화의 차원으로 민요와 같은 전통가요에 대한 발굴과 재인식이 이루어지기도 하였다. 1930년대 중반에 신민요가 트로트를 압도할 정도의 인기를 얻고, 그에 힘입어 지방의 민요를 발굴해서 음반에 수록한 '속요'가 유행하였던 것도 그러한 차원에서 이해할 수 있다.[43] 게다가 오늘날과 마찬가지로 대중가요의 비속성과 퇴폐성이 문제가 되었고 이에 대한 정화운동이 자발적으로 이루어진 것을 목도할 수 있다. 그리고 그 한 대안으로 시행되었던 '유행가 현상 공모'의 당선작을 보면 '향토성'과 '토속성'을 지향하였다는 것도 알 수 있다. 결국 일제강점기 우리나라 대중음악은 서양 대중음악, 일본 대중음악, 우리나라의 전통가요가 상호 경쟁하고 공존하면서 형성되고 전개되었던 것이다.

5. 맺음말

이상으로 일제강점기의 대중음악을 통해 일본이라는 타자를 살펴보았다. 2절과 3절에서는 일제강점기 대중음악을 비판할 때 항상 등장하는 '이식성'과 '왜색성'을 들어 그 논의의 문제점을 제시하였다. 대중음악의 이식성과 왜색성은 일제강점기를 일원론적인 사고에 입각해 단순하게 파악한 데에서 비롯하였다고 볼 수 있다. 그러나 당시의 대중음악 판은 매우 복잡하고 혼성적인 상황에서 벌어졌다고 볼 수 있다. 굳이 호미 바바의 '혼성성'[44]의 개념을 들지 않더라도 상황은 복잡하게 전개되었던 것이다.

---

43 신민요에 대한 당대의 수용과 인식에 대해서는 장유정, 「1930년대 신민요에 대한 당대의 인식과 수용」, 『한국민요학』 제12집, 한국민요학회, 2003 참조.

44 호미 바바의 '혼성성'에 대해서는 호미 바바, 나병철 역, 『문화의 위치』, 소명출판, 2002 참조.

사실상 일제강점기의 대중음악은 단지 일본 대중음악의 영향만으로는 설명할 수 없는 복잡한 양상을 드러낸다. 일본은 적극적으로 서양의 문화를 받아들였고 당시 우리나라는 일본을 통해 서양을 경험하였다고 할 수 있다. 그러므로 우리나라 대중음악의 형성과 전개는 세계의 보편사적인 대중음악의 흐름 속에서 이해할 필요가 있다. 앞서 살펴보았던 것처럼, 일제강점기 조선 대중음악의 특징으로는 크게 '일본을 통한 서양 대중음악의 수용'과 '전통가요의 발굴과 재인식'을 들 수 있다. 그리고 서양 대중음악의 추수가 이루어지면 질수록 민요와 같은 전통가요에 대한 중요성이 강조되었다.

요컨대 서양의 아류로서의 일본은 우리나라의 궁극적인 지향점이 아니었으며 매개자의 위치에 있던 타자였다고 할 수 있다. 이러한 결론이 단지 대중음악에만 해당하는지, 아니면 다른 문화 전반에도 나타나는 현상인지에 대해서는 앞으로 더 연구해보아야 할 것이다. 그리고 세계사적인 대중음악사의 흐름 속에서 당시 조선 대중음악의 위상을 살펴보는 일도 우리에게 남겨진 과제이다. 그러므로 한국 대중음악사를 다시 쓰는 일은 지금부터 시작이다.

참고문헌

『가정지우』, 『매일신보』, 『삼천리』, 『조광』

권도희, 『한국 근대음악 사회사』, 민속원, 2004.

김용운, 『카오스의 날갯짓』, 김영사, 1999.

김점도 편, 『유성기음반 총람자료집』, 신나라레코드, 2000.

김창남, 「대중가요, 그 현실 순응의 이데올로기」, 『한국문학의 현단계』 III, 창작과비평사, 1984.

______, 「유행가의 성립 과정과 그 문화적 성격－찬송가의 보급에서 유행가까지」, 『노래』 1, 실천문화사, 1984.

반야월, 『야화 가요 60년사』, 전곡사, 1983.

야마우치 후미타카, 「한국에서의 일본 대중문화 수용에 관한 역사적 고찰－구한말·일제강점기 창가와 유행가를 중심으로」, 한국외국어대 석사논문, 2000.

______________, 「일제시대 음반제작에 참여한 일본인에 관한 시론」, 『한국음악사학보』 제30집, 한국음악사학회, 2003.

이영미, 『한국대중가요사』, 시공사, 1998.

______, 「트로트 논쟁의 흐름과 쟁점」, 『비평과 이론』 제13권 1호, 한국비평이론학회, 2008.

이준희, 「1945년 이전 한국 대중음악 음반에 나타난 일본인의 활동」, 『제4회 세계 한국학대회 논문 CD』, 한국학중앙연구원, 2008.

장유정, 「1930년대 신민요에 대한 당대의 인식과 수용」, 『한국민요학』 제12집, 한국민요학회, 2003.

______, 「한국 트로트의 정체성에 대한 일고찰－1945년 이전 노래의 시적 자아를 중심으로」, 『구비문학연구』 제16집, 한국구비문학회, 2003.

______, 「1930년대 기생의 음악활동 일고찰－대중가요 가수를 중심으로」, 『민족문화논총』 제30집, 영남대 민족문화연구소, 2004.

______, 「한국 트로트의 정체성에 대한 일고찰－1945년 이전 노래의 시적 화자의 정

서를 중심으로」, 한국구비문학회 편, 『현대사회와 구비문학』, 박이정, 2005.
______, 『오빠는 풍각쟁이야－대중가요로 본 근대의 풍경』, 민음in, 2006.
______, 「1960년대 한국 트로트 연구－이미자의 노래를 중심으로」, 『2008 가을 대중서사학회 31차 정기학술대회 발표집』, 대중서사학회, 2008.
______, 「1950년대 대중가요의 이국성 고찰」, 『구비문학연구』 27집, 한국구비문학회, 2008.
천 꽝싱, 백지운 외 역, 『제국의 눈』, 창비, 2003.
키스 니거스, 송화숙 외 역, 『대중음악이론』, 마티, 2012.
한국정신문화연구원 편, 『한국 유성기음반 총목록』, 민속원, 1998.
호미 바바, 나병철 역, 『문화의 위치』, 소명출판, 2002.

제1부 제2장

일제강점기 대중가요에 나타난 가족의 양상[1]

1. 머리말

본고의 목적은 일제강점기 대중가요의 가사에 나타난 가족의 양상을 고찰하는 것이다. 위기의식이 만연한 시기에 가족을 호명하게 된다는 점을 감안할 때, 일본의 식민지였던 일제강점기는 가족을 호명할 수밖에 없는 시기였다. 자의 혹은 타의에 의해 가족을 떠나 수많은 사람들이 떠돌이 생활을 해야 했던 일제강점기 내내 가족은 당대인에게 아픔의 근원이자, 동시에 위로의 원천이었던 것이다. 가족과 헤어져 그들을 만날 수 없기에 가족은 슬픔의 근원이었고, 괴로울 때면 그저 떠올리는 것만으로도 힘이 되기에 가족은 위로의 원천이었다. 그러므로 일제강점기 대중가요에 나타난 가족의 모습을 살펴보는 일은 중요하다.

1 「일제강점기 대중가요에 나타난 가족의 양상 고찰」, 『구비문학연구』 30집, 한국구비문학회, 2010.

그러면 왜 대중가요인가? 보통 대중가요를 일러 당대를 비추는 거울이라고 한다. 물론 대중가요가 당대의 사회를 온전하게 반영한다고 단언할 수는 없다. 그러나 대중이 향유했던 대중가요를 통해 당대인의 의식과 욕망을 엿볼 수 있는 것도 사실이다. 그리고 가족을 소재로 한 대중가요를 통해 당대 가족을 둘러싼 몇 가지 풍경을 들여다볼 수 있다. 따라서 가족을 소재로 한 대중가요를 대상으로 하여 당대 가족의 몇 가지 모습을 살펴볼 필요가 있다.

가족 소재 대중가요를 고찰하기 위해 가장 먼저 한 작업은 가족 소재 대중가요의 목록을 작성하는 일이었다. 노래 제목에 가족 구성원을 지칭하는 용어가 나오거나, 남아 있는 가사를 검토하여 가사에 가족 관련 어휘가 등장하는 작품을 선별하여 정리하였다.[2] 일제강점기에 발매된 4,000여 곡의 대중가요 중에서 '가족'과 관련된 노래는 약 124곡을 찾을 수 있었다.

일단 제목에 나타나는 가족 관련 호칭어의 예와 그 수를 보면, 처(1), 각시(6), 아내(13), 마누라(4)처럼, '아내'를 지칭하는 용어가 24개로 가장 많았다. 다음으로는 엄마(2), 어머니(6), 어머님(8)처럼, '어머니'의 호칭어가 총 16개였다. 다음으로 아들(6), 딸(4), 신랑(4)('낭군' 1개 포함), 아버지(4), 누님(3)('누이' 1개 포함), 오빠(2), 며느리(1) 등이 나타났다. 가족 관계를 나타내는 용어로는 부부(3), 남매(2), 모자(1) 등을 찾을 수 있었다.

---

2 대중가요 가사는 일제강점기에 유통되었던 유성기음반 가사지를 모아서 영인한 『유성기음반 가사집』 1권에서 7권을 참고하였다. 구체적인 서지 사항은 다음과 같다. 한국고음반연구회 · 민속원 공편, 『유성기음반 가사집』 I, 민속원, 1990; 한국고음반연구회 · 민속원 공편, 『유성기음반 가사집』 II, 민속원, 1990; 한국고음반연구회 편, 『유성기음반 가사집』 3, 민속원, 1992; 한국고음반연구회 편, 『유성기음반 가사집』 4, 민속원, 1994; 최동현 · 임명진 편, 『유성기음반 가사집』 5, 민속원, 2003; 최동현 · 임명진 편, 『유성기음반 가사집』 6, 민속원, 2003; 이준희 · 장유정, 『유성기음반 가사집』 7, 민속원, 2008. 또한 가사지는 없으나 음원이 남아 있는 노래는 음원을 듣고 가사를 채록하였다.

노래 제목에 '어머니'보다 '아내'가 더 많이 등장한 것은 달라진 사회환경을 반영한다. 부모와 자식 간의 관계가 수직적 관계라면, 부부관계는 수평적 관계라고 할 수 있다. '아내'가 많이 등장하였다는 것은 전통적으로 수직 관계를 중시하던 사회가 일제강점기에 이르러 수평 관계를 강조하는 사회로 변하였음을 의미하기도 한다. 그럼에도 불구하고 '어머니'가 여전히 빈번하게 출현하는 것은 그 사회가 '어머니'라는 마음의 안식처를 여전히 갈구하게 만드는 사회였다는 것을 반증한다. 그러나 실제 작품을 살펴보면 이렇게 단순하지 않다는 것을 알게 된다.

약 124곡 중에서 가사를 찾을 수 있는 곡은 24곡 정도로 그다지 많은 수치가 아니다. 그러나 노래의 제목을 참고하고 대중가요 갈래를 참작하여 가사를 살펴보면, 가족을 소재로 한 대중가요의 가사에 나타나는 몇 가지 경향을 포착할 수 있다. '전통적 가족 가치의 재생', '새로운 가족 형태의 출현', '가족의 해체와 아버지의 부재'가 그것이다. 이는 노래가 궁극적으로 드러내는 주제에 따라 분류한 결과이다. 그리고 가사를 자세히 살펴보면 이는 각각 전통성, 근대성, 식민성을 대변한다고 할 수 있다.

사실상 일제강점기는 전통성, 근대성, 식민성이 착종되었던 시기이다. 민족주의, 근대성, 식민주의라는 세 꼭짓점으로 이루어진 삼각형에 비유되는 일제강점기는 다양한 변수가 작용하였던 시기로 볼 수 있다. 따라서 단순히 식민성(colonialism)을 지배와 억압으로, 민족주의(nationalism)를 저항과 운동으로만 일원화시킨다면 그 안에 존재하는 역동적이고 복잡한 모습을 놓칠 것이다. 제국주의적 억압 대 민족적 저항, 식민지적 착취 대 민족적 발전, 일본 문화 대 한국 문화라는 이분법적 구성을 넘어서 민족주의, 근대성, 식민주의 사이의 복합적인 관계에 주목할 필요가 있는 것이다.[3]

일제강점기 대중가요도 마찬가지다. 어느 한 가지만으로 규정할 수 없는 다양하고 복잡한 양상이 일제강점기 대중가요에 나타난다. 전통성, 근대성, 식민성이 뒤섞이거나 어느 한 가지가 우세한 양상을 드러내면서 대중가요는 복잡하고 다양하게 존재하였다. 여기서 다루고자 하는 가족 소재 대중가요도 여러 가지 모습으로 존재하였다. 물론 어느 한 가지만으로 한 작품의 특징을 단정하는 것에는 한계가 있으나, 분명히 어느 한 가지 속성이 두드러지는 것도 사실이다.

이에 본고에서는 구체적인 작품을 들어 일제강점기 대중가요에 나타난 가족의 양상을 살펴보기로 한다. 아직까지 가족을 소재로 한 일제강점기 대중가요를 본격적으로 고찰한 논의가 없었다는 것을 고려할 때 본고의 작업은 일제강점기 대중가요에 나타난 가족의 양상을 본격적으로 살펴본 논의라는 점에서 의의를 지닐 것이다.

2. 전통적 가족 가치의 재생

대중가요는 '작곡가 / 작사가-가수-작품(노래)-음반 / 방송 / 공연-대중(청중)'으로 이루어진 복합적 소통구조를 지니고 있다. 이 중에서 대중가요에 나타나는 가족의 양상을 살펴보기 위해서는 기본적으로 작품의 가사를 살펴보지 않을 수 없다. 그런데 이 또한 단순한 문제가 아니다. 노래 가사를 사이에 두고 실제 작사가와 가수, 그리고 작품 속

3 신기욱 · 마이클 로빈슨 편, 도면회 역, 『한국의 식민지 근대성』, 삼인, 2006, 39~61쪽.

의 화자가 중층적으로 존재하기 때문이다. 그러나 작품 분석에서 가장 먼저 고려할 것은 노래 속의 화자라고 할 수 있다.

시 텍스트의 해석 과정에 있어서 가장 관건이 되는 요소가 시의 화자에 대한 이해인 것처럼[4] 대중가요 가사 분석에서 원칙적으로 고려할 것은 노래 속의 화자다. 특히 본고의 작업을 수행하기 위해서 가족 구성원 중 누가 어떤 이야기를 하고 있으며 그 의미가 무엇인지를 당시의 문화적 맥락에서 살펴볼 필요가 있다.

먼저 일제강점기 대중가요 중에는 전통적인 가족 가치를 재생하는 노래가 있다. 이러한 노래들은 주로 어머니에 대한 그리움을 표현하는 자식이나, 떠난 남편을 그리워하는 아내의 목소리로 이루어져 있다. 전통적인 가족 윤리에서 '효(孝)'와 '열(烈)'은 매우 중요한 덕목이었다. 그리고 이러한 전통적인 가족 윤리가 대중가요에서 재생되고 있는 것이다.

〈아내의 무덤 안고〉(유행가, 유도순 작사, 전기현 작곡, 강홍식 노래, 1935)처럼 죽은 아내를 그리워하는 남편의 발화로 이루어진 노래가 있기는 하나, 아내가 떠나간 남편을 그리워하는 노래가 더 많다. 〈사공의 아내〉(유행가, 김정호 작사, 유현 작곡, 왕수복 노래, 1936)와 〈수부의 아내〉(유행가, 유도순 작사, 이면상 작곡, 전옥 노래, 1934)는 아내가 떠나간 남편을 그리워하는 대표적인 노래들이다.

그리운 님 소식은 오늘도 업네
압바다 포구에다 기다림 놓코
내 홀로 마을에서 세해를 사네
우리 님 배 소식은 엇재서 업나

4 박윤우, 「대중가요의 활용을 통한 시의 화자 이해」, 『국어교육』 122호, 한국어교육학회, 2007, 621쪽.

그리운 님 소식은 오늘도 업네
바다로 가신 님이 바다로 안 와
아득한 물길에는 백구만 나네
우리 님 배 소식은 엇재서 업나

그리운 님 소식은 오늘도 업네
고기배 올 째마다 뷘말을 하며
닷소리 북소리에 눈물 흘리네
우리님 배 소식은 엇재서 업나

— 〈수부의 아내〉
(유행가, 유도순 작사, 이면상 작곡, 전옥 노래, 1934)

〈수부의 아내〉는 배를 타고 떠나간 남편을 기다리는 아내의 독백으로 이루어진 노래다. 아내가 기다리는 남편은 배를 타고 떠난 지 삼년이나 되었다. 집 떠난 지 삼 년이 넘도록 소식이 없으니 남편의 생사(生死)를 알 수 없다. 비록 남편의 생사를 모르나, 〈수부의 아내〉 속에 등장하는 아내는 남편에 대한 한결같은 그리움으로 남편을 기다린다. 이렇게 남편을 앗아 간 '물'과 그러한 남편을 그리워하는 아내의 모습은 고대가요인 〈공무도하가〉에서부터 찾을 수 있다. 〈공무도하가〉도 아내가 남편이 물에 빠져 죽은 상황을 읊조리고 이를 슬퍼하는 내용으로 이루어져 있는 것이다. '물'이 일반적으로 생명력, 성스러움으로의 정화, 영원한 삶의 흐름 등을 내포하는 것[5]과 달리, 〈공무도하가〉와 〈수부의 아내〉에서 '물'은 '죽음' 내지는 '이별'과 같은 부정적인 이미지와 연결된다.

5 이상오, 『한국 현대시의 상상력과 자연』, 역락, 2006, 271쪽.

그림 5. 강홍식과 전옥 (한국 유성기음반 아카이브)

그런가 하면 떠난 남편을 기다리는 아내의 목소리로 노래가 전개된다는 점에서, 〈수부의 아내〉는 백제 가요인 〈정읍사〉의 계보를 잇는 것으로도 볼 수 있다. 직접적인 연관을 지닌다는 것이 아니라 유사한 정서가 세대를 거듭하여 노래에 등장한다는 것이다. 떠나간 남편을 그리워하는 아내의 태도를 수동적으로 볼 것인지 아니면 능동적인 것으로 볼 것인지에 대한 문제는 차치하더라도,[6] 아내의 입장에서 부부의 의리를 강조하였다는 점에서 〈수부의 아내〉는 〈정읍사〉와 유사하다고 할 수 있다.

한편 어머니에 대한 그리움을 표현한 노래는 크게 두 가지 양상으로 나타난다. 어머니를 고향과 동일시하여 마음의 안식처로서의 어머니를 그리워하는 것과, 어머니에게 효도하지 못한 죄송스런 마음을 고백한 것이 그것이다. 예를 들어, 〈마음의 고향〉(유행가, 이하윤 작사, 김준영 작곡, 강홍식 노래, 1937)과 〈지상의 어머니〉(유행가, 처녀림 작사, 이용준 작곡, 박향림 노래, 1938)[7]는 어머니를 고향과 동일시하여 어머니를 그리워하고 있는 노래에 해당한다.

> 써나온 내 고향이 눈에 밟히면
> 아득한 하눌가의 별을 헴니다
> 흐음
> 그리운 고향 눈물의 고향

---

6 이수곤은 〈정읍사〉에 등장하는 아내의 태도를 '타자화'라고 규정할 수 없다고 말하고 오히려 아내는 상호의존적이면서 주체적인 모습을 보인다고 해석하였다.(이수곤, 「〈정읍사〉의 여성 화자 태도와 그 의미에 대한 시론적 고찰– 여성 화자 연구의 비판적 검토와 앞으로의 과제」, 『한국고전여성문학연구』 14집, 한국고전여성문학연구회, 2007, 392쪽, 410쪽)

7 〈지상의 어머니〉에 대한 해석은 장유정, 『오빠는 풍각쟁이야– 대중가요로 본 근대의 풍경』, 민음in, 2006, 323~325쪽 참조.

이 밤도 외론 발길 쉴 곳을 차저
남 몰을 한숨 속에 눈물 집니다
흐음
그리운 고향 한숨의 고향

어머니 계신 고향 다시 그리면
달빗만 눈섭 우에 어리움니다
흐음
그리운 고향 마음의 고향

— 〈마음의 고향〉
(유행가, 이하윤 작사, 김준영 작곡, 강홍식 노래, 1937)

노래 속의 화자는 고향을 떠나 타향에서 떠도는 나그네 신세다. 정들고 편안했던 고향을 떠나 객지로 떠도는 삶은 고달플 수밖에 없다. 이렇게 삶이 고달프고 괴로우면 대부분의 사람들은 평온했던 옛날의 삶을 그리워하게 된다. 사회적으로든 집단적 무의식으로든 가족의 중요성이 강력하게 표현되는 시점은 주로 사회적 위기의 순간이다. 다시 말해, 가족적 관계에 대한 요구가 집단적으로 표명되는 시점은 주로 현실의 모든 것이 깨졌다는 위기의식과 그로 인한 심리적 불안감이 팽배한 시기인 것이다. 그러므로 위기의 담론이 가족(가족 가치, 가족 감정, 가족 관계 등의)을 불러내는 것은 현실적 관계를 위기로 실감하는 집단들의 심리적 불안감과 밀접한 관련이 있다.[8]

역사적으로나 개인적으로나 일제강점기는 위기의 시기였다. 수많

8 권명아, 『가족이야기는 어떻게 만들어지는가』, 책세상, 2000, 34쪽, 60쪽.

은 사람들이 고향을 떠나 객지로 떠돌아야 했던 것이다. 1920년대에 접어들어 자신이 경작하던 땅을 빼앗기자 우리 민족은 어쩔 수 없이 떠돌이 신세가 되었다. 그리고 자의 반 타의 반으로 만주를 비롯한 해외로 이주하기도 하였다.[9] 이 시기에는 나그네 의식이 팽배했고, 그럴수록 '어머니'나 '집'으로 표상되는 고향에 대한 그리움을 표현한 노래가 많이 등장하였다. 이는 1920~30년대 시에서도 마찬가지로 나타난다. 어머니나 집으로 압축되는 구심적 시간 의식이 한국 시에서 고향 의식, 귀소 본능이라는 낯익은 주제로 구현되었던 것이다.[10] 어디 일제강점기뿐인가? 광복 이후에도 전쟁과 분단을 겪으면서 만연하였던 위기의식은 고향과 어머니를 지속적으로 호명하게 하였다.

자식의 입장에서 어머니에 대한 그리움을 표현한 다음의 노래는 앞서 살펴 본 노래보다 어머니에 대한 그리움을 더욱 애절하게 드러내고 있다.

> 불러 봐도 울어 봐도 못 오실 어머님을
> 원통해 불러보고 땅을 치며 통곡해요
> 다시 못 올 어머니여 불초한 이 자식은
> 생전에 지은 죄를 엎드려 빕니다
>
> 손발이 터지도록 피땀을 흘리시며
> 못 믿을 이 자식의 금의환향 바라시고
> 고생하신 어머님이 드디어 이 세상을
> 눈물로 가셨나요 그리운 어머니

9 일제강점기 대중가요와 디아스포라에 대해서는 장유정, 「20세기 전반기 한국 대중가요와 디아스포라」, 『대중음악』 2호, 한울, 2008 참조.

10 김현자, 『현대시의 서정과 수사』, 민음사, 2009, 234쪽.

그림 6. 〈불효자는 웁니다〉의 광고(『조선일보』, 1940.7.19)

북망산 가시는 길 그리도 급하셔서
이국의 우는 자식 내 몰라라 가셨나요
그리워라 어머님을 끝끝내 못 뵈옵고
산소에 어푸러져 한없이 웁니다

— 〈불효자는 웁니다〉
(유행가, 김영일 작사, 이재호 작곡, 진방남 노래, 1940)

'효행(孝行)'은 동서고금을 막론하고 존재하였던 인류의 중요한 덕목 중 하나이다. 아무리 세상이 변하고 시대가 바뀌어도 효행의 중요성은 사라지지 않는다. '효행'은 인간이 인간성을 지키는 마지막 보루일 수 있기 때문이다. 일제강점기 대중가요에도 '효'를 주제로 한 작품이 등장한다. 〈잃어버린 아버지〉(조명암 작사, 손목인 작곡, 이난영 노래, 1939)와 〈오호라 부주전〉(조명암 작사, 김령파 작곡, 이화자 노래, 1941)처럼 아버지를 소재로 한 노래가 없는 것은 아니나, 아버지보다는 어머니에 대한 애절함을 표현한 노래가 훨씬 많았다. 노래에 아버지보다 어머니가 더 많이 등장하는 것을 어떻게 이해해야 할까? 모성이 부성보다 강하다고 단정할 수 없음에도 불구하고 일제강점기 대중가요와 1950~60년대 대중가요에는 어머니가 아버지보다 더 자주 그리움의 대상으로 나타났다.

가장이 제 구실을 못하는 위기의 시기에는 어머니가 가족의 구심점이 되는 것이 맞는다면,[11] 어렵고 힘든 시기에 어머니를 그리워하는 노래가 많이 등장한 것이 우연한 일은 아닐 것이다. 실제 삶에서도 우리는 아프고 힘들 때 아버지보다 어머니를 먼저 떠올린다. 어머니의 뱃속에서 열 달 동안 있었던 것이 영향을 끼쳤는지 알 수 없으나, 대부분의 사람들이 아버지보다 어머니를 심정적으로 더 가깝게 여긴다. '엄부자모(嚴父慈母)'라는 말에서 보듯이, 예로부터 아버지와 어머니는 '엄한 아버지'와 '자애로운 어머니'로 표상되었고, 엄한 아버지보다 자애로운 어머니께 정서적 안정을 찾는 것은 당연한 일인지도 모르겠다.

위에 제시한 〈불효자는 웁니다〉(김영일 작사, 이재호 작곡, 진방남 노래, 1940)를 위시하여, 〈어머님 전상백〉(조명암 작사, 김령파 작곡, 이화자 노래, 1939), 〈어머님 사랑〉(조경환 작사, 이재호 작곡, 백년설 노래, 1940), 〈금의환향〉(박영호 작사, 김송규(김해송) 작곡, 김해송 노래, 1939) 등은 모두 자식의 입장에서 어머니에 대한 간절하고도 애절한 그리움을 표현한 노래다.

하지만 어머니를 소재로 한 다른 노래에 비해 〈불효자는 웁니다〉가 더욱 절절하게 느껴지는 것은 그것이 돌아가신 어머니를 소재로 하고 있기 때문이다. 언제나 그렇듯이 소중한 것은 그것이 사라진 뒤에야 비로소 그 가치가 증명되곤 한다. 이 노래의 화자는 이국에서 돌아가신 어머니를 그리워하며 눈물을 흘리고 있다. 그러나 '어머니의 죽음'으로 어머니를 만날 수 있다는 바람과 희망이 이미 차단되었기 때문에

---

11 김이순, 「한국전쟁과 가족 이미지 – 가족 해체와 복원의 사이」, 『미술사 연구』 제19호, 미술사연구회, 2005, 250쪽.

이 노래는 더욱 애처롭고 슬프게 다가온다. 결국 어머니 살아생전에 효도를 다하지 못했다는 죄책감은 노래 속 화자인 자식에게 한이 되었고 비슷한 경험을 지닌 많은 사람들의 공감을 얻을 수 있었다.

전통적 가족 가치를 재생하는 작품들은 주로 트로트가 담당하였다. 이른바 트로트는 당시의 세태를 핍진하게 드러내면서 당대인의 호응을 이끌어냈다.[12] 트로트는 당대인의 고통을 가장 절실하게 드러냈는데, 전통적인 가족의 가치를 반영한 이러한 노래들도 주로 트로트 양식으로 이루어진 것이다. 이는 애조(哀調)의 트로트가 '효'와 '열'처럼 전통적으로 중요하게 여기던 가치를 재생하는데 적합한 양식이었기 때문에 나타난 현상이라고 볼 수 있다.

한편 어머니에 대한 절절한 그리움을 표현한 노래는 주로 1939년과 1940년에 집중적으로 나타나는데, 이는 이 시기의 상황과 무관하지 않다. 전시체제로 들어서면서 일본의 폭압성은 날로 극심해졌다. 1938년에는 '조선인 지원병 제도'마저 실시되어서 우리나라 젊은이들이 전쟁터로 내몰리는 상황에 직면하였다. 전운의 기운이 감돌면서 시국은 어수선하였고, 어쩔 수 없이 헤어진 가족들은 서로의 안부를 걱정하고 서로를 그리워해야 했다. 그러나 1941년 이후로는 이조차 어려워졌다.

태평양전쟁이 발발하고 1940년대 일본 당국이 소위 '신체제'라는 것을 실시하면서 일제는 음반 산업을 전면적으로 통제하였다. 그 때문에 1941년 말부터 1943년까지는 일제의 침략 전쟁을 홍보하고 전시 동원을 독려하기 위해 만든 이른바 '군국가요'가 대중가요 음반의 대다수를 차지하였다.[13] 이러한 군국가요에는 일제의 의해 해체된 가족의 모습

12 트로트에 나타난 의식은 장유정, 앞의 책, 275~332쪽 참조.

13 군국가요에 대해서는 이준희, 「일제 침략전쟁에 동원된 유행가, '군국가요' 다시 보기」 1-45, 『오마이 뉴스』, 2003~2004; 장유정, 앞의 책, 333~342쪽; 박애경, 「1940년대 군국가요에 나타난 젠더 이미지와 젠더 정치」, 『민족문화논총』 제35집, 영남대 민족문화연구소, 2007 참조.

이 '전쟁'이라는 명분을 내세운 체 미화되어 나타난다. 이에 대해서는 4장에서 구체적으로 살펴보기로 하고 그 전에 3장에서는 일제강점기에 새롭게 출현한 소가족의 풍경을 고찰하기로 한다.

3. 새로운 가족 형태의 출현

우리나라에서 부부 중심의 소가족에 대한 동경이 나타난 것은 1920년대부터이다. 이층 양옥에 부부가 단란하게 피아노를 놓고 살면서 때로는 노래 부르고 때로는 함께 시를 읽는, 이른바 '스위트 홈(Sweet home)'에 대한 동경이 젊은이들 사이에 만연하였던 것이다.[14] 이러한 분위기에 힘입어 1930년대 대중가요에는 신식 가정의 풍경을 담은 노래들이 등장한다.

노래 제목에서부터 '신접'이나 '신혼'이 들어간 경우가 많은데, 〈신접살이 풍경〉(유행가, 조명암 작사, 대구보덕이랑 작곡, 남인수 · 이난영 노래, 1938), 〈신접살이 풍경〉(유행가, 고마부 작사, 유일 작곡, 미스 리갈 노래, 1938), 〈신혼명랑보〉(유행가, 강영숙 작사, 전수린 작곡, 박단마 · 임영일 노래, 1939), 〈신혼 아까쓰끼〉(유행가, 박영호 작사, 김송규 작곡, 김인숙 · 유종섭 노래, 1938), 〈신혼풍경〉(유행가, 천우학 작사, 강구야시 작곡, 한화연 노래, 1936) 등이 그러한 예이다.

신식 가정을 그리고 있는 노래에는 〈가정 전선〉(만요,김용호 작사, 손목

14 권보드래, 『연애의 시대』, 현실문화연구, 2003, 82쪽.

인 작곡, 김정구 · 장세정 노래, 1938)과 〈가미 부부탕〉(유행만요, 처녀림 작사, 이용준 작곡, 김해송 · 박향림 노래, 1938)처럼 단지 '열거'와 '언어 유희'로 재미를 유발하는 곡이 있다. 그러나 다음의 곡은 웃음과 재미를 지향하면서도 달라진 가정의 정경을 보여주고 있어서 주목된다.

아 여보 아 마누라 대문 좀 여러줘 응 응
몰나요 아니 지금이 몃신중 아는 거유
어서 아무데구 가서 쓸어저 자구 와요

사장님 환영회에 할 수 업시 갓다가
시각이 밥부게 불야불야 왓는데
듣기 실어요 무슨 놈에 사장이 매일 갈닌담
홍 마누라 괜스리 생트집만 잡지 말구서
빨낭 생트집만 잡지말구서
대문이나 여러 줘요 대문 좀 여러 주구려 응 마누라

월급만 올나가면 화류경댈 사주지
사장님 말슴이 염여 말나 합데다
듯기 시러요 아주 고런 거짓말에 넘어갈 줄 알구
홍 마누라 장모님 화푸리를 나한테 말구
어서화푸리를 나한테 말구
대문이나 여러 줘요 대문 좀 여러 주구려 응 마누라

실커든 고만둬라 나는 간다 나는 가
낼 아츰 조간에 유서나 읽어라

그림 7. 〈마누라 대문 열어〉의 음반 가사지와 김해송

아이 영감 물열께 죽지 마우 응
홍 마누라 증말요 아이 조타 우리 마누라
애해 아이 조타 개똥 어멈
찬밥이나 갓다 주우 속 쓰려 죽겟구나야 응 마누라

— 〈마누라 대문 열어〉
(유행만요, 처녀림 작사, 김송규(김해송) 작곡, 김해송 노래, 1938)

〈마누라 대문 열어〉는 신식 가정의 풍경을 보여주는 노래이다. 월급쟁이로 추정되는 남편이 술을 마시고 늦게 들어오자 아내가 문을 열어주지 않는다. 갖은 변명을 늘어놓으며 아내를 어르고 달래던 남편은 급기야 문을 열어주지 않는 아내에게 죽겠다고 협박 아닌 협박마저 한다. 그제야 아내는 죽지 말라며 문을 열어주고, 속없는 남편은 아내에게 헤헤거리며 속이 쓰리니 찬밥이라도 달라고 하는 것이다.

〈마누라 대문 열어〉와 〈월급날 정보〉(만요, 조명암 작사, 박시춘 작곡, 김정구 노래, 1938), 〈마누라 각하〉(유행가, 처녀림 작사, 이용준 작곡, 김응선 노래, 1937)에 나오는 남편의 직업은 모두 '월급쟁이'다. 1935년에 서울 모 여자고등보통학교 졸업 예정에 있는 30명의 학생들을 대상으로 '선호하는 남편의 직업'을 물어본 결과, 30명 중에서 12명이 은행이나 회사에 다니는 '봉급생활자(salaried man)'를 선호하는 것으로 나타났다. 그 다음이 의사(6), 상인(4), 교사(2), 신문 기자(2), 변호사(2), 예술가(1), 관리(1)의 순이었는데, 여학생들이 '봉급생활자'를 선호하는 이유는 "50~60원이라도 매달 일정한 수입이 있기 때문"이었다.[15] 이러한 맥락에서 신식 가정의 풍경을 그린 노래에 월급쟁이가 등장할 수 있었다.

15 「내가 이상(理想)하는 신랑후조건(新郎候條件)」, 『삼천리』, 1935.1.

월급을 술값으로 모두 쓰고 아내에게 잘못했다고 빌 생각에 아찔해 하는 남편의 모습을 그린 〈월급날 정보〉와, 마찬가지로 월급을 술집에서 모두 탕진하고 아내에게 홍두깨로 맞는 남편의 모습을 그린 〈마누라 각하〉,[16] 그리고 위에서 살펴 본 〈마누라 대문 열어〉는 모두 당시 '봉급생활자'의 모습을 웃음으로 풀어낸 작품에 해당한다. 그리고 부부 중심의 소가족 제도에서 조금은 달라진 아내의 위상도 반영한다. 〈마누라 대문 열어〉 속의 아내는 문을 열어 달라는 남편의 말에 꼬치꼬치 따지며 대꾸하고, 남편은 아내의 이런 모습에 쩔쩔 매는 것이다.

그런가 하면 남편과 아내의 공상을 담고 있는 다음의 노래는 당대인의 꿈과 욕망을 웃음으로 풀어내고 있다.

노다지를 파내면은 부자 될텐데
수천만 원 그 많은 돈 무엇에 쓰나
멋쟁이 양장과 구두 사 줘요
빙글 빙글 세계일주 구경도 하지
노다지야 노다지야 어데 가 묻혀 있느냐

노다지를 파내어서 부자 되면은
날 같은 건 본 체 만 체 하실랴거면
어여쁜 당신을 그럴 리 있소
당신이 버린다면 나는 싫어요
노다지 타령끝에 그것 참 큰 쌈 나겠군

16 〈마누라 각하〉의 분석은 장유정, 「만요를 통해 본 1930년대 근대문화」, 『웃음문화』 1호, 한국웃음문화학회, 2006 참조.

노다지를 파내어서 부자 되면은
새 자동차 웃벙거지 훌쩍 벗겨서
당신과 단 둘이 마주 앉아서
서울의 장안을 빙빙 돕시다
노다지 공상놀이 이남박 뒤집어 썼네

— 〈명랑한 부부〉
(만요, 김용호 작사 , 손목인 작곡 , 김정구 · 장세정 노래, 오케, 1940)

〈명랑한 부부〉는 부부가 노다지를 파서 부자가 되면 무엇을 할까 상상하는 내용으로 이루어져 있는 노래이다. 노다지를 파면 멋쟁이 양장과 구두를 사달라는 아내의 말에 세계 일주 여행도 하자며 남편이 받아친다. 그러다가 갑자기 아내는 돈이 생기면 남편의 마음이 변할지도 모른다는 생각이 들어 남편에게 자신을 본 체 만 체 할 거냐고 묻고, 남편은 어여쁜 당신을 버릴 리가 있냐고 대답한다. 이처럼 〈명랑한 부부〉는 있지도 않는 노다지 때문에 부부가 토닥거리는 모습을 보여준다. 그리고 이는 지켜보는 사람으로 하여금 웃음을 자아낸다. 비록 허무맹랑할지라도 큰돈이 생기면 좋겠다는 공상은 누구나 한 번 정도 하는 즐거운 상상이 아닐 수 없다. 헛된 꿈일지라도 그 꿈을 꾸는 순간은 행복하기 때문이다.

〈명랑한 부부〉를 위시하여 〈백만 원이 생긴다면〉(남초영 작사, 양상포 작곡, 김정구 · 장세정 노래, 1937)[17] 등은 '돈'의 가치가 부각된 사회상을 반영한다. 부부 중심의 소가족 풍경[18]을 그린 대중가요는 대체로 남편과

17 〈백만 원이 생긴다면〉에 대한 분석은 위의 글, 156~158쪽 참조.
18 가족 관계에서의 부부 중심성, 혹은 부부애의 요소는 서구적인 기원을 보여준다.(김혜경 · 정진성, 「'핵가족' 논의와 '식민지적 근대성' – 식민지 시기 새로운 가족개념의 도입과 변형」, 『한국사회학』 제35집, 한국사회학회, 2001, 227쪽)

아내의 대화 형식으로 노래가 전개되고, 그 갈래가 주로 '만요'라는 특징이 있다. 기본적으로 웃음을 지향하는 만요는 앞서 살펴보았던 애조의 트로트가 보여주었던 '효'와 '열'과 달리 부부 중심 가족의 모습을 웃음으로 가볍게 풀어낸다. 트로트와 만요가 그려내는 이질적인 가족의 두 모습은 당시 가족의 일면을 보여준다. 착종된 가족의 모습이 동시대 대중가요에 등장할 수 있었던 것은 대중가요 갈래의 차이에서도 연유한다고 볼 수 있다.

실제로는 '조혼', '제2부인 문제', '이혼' 등의 여러 가지 문제가 산재하고 있었으나,[19] 1930년대 대중가요 중 만요는 새롭게 출현한 부부 중심의 소가족 풍경을 웃음으로 그리는데 치중하였다. 그리고 이는 당대인의 꿈과 욕망의 한 단면을 보여준다.

4. 가족의 해체와 아버지의 부재(不在)

일제강점기 대중가요에 군국가요가 출현하기 시작한 것은 1937년 7월에 발발한 중일전쟁 이후부터다. 1937년 6월, 조선 총독부 학무국에서 '필름 레코드 인정 규정'을 제정하면서 군국가요가 등장하였던 것이다. 그러나 〈총후의 기원〉(시국가, 이하윤 작사, 손목인 작곡, 박세환 · 정찬주 노래, 1937)이나 〈승전의 쾌보〉(시국가, 이하윤 작사, 정진규 작곡, 박세환 · 정찬주 노래, 1938)와 같은 노래는 선동적이고 강한 어조로 인하여 대중들

19 일제강점기 가족생활에 대해서는 김경일, 「일제하 여성의 결혼과 가족생활」, 『식민지 근대화론에 대한 비판적 성찰』, 나남, 2009, 505~563쪽 참조.

의 호응을 얻지 못하였다.[20] 당시나 지금이나 음반은 경제적인 원리의 지배를 받기 때문에 팔리지 않는 음반은 그 생명력을 유지하기 어려웠다. 그 때문에 군국가요의 수가 점차로 줄어들었다가 태평양 전쟁 이후인 1941년 말부터 다시 급격하게 늘어났다.

이때부터는 일제의 강압 때문에 아무리 팔리지 않더라도 음반회사가 군국가요 음반을 발매하지 않을 수 없었다. 이때 등장한 군국가요는 가족을 내세워 정감에 호소하는 것이 대부분이다. 그러나 아들이 어머니에게, 아내가 남편에게, 그리고 어머니가 아들에게 당부하거나 부탁하는 내용으로 구성되어 있는 군국가요는 오히려 이 시기 가족 해체의 실상을 보여준다.

> 어머님의 편지를 앙가슴에 품고 가오
> 산을 넘고 물을 거너서 진군삼천리
> 비가 오면 비에 젖고 눈이 오면 눈에 얼며
> 병정으로 죽는 것이 소원이였소
>
> (사) 어머니 어머니
> 이 아들의 죽엄은 어머님의 자랑입니다
> 결사대로 떠나는 이밤
> 어머님의 편지를 안고서 달빛이 쏟아지는
> 참대숲으로 뛰여듭니다
> 피에 젖은 적삼 하나 받으시거든
> 내 아들 잘 싸웠다 자랑해 주시옵소서

20 장유정, 앞의 책, 333~337쪽; 「레코드계의 내막을 듣는 좌담회」, 『조광』, 1939.3.

그림 8. 〈군사우편〉의 음반 가사지

살을 만저 보아도 어머님 살이었소
뛰는 맥을 집허 보아도 어머님 핏줄
이 아들의 몸을 던저 나랏님께 바친 뒤에
피에 젖은 적삼 하나 보내오리다

— 〈군사우편〉
(신가요, 이가실 작사, 이운정 작곡, 이규남 노래, 1942)

1938년에 실시된 '조선인 지원병 제도'가 1943년에 '조선인 징병 제도'로 강화되면서 전쟁 참여를 촉구하는 열기가 절정에 달하였고 이에 부응하는 군국가요도 대거 양산되었다.[21] '시국가', '애국가', '개병가' 등으

21 1938년부터 1943년 사이에 지원병 2만 3천여 명이 병영으로 보내졌다. 1942년에는 44년부터 징병제를 실시하기로 결정하고 징병제의 취지를 선전하기 시작했는데, 일제는 이러한 지원병 모집과 장차 시행될 징병제에 발맞추어 어머니들의 협조를 얻기 위한 각종 강연과 좌담

그림 9. 〈군사우편〉 광고와 이규남

로 불렸던 군국가요는 초기의 구호를 연상시키는 어휘 대신에 1941년부터는 정감에 호소하는 감상적인 어휘를 주로 사용하였다. 정감에 호소하는 방법으로 가족 관련 호칭어를 등장시키고 고백체를 주로 활용하였다.

위의 〈군사우편〉도 아들이 어머니에게 보내는 편지 형식의 고백체로 이루어졌다. 그 내용은 "자신은 죽음을 불사하고 결사대로 떠나니, 자신이 죽어 피에 젖은 적삼 하나 받으면 어머니는 내 아들 잘 싸웠다고 자랑해 달라"는 것이다. 게다가 '죽음'이나 '피'처럼 자극적인 어휘를 사용하여 노래의 비장미를 더하고 있다. 그러나 과연 이러한 노래가 얼마나 많은 호응을 얻었는지는 의문이다. 어느 어머니가 죽은 아들을 보고 잘 싸웠다고 자랑할 수 있겠는가?

회를 열고 언론 매체를 통한 선전을 하였다고 한다.(안태윤, 「일제말기 전시체제와 모성의 식민화」, 『한국여성학』 제19권, 한국여성학회, 2003, 104쪽)

실제로 아들이 군인이 되는 것을 반대하는 어머니의 '가족주의'가 큰 장애물이 되자, 일본 제국주의는 조선 여성을 향하여 일본 여성을 본받아 '군국(軍國)의 어머니'가 되자는 대대적인 선전전을 전개하였다.[22] 하지만 일본 여성이 전시 정책에 협력하여 사회적 지위 향상을 기대했던 데 반해, 일본을 자기들의 국가로 생각할 수 없었던 조선의 어머니들은 이에 호응할 수 없었다.[23] 일제는 군국가요를 동원해서 모성(母性)을 식민화하려고 하였으나 이러한 노래들은 오히려 당시 일제에 의해 해체된 가족의 모습을 보여줄 뿐이다. 〈군사우편〉 외에 〈아들의 혈서〉(가요곡, 조명암 작사, 박시춘 작곡, 백년설 노래, 1942)와 〈병원선 일기〉(신가요, 함경진 작사, 한상기 작곡, 남해성 노래, 1943) 등이 아들이 어머니에게 발화하는 형식으로 이루어진 노래다.

한편 〈어머니의 기원〉(개병가, 신목경조 작사, 전기현 작곡, 차홍련 노래, 1943)과 〈지원병의 어머니〉(애국가, 조명암 작사, 고하정남 작곡, 장세정 노래, 1941)는 어머니가 아들에게 보내는 고백체의 노래고, 〈봄날의 화신〉(신가요, 이가실 작사, 손목인 작곡, 옥잠화 노래, 1943), 〈결사대의 아내〉(가요곡, 조명암 작사, 박시춘 작곡, 이화자 노래, 1943), 〈반도의 아내〉(가요곡, 조명암 작사, 김해송 작곡, 장세정 노래, 1942) 등은 아내가 남편에게 발화하는 내용으로 이루어진 노래다.

> 봄까지 울어울어 꽃 피는 아츰에
> 당신이 보낸 편지 받었습니다
> 글짱에 담은 충성 범연하겠소

22 이상경, 「일제 말기의 여성 동원과 '군국(軍國)의 어머니'」, 『페미니즘 연구』 2호, 한국여성연구소, 2002, 207쪽.

23 안태윤, 앞의 글, 108쪽.

당신께 바라는 건 빛나는 죽엄이요

품 안의 어린 것이 아빠를 부르며
당신의 편지 보자 손을 듭니다
이것이 아버님의 필적이란다
사연을 읽어주면 아는 듯 싱글벙글

당신이 떠나실젠 손 꼽아 아홉 달
이 편지 쓰을 적엔 두 살입니다
당신도 보고싶을 아들의 얼골
사진을 보내오니 보시고 진이소서

— 〈봄날의 화신〉
(신가요, 이가실 작사, 손목인 작곡, 옥잠화 노래, 1943)

〈봄날의 화신〉은 아내가 전장에서 보낸 남편의 편지에 대한 답장으로 내용이 이루어져 있다. 앞서 살펴보았던 〈군사우편〉과 마찬가지로 1절은 남편의 '빛나는 죽음'을 바란다는 아내의 비장한 언술로 이루어져 있다. 그러나 2절과 3절로 갈수록 아내의 비장함은 오히려 안타까움과 절절함으로 바뀐다. 아내 곁에는 남편이 얼굴조차 보지 못한 아기가 있기 때문이다. 아내는 아기의 사진을 보내니, 고이 지니라는 말로 편지를 맺는다. 처음의 장엄함은 온데간데없고 생이별한 가족의 애처로운 사연만이 남은 것이다.

그런데 위에 제시한 〈군사우편〉과 〈봄날의 화신〉은 앞서 2장과 3장에서 살펴보았던 작품들과 다소 다르다. 2장과 3장의 작사가와 가수는 노래 속 화자와 완전히 다른 인물로 보기 어렵다. 노래의 화자는 결국

그림 10. 〈봄날의 화신〉(한국 유성기음반 아카이브, 1943)

작사가와 가수의 목소리를 대변한다고 볼 수 있는 것이다. 이와 달리 군국가요는 기본적으로 일제의 강압에 의해 만들어졌기 때문에 작사가와 가수가, 노래의 화자와 온전하게 일치한다고 볼 수 없다. 군국가요 창작에 동원되었던 작사가와 가수의 진심을 정확하게 알 수는 없지만 가사를 찬찬하게 살펴보면 노래의 창작자 내지는 생산자의 진심을 조금은 엿볼 수 있다.

전시체제에는 기본적으로 국가(당시에는 일제)적인 가치가 개인적인 가치보다 우선하기 때문에 군국가요에도 '대(大)'를 위해 '소(小)'를 희생하는 양상이 드러난다. 그러므로 군국가요는 국가적인 가치에 의해 가족의 윤리가 재편되는 모습을 보여준다. '자신의 죽음이 어머니의 자랑'이라고 말하는 아들이나, '당신에게 바라는 것은 빛나는 죽음'이라는 아내의 발화는 모두 국가적인 가치가 개인적인 가치보다 우선함을 강조한 것이다. 하지만 국가를 위해 개인을 희생하고자 하는 비장한 모습은 오히려 해체된 가족의 실상을 보여줄 뿐이다.

게다가 가사를 보면 국가를 위해 자신을 희생하겠다는 처음의 장엄한 의지가 점차로 약화되는 것을 목격할 수 있다. 〈군사우편〉의 3절에서 "살을 만저 보아도 어머님 살이었소. 뛰는 맥을 집혀 보아도 어머님 핏줄"이라는 표현은 나라를 위해 자신의 목숨을 바치겠다는 것과 상반된다. 오히려 자신을 어머니와 동일시함으로써 국가적 가치를 위해 개인적 가치를 희생하고자 했던 의도는 무(無)가 되는 것이다.

이는 〈봄날의 화신〉도 마찬가지다. 1절에서 남편의 죽음을 바란다는 아내는, 남편이 떠날 때 보지 못하였던 아기 이야기를 꺼낸다. 아버지의 편지를 읽어주면 아기가 싱글벙글 웃는다고 말하고 아기의 사진을 보내니 고이 지니라고 한다. 자신의 혈육 앞에서 아무 느낌이 없을 정도로 냉정한 부모는 없다. 아내의 편지와 아기의 사진을 받는다면 아마도 남편은 국가에 대한 충성보다 가족에 대한 애틋한 정부터 떠올릴 것이다. 그것이 인지상정(人之常情)이기 때문이다.

이처럼 군국가요는 일제의 침략 전쟁에 부응하기 위해 만들어졌으나 그 실상은 다양하게 전개되었다. 군국가요는 오히려 가족 해체의 실상을 폭로했다. 그리고 '대(大)'를 위해 '소(小)'를 희생하려던 의지는 오히려 가족애로 인해 약화되거나 무(無)가 되기도 하였다. 특이한 것은 일본의 군국가요에 아버지와 아들의 관계[24]가 등장하는 것과 달리 한국의 군국가요에는 아버지의 모습을 찾을 수 없다는 점이다. 이는 식민지라는 현실이 '아버지의 부재'로 알레고리화하고 어머니만이 후방을 지킬 주체로 호명되었던 정황을 반영한다.[25]

---

24 櫻本富雄, 『歌と戰爭』, アテネ書房, 2005, 75~84쪽.

25 박애경, 앞의 글, 150쪽.

사실상 군국가요를 무조건 '친일가요'로 보는 것은 재고의 여지가 있다. 일제 말기가 자유로운 생각을 표현할 수 없었던 시기라는 것을 감안하면, 군국가요를 통해서 일제의 강압과 그에 따른 순응과 저항의 경계를 오고 간 수많은 양상을 볼 수 있는 것이다. 죽은 자는 말이 없으므로 이 노래를 창작한 사람들의 의도를 우리는 온전하게 파악할 수 없다. 그러나 가사의 표면에 드러난 의미 외에 가사의 이면에 담긴 뜻을 알아보아야 한다.

모순되게도 군국가요는 일제에 의한 가족의 해체를 고발하고 재편된 가족 윤리를 통해 오히려 가족의 소중함을 강조하고 있다. 관제적인 성격을 지닌 군국가요는 대중들의 요구를 반영한 것이 아니다. 2장과 3장에서 살펴보았던 트로트와 만요가 당대인의 기호와 요구를 반영하면서 만들어진 것과 달리 군국가요는 생산자와 수용자가 합의한 내용을 보여준다고 하기 어렵다. 게다가 일제 당국의 의도는 오히려 군국가요에서 굴절된다. 이러한 군국가요를 들으며 당대의 대중이 일본에 대한 충성을 다짐하였을지, 아니면 오히려 가족이 얼마나 소중한지를 새삼 깨달았을지는 생각해 볼 일이다.

5. 맺음말

이상으로 일제강점기 대중가요에 나타난 가족의 양상을 고찰하였다. 일제강점기가 전통성, 근대성, 식민성이 착종되었던 시기였다는 점에 착안하여 대중가요에는 그러한 모습이 어떻게 나타나는지를 구체적인 작품을 통해 살펴보았다. 가족을 소재로 한 일제강점기 대중가요는 크게 '전통적 가족 가치의 재생', '새로운 가족 형태의 출현', 그리고 '가족의 해체와 아버지의 부재'로 나누어 살펴볼 수 있다. 그리고 각각은 전통성, 근대성, 식민성을 대변하면서 공존하였다.

먼저 '전통적 가족 가치의 재생'에서는 자식이나 아내의 입장에서 어머니에 대한 그리움과 떠나서 돌아오지 않는 남편에 대한 기다림을 표현한 노래가 많았다. 음악적으로 이러한 노래들은 당대 주류를 차지하였던 애조의 트로트 형식을 차용하였다. 다음으로 '새로운 가족 형태의 출현'은 당시에 새롭게 등장한 소가족의 풍경을 보여주고 있다. 주로 만요로 이루어진 이러한 노래들은 아내와 남편의 대화로 이루어져 있으며, 당대 소시민의 욕망을 과장되게 표현하여 웃음을 유발한다는 특징이 있다.

마지막으로 '가족의 해체와 아버지의 부재'는 군국가요에서 나타났다. 국가에 대한 충성을 강조하는 이러한 노래들은 아내가 남편에게, 남편이 어머니에게, 혹은 어머니가 아들에게 보내는 편지나 고백으로 이루어져 있다. 그러나 이러한 작품들은 오히려 일제에 의해 희생된 가족의 모습을 보여줌으로써 도리어 가족의 소중함을 깨닫게 하기도 하였다.

그러므로 군국가요를 일괄적으로 친일가요로 치부하는 것은 재고의 여지가 있다. 일제 말기의 상황을 감안할 때 당시에 군국가요를 창작하는 것은 단순히 선택의 문제가 아니었다. 일제의 강압에 의해 그야말로 절체절명으로 할 수밖에 없었던 일이었던 것이다. 노래 가사의 이면은 군국가요 창작자의 고민과 진심을 보여주기도 한다. 그러므로 노래 한 곡 한 곡에 대한 보다 객관적이고 정확한 분석이 필요한 시점이다.

또한 본고에서 다룬 대중가요 속 가족의 양상과 특징이 부각되려면 그 이전 가요에 나타난 가족과 그 이후 대중가요에 나타난 가족의 모습을 비교 분석해야 할 것이다. 이에 대해서는 차후의 과제로 남긴다.

참고문헌

권명아, 『가족이야기는 어떻게 만들어지는가』, 책세상, 2000.

권보드래, 『연애의 시대』, 현실문화연구, 2003.

김경일, 「일제하 여성의 결혼과 가족생활」, 『식민지 근대화론에 대한 비판적 성찰』, 나남, 2009.

김이순, 「한국전쟁과 가족 이미지－가족 해체와 복원의 사이」, 『미술사 연구』 제19호, 미술사연구회, 2005.

김현자, 『현대시의 서정과 수사』, 민음사, 2009.

김혜경 · 정진성, 「'핵가족' 논의와 '식민지적 근대성', 식민지 시기 새로운 가족개념의 도입과 변형」, 『한국사회학』 제35집, 한국사회학회, 2001.

박애경, 「1940년대 군국가요에 나타난 젠더 이미지와 젠더 정치」, 『민족문화논총』 제35집, 영남대 민족문화연구소, 2007.

박윤우, 「대중가요의 활용을 통한 시의 화자 이해」, 『국어교육』 122호, 한국어교육학회, 2007.

신기욱 · 마이클 로빈슨 편, 도면회 역, 『한국의 식민지 근대성』, 삼인, 2006.

안태윤, 「일제말기 전시체제와 모성의 식민화」, 『한국여성학』 제19권, 한국여성학회, 2003.

이상경, 「일제 말기의 여성 동원과 '군국(軍國)의 어머니'」, 『페미니즘 연구』 2호, 한국여성연구소, 2002.

이상오, 『한국 현대시의 상상력과 자연』, 역락, 2006.

이수곤, 「〈정읍사〉의 여성 화자 태도와 그 의미에 대한 시론적 고찰－여성 화자 연구의 비판적 검토와 앞으로의 과제」, 『한국고전여성문학연구』 14집, 한국고전여성문학연구회, 2007.

이준희, 「일제 침략전쟁에 동원된 유행가, '군국가요' 다시 보기」 1-45, 『오마이 뉴스』, 2003~2004.

이준희 · 장유정, 『유성기음반 가사집』 7, 민속원, 2008.

장유정, 「만요를 통해 본 1930년대 근대문화」, 『웃음문화』 1호, 한국웃음문화학회, 2006.

______, 『오빠는 풍각쟁이야-대중가요로 본 근대의 풍경』, 민음in, 2006.
______, 「20세기 전반기 한국 대중가요와 디아스포라」, 『대중음악』 2호, 한울, 2008.
최동현 · 임명진 편, 『유성기음반 가사집』 5, 민속원, 2003.
______________, 『유성기음반 가사집』 6, 민속원, 2003.
한국고음반연구회 편, 『유성기음반 가사집』 3, 민속원, 1992.
________________, 『유성기음반 가사집』 4, 민속원, 1994.
한국고음반연구회 · 민속원 공편, 『유성기음반 가사집』 I, 민속원, 1990.
_________________________, 『유성기음반 가사집』 II, 민속원, 1990.
櫻本富雄, 『歌と戰爭』, アテネ書房, 2005.

제1부 / **제3장**

20세기 전반기 한국 대중가요와 디아스포라[1]

1. 머리말

이 글의 목적은 20세기 전반기 대중가요 중에서 디아스포라(diaspora)를 소재로 한 작품을 중심으로 그 양상과 의미를 살펴보는 것이다. 그리스어 전치사 dia(영어의 'over', 우리말의 '~를 넘어')와 동사 spero(영어의 'to sow', 우리말의 '뿌리다')를 어원으로 하는 디아스포라는 '민족분산(民族分散)', '민족이산(民族離散)', 내지는 '이산자(離散者)' 등으로 번역할 수 있다.[2] 한국에 다양한 국적의 이주 노동자들이 거주하면서 한국은 점차

1 「20세기 전반기 한국 대중가요와 디아스포라」, 『대중음악』 2호, 한국대중음악학회, 2008.

2 디아스포라는 고대 그리스인들이 소아시아와 지중해 연안을 무력으로 정복하고 식민지로 삼은 뒤 그곳으로 자국민을 이주시켜 세력을 확장하면서 사용한 용어이다. 이후 디아스포라는 '바빌론 유수 이후 팔레스타인 밖에서 흩어져 사는 유대인 및 유대인 거류지'를 뜻하기도 하였다. 1990년대에 들어서 디아스포라 연구가 활발해지면서 디아스포라는 유대인의 경

로 다문화 사회로 접어들고 있으며 이러한 현상과 맞물려 디아스포라에 대한 조명도 새삼 이루어지고 있는 실정이다.

특히 한국에서 중요한 노동력의 제공자인 조선족의 존재와 실체가 드러나면서 디아스포라에 대한 관심 또한 증폭되었다고 할 수 있다.[3] 본고에서 다루려는 대상은 바로 중국이나 러시아에 거주하고 있는 우리 민족의 1세대, 혹은 2세대에 대한 노래이다. 처음에 필자는 대중가요에 나타나는 이국성(exoticism)을 고찰하는 과정에서 1950년대 대중가요와 20세기 전반기 대중가요의 지속된 모습과 변용된 양상을 살펴보고자 하였다. 그러나 20세기 전반기 대중가요와 이후 시기의 대중가요에 지속되는 면이 있더라도 1950년대 대중가요에 적용하였던 이국성을 20세기 전반기 대중가요에 그대로 적용하는 것은 무리라는 것을 알았다. 20세기 전반기 대중가요 중에서 '타국' 내지는 '이국'을 다룬 작품들은 단순히 이국성으로 설명할 수 없는 특수한 양상을 드러냈고 이것이 디아스포라와 연결되었던 것이다.

20세기 전반기 대중가요에 나타나는 디아스포라는 한국 디아스포라의 역사를 네 시기로 나누었을 때, 그 두 번째 시기에 해당한다.[4] 생

험뿐만 아니라 다른 민족들의 국제이주, 망명, 난민, 이주노동자, 민족공동체, 문화적 차이, 정체성 등을 아우르는 포괄적인 개념으로 사용되고 있다. 디아스포라의 어원 및 개념 정의는 윤인진, 『코리안 디아스포라』, 고려대 출판부, 2005, 4~8쪽 참조.

3 한민족의 혈통을 지닌 중국 국적의 조선족이 한국에 들어온 것은 중국의 개혁개방과 한중수교(1992.8.24)로 가능하였다.(전형권, 「모국의 신화, 노동력의 이동, 그리고 이탈– 조선족의 경험에 대한 디아스포라적 해석」, 『한국동북아논총』 제38집, 한국동북아학회, 2006, 155쪽)

4 한민족 분산의 역사는 크게 네 시기로 구분된다. 첫 번째 시기는 1860년대부터 1910년까지로 이 시기에는 구한말의 농민, 노동자들이 기근, 빈곤, 압정을 피해서 국경을 넘어 중국, 러시아, 하와이로 이주하였다. 두 번째 시기는 1910년부터 1945년까지이고 세 번째 시기는 1945년부터 1962년까지로, 이 시기에는 한국전쟁을 전후해서 발생한 전쟁고아, 미군과 결혼한 여성, 혼혈아, 학생 등이 입양, 가족재회, 유학 등의 목적으로 미국 또는 캐나다로 이주하였다. 마지막으로 네 번째 시기는 1962년부터 현재까지로 이때부터 정착을 목적으로 한 이민이 이루어졌다.(윤인진, 앞의 책, 8~10쪽)

존 자체가 위협받는 궁핍에 내몰린 우리 민족은 1920년대에 접어들어 자신이 경작하던 땅을 빼앗기자 어쩔 수 없이 이농민이 되어 만주를 비롯한 해외로 이주하였다.[5] 1910~1918년에 걸쳐 진행된 식민지 정부의 토지조사사업으로 조선 농민의 소작화가 이루어지고 일본인 지주와 동양척식회사 등이 조선 농민을 체계적으로 착취하자, 궁핍해진 농민들은 만주로 이주하였던 것이다.[6] 게다가 1931년 만주사변을 일으킨 일본은 '왕도락토(王道樂土)', '오족협화(五族協和)',[7] '일본의 생명선'이라는 선전 문구(slogan) 아래 식민지 건설의 환상을 키워나갔다.[8] 그리고 중국 동북지역을 대륙침략의 병참기지와 식량기지로 활용하고자 하였던 일본은 1년에 1만 호씩 만주로 이주시킨다는 계획 아래 조선인들을 집단으로 이주, 집단 농장을 형성하게 하여 식량의 증대를 꾀하고자 하였다.[9]

일본은 만선척식주식회사를 설립하여 한인 이민 사업을 담당하게 하고 1939년부터 해마다 조선에서 1만호를 이주시키기로 계획하였다. 그리하여 만선척식주식회사에 의해 이주한 한인 농가는 1939년 말까지 13,977호, 인구수는 65,065명이었다. 태평양전쟁(1941) 이후에 이주 추이는 줄었으나, 약 26만 명의 한인이 이 시기 조선총독부와 관동군의 협력으로 강행된 국책이민 형태로 만주로 이주하였던 것으로 추산된다.[10] 요컨대 오늘날 조선족 인구의 대부분이 일제 식민치 통치기간

5 김정훈 · 정덕준, 「일제강점기 재만 조선인 이주문학 연구 – 이주 · 정착과정의 시적 형상화를 중심으로」, 『한국언어문학』 제56집, 한국언어문학회, 2006, 355쪽.

6 윤인진, 앞의 책, 50쪽.

7 '오족협화'에서 오족이란 만주에 거주하던 일본, 조선, 만주, 몽골, 중국(漢)을 의미한다.

8 이정희, 「현대 일본문학과 식민지체험 1 – '만주체험'을 중심으로」, 『일본 문화학보』 13호, 한국일본 문화학회, 2002, 2쪽.

9 윤인진, 앞의 책, 50쪽.

10 고승제, 「만주농업이민의 사회사적 분석」, 『백산학보』 제10호, 백산학회, 1971, 181~184쪽. (김재훈, 「'제도'로 본 한국인의 만주지역 정착」, 『사회연구』 제2호, 한국사회조사연구소,

에 이주한 사람들이라고 할 수 있다. 디아스포라를 소재로 한 20세기 전반기 대중가요는 이들 조선족들이 처음 중국 지역으로 이주할 당시의 정황과 그들의 정서를 보여준다는 점에서 중요하다고 할 수 있다. 이에 본고에서는 주로 가사를 중심으로 대중가요에 나타난 디아스포라의 양상과 의미를 살펴보기로 한다.

2. 디아스포라 소재(素材) 대중가요의 특징

타국(他國) 내지는 이국(異國)을 소재로 한 20세기 전반기 대중가요 중에는 이국정취(exotic mood)를 드러낸 노래도 있다.[11] 즉, 이국적인 풍물을 열거하여 이국적인 분위기를 묘사하는데 치중한 노래가 있는데, 〈안개 낀 상해〉(강해인 작사, 박시춘 작곡, 남인수 노래, 오케 20004A, 1939), 〈꽃 피는 상해〉(왕평 작사, 이면상 작곡, 선우일선 노래, 포리돌 19319A, 1936), 〈페르샤 점쟁이〉(남려성 작사, 한상기 작곡, 이해연 노래, 콜럼비아 40900B, 1942), 〈만주 뒷골목〉(조명암 작사, 박시춘 작곡, 김정구 노래, 오케 31062, 1941), 〈차이나 달밤〉(이가실 작사, 복부양일 작곡, 이규남 노래, 콜럼비아 40877B, 1941), 〈꽃 파는 꾸냥〉(손자평 작사, 한상기 작곡, 이규남 노래, 콜럼비아 40881A,

---

2003, 182쪽에서 재인용)

11 필자는 이국성을 이국정취(exotic mood)와 이국정서(exotic emotion)로 나누고 각각의 특성을 고찰한 바 있다. 이국정취를 드러낸 노래가 '풍경의 재현'을 목적으로 하고 그 효과가 '재미' 내지는 '즐거움'에 있다면 이국정서를 나타낸 노래는 감정의 변화를 이끌어내는 기제로 이국적인 풍물을 활용하는 양상을 보여주었으며, 감응을 통한 감정의 동요와 상관이 있다고 하였다.(장유정, 「1950년대 대중가요의 이국성 고찰」, 『구비문학연구』 27집, 한국구비문학회, 2008)

1942) 등이 그러한 예에 해당한다.

이러한 노래들은 주로 이국적인 선율을 차용하여 이국적인 정취를 드러내고 있다. 중국의 풍물을 묘사한 〈안개 낀 상해〉가 중국풍의 선율을 사용하고 있다면, 〈페르샤 점쟁이〉는 전주와 간주에서 이슬람풍의 선율 내지는 리듬형을 활용하여 이국적인 정취를 나타내고 있는 것이다.[12] 이러한 노래들의 특징은 이국적인 풍물을 감각적으로 재현하여 이국적인 분위기를 묘사하는 데에 있다. 특히 〈차이나 달밤〉이나 〈꽃 파는 꾸냥〉은 1950년대의 〈차이나 맘보〉(손로원 작사, 한복남 작곡, 김정구 노래, 신태양)나 〈꽃 파는 아메리카 아가씨〉(심연옥 노래, 케네디), 〈홍콩아가씨〉(손로현(손로원) 작사, 이재호 작곡, 금사향 노래, 도미도 108B, 1952 발매)와 같은 노래와의 연계선상에서 이해할 수 있다.[13]

이처럼 이국정취를 드러낸 노래가 있는 것은 사실이나 더 많은 수의 노래가 이국정취보다는 정서의 내면화에 치중하고 있으며, 이는 디아스포라와 연결된다. 디아스포라를 소재로 한 대중가요의 전반적인 특징은 크게 두 가지 차원에서 살펴볼 수 있다. '가사와 음악의 부조화'와 '이동과 경계의 강조'가 그것이다. 그러면 먼저 '가사와 음악의 부조화'라는 차원에서 디아스포라를 소재로 한 대중가요의 특징을 살펴보기로 한다.

12 이국적인 선율을 통해 이국성을 드러내는 것은 1950년대 대중가요에도 지속적으로 나타나는 바, 1950년대 대중가요에 나타는 이국성의 음악적인 양상은 이소영, 「1950년대 한국 대중음악의 이국성」, 『대중서사연구』 제18호, 대중서사학회, 2007을 참고할 수 있다.

13 본고에서는 언급하는 대중가요의 음반 서지사항을 될 수 있는 한 모두 제시할 것이다. 다만 광복 이전보다 오히려 광복 이후 노래(1945~1960)의 음반 서지사항이 아직 정리가 되어있지 않은 실정이라 광복 이후 노래의 서지사항을 제시하는 것이 어렵다는 것을 밝혀둔다.

1) 가사와 음악의 부조화

20세기 전반기 대중가요에서 디아스포라와 관련이 있는 대중가요는 약 300여곡 정도를 찾을 수 있다. 디아스포라와 연관이 있는 것으로 추정되는 대중가요 303곡을 발매 연도별로 보면, 1930년에 발매된 〈방랑가〉(이규송 작사, 이애리수 노래, 빅타 49096A, 1930)를 위시하여 매년 10곡 내외의 노래가 발매되다가, 1935년에 33곡 정도로 디아스포라 관련 노래가 많아진 것을 알 수 있다. 이어서 1938년에 22곡 정도로 다소 주춤하는 모습을 보이다가 1939년에 42곡으로 갑자기 그 수치가 늘어났다.[14] 디아스포라와 연관된 노래가 1938년에 감소하였던 것은 1937년 중일전쟁의 영향으로 이주가 줄어들었던 당시의 상황과 관련이 있고 디아스포라 관련 노래가 1939년에 갑자기 많아진 것은 앞서 살펴 본, 만선척식주식회사가 1939년부터 시행한 만주 이민 정책과 무관하지 않을 것으로 추정된다.

디아스포라를 소재로 한 대중가요의 음악적 갈래를 살펴보면, 대부분 이른바 트로트에 속한다는 것을 알 수 있다.[15] 〈희망의 블루스〉(박영호 작사, 이용준 작곡, 박향림 노래, 콜럼비아 40841A, 1939)처럼 '재즈'라는 갈래명을 달고 만들어진 노래를 제외하고는 대체로 트로트의 범주에서 다룰 수 있는 것이다. 그 중에서도 〈이국의 등불〉(처녀림 작사, 이용준 작

---

14 본고에서 제시한 수치는 정확한 수치는 아니다. 디아스포라와 관련된 곡을 선정하는 것에서부터 많은 이견이 있을 수 있기 때문이다. 이는 제목과 노래 가사에서 이국 내지는 타국이 등장하는 노래를 중심으로 대략적으로 내 본 수치이다. 그러나 부정확하고 이견이 있을지라도 그 수치에서 나타나는 특징은 지적할 수 있을 것이다. 참고로 디아스포라와 관련되는 것으로 추정되는 노래 303곡의 수치를 연도별로 제시하면 다음과 같다.
1930년-2곡, 1931년-3곡, 1932년-6곡, 1933년-13곡, 1934년-9곡, 1935년-33곡, 1936년-40곡, 1937년-40곡, 1938년-22곡, 1942년-42곡, 1940년-29곡, 1941년-28곡, 1942-28곡, 1943년-8곡.

15 주지하다시피, '트로트'는 당시에 사용된 갈래명이 아니다. 그러나 관습적 장르로서 '트로로'로 지칭할 수 있을 것이다. 일제시대 트로트의 형성과 전개 과정에 대해서는 장유정, 『오빠는 풍각쟁이야— 대중가요로 본 근대의 풍경』, 민음in, 2006 참조.

곡, 박향림 노래, 콜럼비아 40835B, 1938)과 〈국경애화〉(윤묵 작사, 박시춘 작곡, 이난영 노래, 오케 2196B, 1939)는 3박자의 단조 선율을 사용하여 애상감과 비극성을 강조한 대표적인 노래라고 할 수 있다.

그런데 가사의 내용은 슬프면서도 음악적으로는 빠른 템포와 흥겨운 선율로 이루어진 노래가 있다. 그야말로 가사와 음악의 부조화라고 할 수 있는 이러한 노래들은 대체로 기차나 썰매와 같이 이동 수단을 제재로 한 노래들이다. 그 대표적인 노래가 〈국경열차〉(조명암 작사, 박시춘 작곡, 송달협 노래, 오케 12124A, 1938), 〈국경특급〉(처녀림 작사, 이용준 작곡, 김영춘 노래, 콜럼비아 40842A, 1939), 〈눈물의 국경〉(박영호 작사, 이시우 작곡, 김정구 노래, 오케 12177A, 1938), 〈향수열차〉(조명암 작사, 박시춘 작곡, 이인권 노래, 오케 20025A, 1940) 등이다.

> 하염없이 지향없이 눈썰매는 달린다
> 광야에도 오로라 정처없이 달린다
> 구름따라 바람따라 휘더듬는 국경선
> 썰매의 한세상이 야속하고 무정해
>
> 지향없이 향방없이 눈썰매는 달린다
> 북국에도 저문날 한정없이 달린다
> 하소맺힌 방울소리 흘러가나 내신세
> 한많은 보헤미안 얼어떠는 피눈물
>
> 안타까운 기타소리 마디마디 애절해
> 타향도는 몸이라 슬프기만 하구나
> 눈물어린 방울소리 오나가나 외로워

그림 11. 〈눈물의 국경〉 광고(『동아일보』, 1938.11.11)

무정한 눈썰매는 갈길몰라 우노나

— 〈눈물의 국경〉

(박영호 작사, 이시우 작곡, 김정구 노래, 오케 12177A, 1938)

위의 노래는 김정구가 부른 〈눈물의 국경〉이란 곡이다. 제목에서 알 수 있듯이, 국경을 넘어 북쪽으로 가야하는 화자에게 있어 국경은 눈물의 국경이다. 게다가 북쪽으로 방향을 잡기는 하였으나 지향도 없고 향방도 몰라 보헤미안의 신세를 벗어날 수 없는 화자는 "한 많은 피눈물"을 흘릴 뿐이다. 그런데, 〈눈물의 국경〉이 이처럼 갈 곳 몰라 울고 있는 화자의 신세한탄으로 이루어진 노래임에도 불구하고 노래를 들어보면, 2박자의 빠른 템포로 선율이 흥겹게 진행된다는 것을 알 수 있다. 게다가 노래의 전주 부분에는 휘파람 소리마저 들어가서 노래의 흥겨움을 더해주고 있다.

이렇게 애상적인 내용의 가사가 빠른 템포의 흥겨운 선율과 만난 예는 주로 기차나 썰매와 같이 속도감을 나타내는 소재를 차용한 노래에서 두드러진다고 할 수 있다. 위에 제시한 〈국경열차〉, 〈국경특급〉, 〈향수열차〉가 기차를 소재로 하고 있다면 〈눈물의 국경〉은 썰매를 제재로 하고 있는데, 이러한 경우 이동 수단의 속도감을 묘사하는 한 방편으로 흥겨운 선율을 차용하였다고 볼 수 있다. 기차를 제재로 한 노래에서 어김없이 등장하는 기차의 기적 소리와 썰매를 소재로 한 노래에 나타나는 방울 소리는 이동 수단의 속도감을 실감나게 표현하기 위한 장치라고 할 수 있다. 이처럼 가사와 음악이 부조화를 이룬 노래는 대체로 기차나 썰매와 같이 이동 수단을 제재로 하는 노래에서 나타난다.

그러나 디아스포라와 관련된 노래 중에는 빠른 선율을 활용하여 만주로의 이주를 장려하는 듯한 노래도 있다. 이러한 노래는 가사에서도 슬픔이나 절망보다도 기쁨이나 희망이 나타나는데, 〈울리는 만주선〉(조명암 작사, 손목인 작곡, 남인수 노래, 오케 12164, 1938), 〈꽃 피는 북만선〉(박향민 작사, 전기현 작곡, 이인권 노래, 태평 5061, 1943), 〈행운의 밤차〉(박영호 작사, 박세환 노래, 콜럼비아 40804B, 1938) 등이 그러한 예이다. 이전까지는 빠른 템포로 이루어져도 슬픔과 절망을 말하였던 것과 달리 1938년 이후에 나온 노래 중에는 북쪽 지역으로 가는 것을 기쁨과 희망의 길로 묘사한 노래가 등장하는 것이다.

"고향에서 못살바엔 아 타향이 좋다"(〈울리는 만주선〉)나, "북만벌 신천지에 새 고향의 별이곱다", "아 꾸냥의 웃음소리 당연히 마음편쿠나"(〈꽃 피는 북만선〉), "흘러서 닿는 곳이 우리들의 새 고향 / 밤차야 어서가자 새 고향을 찾아서"(〈행운의 밤차〉)와 같이 새 고향에 대한 희망을 담고 있는 노래들은 그 편차가 있기는 하나 대체로 일본의 이민 정책에 부응하는 노래로 볼 수 있다. 그러나 그러한 노래조차도 알 수 없는 곳에 대한 동경과 희망보다는 두려움과 막막함을 표현하면서 노래가 끝나기도 한다. 〈울리는 만주선〉의 경우, 마지막 3절에서 "찾아가는 그 세상은 나도 나도 나도 나도 모른다 모른다"라고 하여, 희망을 품긴 하였으나 그에 대한 확신보다는 불확실성으로 인한 막연함이 앞선다는 것을 강조하였던 것이다.

요컨대 20세기 전반기 대중가요에서 디아스포라와 관련이 있는 노래들은 빠른 템포와 흥겨운 선율로 이루어진 노래가 많아서 슬픈 내용의 가사와 흥겨운 선율의 음악이 종종 부조화를 이루는 양상을 보여주었다. 특히 이러한 현상은 노래의 제제가 속도감을 지향하는 기차나 썰매일 때 두드러졌다. 그러나 일본이 이민 정책을 강화시키면서 1938년 이후에 나온 노래 중에는 빠른 템포와 흥겨운 선율이 이주에 대한 긍정적이고 희망적인 내용의 가사와 어우러지는 양상을 드러내기도 하였다.

2) 경계와 이동의 강조

디아스포라와 관련된 20세기 전반기 노래의 또 다른 특징으로는 '이동과 경계'의 강조를 들 수 있다. 광복 이후에 발매된 노래 중에서 노래 제목에 '국경'이 들어간 노래가 거의 없는 반면에 20세기 전반기에 나온 노래 중 제목에 '국경'이 들어간 노래는 약 22곡을 찾을 수 있었다. 이 중에서 비교적 서지 사항이 정확한 18곡의 목록을 제시하면 다음과 같다.

제목	곡종	작사자	작곡자	가수	음반회사	음반번호	발매연도
국경	유행가	금릉인	손목인	이난영	오케	1745A	1935년
국경의 밤	유행가	왕평	아부무웅	김영길	포리돌	19185A	1935년
국경의 버들밭	유행가	박영호	박시춘	송달협	오케	1976A	1937년
국경열차	유행가	조명암	박시춘	송달협	오케	12124A	1938년
국경의 뱃사공	유행가	박영호	문호월	송달협	오케	1217B	1938년
국경애화	주제가	윤묵	박시춘	이난영	오케	12196B	1939년
국경특급	유행가	처녀림	이용준	김영춘	콜럼비아	40842A	1939년
국경의 등불	유행가	유도순	전기현	채규엽	태평	8629	1939년
국경의 부두	유행가	유도순	전기현	고운봉	태평	8640A	1939년

제목	곡종	작사자	작곡자	가수	음반회사	음반번호	발매연도
국경아가씨	유행가	산호암	복부양일	김안라	콜럼비아	44001A	1940년
국경의 가등	유행가	이성림	손목인	권명성	오케	K5026	1941년
국경의 다방	유행가	조명암	이봉룡	이인권	오케	31009B	1941년
국경 손님	가요곡			장세정	오케	31086	1942년
국경선 보초병	가요곡	반야월	이재호	백난아 · 태성호	태평	5031	1942년
국경의 파지장	가요곡	처녀림	이재호	진방남	태평	5036	1942년
국경의 사공	가요곡			김정구	오케	31123	1942년
국경일가	가요곡	처녀림	김교성	진방남	태평	5051	1942년
국경의 여인숙	가요곡	반야월	김용환	이인권	태평	5086	1943년

이처럼 국경을 노래 제목으로 하거나 국경이 배경인 노래가 많이 나타나는 것은 20세기 전반기 대중가요만의 특성이라고 할 수 있다. 국경이란 고국과 타국의 경계를 의미하고 그 경계를 넘어서면 다른 세상이 이주자들을 기다리고 있었다. 그러나 그 다른 세상이란 결코 희망이나 기쁨만을 담지한 곳은 아니었다. 더 처절한 고통과 비애가 있는 곳이기도 하였다. 그럼에도 불구하고 최소한의 생활도 보장해주지 못하는 고국에서 살 터전을 잃은 사람들은 어쩌면 더 큰 비극이 도사리고 있을지 모르는 타국으로 떠나야 했다. 떠나가는 사람들에게 있어서 국경은 고국과 타국을 경계 짓는 곳이었다. 그리고 경계를 넘어서면 다시는 고국으로 돌아갈 수 없을지도 몰랐다. 그런 그들에게 고국과 타국의 경계인 '국경'은 그들의 애절하고도 비통한 심사를 드러내는 공간이었다. 그 때문에 노래에 종종 '국경'이 등장하였다고 볼 수 있다.

그런가 하면, 디아스포라를 소재로 한 대중가요에는 '이동(移動)' 중에 떠오르는 화자의 감정을 묘사한 노래가 적지 않다. 노래에서 화자의 이동수단은 크게 네 가지로 나타나는데, 기차, 배, 썰매, 노새가 그것이다. 이 중에서도 기차와 썰매가 자주 등장하는데, 기차를 소재로 한 노래로는 〈국경열차〉, 〈향수열차〉, 〈대륙열차〉(김용호 작사, 박시춘 작곡, 권명성 노래, 오케 K5021, 1940), 〈북지행 삼등실〉(김영일 작사, 이재호 작곡, 진방남 작곡, 태평 5013, 1941) 등을 들 수 있고, 썰매를 제재로 한 노래로는 〈송화강 썰매〉(조명암 작사, 송희선 작곡, 권명성 노래, 오케 K5010, 1940), 〈오로라의 눈썰매〉(조명암 작사, 김령파 작곡, 남인수 노래, 오케 12222B, 1939), 〈희망의 썰매〉(김다인 작사, 김송규(김해송) 작곡, 김해송 노래, 콜럼비아 40848A, 1939) 등을 들 수 있다.

앞서 지적하였듯이, 이러한 노래들은 주로 빠른 템포와 흥겨운 선율로 이루어져있는 특징을 드러낸다. 특히 노래에 삽입된 기차의 기적소리와 썰매의 방울소리는 '이동(移動)' 중인 상황을 실감나게 하기 위한 장치였다고 볼 수 있다. 그러나 기차가 기계성과 근대성을 드러내는 이동 수단이라면, 방울을 울리며 눈 덮인 벌판을 질주하는 썰매는 이국정취(exotic mood)를 드러내는 이동수단이라고 할 수 있다. 빠른 속도로 철도를 달려가는 기차의 무심하고도 냉정한 이미지는 화자의 애상적인 감정과 종종 배치되는데, 다음 장에서는 노래 가사를 통해 이러한 양상을 자세하게 살펴보도록 한다.

3. 디아스포라의 표출 양상과 의미

디아스포라를 소재로 한 20세기 전반기 대중가요의 가사는 화자의 이동 경로에 따라 크게 두 가지로 나누어볼 수 있다. 즉 이동 중의 모습과 정착 후의 감상이 그것이다. 이동과 이주에서 정착과 적응으로 이어지는 모습을 볼 수 있는 것이다. 그러면 이동 중인 화자가 느끼는 감상이 어떻게 표출되고 있는지부터 살펴보기로 한다.

1) 이동(移動) 중의 만감(萬感)

우리나라 철도의 역사는 1899년 경인선의 개통으로 시작한다. 철도는 식민지 백성의 삶을 덮친 양날의 칼이었는데, 우리에게 철도는 근대의 축복이 아니라 일본의 제도적인 폭력의 서막을 알리는 것이었다는 점에서 문제적이라고 할 수 있다.[16] 공간의 파괴자이자 동시에 새로운 공간의 창조자[17]인 철도는 일본이 조선을 병참기지로 활용하고 식민지로 수탈하기 위해 만든 것이었으며, 그 과정에서 조선인의 토지를 강탈하고 그들을 강제 동원하는 일은 필연적이었다. 애초부터 일본은 '제국의 생명선'으로 일컫던 만주에서 영향력을 확대하기 위해 일본 본토와 만주를 접속시키는 교통 인프라를 가장 빠른 시간에 구축하는 것을 지상과제로 삼고 있었다.[18] 이러한 배경에서 등장한 기차는 우리 민족을 만주를 위시한 중국으로 실어 나르는 구실을 하였다. 그리고 기차를 타고 타국으로 이동하는 사람들의 만감은 대중가요에서 다양하게 표출되었다.

눈물을 베개삼아 하루밤을 새고나니
압록강 푸른물이 창밖에 굽이친다

16 박천홍, 『매혹의 질주, 근대의 횡단』, 산처럼, 2003, 5쪽.
17 나희덕, 「1930년대 시에 나타난 '기차' 표상과 근대적 시각성」, 『현대문학이론연구』 27호, 현대문학이론학회, 2006, 107쪽.
18 노형석, 『모던의 유혹, 모던의 눈물』, 생각의나무, 2004, 21쪽.

달리는 국경열차 뿜어내는 연기속에
아아아아 어린다 떠오른다 못잊을 옛사랑이

차창에 기대앉어 파이프를 입에 물고
조용히 다시못올 고향을 생각하니
달리는 국경열차 사무치는 기적속에
아아아아 울린다 넘쳐난다 추억의 멜로디가

낯설은 타관여자 마주앉아 밤을새니
어여쁜 그얼굴에 추억이 풀어진다
달리는 국경열차 흔들리는 창머리에
아아아아 슬프다 처량하다 못잊을 로맨스다

— 〈국경열차〉
(조명암 작사, 박시춘 작곡, 송달협 노래, 오케 12124A, 1938)

기차를 소재로 한 다른 노래와 마찬가지로 '띠'와 '칙칙폭폭'의 기적 소리로 시작하는 〈국경열차〉에서 화자는 지금 이동 중인 기차 안에 있다. 기차에 올라탄 승객은 다른 감각의 지대로 들어서는데, 주변 경관이 차창의 격자 속에 갇히고 창밖의 자연경관은 스쳐지나감으로써 단편적인 흔적만을 남기고 사라진다. 즉 순간성, 일시성, 파편성의 이미지들만이 인간의 시간 경험을 지배하는 것이다. 결국 외부의 풍경은 깊이와 내용을 상실하여 인간의 내면에 착지하지 못하고 휘발되어 버린다. 그 때문에 승객의 시선은 창밖을 보고 있지만 실제로는 자신의 과거를 바라보고 있는 경우가 많은 것이다.[19]

〈국경열차〉에서도 마찬가지이다. 압록강의 푸른 물이 창밖에 굽이

치나 달리는 국경열차가 창머리를 흔들어 화자는 외부에서 어떤 구체적인 풍경도 포착하지 못하는 것이다. 이제 철도에서 외부의 풍경을 상실한 화자가 집중하는 것은 자신의 과거와 기차 안의 상황이다. 화자의 회상은 옛사랑과 고향을 서성거린다. 떠나가는 기차에서 화자의 마음에 떠오르는 것은 '잊지 못할 옛사랑'의 추억인 것이다. 게다가 '다시 못 올 고향을 생각하니' 사무치는 기적 소리에 화자의 마음은 울음으로 가득 찬다.

이어서 3절에는 '낯선 타관 여자'가 등장한다. 사실상, 기차에 탄 사람들은 그저 우연히 같은 차에 탄 낯선 사람들이다. 자기 자신을 드러낼 필요도 없고 다른 사람들에 대해 알아야 할 까닭도 없다. 그 때문에 친밀함을 가장할 필요도 없고 상대방의 시선을 의식하지 않고 자신의 세계에 몰두할 수도 있다. 각자 목적지에 이르면 흩어질 사람들로 이루어진 기차의 객실은 익명성, 우연성, 휘발성이 지배하는 공간인 것이다.[20] 〈국경열차〉의 화자는 객실에서 낯선 타관 여자와 마주 앉아 밤을 새웠다. 그리고 그 낯선 타관 여자에게 옛 사랑의 얼굴을 중첩시키면서 슬픔에 빠져든다. 타관 여자는 내 앞에 있으나 사랑하는 여인은 내 곁에 없는 현실을 절감하면서 화자는 '슬프고 처량한 못 잊을 로맨스'라고 하는 것이다.

이처럼 기차를 타고 이동 중인 상황을 묘사한 노래들은 주로 창밖의 풍경을 묘사하기보다는 화자의 회상과 그에 대한 감상을 드러내었다. 그리고 화자의 회상과 감상은 고향이나 옛사랑과 같이 떠나온 것들에 대한 슬픔과 비감으로 이어지는 특징을 드러낸다고 할 수 있다. 특히 기차가 주는 차가운 근대성의 이미지가 화자의 비애를 더해주기도 한다.

---

19 박천홍, 앞의 책, 284~286쪽.

20 위의 책, 351쪽.

그런가 하면, 썰매와 같은 이동 수단을 제재로 활용한 노래의 경우는 화자의 시선이 과거보다는 현재나 미래로 향해있다고 볼 수 있다.

어서가자 어서가자 어서어서 어서가자
썰매야 썰매 핏결은 울고 살은 떨린다
끝없는 눈보라속에
오늘은 이주막에 술잔에 웃고
내일은 저주막에 사랑에 운다

어서가자 어서가자 어서어서 어서가자
썰매야 썰매 추억은 얼고 꿈은 깨진다
아득한 눈보라속에
고달픈 이여로에 끝이 어데냐
유랑이 속절없어 방울도 운다

어서가자 어서가자 어서어서 어서가자
썰매야 썰매 고향도 멀고 타향도 멀다
한 많은 이국의 하늘
차라리 닿을곳을 구름에 맺자
내일은 내일이요 오늘은 오늘

— 〈국경특급〉
(처녀림 작사, 이용준 작곡, 김영춘 노래, 콜럼비아 40842A, 1939)

위에 제시한 〈국경특급〉은 〈국경열차〉와 마찬가지로 이동 중의 모습을 담고 있는 노래라고 할 수 있다. 그러나 〈국경열차〉에서 화자의

그림 12. 〈국경특급〉의 음반 가사지와 가수 김영춘

시선이 과거로 향하였던 것과 달리, 〈국경특급〉에서 화자의 시선은 현재에 머물러 있거나 미래로 향하고 있다. 가벼운 방울소리로 노래가 시작하는 〈국경특급〉은 그 흥겨운 선율과 달리, 가사의 내용은 극한 상황에 있는 화자의 처지를 보여주고 있다. 즉 '끝없이 아득한 눈보라' 속에서 '핏결은 울고 살은 떨리며' '추억은 얼고 꿈은 깨지'는 것이다. 끝없이 펼쳐지는 눈보라 속에서 갈 곳 몰라 속절없이 울고 있는 화자의 심정이 잘 드러나고 있다.

그런데 여기서 화자가 있는 곳은 어디인지가 궁금하다. 〈국경특급〉이라는 제목과 3절의 '이국의 하늘'이라는 표현을 통해서 알 수 있듯이, 화자는 지금 이국에 있다. 그런데 운송 수단이 썰매인 것으로 보아 추운 지역임을 알 수 있다. 그렇다면 이곳은 러시아 지역으로 추정된다. 실제로 일제강점기에 한국인들은 만주를 위시한 중국 지역뿐만 아니라 러시아 사할린으로 강제 이주하게 되었다. 러시아 사할린 거주민은 대부분이 1939년에서 1945년 사이에 강제 징용되어 탄광, 벌목, 도로공사 등 중노동에 시달리며 고통 속에 살았는데, 일제에 의해서 남부 사할린으로 강제 이주하게 된 한인들은 그 후손들을 포함하여 약 3만여 명에 이른다고 한다.[21]

썰매뿐만 아니라 〈송화강 썰매〉(조명암 작사, 송희선 작곡, 권명성 노래, 오케 K5010, 1940)에 나오는 '시베리아'나 '웨카술(보드카)', 〈유랑마차〉(박영호 작사, 손목인 작곡, 남인수 노래, 오케 1984, 1937)에 등장하는 '트로이카'는 '러시아에서 널리 쓰인 두 바퀴 또는 네 바퀴의 삼두마차'로 한인 이주의 역사를 보여주는 증거라고 할 수 있다. 이러한 요소들은 표면적으로는 단순히 이국적인 정취를 표현하기 위한 수단으로 사용되었으

21 이은숙 · 김일림, 「사할린 한인의 이주와 사회 · 문화적 정체성 - 구술자료를 중심으로」, 『문화역사지리』 제20권 제1호, 한국문화역사지리학회, 2008, 20쪽.

나 이면적으로는 한인 이주의 슬픈 역사를 말해주는 것이다. 그러나 〈국경특급〉에서 화자는 단지 슬픔과 비애만을 토로하지는 않는다. “한 많은 이국의 하늘”이지만 “닿을 곳을 구름에 맷자”며 단념과 체념의 정서를 드러낸다. 결국 마지막 행에서 “내일은 내일이요 오늘은 오늘”이란 구절은 알 수 없는 미래는 하늘에 맡기고 오늘을 살자는 화자의 결의를 표현한 것이라 할 수 있다.

이상에서 살펴본 바와 같이, 디아스포라를 소재로 한 대중가요 중에는 기차와 썰매와 같은 운송 수단을 타고 화자가 이동하고 있는 상황을 묘사한 노래가 많았다. 이때, 외부의 풍경은 기차와 썰매의 속도감에 의해 사라지고 화자는 주로 자신의 감정을 표출하는데 몰두한다. 기차에서 화자가 과거의 회상에 집착하는 것과 달리, 썰매를 타고 가는 화자는 현재와 미래에 대한 자신의 심정을 표출하는 데 집중한다. 여기서 기차가 차가운 근대의 이미지를 보여준다면, 썰매는 눈보라 속의 극한 상황을 통과하는 이국적인 이동 수단으로 묘사되었다.

2) 정착 중의 감상

앞 절에서는 기차와 썰매라는 대표적인 운송 수단을 타고 이동 중인 화자의 만감이 어떤 식으로 표출되었는지에 대하여 살펴보았다. 이 절에서는 정착 중인 화자의 감상이 노래에서 어떻게 나타나는지를 알아볼 것이다. ‘정착 후’가 아니라 ‘정착 중’이라고 한 것은 노래에서 화자는 아직 정착을 못하고 있는 불안한 심사를 드러내고 있기 때문이다. 그 대표적인 노래가 〈이국의 등불〉이다.

낙수(落水)소리 시들프다 타향의 봄밤
하늘멀리 안개속에 두고 온 옛날
주착(주책)없다 염치없다 뜨내기 심사
깜박이는 등잔밑에 옛날을 부른다

보채이는 이 심사를 달랠 길 없다
향수묻은 보따리에 아롱진 꿈길
둘 곳 없다 바이없다 나그네 심사
문설주에 턱을 괴고 옛날을 부른다

— 〈이국의 등불〉

(처녀림 작사, 이용준 작곡, 박향림 노래, 콜럼비아 40835B, 1938)

위에 제시한 〈이국의 등불〉은 3박자의 전형적인 단조의 트로트라고 할 수 있다. 특히 박향림은 이 노래를 '꺾기'와 '비음', 그리고 '가성(假聲)'을 적절하게 배합하여 다소 쥐어짜는 듯한 목소리로 부르고 있는데, 이 또한 노래의 애상감을 더해주는 요소라고 할 수 있다. 제목과 가사를 보면, 지금 화자가 이국에 있다는 것을 알 수 있다. 그러나 화자에게서 정착 후의 안정감이나 만족감은 찾아볼 수 없다. 화자는 여전히 헤매 다니는 뜨내기이면서 나그네일 뿐이다. 특히 '향수(鄕愁) 묻은 보따리'에서 언제든지 곧 떠나야 하는 나그네의 처지를 엿볼 수 있다.

이러한 상황에서 나그네인 화자가 느끼는 심사는 결코 편안하지 않다. '물 떨어지는 소리'마저 서글프게 다가오는 타국에서 화자는 '보채는 심사를 달랠 길'이 없는 것이다. 불만족스럽고 괴로운 상황에서 화자가 할 수 있는 일은 많지 않다. 그저 '문설주에 턱을 괴고 옛날을 부를' 뿐이다. 그러면서 오히려 옛날 생각에 빠져 있는 자신을 '주책없고

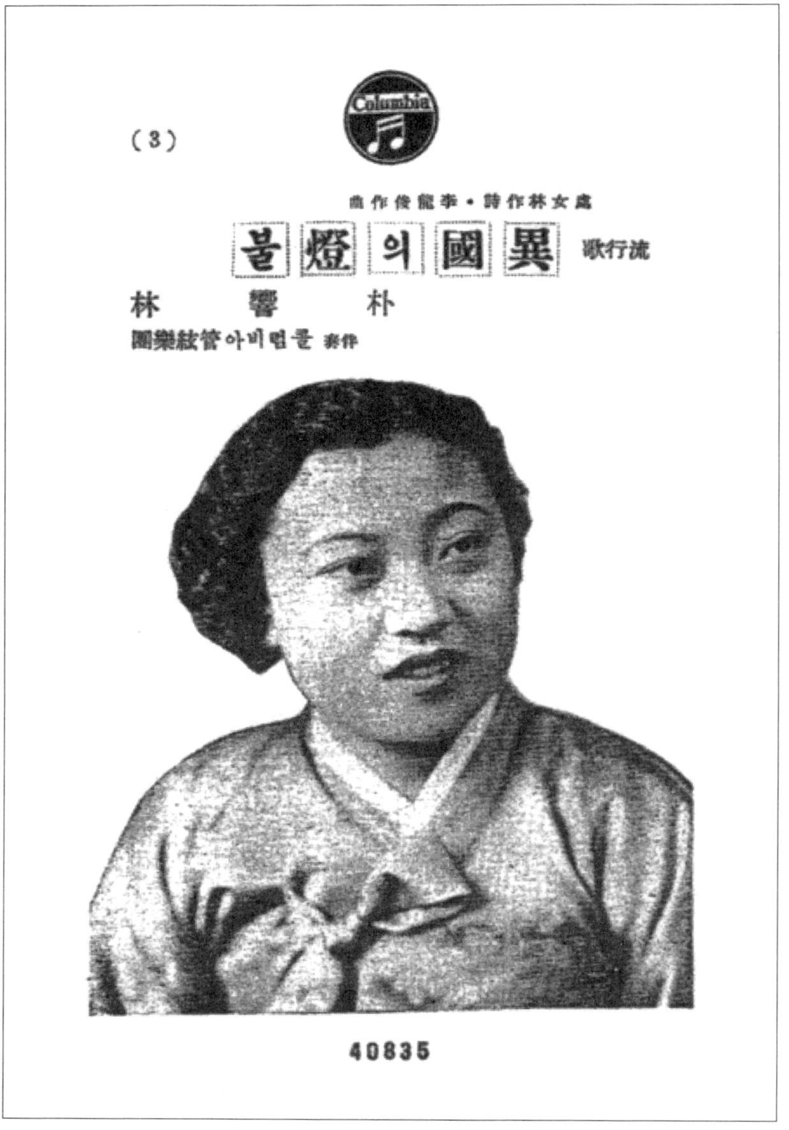

그림 13. 〈이국의 등불〉 음반 가사지와 가수 박향림

염치없다'고 자책한다. 이처럼 〈이국의 등불〉은 정착하지 못한 나그네 신세의 화자가, 깜박이는 이국의 등잔 밑에서 자신의 상념을 풀어낸 노래라고 할 수 있다. 노래에서 '옛날을 부르는 것' 외에는 그 무엇도 할 수 없는 화자의 무력함은 이국에서의 삶이 얼마나 지난한지를 보여 준다고 할 수 있다. 그런가 하면, 다음의 노래는 우리나라 사람들이 타국의 여인숙에 모여 자신의 신세를 한탄하는 내용으로 이루어져 있어서 눈여겨 볼만하다.

부는 바람 우는 물새 모두 낯설어
때 묻은 베개맡에 꿈은 바쁘다
너도 나도 나도 너도 흘러가는 몸
신세의 타령이나 하여 봅시다

요 내 몸은 흘러가는 참빗 장사요
고향은 전라도 땅 벌써 다섯 해
조실부모 어린 몸을 바람에 부쳐
애송이 열 여덟이 차마 가엾다

요 내 몸은 흘러가는 신약 장사요
고향은 황해도 땅 벌써 일곱 해
돈 벌러 간 아들 찾아 이 땅에 왔소
을축년 동짓달에 이 땅에 왔소

요 내 몸은 흘러가는 물감 장사요
고향은 함경도 땅 벌써 여덟 해

그림 14. 〈타국의 여인숙〉 음반 가사지

그림 15. 〈타국의 여인숙〉 광고(『동아일보』, 1938.8.2)

시집가던 그 당년에 소박을 맞아
집 떠난 남편 찾아 헤매입니다

우습구려 우습구려 요 세상살이
울어도 인생이요 웃어도 인생
빈손으로 왔다 가는 뜬세상살이
울기는 왜 우나요 웃고 삽시다

— 〈타국의 여인숙〉

(박영호 작사, 남일연 · 박향림 · 신회춘 노래, 콜럼비아 40822A, 1938)

총 5절로 이루어져 있는 〈타국의 여인숙〉은 세 명의 가수가 함께 부른 노래이다. 1절과 5절은 합창으로 부르고 2, 3, 4절은 각자 독창으로 부르고 있는데, 그 내용이 타국에서 떠돌던 우리 민족의 삶을 보여주고 있어서 주목할 만하다. 노래에 등장하는 세 명의 화자는 타국의 여인숙에서 우연히 한 자리에 모이게 되었다. 고국을 등지고 타국에서 떠도는 몸이라는 공통점을 지닌 세 명의 화자는 각자 신세타령을 하게 된다. 사연 없는 사람이 어디 있을까마는 화자들의 말을 통해 그들의 삶 또한 평탄하지 않았음을 알 수 있다.

전라도가 고향인 18살의 참빗 장사는 조실부모 하여 5년 째 떠돌이 생활을 하고 있고, 을축년 동짓달에 타국에 온 황해도 출신의 신약 장사는 아들 찾아 타국에 와서 7년 째 헤매고 있으며, 함경도 출신의 물감장사는 시집가던 그 해에 소박을 맞고 집 떠난 남편을 찾아 8년째 타국 땅에서 떠돌고 있다. 그야말로 이들의 삶은 비극적인 삶의 최대치를 보여준다고 할 수 있다. 그럼에도 불구하고 이들은 희망의 끈을 놓지 않는다. 마지막 5절에서 "빈손으로 왔다 가는 뜬 세상살이"에서 "울기는 왜 우냐며 웃고 살자"고 말하는 것이다. 기실, 이들의 웃음은 희망의 웃음이라기보다는 체념의 웃음에 가깝다. 어차피 울어봐야 아무런 소용이 없다는 것을 경험으로 알고 있는 이들에게 인생은 빈손으로 왔다 가는 허무한 것이기 때문이다.

이 노래가 중요한 것은 당시 타국으로 이주하여 떠돌던 우리 민족의 삶을 매우 사실적으로 보여주고 있기 때문이다. 그들의 신세타령을 통해서 일제강점기에 타국에서 헤매던 우리 민족의 모습과 처지를 엿볼 수 있다. 타국에서 고국 사람을 만나면 그저 반갑고 좋은 것처럼 타국에서 만난 고국 사람은 그 자체만으로도 위로가 되고 힘이 될 수 있다. 타국에서 만난 고국 사람들은 낯선 타국과는 대조적으로 정겹고 반가운 사람들이며, 그들과 만나 이야기를 나누는 것은 단순한 신세타령을 넘어서 공감대의 형성을 가져오는 소중한 것이었다. 기쁨을 통한 공감대보다 슬픔의 공유를 통해 만들어진 유대감은 더 깊은 울림을 줄 수 있으며 〈타국의 여인숙〉은 그러한 차원에서 의미를 지닌다고 볼 수 있다.

4. 맺음말

이상으로 디아스포라를 소재로 한 20세기 전반기 대중가요를 중심으로 그 양상과 의미를 살펴보았다. 먼저 디아스포라를 소재로 한 대중가요의 전반적인 특징을 가사와 음악의 부조화, 이동과 경계의 강조라는 차원에서 살펴보았다. 디아스포라와 연관된 노래 중에는 슬픈 가사가 흥겨운 선율과 어우러진 예가 많았는데, 이는 기차와 썰매와 같이 이동 수단을 제재로 한 노래에서 주로 나타나는 특징이었다. 기차와 썰매라는 운송 수단의 속도감을 강조하면서 이러한 가사와 음악의 부조화 현상이 일어났다고 볼 수 있다.

또한 디아스포라 관련 노래 중에는 이동과 경계를 강조하는 것이 많았다. 광복 이후 우리나라에 국경이 없어지기도 했지만, 이후 시기에는 찾아보기 어려운 '국경'이라는 단어가 노래 제목에 많이 사용된 것도 그러한 차원에서 이해할 수 있다. 노래에서 국경은 단순히 구획을 나누는 경계선이 아니라 고국과 타국을 나누는 운명의 경계선이었다. 그 때문에 '국경'은 남다른 의미로 다가올 수 있었으며, 그와 관련된 노래 또한 많이 만들어졌던 것으로 추정된다.

그런가 하면, 디아스포라를 나타낸 노래는 크게 '이동 중의 만감'과 '정착 중의 감상'으로 나누어서 살펴볼 수 있었다. 디아스포라 관련 노래 중에는 기차와 썰매를 타고 이동하는 화자의 만감을 표출한 노래가 많았는데, 기차를 타고 이동하는 화자가 주로 과거를 회상하는 것에 집착하였다면 썰매를 타고 이동 중인 화자는 현재의 심경과 미래에 대한 전망을 토로하였다. 그러나 모두 흥겨운 선율과 달리 기본적으로 고국을 떠나는 화자의 비애감을 표출하였다. 마지막으로 정착 중의 감상을 표현한 노래에서는 여전히 정착하지 못한 채, 타국을 떠도는 나그네 신세의 비애와 슬픔을 표현한 노래가 많았다. 고국을 떠나 타국으로 간 우리 민족들은 대부분 여전히 경계인이면서 주변인으로 지난한 삶을 살아야 했던 것이다.

디아스포라를 소재로 한 노래는 일제강점기의 특수한 역사적 상황을 반영하는 노래로 한국 대중가요사(大衆歌謠史)에서도 매우 독특한 위치를 차지한다고 볼 수 있다. 이러한 노래들을 통해서 당시 한인 이주의 감춰진 역사를 추적해볼 수 있다는 점에서도 그 중요성을 강조할 수 있다. 일제강점기 대중가요에 '국경'이 그토록 자주 등장하는 이유가 무엇이며, '기차'와 '썰매'를 제재로 한 노래가 보여주는 것은 무엇인지 등에 대한 이해와 고찰은 당시 한인 이주의 역사와 더불어 살펴보아야 하는 것이다.

"앞에는 사막이요 뒤에는 민둥산"인 곳을 옥토로 바꿔놓고서도 정작 그 땅의 주인이 되지 못하고 다시 내몰리게 되는 현실이 일제강점기 이주 조선인들이 겪었던 고단한 삶의 실체[22]이었으며, 본고는 이들의 당시 삶을 노래를 통해 고찰하였다는 점에서 의미를 지닐 것이다. 물론 디아스포라와 관련된 노래의 음반이 발매되었다는 것은 만주 지역을 위시하여 해외에 사는 동포들에게 음반을 팔기 위한 음반회사의 상술로도 이해할 수 있다. 그러나 만주에 살았던 우리 민족 대부분이 먹고 살기도 힘들 정도로 궁핍한 생활을 하고 있었다는 점을 염두에 둘 때, 그들이 유성기에 음반을 올려놓고 유유자적하며 음악을 감상할 만한 여유를 가졌다고 보기는 어렵다. 그러므로 디아스포라와 관련된 노래는 더러 일본의 이주를 장려하는 정치적인 선동의 목적에서 만들

22 김정훈 · 정덕준, 앞의 글, 370쪽.

어진 것으로 추정되는 몇몇 곡을 제외하면 대체로 대중가요가 당대의 삶을 반영하는 과정에서 자연스럽게 만들어졌다고 볼 수 있다. 즉 디아스포라 관련 노래는 그들의 삶을 다루는 일이 절실하였음을 보여준다고 할 수 있다. 그리고 그러한 절실함이 당대인의 공감을 얻어냈던 것이다.

일제강점기에 고국을 떠나야 했던 우리 민족 중 일부는 조선족이라는 소수 민족으로 중국에서 살아갔고,[23] 그들이 다시 '노동귀환형'의 형태로 우리나라에 들어오고 있는 실정이다.[24] 2002년 6월 현재 약 10만 명에서 15만 명 정도의 조선족이 한국에 체류하는 것으로 추정[25]된다고 하니, 그 수가 매우 많다는 것을 알 수 있다. 그러나 강제이주, 국적박탈의 역사적 경험을 간직한 조선족들은 1990년대 중반 이후 한국에서 '저임금'과 '숙련 노동력'의 주요 공급원 역할을 하고 있으면서도 한국사회에서 법적으로 확실한 보호를 받지 못하는 '경계인'에 불과하다. 그에 따라 한국 내 조선족들의 불신감은 커져가고 있다고 할 수 있다.[26] 단지 조선족들뿐만 아니라 사할린 거주 한인들도 1990년대부터 한국으로 이주를 시작하여 2008년 현재까지 약 2천 여 명이 영주 귀국하였다.[27] 앞으로도 이러한 재외 한인의 여러 문제는 계속 표면화될 것이다. 결국 본고에서 살펴본 디아스포라와 관련된 대중가요는 여전히 끝나지 않은 노래라고 할 수 있다.

---

23 1940년 당시 동북지역의 조선족 인구를 출생지별로 살펴보면 인구의 약 30%는 중국에서 출생하였고 70%는 조선에서 이주해 온 사람들이라고 한다. 이주자의 23%는 1925년 이전에 온 사람들이고 77%는 1926년 이후에 이주해 온 사람들로, 당시 조선족 인구의 대부분이 일제 식민치 통치가간에 이주해 온 것이라 할 수 있다.(윤호, 「중국조선족의 인구이동」, 『한국인구학회지』 16권(1호), 한국인구학회, 1993, 19~36쪽; 윤인진, 앞의 책, 51쪽에서 재인용)

24 조선족 디아스포라의 분류와 변화 유형에 대해서는, 전형권, 앞의 글, 147쪽 참조.

25 윤인진, 앞의 책, 48쪽.

26 전형권, 앞의 글, 149쪽.

27 이은숙 · 김일림, 앞의 글, 30쪽.

참고문헌

김일림 · 이은숙, 「사할린 한인의 이주와 사회 · 문화적 정체성–구술자료를 중심으로」, 『문화역사지리』 제20권 제1호, 한국문화역사지리학회, 2008.

김재훈, 「'제도'로 본 한국인의 만주지역 정착」, 『사회연구』 제2호, 한국사회조사연구소, 2003.

김정훈 · 정덕준, 「일제강점기 재만 조선인 이주문학 연구–이주 · 정착과정의 시적 형상화를 중심으로」, 『한국언어문학』 제56집, 한국언어문학회, 2006.

나희덕, 「1930년대 시에 나타난 '기차' 표상과 근대적 시각성」, 『현대문학이론연구』 27호, 현대문학이론학회, 2006.

노형석, 『모던의 유혹, 모던의 눈물』, 생각의 나무, 2004.

박천홍, 『매혹의 질주, 근대의 횡단』, 산처럼, 2003.

윤인진, 『코리안 디아스포라』, 고려대 출판부, 2005.

이소영, 「1950년대 한국 대중음악의 이국성」, 『대중서사연구』 제18호, 대중서사학회, 2007.

이정희, 「현대 일본문학과 식민지체험1–'만주체험'을 중심으로」, 『일본 문화학보』 13호, 한국일본 문화학회, 2002.

장유정, 『오빠는 풍각쟁이야–대중가요로 본 근대의 풍경』, 민음in, 2006.

______, 「한국 대중가요에 나타나는 이국성의 양상과 의미–1950년대 노래를 중심으로」, 『제4회 세계한국학대회 발표논문집』, 한국학중앙연구원, 2008.

전형권, 「모국의 신화, 노동력의 이동, 그리고 이탈–조선족의 경험에 대한 디아스포라적 해석」, 『한국동북아논총』 제38집, 한국동북아학회, 2006.

제2부
근대 대중가요와 갈래

제1장_갈래를 통해 본 20세기 초 한국가요의 전개 양상
제2장_한국 트로트의 정체성에 대한 일고찰
제3장_1930년대 신민요에 대한 당대의 인식과 수용
제4장_재즈송으로 본 20세기 전반기 서양 대중음악의 수용과 양상

제2부 / 제1장

갈래를 통해 본 20세기 초 한국가요의 전개 양상[1]

유성기음반 수록곡을 중심으로

1. 머리말

가요란 글로 적은 시가문학과 달리 구송성(口誦性)과 음악성을 지닌 것으로 문학과 음악에 걸친 예술형태를 의미한다. 가요는 문학적인 면과 음악적인 면을 종합하는 예술형태로서 시가와 음악이 분화되지 않았던 원시시대부터 이미 존재해 왔다.[2] 본고에서 주목하는 것은 20세기 초의 한국가요이다. 즉 문학적 갈래에 초점을 맞춰, 우리나라에서 첫 상업 음반이 발매된 1907년부터 광복을 맞이한 해인 1945년까지의 가요가 어떻게 전개되었는지를 알아보는 것이 본고의 목적이다.

1 「갈래를 통해 본 20세기 초 한국가요의 전개 양상」, 『국문학연구』 10호, 국문학회, 2003.

2 가요라는 용어에 대한 검토는 장유정, 「민요와 대중가요의 만남을 위하여」, 『한국인의 삶과 구비문학』, 집문당, 2002, 355~356쪽 참조.

우리나라의 첫 상업음반은 1907년에 경기명창들이 취입한 것으로, 미국 콜롬비아에서 평원반형(平圓盤型) 음반으로 제작한 것이다. 이 음반을 취입한 사람들은 한인오와 관기 최홍매 등인데, 이후부터 미국 빅타와 일축(日蓄) 등에서 본격적으로 한국어 음반을 내기 시작하였다. 1907년부터 1911년까지는 음반의 한쪽 면만 녹음한 평원반형이 제작되었다. 1913년부터는 양면판으로 음반이 제작되었으며, 1928년부터는 마이크로폰으로 증폭한 전기녹음이 이루어지고 1929년 2월부터 전기녹음으로 음반이 발매되어 본격적인 유성기음반 시대가 열렸다.[3]

현재 남아 있는 유성기음반의 총목록은 두 가지이다. 『한국유성기음반총목록』[4]과 『유성기음반총람자료집』[5]이 그것인데, 1907년부터 1945년 광복 이전까지 제작된 유성기음반을 목록으로 작성한 것이다.[6] 지금까지 밝혀진 이 시기 음반의 총 규모는 대략 미국 콜럼비아(7), 미국 빅타(11), 일축(日蓄)(469), 일동(日東)(169), 합동축음기(合同蓄音機)(5), 콜럼비아(1,473), 빅타(993), 포리돌(650), 시에론(270), 오케(1,300), 태평(620), 기타 군소회사(群小會社)(300) 등으로 줄잡아도 6,270종에 이르며, 더욱 자세한 조사가 이루어지면 6,500종에 육박하리라 짐작된다.[7] 이 중에서 지금까지 전하고 있는 음반의 가사지는 『유성기음반 가사집』 1권부터 7권에 걸쳐 영인되어 있고,[8] 최근에 동국대학교에서 한국 유성

3 배연형, 「한국 유성기음반 총목록 해제」, 『한국유성기음반총목록』, 민속원, 1998, 12쪽.

4 한국정신문화연구원 편, 『한국유성기음반총목록』, 민속원, 1998.

5 김점도 편, 『유성기음반총람자료집』, 신나라레코드, 2000.

6 『한국유성기음반총목록』과 『유성기음반총람자료집』은 서로 보완의 관계를 가지고 있다. 『한국유성기음반총목록』은 자료 출처에 대한 세밀한 정보를 담고 있는 반면에 음반의 종류가 『유성기음반총람자료집』보다 적다. 반대로 『유성기음반총람자료집』은 1945년 이전에 발매된 음반을 거의 모두 수록하고 있으나 자료 출처에 대한 정보가 대부분 빠져있다.(이준희, 「시에론레코드 음반목록에 대한 보론」, 『한국음반학』 제13호, 한국고음반연구회, 2003, 66쪽)

7 배연형, 앞의 글, 13쪽.

8 유성기음반 가사지를 영인한 7권 책의 서지사항은 다음과 같다. 한국고음반연구회 편, 『유

기음반 아카이브[9]를 구축하여 방대한 양의 유성기음반에 대한 정보를 제공하고 있다.

가요는 가사라는 문학적 측면과 악곡이라는 음악적 측면이 결합된 예술이다. 하지만 본고에서는 일단 가요의 음악적 측면을 배제한 채, 가요의 문학적 측면에 초점을 맞추어 그 갈래를 살펴보고자 한다. 이러한 문학적 갈래를 통해 20세기 초 한국가요의 전개 양상을 살펴보는 것이 본고의 궁극적인 목적이다. 이는 '대중가요를 문학적으로 연구하는 일이 가능한가?'와 '가능하다면 그 갈래를 어떻게 나누어야 하는가?'에 대한 해답을 찾기 위한 작업이라 할 수 있다. 아울러 대중가요와 그 이전의 전통가요를 아울러서 함께 이해할 수 있는 단초를 마련하기 위해 기획된 것이다.

2. 토속가요 · 통속가요 · 대중가요

『가사집』에 수록되어 있는 가요의 종류는 매우 다양하다.[10] 그런데 각 곡종이 그 범주를 정확하게 설정하고 있지는 않다. 예를 들면, 잡가

성기음반 가사집』 I, II, 민속원, 1990과 한국고음반연구회 편, 『유성기음반 가사집』 3, 민속원, 1992; 한국고음반연구회 편, 『유성기음반 가사집』 4, 민속원, 1994; 최동현 · 임명진, 『유성기음반 가사집』 5, 6, 민속원, 2003; 이준희 · 장유정, 『유성기음반 가사집』 7, 민속원, 2008. 이후부터 『유성기음반 가사집』은 『가사집』으로 약칭하기로 한다.

9 '한국 유성기음반' 아카이브의 사이트 주소는 http://sparchive.dgu.edu/v2/index.php이다.

10 판소리, 단가, 민요, 경기민요, 서도민요, 남도민요, 유행잡가, 남도잡가, 서도잡가, 경기잡가, 긴잡가, 유행가, 유행(流行), 유행소곡(流行小曲), 유행소패(流行小唄), 서정소곡(抒情小曲), 신민요, 창가, 독창, 동요, 만요(漫謠)등의 곡종을 확인할 수 있으며, 그 외에도 다양한 곡종이 등장한다.

는 유행잡가, 남도잡가, 서도잡가, 경기잡가, 긴잡가 등의 많은 곡종으로 표시된다. 그런데 이 음반에서는 '유행잡가'로 표기된 곡이 다른 음반에서는 '긴잡가'로 표기되는 식으로 곡종이 혼용되고 있다. 또한 '유행가'라는 용어도 '유행', '유행소곡', '유행소패', '서정소곡' 등으로 다양하게 등장하고 있다. 이는 곡종에 대한 유형 분류가 아직 정착되지 않은 당시의 상황을 반영하다고 할 수 있다. 그럼에도 불구하고 『가사집』에 실린 가요를 곡종별로 크게 나누어 보면 대체로 다음과 같이 분류할 수 있다.[11]

① 판소리

② 잡가

③ 민요

④ 신민요

⑤ 트로트[12]

⑥ 만요(漫謠)

⑦ 재즈송

---

11 이동순은 일제강점기 유행가의 노랫말을 다음의 여섯 가지로 나누고 있다. ① 창가, ② 유행가(유행소곡, 서정소곡, 독창), ③ 민요(신민요), ④ 동요, ⑤삽입가요(극중 삽입가요, 가극 삽입가요, 영화 주제가요), ⑥만요(스케치 삽입가요)가 그것이다.(이동순, 『민족시의 정신사』, 창작과비평사, 1996, 345쪽) 그러나 유행가의 하위 범주에 다시 유행가가 들어가는 것이 어색하며, 따로 다루어야 할 민요와 신민요를 함께 범주화한 것도 문제가 있다. 또한 이동순 자신이 주석에서 밝혔듯이, '독창'은 순수성이 강조되는 음악으로 대중성이 강조되는 다른 음악과 함께 다루기에는 무리가 있다고 할 수 있다.

12 당시에 '트로트'라는 용어는 없었다. 이른바 트로트는 당시에 '유행가'로 불리는 경우가 많았다. 그러나 '유행가'는 말 그대로 당시에 인기가 있던 노래를 지칭하는 것이어서 양식을 지칭하는 용어로는 적당하지가 않다. 반면에 '트로트'는 오늘날까지도 여전히 사용되는 용어로서 이미 관습화된 측면이 있다. 따라서 본고는 1920년대에 외래 음악, 특히 일본 대중음악의 영향으로 발생한 대중가요를 '트로트'라 명명하기로 한다.(장유정, 「한국 트로트의 정체성에 대한 일고찰」, 『구비문학연구』 제16집, 2003, 50쪽)

『가사집』에는 이밖에도 다른 곡종이 등장하고 있으나, 이상 일곱 가지의 분류에서 크게 벗어나지는 않을 것으로 생각한다. 음반이라는 것은 그 성격상 상업성과 흥행성을 전제하지 않을 수 없다. 따라서 우리나라 대중가요의 역사는 음반의 역사와 더불어 시작되었다고 해도 과언이 아니다. 문제는 우리나라 음반의 역사가 기존에 알려진 것처럼 이른바 대중가요에서 시작된 것이 아니라는 점에 있다. 우리나라의 음반은 각 지방을 중심으로 발달한 토속가요와 서울의 소비문화와 유흥문화 속에서 배태된 통속가요가 음반으로 발매되면서 시작하였다. 이러한 점은 처음에 음반으로 취입했던 곡들이 경기 명창들에 의해 불렸다는 사실과 초창기 음반 목록에서 주류를 이루는 것이 잡가나 판소리 등의 전통음악이었다는 데에서 확인할 수 있다. 그러나 민요와 잡가, 판소리 등의 전통음악이 음반이라는 대중매체를 통해 재등장했다고 하더라도 이들을 모두 대중가요로 부르는 데는 주저하지 않을 수 없다.

대중가요는 근대 이후 대중매체에 의해 전달되면서 그 나름의 작품적 관행을 지닌 서민들의 노래라는 기존의 정의[13]를 받아들이면 위에서 언급한 일곱 가지의 노래는 모두 대중가요라고 할 수도 있다. 그러나 우리의 머릿속에서 그려지는 대중가요는 판소리나 민요와는 다른 그 무엇이라고 할 수 있다. 판소리와 민요, 잡가 등은 기존에 유행했던 노래가 음반으로 재탄생한 것에 해당하지만 트로트와 신민요, 만요는 아예 처음부터 대중가요로 만들어진 것에 해당하기 때문이다. 즉 판소리, 민요, 잡가 등의 전통음악과 트로트, 신민요, 만요, 재즈송 등의 대중가요는 그 태생부터 다르다고 할 수 있다. 이와 같은 상황을 염두에 두고 앞서 제시한 일곱 종류의 가요를 그 태생을 기준으로 해서 분류하면 다음과 같다.

13 이영미, 『한국 대중가요사』, 시공사, 1999, 17쪽.

① 토속가요 — 민요

② 통속가요 — 판소리 · 잡가

③ 대중가요 — 트로트 · 신민요 · 만요 · 재즈송

물론 이러한 분류가 그대로 대응되는 것은 아니다. 예를 들면, 각 지방의 민요가 서울에 유입되어 직업적인 전문가에 의해 불리는 과정 속에서 토속가요인 민요가 통속가요로 변모된 모습을 보여주기도 한다. 그러나 이런 경우에도 민요는 향토성에 그 바탕을 두고 있기 때문에 기본적으로 각 지방의 특성이 배어 있는 토속가요의 범주를 벗어나기가 힘들다. 반면에 잡가는 향토성이 묻어나는 것이 있음에도 불구하고 그 태생이 도시문화의 발달과 더불어 유흥성과 오락성이 강조되는 분위기 속에서 등장한 통속가요이다. 잡가는 음반을 통한 본격적인 의미의 대중가요가 등장하기 전에 이미 대중들에게 많은 각광을 받던 노래이다. 판소리와 단가 또한 직업적인 전문가들에 의해서 불렸던 통속가요라고 할 수 있다.

요컨대 토속가요와 통속가요는 공통적으로 집단 창작으로 만들어져서 그 작사자와 작곡자를 알 수 없는 경우가 많다. 하지만 토속가요가 비전문적인 창자에 의해 불린다면, 통속가요는 전문적인 창자가 노래한다는 점에서 차이가 나타난다.

토속가요와 통속가요와 달리 대중가요는 개인 창작자에 의해 만들어졌고 약 3분이라는 음반 재생 시간에 맞추어서 제작된 노래라고 할 수 있다. 트로트는 주로 일본의 가요[14]가 우리나라 가요에 영향을 주

14 '트로트'의 발생에 영향을 주었던 가요는 일본의 '엔카'로 알려져 있다. 그러나 일본의 '엔카' 또한 일본 고유의 것은 아니다. 서양의 음악이 일본의 음악에 영향을 주는 가운데서 생겨난 노래라고 할 수 있다. 따라서 트로트가 '엔카'의 영향을 받았다고 해서 그 왜색성을 문제 삼는 것은 재고의 여지가 있다. 또한 가사라는 측면에서 보면, '트로트'는 우리의 정서를 반영

면서 새롭게 발생한 대중가요이고, 신민요는 기존의 민요가 대중가요로 새롭게 재편성되는 과정 속에서 만들어진 자생적인 대중가요라고 할 수 있다. 그런가 하면 만요는 일종의 희극에 해당하는 만담 등의 내용을 노래로 만든 대중가요에 해당하며, 재즈송은 서양 대중음악의 영향으로 형성된 갈래라고 할 수 있다.

한국의 가요는 대체로 토속가요에서 통속가요, 그리고 다시 통속가요에서 대중가요의 순으로 변천하였다고 볼 수 있다. 그러나 이는 대체적인 양상이 그러할 뿐, 가요의 변천 양상이 그 시기별로 정확하게 대응되지는 않는다. 『가사집』에 수록된 가요를 보면, 토속가요, 통속가요, 대중가요가 공존하다가 어느 시기에 이르러서는 어느 한 가요가 우세해지고 다른 가요는 쇠퇴하기도 하면서 서로 영향을 주고받고 있는 현상을 관찰할 수 있다.

현재 남아 있는 『가사집』을 통해서 볼 때, 초창기에는 토속가요와 통속가요가 음반으로 많이 제작되었다는 것을 알 수 있다. 특히 작품성과 대중성이 탁월한 판소리가 음반으로 많이 발매되곤 하였다. 잡가 또한 초기 음반에서 상당한 비중을 차지하고 있다. 기본적으로 이윤을 추구하는 음반회사는 당시 대중들에게 인기가 있던 곡을 중심으로 음반을 발매한다.[15] 그 때문에 음반이 처음 만들어질 때는 당시에 인기를 끈 토속가요와 통속가요가 주로 수록되었다. 그러다가 1926년 윤심덕의 〈사의 찬미〉가 대중적인 인기를 끌고,[16] 1928년부터 전기식 녹음

하고 있는 우리의 가요라고 할 수 있다.(이에 대한 자세한 논의는 장유정, 「한국 트로트의 정체성에 대한 일고찰」, 앞의 책을 참조)

15 당시의 대표적인 음반회사들로는 콜롬비아, 빅타, 일축, 일동, 합동축음기, 포리돌, 시에론, 오케, 태평 등을 들 수 있다. 미국에 본점을 두고 있었던 초창기의 미국 콜롬비아, 미국 빅타, 그리고 일축, 일동에서는 주로 토속가요와 통속가요를 중심으로 한 음반을 제작한다. 그러나 1930년대 이후부터는 대중가요의 비율이 토속가요와 통속가요를 능가하는 현상을 보여준다.

16 〈사의 찬미〉는 윤심덕과 김우진의 정사사건과 더불어 세간의 화제를 불러일으키면서 많은

이 시작되면서 음반시장에 활기가 생기자 점차로 본격적인 의미의 대중가요도 출현하게 된다.

그런데 토속가요, 통속가요, 대중가요는 다시 그 가사만 놓고 보면 문학적 갈래의 구분이 가능하다. 『가사집』에 수록된 가사를 대상으로 서정, 교술, 서사, 희곡의 네 갈래로 분류할 수 있는 것이다.[17] 갈래론은 구체적인 작품의 분석에서 이루어져야 한다는 입장[18]을 견지할 때, 20세기 초 『가사집』에 수록된 가요는 네 가지의 갈래로 나눌 수가 있다. 문학적 갈래와 그에 해당하는 가요의 양식을 제시하면 다음과 같다.

① 서사가요 — 판소리

② 교술가요 — 잡가

③ 희곡가요 — 만요

④ 서정가요 — 민요 · 트로트 · 신민요 · 재즈송

유성기음반에 수록된 가요들의 가사는 대체로 위와 같은 네 갈래로 나눌 수가 있다. 결국 20세기 초 한국의 가요는 각 갈래의 가요들이 부침을 거듭하는 현상 속에서 이해할 수 있다. 다음 장에서는 각 갈래에 해당하는 대표적인 작품을 통해 20세기 초 한국가요의 모습을 살펴보기로 한다.

인기를 끌었던 노래이다.

17 서정, 교술, 서사, 희곡에 대한 자세한 논의는 조동일, 『한국소설의 이론』, 지식산업사, 1989를 참조할 수 있다. 한편 가요의 음악적인 측면과 문학적인 측면을 아우르는 논의를 위해서는 토속가요, 통속가요, 대중가요의 관련 양상을 살피는 것이 유효할 것이다. 그러나 본고는 가요도 가사를 중심으로 한 문학적인 접근이 가능하다는 것을 보여주기 위해서 일단 가요의 문학적 갈래를 살피는 것에 주력하고자 한다. 가요의 문학적인 측면과 음악적인 측면을 아우른 논의는 차후에 다른 논고에서 행하기로 한다. 다만 본고에서는 본격적인 논의를 위한 초석을 마련하는 데에서 그치기로 한다.

18 위의 책, 134쪽.

3. 20세기 초 한국가요의 갈래

1) **서사가요** – 판소리

판소리는 18세기에 이르러 12바탕이 완성된 이래로 음악적인 발전을 거듭하여 왔다. 1900년대에는 판소리 명창들이 서울의 중앙무대로 대거 진출하면서 판소리는 그 발전의 절정을 이룬다. 그러나 1910년 일제 강점 이후 일제의 전통문화 말살정책과 사회경제적 불안으로 인하여 판소리의 연행 환경이 위축되면서 판소리의 인기 또한 시들해진다. 그러다가 1920년대 후반기에 들어서 판소리의 부흥운동을 통해 점차 판소리 문화가 회복되는 모습을 보여준다.[19] 이때 판소리는 극과 노래라는 두 가지 길을 통해 나름대로의 생존 전략을 모색한다. 극장을 통한 극의 형태로 나아가게 된 판소리는 나중에 창극으로 정착한다. 반면에 유성기나 라디오를 통해 대중들에게 다가간 판소리는 당시 '유행가'의 형식을 따르는 방식으로 변모한다. 즉 '눈대목'을 중심으로 3분 내지 6분 정도의 시간적 제약에 맞춰 녹음되었던 것이다.

당시에 유성기에 수록된 판소리는 〈춘향가〉, 〈수궁가〉, 〈흥부가〉, 〈적벽가〉, 〈심청가〉의 5바탕이 중심을 이루었다. 판소리는 기본적으로 이야기를 중심으로 이루어진 서사문학이다. 그런데 유성기음반이 지닌 시간적 제약 때문에 판소리 전체를 음반에 실을 수는 없다. 따라서 인기가 있는 대표적인 도막소리를 음반으로 제작하였다. 그럼에도 불구하고 유성기음반에 수록된 판소리는 기본적으로 이야기가 있는

---

19 판소리 부흥운동을 비롯한 일제강점기의 판소리 문화에 대한 논의는 성기련, 「1930년대 판소리 음악문화 연구」, 서울대 박사논문, 2003을 참조.

서사가요에 해당한다고 할 수 있다.

> 밤은 삼경이 지나고, 은하수는 기우러젓다! 초불을 도도 혀고, 잠든 부친 엽에 안저, 얼굴도 대여보고, 수족도 만져를 보며, 에구 아버지! 에구 아버지, 에구 아버지, 날 볼 날이 몃밤이뇨? 제가 철이 나고, 아조 막댁이로 알엇더니만, 래일부텀은 날마다 동내 걸인이 될 것이니, 눈친들 오직하며 욕인들 오직할가? 무심한 헌팔자가 되여, 칠일 전에 모친 일코, 은근히 자라나, 압 못 보는 부친 지방을 잡어, 부친조차 리별이 되니, 이런 팔자가 어듸 잇느냐! 어구! 어구 아버지! 도라가신 우리 모친은 십오왕으로 드러가고, 나는 인제 죽게 되며는 수궁으로 갈 것이니, 수궁에서 황천 가기가 몃만리 되리라드냐? 황천길은 멀고 먼데, 뭇고 물어 차저를 간들, 모친이 나를 어이 알며 내가 엇지 모친을 알겟나! 만일 모친 뵈게 되올 때 에구(띄어쓰기는 필자)
>
> — 〈심청전 심청부친이별가〉
>
> (이동백 독창, 지동근 장고, 빅타, 49025A)

위에 소개한 가요는 판소리 〈심청가〉 중의 한 대목인데, 심청이 부친과의 이별을 앞두고 슬퍼하는 장면이다. 판소리의 어느 한 대목만이 음반에 실리는데도 불구하고 그 대목이 인물과 사건을 갖춘 이야기로 되어 있다는 것을 확인할 수 있다. 작품의 시간적 배경은 삼경이 지나서 은하수마저 기울어진 깊은 밤이다. 내일이면 인당수에 몸을 던지게 될 심청은 잠을 이루지 못한다. 그래서 부친 옆에서 얼굴도 대어보고 수족도 만지면서 부친과의 이별을 몹시 슬퍼하고 있다. 이처럼 판소리는 기본적으로 이야기가 있는 서사가요라고 할 수 있다.[20]

---

20 판소리 자체만을 놓고 보면, 판소리가 도막소리의 형태로 실린 것은 판소리의 서정성이 강조된 현상으로 이해할 수도 있다. 그러나 음반에 실린 전체 가요라는 측면에서 볼 때, 판소

대체로 판소리는 음반 A면의 내용이 B면에까지 이어지면서 두 면에 걸쳐 실리는 경우가 많다. 그런데 서사가요인 판소리가 도막소리의 형태로 음반에 실릴 수 있었던 것은 이미 판소리가 당시 사람들에게 익숙한 갈래였기 때문에 가능했던 것이라고 할 수 있다. 대중들은 이미 판소리의 전반적인 내용을 알고 있었다. 따라서 서사가요인 판소리는 별무리 없이 그 일부가 음반에 수록될 수 있었던 것이다.[21]

2) **교술가요** - 잡가

잡가만큼 그 갈래가 문제가 된 경우도 없을 것이다. 잡가 연구의 초창기에는 잡가의 장르 규정이나 범주 설정에서조차 혼란을 보여 잡가를 가사의 하위 갈래로 보거나,[22] 민요의 범주에 귀속시켜 다루기도 하였다.[23] 그러다가 정재호의 선구적인 업적[24]과 이후에 이루어진 후속 연구[25]를 통해 잡가가 가사나 민요와는 다른 독자적 갈래라는 것이 거

리는 다른 가요에 비해서 서사성이 강하게 드러난다고 할 수 있다. 그 때문에 판소리를 서사가요라고 할 수 있는 것이다.

21 당시에 음반을 취입했던 유명한 명창으로는 김창환, 이동백, 김창룡, 정정렬, 박중근, 김정문, 이화중선, 김추월, 김초향, 임방울, 박록주 등을 들 수 있다. 한편 판소리의 전집 형태로 여러 명창들이 함께 취입한 음반은 가요가 아닌 극의 하위 범주에 들어간다. 실제로 곡종도 '창극'으로 표시되어 있다. 그 예로 김창룡, 이화중선, 오비취, 권금주가 취입한 〈콜롬비아 춘향전전집〉과 김정문, 신금홍이 취입한 〈시에론 춘향전전집〉 등을 들 수 있다.

22 조윤제, 『조선시가의 연구』, 을유문화사, 1954.

23 이병기, 『국문학개설』, 일지사, 1973.

24 정재호, 「잡가고」, 『한국속가전집』 6, 다운샘, 2002.

25 이규호, 「잡가의 정체」, 장덕순 외, 『한국문학사의 쟁점』, 집문당, 1986; 최성수, 「잡가의 장르적 성향과 수용양상」, 성균관대 석사논문, 1986; 하희정, 「잡가의 장르적 성격」, 이화여대 석사논문, 1986; 이노형, 「잡가의 유형과 그 담당층에 대한 연구」, 서울대 석사논문, 1987; 최원오, 「잡가의 교섭갈래적 성격과 그 이론화 가능성 검토 시론」, 『관악어문연구』 19집, 서울대국어국문학과, 1994.

듭 확인되었다. 그러나 아직 잡가의 갈래론적 속성이나 범주를 설정하는 데 있어서 만족할 만한 합의점이나 통일된 기준을 확정하기가 쉽지 않은 실정에 있다.[26]

그런데 잡가의 갈래 귀속 문제는 잡가 자체만으로는 해결하기가 어려운 문제라고 할 수 있다. 또한 잡가를 가요가 아니라 다른 문학 갈래와의 연관 속에서 논하면 잡가의 갈래 귀속 문제는 해결될 가능성이 더욱 희박해질 것이다. 시야를 좀 더 넓혀서 가요 전체에서 잡가가 어떤 갈래를 점하고 있는지를 살펴본다면, 잡가의 갈래 귀속 문제도 어느 정도 해결될 수 있을 것이라 생각한다. 유성기음반에 수록된 가요 전체와 잡가를 견주어 볼 때, 잡가의 갈래는 교술가요에 해당한다고 할 수 있다. 교술은 주관적 감흥을 표현하는 데 주력하는 서정과는 달리 실제로 있었던 일에 관한 관찰 또는 경험을 자세하게, 또는 객관적으로 나타내려는 데 더 충실한 갈래라고 할 수 있다. 즉 교술은 사물을 객관적으로 묘사하고 설명해서 알려주는 것을 그 특징으로 한다고 할 수 있다.

만첩산중(萬疊山中) 늙은 범이 살진 암캐를 물어다 놋코 이리궁글 놀닌다

광풍(狂風)에 락엽(落葉)처럼 벽해(碧海) 둥둥 써나간다 일락서산(日落西山) 해는 뚝 써러지고

월출동령(月出東嶺)에 달이 솟네 만리장천(萬里長天)에 울고가는 저 기럭이 제비를 후리러 나간다 제비를 후리러 나간다

복희씨(伏羲氏)의 매진 그물을 두리처메고서 나간다

망당산(芒碭山)으로 나간다 우여- 에- 에- 에이고 저 제비 네 어대로 써나는가

26 김학성, 「잡가의 생성기반과 사설엮음의 원리」, 『세종학연구』 12 · 13집, 세종대왕기념사업회, 1998, 104쪽.

백운(白雲)을 박차며 흑운(黑雲)을 무릅쓰고 반공중(半空中)에 놉히 써 우여 -에-에-하고서 저 제비

네 어대로 써나느냐 양류상(楊柳上)에 안진 꾀꼬리 제비만녁여 후린다 (띄어쓰기는 필자)

— 〈제비가〉

(경기잡가, 박부용 · 홍소월, 오케, 1582A, 1933)

〈제비가〉는 20세기 초에 음반 판매에서 단연 선두를 차지했던 노래이다. 제비가 날아가는 길을 따라 시선이 옮겨지면서 행과 행이 이어지고 있다. 그러나 사실상 그 가사를 보면 줄과 줄 사이의 내용들이 별반 연관성이 없다는 것을 확인할 수 있다.[27] 첫 줄에서 '만첩산중 늙은 범이 살진 암캐를 물어다 놓고 이리궁글 놀린다'는 내용은 의미상 뒷줄과 전혀 연결이 되지 않는다. 그 다음에는 제비를 후리러 가는 내용이 나오지만 이 역시 의미상 긴밀하게 연결된다고 말하기는 어렵다. 각 줄의 내용은 각각 따로 놓고 보아도 별 무리가 없을 정도로 독립적이다.

그런데 〈제비가〉의 각 줄이 지닌 의미상 독립성은 형식적인 개방성으로 이어져서 얼마든지 사설이 늘어날 수 있는 여지를 만들어 놓는다. 극단적으로 말하면 무제한의 부연과 확장이 가능한 것이다. 교술이 덧붙여 반복하고 부연하는 확장적인 문체를 즐겨 사용한다는 사실을 상기할 때, 잡가가 지니고 있는 이와 같은 특성은 잡가를 교술가요로 볼 수 있는 한 근거가 될 수 있다. 이 때문에 잡가를 교술가요에 포함시킬 수 있는 것이다.[28]

---

27 고미숙은 〈제비가〉를 예로 들면서 잡가의 형식적 일탈과 음보의 정형성 해체를 지적하고 있다.(고미숙, 「20세기 초 잡가의 양식적 특질과 시대적 의미」, 『18세기에서 20세기 초 한국 시가사의 구도』, 소명출판, 1998, 300~301쪽)

28 이 또한 상대적인 개념이다. 음반에 실린 잡가가 교술성을 띠고 있다고 해서 잡가 전체를 교

3) 희곡가요 - 만요

만요(漫謠)는 만담적 성격을 지니고 있는 노래로서 독자적으로 불리거나 또는 만담의 중간에 삽입되어 불리기도 하였다.[29] 기본적으로 풍자, 해학, 골계를 통해 인간의 어리석음을 경계하고 활기찬 삶을 권장하는 의도가 내재되어 있다.[30]

> 아 여보 아 마누라 대문 좀 여려줘 응 응
> 몰나요 아니 지금이 몃신중 아는거유
> 어서 아무데구 가서 쓸어저 자구 와요
>
> 사장님 환영회에 할수업시 갓다가
> 시각이 밥부게 불야불야 왓는데
> 듣기 실어요 무슨 놈에 사장이 매일 갈넌담
> 흥 마누라 괜스리 생트집만 잡지말구서
> 빨낭…… 생트집만 잡지말구서
> 대문이나 여러줘요 대문 좀 여러주구려 응 마누라
>
> 월급만 올나가면 화류경댈 사주지
> 사장님 말슴이 염여말나 합데다
> 듯기 시러요 아주 고런 가짓말에 넘어갈 줄 알구

술이라고 단정할 수는 없을 것이다. 앞으로 음반에 실린 잡가와 잡가 전체의 관련 양상을 고찰해서 잡가의 갈래적 특성을 밝혀내는 작업도 이루어져야 할 것이다.

29 '만담'이라는 용어는 일본에서 전해진 것이다. 우리나라에서는 주로 '재담'이라고 불렀다. 그러나 『가사집』에 수록된 곡종에 따라 '만담'과 '만요'를 그대로 사용하기로 한다.

30 이동순, 앞의 책, 358쪽.

흥 마누라 장모님 화푸리를 나한테 말구
어서…… 화푸리를 난한테 말구
대문이나 여러줘요 대문 좀 여러주구려 응 마누라

실커든 고만둬라 나는 간다 나는 가
낼 아츰 조간에 유서나 읽어라
아이 영감 물열께 죽지마우 응
흥 마누라 증말요 아이 조타 우리 마누라
애해…… 아이 조타 개똥어멈
찬밥이나 갓다주우 속 쓰려 죽겟구나야 응 마누라

— 〈마누라 대문 열어〉
(처녀림 작사, 김송규 작 · 편곡, 김해송 노래, 콜롬비아 40840, 1938)

위의 가요는 김해송이라는 가수가 혼자서 부르지만, 그 가사의 내용은 전체적으로 남편과 아내의 대화로 이루어져 있는 만요이다. 즉 〈마누라 대문 열어〉는 남편과 아내가 주고받는 대화로 이루어진 일종의 희곡가요라고 할 수 있다. 노래의 전체적인 상황은 남편이 늦게 들어와서 아내가 대문을 열어주지 않자, 남편이 문을 열어달라고 하면서 아내와 대화를 나누는 것으로 설정되어 있다. 제1절에서는 남편이 대문을 열어달라고 하자 아내는 지금이 몇 시인지 아냐며 아무 곳에나 가서 쓰러져 자라고 대답한다. 제2절에서는 제1절에 이어서 남편이 사장님 환영회에 갔다가 늦었다며 변명을 한다. 아내는 남편의 말에 무슨 사장이 그렇게 자주 바뀌느냐고 대꾸한다. 그러자 남편은 다시 아내에게 생트집 잡지 말고 대문을 열라고 말한다. 제3절에서 남편은 월급이 올라가면 화류경대를 사주겠다며 아내를 구슬린다. 아내는 남편의 그런 거짓말에는 넘어가지 않겠다며 콧방귀를 뀐다. 남편은 다시 문을 열어달라고 아내에게 사정한다. 마지막으로 제4절에서 남편은 문 열기 싫으면 그만두라고 말한다. 그러면서 내일 아침 신문에서 자신의 유서나 읽으라며 문을 열어주지 않으면 죽어버리겠다고 은근히 협박을 한다. 그제야 아내는 남편에게 죽지 말라며 문을 열어주는 것이다.

만요는 기본적으로 웃음을 유발시키는 노래라고 할 수 있다. 웃음을 생성시키기 위해서 만요는 대화의 양식을 끌어온다. 작중 화자들이 대화를 나누면서 자연스럽게 웃음을 유발시키는 것이다. 〈마누라 대문 열어〉와 같은 만요는 가수 혼자 남편과 아내의 역할을 번갈아 하면서 노래를 부르지만 다른 만요에서는 두 사람이 함께 부르는 경우도 있다.

4) 서정가요 - 민요, 신민요, 트로트, 재즈송

서정가요는 감정의 주관적이며 집약적인 표현을 그 특징으로 한다. 유성기음반에 수록된 대부분의 민요와 신민요, 트로트가 서정가요에 해당한다고 할 수 있다.

석탄백탄 타는데 연기만 퍼벌석 나는데
요 내가슴 타는덴 연기도 김도 안난다
에- 에- 에헤야 이여라난다 뗴여라
사랑사랑 이로다

님 오실 쌘 됏는데 원수년의 비 봐라
가신 곳을 알어야 나막신 우산을 보내지

에-에- 에헤야 이여라난다 떼여라
허송세월을 맙세다

석양산로에 막걸니병을 차고요
님 죽은 무덤을 더듬어 가노라
에- 에- 에헤야 이여라난다 떼여라
사랑사랑 이로다

— 〈사발가〉
(민요, 박부용 노래, 오케 1509A)

서정적 발화는 개별 발화로서 근본적으로 독백적이다.[31] 〈사발가〉에서 화자는 사랑하는 임을 잃은 자신의 마음을 독백으로 표출하고 있다. 제1절에서는 석탄 백탄 타는 데는 연기도 나지만 내 가슴 타는 데는 연기도 김도 나지 않는다고 한다. 사랑 때문에 가슴이 새까맣게 타버려서 연기도 김도 나지 않는다며 자신의 절절한 마음을 표현하고 있다. 제2절에서는 임이 오실 때가 되었는데 때마침 짓궂게도 비가 내린다. 화자는 임이 간 곳을 모르고 또 임은 돌아오겠다고만 했을 뿐, 정확하게 언제 돌아오겠다는 기약을 했던 것도 아니다. 그럼에도 불구하고 임이 돌아오지 못하는 것이 비의 탓인 것처럼 '원수년의 비'라고 말한다. 제3절에서는 그토록 기다리던 임이 죽고 화자는 해 저무는 산길에 막걸리 병을 차고서 임의 무덤을 찾아가고 있다.

민요는 그 자체로 다시 서정, 서사, 교술, 희곡의 갈래구분이 가능하다.[32] 그러나 『가사집』에 실린 민요는 대체로 서정가요에 해당하는 것

31 디이터 람핑, 장영대 역, 『서정시— 이론과 역사』, 문학과지성사, 1994, 105쪽.
32 민요의 갈래구분에 대해서는 장덕순 외, 『구비문학개설』, 일조각, 1971쪽을 참고할 수 있다.

이 많다고 할 수 있다.[33] 아마도 이는 다른 갈래의 민요보다도 감정의 주관적인 표출과 집약적인 표현을 그 특성으로 하는 서정민요가 음반에 실리기에 용이했기 때문에 나타난 현상이라고 추측할 수 있다.[34] 그리고 이와 같은 민요의 특성은 민요가 대중가요로 새롭게 탄생하는 데도 유리하게 작용하였다. 그 때문에 민요가 대중가요적인 요소들[35]과 만나서 '신민요'라는 양식으로 거듭날 수 있었던 것이다.

자생적인 대중가요를 만드는 데 있어서 민요가 선택된 것은 어쩌면 필연적이었다고 할 수 있다. 잡가와 같은 교술가요나 판소리와 같은 서사가요는 서정가요로 만들기에 어려움이 있었다. 그와 달리 서정의 형태를 띠고 있던 민요는 서정가요를 요구하는 분위기 속에서 상대적으로 쉽게 대중가요로 거듭날 수 있었다. 그러한 형태가 곧 신민요라고 할 수 있다. 신민요에 주목해야 하는 이유는 신민요에 대한 기존의 부정적인 평가와는 달리 신민요에서 자생적인 대중가요의 한 모습을 엿볼 수 있기 때문이다.[36] 그러므로 신민요 역시 기본적으로 서정가요로 간주하여도 무방할 것이다.

가신 랑군은 언제나 도라와 나하고 만날가

33 사실상 갈래의 구분은 절대적인 것이 아니라 상대적이고 유동적인 것이라 할 수 있다.

34 감정의 집약적 표출을 특징으로 하는 서정민요가 서사민요나 교술민요보다 약 3분이라는 음반의 시간적 제약을 충족시키기에 유리하다고 할 수 있다. 그 때문에 서정민요가 다른 갈래의 민요보다 상대적으로 더 많이 실리게 된 것이라고 추정할 수 있다. 한편 민요가 지니고 있는 서정성의 강조는 1920년대 문단의 '민요조 서정시'에서도 그 원인의 일단을 찾을 수 있다. 특히 '민요조 서정시'에서 두각을 나타낸 바 있는 김억과 김동환이 대중가요 작사가로 활약했던 사실을 염두에 둘 때, 문단계와 음반계의 영향관계도 추측할 수 있다.('민요조 서정시'에 대해서는 윤여탁, 『시의 논리와 서정시의 역사』, 태학사, 1995를 참조할 수 있다)

35 '대중가요적 요소'로는 작사가, 작곡가, 근대매체로서의 음반 등을 들 수 있다.

36 신민요에 대한 당시의 인식과 수용에 대해서는 장유정, 「1930년대 신민요에 대한 당대의 인식과 수용」, 『한국민요학』 제12집, 한국민요학회, 2003 참조. 자생적인 대중가요로서의 신민요에 대한 본격적인 고찰은 추후 다른 논고에서 하기로 한다.

가신랑군을 고대코 마음속만 태우며
눈물을 쪽쪽 짜서는 치마에 꽁꽁 쌋다가
만나는 날 랑군의 상에 밧처서 노련다
(후렴) 꽁꽁꽁꽁 묵거라
내 서름 꽁꽁 묵거라

가실 째에는 온다고 분명히 나한테 말햇지
한 번 가서는 안 오고 시침만을 쏘 쎄니
분김에 쌕쌕 이 갈고 원망을 꽁꽁 쌋다가
만나는 날 랑군의 두쌤을 째려보련다

가신 랑군은 나한테 다시는 안 찾저 오려나
아니 올라면 진작이 안 온다고 알리지
오늘도 쏙쏙 기둘고 우름을 꽁꽁 쌋다가
만나는 날 귀를 압흐게 할련다

가신 랑군은 그래도 이 나를 차저와주겟지
혼자 살다가 안 오면 그 째에는 내 죽지
찹살을 박박 가라서 썩처서 꽁꽁 쌋다가
만나는 날 랑군의 잔체노리를 내 하리

— 〈꽁꽁타령〉

(신민요, 유영일 작사, 김형원 작곡, 고일심 노래, 콜럼비아 40610, 1935)

〈꽁꽁타령〉에서 화자의 임은 떠나고 없다. 이러한 상황에서 화자는 낭군을 기다리면서 느끼는 자신의 감정을 제1절에서 제4절까지 그리고 있다. 제1절에서 화자는 떠나 버린 낭군에 대한 원망의 마음을 표출하고 있다. 임을 기다리느라 마음을 태우는 화자는 눈물을 쪽쪽 짜서 치마에 꽁꽁 쌌다가 낭군을 만나는 날 상에 놓겠다고 한다. 이어서 제2절에서는 임에 대한 원망의 강도가 제1절보다 더 높아진다. 갈 때는 꼭 다시 온다고 했던 낭군이 오지 않는다며 이를 갈 정도로 분노하고 있다. 이러한 심정을 지닌 화자는 임에 대한 원망을 꽁꽁 쌌다가 낭군을 만나면 빰을 때리겠다고 말한다. 이처럼 제1, 2절에서 화자는 오지 않는 임을 원망도 해보지만 제3절에서는 다시 임을 기다리는 심정을 토로한다. 가신 낭군이 자신을 찾아오지 않을까 슬쩍 물음을 던지는데, 이 물음 속에는 임이 돌아오기를 바라는 화자의 간절한 바람이 반영되어 있는 것이다. 그러면서도 한편으로는 '안 올 거면 진작 안 온다고 알리지'라고 하면서 화자는 임을 또 한 번 원망하기도 한다. 그러나 화자는 임을 기다린다. 화자는 임을 기다리면서 흘린 눈물을 꽁꽁 쌌다가 임을 만나는 날에 울음소리로 임의 귀를 아프게 하겠다고 말한다. 마지막으로 제4절에서 화자는 임이 돌아올 것이라는 희망을 재확인한다. 화자는 임을 기다리면서 혼자 살다가 임이 안 오면 그때는 자신이 죽어버리겠다고 말하는데, 이는 임을 끝까지 기다리겠다는 화자 자신의 굳건한 의지를 표명한 것이라고 할 수 있다. 그리고 임이 돌아오는 날에는 꽁꽁 싸두었던 찹쌀떡으로 잔치를 벌이겠다고 말한다.

〈꽁꽁타령〉도 자신의 주관적인 감정을 표출하는 서정가요에 해당한다고 할 수 있다. 임을 기다리면서 화자가 느끼는 원망과 오기, 그리고 기다림과 희망 등의 감정 변화를 잘 그려내고 있다. 특히 '꽁꽁', '빡빡', '박박', '쪽쪽' 등의 의성어와 의태어의 활용은 노래의 리듬감을 살려주고 유희성을 강조하는 역할을 한다. 그러나 그 유희성과 리듬감은 단순히 웃음만을 유발시키지는 않는다. 사랑하는 임을 향한 화자의 그

그림 16. 〈꽁꽁타령〉 광고(『동아일보』, 1935.5.2)

리움이 웃음과 결합되면서 오히려 화자의 심정이 더욱 절절하게 느껴지기도 한다.

트로트 역시 기본적으로 서정가요에 해당한다고 할 수 있다. 다음에 소개하는 노래는 서정가요에 속하는 트로트이다.

> 이맘을 뉘게 줄가 사랑은 애닯허요
> 분홍빗 치마폭이 눈물에 저저요
>
> 이 편지 뉘게 줄가 달밤은 외로워요
> 은하수 바라보며 한숨에 밤이 가요
>
> 산으로 가볼까요 바다로 가볼까요
> 사랑의 이 마음을 어대다 둘까요

— 〈소녀연심곡(少女戀心曲)〉

(유도순 작사, 유일 작곡, 김선영 노래, 콜럼비아 40484A, 1934)

〈소녀연심곡〉은 화자의 주관적인 감정을 표출한다는 점에서 서정가요에 해당한다. 이 노래의 화자는 한창 사랑에 눈을 뜬 소녀이다. 화자는 애달파 하기도 하고 외로움을 느끼기도 한다. 그러나 자신의 마음을 드러내 보일 대상이 뚜렷하지 않다. 제1절에서 화자는 이 마음을 누구에게 주느냐며 사랑은 애달프다고 한다. 그래서 분홍빛 치마폭이 눈물로 젖는다고 말한다. 그리고 제2절에서 화자는 자신의 마음을 편지에 담는다. 그러나 정작 편지를 받아줄 사람이 없다. 그 때문에 달밤은 외롭게 느껴지고 화자는 그저 은하수를 바라보면서 한숨으로 밤을 지새우는 것이다. 마지막으로 제3절에서 화자는 사랑의 마음을 어디

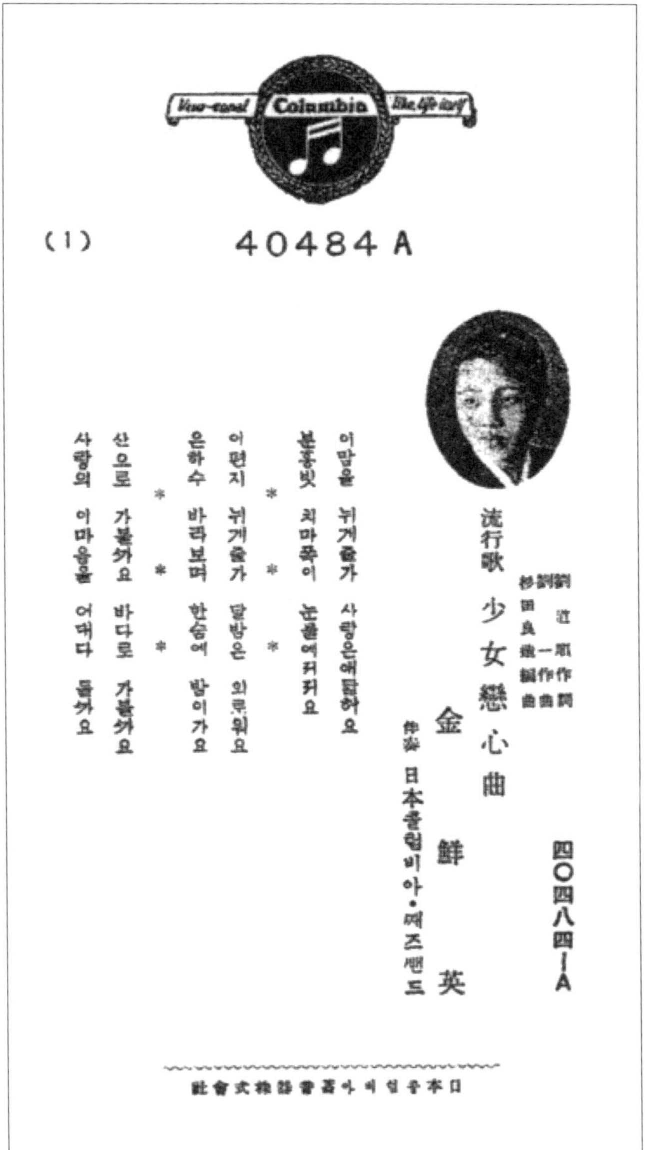
(1) 40484 A

流行歌 少女戀心曲

金鮮英

伴奏 日本콜럼비아·째즈쌘드

四〇四八四−A

이맘을 뉘게줄가 사랑은애닯허요
분홍빛 치마쭉이 눈물에저저요
* * *
어련지 뉘게줄가 달밤은 외루워요
은하수 바라보며 한숨에 밤이가요
* * *
산으로 가볼까요 바다로 가볼까요
사랑의 이마음을 어데다 둘까요

日本콜럼비아蓄音器株式會社

그림 17. 〈소녀연심곡〉 음반 가사지

에 두냐며 산으로 바다로 임을 찾아 가볼까 라며 하소연한다. 이처럼 〈소녀연심곡〉은 사랑에 눈을 떴으나 정작 그 사랑을 드러내 보일 대상이 없어 애달파하는 소녀의 마음을 표출한 서정가요라고 할 수 있다.

이상으로 구체적인 작품 분석을 통해 서정가요에 대해 살펴보았다. 이를 통해 민요, 신민요, 트로트 등은 서정가요로 분류할 수 있다는 것을 확인하였다.

4. 갈래를 통해 본 20세기 초 한국가요의 전개

앞 절에서는 『가사집』에 수록된 가요를 대상으로 하여 그 갈래에 대해 검토하였다. 이제 『가사집』에 수록된 가요의 갈래가 어떻게 전개되는지를 살펴보고자 한다. 단순히 갈래를 분류하는 데에서 더 나아가 갈래들이 어떻게 전개되는지를 고찰함으로써 한국가요의 전개 양상을 살펴볼 수 있을 것이다. 즉 전체 갈래들 속에서 개별 갈래가 지니는 의미를 조망하는 작업을 통해 20세기 초 한국가요의 전개양상이 드러날 것이다.

『가사집』에 수록된 가요의 갈래 귀속 문제는 단순히 갈래를 나누는 것 이상의 의미를 지닌다. 왜냐 하면 가요의 갈래를 통해 당시 가요의 전반적인 양상과 그 의미를 살펴볼 수 있기 때문이다. 20세기 초 한국의 가요는 서사가요, 교술가요, 희곡가요, 서정가요가 다양하게 존재했다고 할 수 있다. 1910년대에서 1920년대까지는 서사가요와 교술가요가 상당한 부분을 차지하였다. 이는 그 전 시기에 서사와 교술 장르

그림 18. 〈황성의 적〉을 부른 이애리수

가 우세하였고, 그 영향이 가요에도 반영되었기 때문이라고 할 수 있다. 따라서 서사가요인 판소리와 교술가요인 잡가가 음반이라는 대중매체를 통해 재등장해서도 지속적으로 대중들의 인기를 끌 수 있었던 것이다.

그런데 1930년대에는 서정가요가 새롭게 등장하면서 가요의 판도도 변한다. 근대화와 식민지 상황은 자아의 각성과 발견을 초래하였다. 그 때문에 자신의 내면에 관심을 가지게 된 자아는 이러한 시대적 분위기 속에서 자신의 주관적인 감정을 강하게 표출하는 경향성을 지니게 된 것이다. 서정가요는 본격적인 대중가요라고 할 수 있는 〈황성의 적〉이 1932년에 빅타에서 발매되면서부터 대거 등장하게 된다.[37] 〈황성의 적〉 이후 서정가요는 다른 갈래들을 제치고 가요에서 가장 우세한 위치를 점하게 된다.

> 황성녯터에 밤이 되니 월색만 고요해
> 폐허의 스른 회포를 말하여 주노나
> 아 외로운 저 나그네 홀로 잠 못 일우어
> 구슯흔 버레소래에 말업시 눈물 지어요
>
> 성은 허무러저 빈터인데 방초만 풀으러
> 세상의 허무한 것을 말하여 주노나
> 아 가엽다 이 내몸은 그 무엇 차즈랴
> 덧업난 꿈의 거리를 헤매여 잇노라

37 〈황성의 적〉은 당시에 많은 인기를 끌었던 곡으로 1933년에는 〈고성의 밤〉으로 제목을 바꾸어서 이경설의 목소리로 포리돌에서 발매된다. 또한 1938년도에는 1932년에 발매된 똑같은 음반이 음반번호만 달리해서 재발매된다. 이러한 상황은 〈황성의 적〉의 인기를 객관적으로 알려주는 근거가 된다.

나는 가리라 끗이 업시 이 발길 닷는 곳
산을 넘고 물을 건너 정처가 업시도
아 한업난 이 심사를 가삼 속에 품고서
이 몸은 흘너서 가노니 녯터야 잘 잇거라

—〈황성의 적〉

(왕평 작사, 전수린 작곡, 이애리수 노래, 빅타 49125A, 1932)

〈황성옛터〉로 더 잘 알려져 있는 〈황성의 적〉은 본격적인 대중가요의 출현을 알리는 신호탄이었으며, 서정가요의 시대를 여는 도화선이었다. 〈황성의 적〉을 필두로 해서 자신의 주관적인 감정을 표출하는 서정의 시대가 본격적으로 열리게 된 것이다. 제1절에서 화자는 황성옛터에 자리하고 있다. 고려의 수도인 개성의 만월대를 말한다고 알려져 있는 '황성 옛터'는[38] 지금 폐허가 되어 달빛만 고요하게 비추고 있다. '외로운 저 나그네'는 바로 화자 자신이다. 화자가 자기 자신을 '외로운 저 나그네'로 대상화시키고 있다는 것을 제2절과 제3절을 통해 알 수 있다. 시적 화자와 작중 화자가 동일인으로 포개지고 있는 것이다. 제1절에서 구슬픈 벌레 소리에 눈물짓던 화자는 제2절에서는 성은 허물어졌는데 방초(芳草)만 푸르게 피어난 것을 보고 세상의 허무함을 말해준다고 탄식한다. 그러면서 자기 연민에 빠져 가여운 신세가 된 자신은 무엇을 찾아서 덧없는 꿈의 거리를 헤매느냐고 자문하고 있다.

38 황성 옛터가 '개성의 만월대'를 지칭한다고 말하게 된 배경에는 다음과 같은 일화가 작용하였다. "개성에서의 공연을 마친 왕평과 전수린은 고려의 영화를 되새기며 달빛 쏟아지는 만월대의 옛터를 찾아갔다. 개성은 옛날에는 송도라고도 불리었던 고려의 도읍이며 전수린에게는 고향이기도 했다. (…중략…) 비 내리는 여인숙에서 만월대의 밤을 회상한 전수린은 그 생각을 바이올린을 들어 즉흥적으로 연주하고 그 멜로디를 가까이에 있던 오선지에 옮겨 놓았다. 가사는 왕평이 붙였다."(박찬호, 앞의 책, 191쪽) 그러나 이와 같은 일화가 사실임을 알려주는 객관적인 자료는 찾지 못했다.

제3절에서 화자는 끝없는 심사를 가슴에 품고 나그네가 되어서 정처 없이 길을 떠날 것이니 옛터는 잘 있으라고 말한다.

20세기 초 한국은 '식민지'와 '근대화'라는 두 가지 상황에서 자유로울 수 없었다. '근대화'는 사람들에게 이제까지 경험하지 못했던 새로운 감정을 불어넣어 주었다. 이는 일시적이고 덧없으며 우연적인 인식과 관계를 경험하게 하고, 개인적인 열망과 불확실성, 그리고 익명성과 혼란스러움을 경험하게 한다.[39] 이러한 근대는 '자아의 발견'을 가능하게 하였고, 그 때문에 자신의 내면에 관심을 가지게 된 사람들은 이를 표출하는 데 주력한다. 1930년대 이후에 이러한 현상이 두드러지는데, 이는 음반 산업의 발달과 더불어 도시문화가 새롭게 대두한 데에서도 그 원인을 찾을 수 있다.[40] 이와 같은 배경 속에서 서정가요가 다른 갈래의 가요들보다 우세한 위치를 점하게 되는 것이다.[41]

그런데 우리나라는 다른 나라보다도 더 힘들게 근대를 경험했다고 할 수 있다. 왜냐 하면, 근대를 경험하는 것만으로도 벅찬데, 그러한 근

---

39 마이크 새비지는 개인적인 열망과 불확실성, 그리고 익명성과 혼란스러움을 근대성의 특성으로 보았다.(마이크 새비지, 김왕배 · 박세훈 역, 『자본주의 도시와 근대성』, 한울, 1996, 239쪽) 중요한 것은 이러한 근대성의 특성이 꼭 우리나라에만 해당하는 것이 아니라는 점이다. 당시에 대부분의 나라 사람들은 유사하게 근대와 도시, 그리고 자본주의를 경험하였다. 한편 1931년에 있었던 만주사변은 당대인에게 전쟁이 유발하는 정신적 공황과 황폐함을 느끼게 하였는데 이러한 경험이 사람들로 하여금 자신의 내면에 관심을 기울이게 하고 서정가요의 출현도 가능하게 만든 촉매제의 역할을 하였다고도 볼 수 있다.

40 1930년대 이후 서울은 급격한 인구의 증가와 더불어 새로운 도시문화를 형성하게 되었다. 1930년대 도시문화에 대해서는 고석규, 「일제강점기 서울 중심부에 나타난 도시문화의 특성」, 『한국사학사연구』, 나남출판, 1997 참조.

41 비록 본고에서는 〈황성의 적〉만을 살펴보았으나 신민요와 민요 또한 서정가요로서 제 몫을 해냈다. 1930년대 중반에는 신민요의 음반 판매율이 당대의 트로트를 압도하게 되고, 수용자의 관심은 신민요뿐만 아니라 토속가요에 해당하는 민요(속요)에까지 이동하게 된다. 신민요에서 발로된 우리 것에 대한 수용자의 관심이 다시 토속가요인 민요를 발굴해서 음반으로 만들게 한 것이다. 이에 대한 자세한 논의는 장유정, 「1930년대 신민요에 대한 당대의 인식과 수용」, 『한국민요학』 제12집, 한국민요학회, 2003, 300~304쪽 참조.

대의 경험이 식민지적 상황과 맞물리면서 대중들에게 더 큰 고통과 번민을 안겨주었기 때문이다. 일제강점기라는 시대적 배경 속에서 새롭게 싹튼 자아는 근대적 상황과 식민지적 상황 속에서 자신의 내면을 표출하는 데 더욱 관심을 기울이게 되었으며, 이 점이 서정가요가 부흥하게 된 배경이 되었다고 할 수 있다. 이러한 서정가요의 출현과 더불어 우리나라 대중가요의 역사는 시작된 것이다.

5. 맺음말

새로운 이론이란 옛 대상에 대한 새로운 측면에서의 인식이라고 한다.[42] 20세기 초, 정확하게 말하면 1907년에서 1945년까지의 한국가요를 전체적으로 조망하는 데 있어서 문학 갈래 이론의 도입은 중요하다고 할 수 있다. 결국 문학 작품을 연구한다는 것은 갈래를 연구하는 일과 맞닿아 있기 때문이다. 대중가요 가사 또한 일종의 문학 작품으로 본다면, 이에 갈래론을 적용하여 연구할 수 있다. 각 갈래에 해당하는 작품과 갈래들 사이의 조응양상, 그리고 특정 시기에 우세한 갈래들을 살펴봄으로써 한국가요의 구도를 더욱 자세히 알 수 있고 그 전개 양상도 더 면밀하게 고찰할 수 있는 것이다.

유성기음반에 수록된 노래는 서사가요, 교술가요, 희곡가요, 서정가요로 나눌 수 있다. 서사가요로는 판소리를 들 수 있고, 교술가요로는

42 리히텐베르크, 『저술과 서한집』 제1권.(디이터 람핑, 장영대 역, 앞의 책, 31쪽에서 재인용)

잡가를 들 수 있다. 희곡가요에는 만요가 있으며 서정가요에는 민요, 신민요, 트로트, 재즈송이 있다. 각 갈래는 서로 영향을 주고받으면서 공존했다고 할 수 있다. 시기별로 한국가요의 전개 양상을 보면 1907년에서 1920년대까지는 교술가요와 서사가요가 우세했다고 할 수 있다. 그러나 1932년에 〈황성의 적〉이라는 본격적인 의미의 대중가요가 출현하면서 서정가요가 다른 갈래들보다 상대적으로 높은 위치를 점하게 된다. 그러면서 서정가요로서의 대중가요 시대가 열렸다고 할 수 있다. 희곡가요는 서정가요와 더불어 지속적으로 등장하기는 하지만, '희곡' 갈래는 가요보다 '만담'과 '넌센스'와 같은 극 형태로 더 많이 나타났다.

20세기 초 한국가요의 구도는 크게 전기와 후기로 나누어서 살펴볼 수 있다. 서사가요와 교술가요가 우세한 위치를 점했던 전기와 희곡가요와 서정가요가 상당한 위치를 차지했던 후기가 그것이다. 그리고 전기와 후기를 나누는 데 분기점의 역할을 한 작품은 1932년의 〈황성의 적〉이라고 할 수 있다. 〈황성의 적〉은 서정가요의 시대가 열리는 데 큰 역할을 했다고 볼 수 있다. 이러한 서정가요가 출현하게 된 이면에는 근대와 식민지라는 두 가지 시대적 배경과 그 속에서 움튼 '자아의 발견'이 작용했다는 사실을 알 수 있다.

20세기 초의 한국가요의 문학적 갈래를 살피는 작업은 음악적 측면을 배제한 채 이루어졌기 때문에 애초부터 절름발이 연구일 수도 있다. 그러나 이상에서 살펴본 바와 같이 한국가요의 문학적 갈래를 살핌으로써 20세기 초 한국가요의 구도와 전개 양상을 좀 더 심도 있게 고찰할 수 있었다. 게다가 가요라는 전체 구도 속에서 각 갈래를 검토함으로써 이제까지 논란이 되었던 잡가의 갈래 귀속 문제도 해결할 수 있는 하나의 실마리를 찾을 수 있지 않을까 한다. 그리고 교술가요와 서사가요가 어떤 배경에서 서정가요에 자리를 내주게 되었는지도 살펴볼 수 있었다. 이와 같은 작업은 이후 시대에서는 대중가요가 어떻게 전개되는지를 설명할 수 있는 기반이 된다는 점에서도 중요하다고 할 수 있다.

그럼에도 불구하고 20세기 초 한국가요의 문학 갈래론에 대한 작업은 시론에 불과하다. 앞으로 수정하고 보완해서 한국가요의 문학 갈래론을 이론화하는 작업에 좀 더 내실을 기할 필요가 있다. 본고는 한국가요를 문학의 연구 대상으로 적극적으로 끌어들여 처음으로 한국가요의 문학 갈래를 통해 한국가요의 구도와 전개를 말한 데에서 그 의의를 찾을 수 있을 것이다.

참고문헌

고미숙, 「20세기 초 잡가의 양식적 특질과 시대적 의미」, 『18세기에서 20세기 초 한국 시가사의 구도』, 소명출판, 1998.

고석규, 「일제강점기 서울 중심부에 나타난 도시문화의 특성」, 『한국사학사연구』, 나남출판, 1997.

김영준, 『가요사 이야기』, 아름출판사, 1994.

김점도 편, 『유성기음반총람자료집』, 신나라레코드, 2000.

김학성, 「잡가의 생성기반과 사설엮음의 원리」, 『세종학연구』 12 · 13집, 세종대왕기념사업회, 1998.

디이터 람핑, 장영대 역, 『서정시－이론과 역사』, 문학과지성사, 1994.

마이크 새비지, 김왕배 · 박세훈 역, 『자본주의 도시와 근대성』, 한울, 1996.

배연형, 「한국 유성기음반 총목록 해제」, 『한국유성기음반총목록』, 민속원, 1998.

성기련, 「1930년대 판소리 음악문화 연구」, 서울대 박사논문, 2003.

윤여탁, 『시의 논리와 서정시의 역사』, 태학사, 1995.

이규호, 「잡가의 정체」, 장덕순 외, 『한국문학사의 쟁점』, 집문당, 1986.

이노형, 「잡가의 유형과 그 담당층에 대한 연구」, 서울대 석사논문, 1987.

이동순, 『민족시의 정신사』, 창작과비평사, 1996.

이병기, 『국문학개설』, 일지사, 1973.

이영미, 『한국 대중가요사』, 시공사, 1999.

이준희, 「시에론레코드 음반목록에 대한 보론」, 『한국음반학』 제13호, 한국고음반연구회, 2003.

장유정, 「민요와 대중가요의 만남을 위하여」, 『한국인의 삶과 구비문학』, 집문당, 2002.

______, 「한국 트로트의 정체성에 대한 일고찰」, 『구비문학연구』 제16집, 2003.

______, 「1930년대 신민요에 대한 당대의 인식과 수용」, 『한국민요학』 제12집, 한국민요학회, 2003.

정재호, 「잡가고」, 『한국속가전집』 6, 다운샘, 2002.

조동일, 『한국소설의 이론』, 지식산업사, 1989.
조윤제, 『조선시가의 연구』, 을유문화사, 1954.
최성수, 「잡가의 장르적 성향과 수용양상」, 성균관대 석사논문, 1986.
최원오, 「잡가의 교섭갈래적 성격과 그 이론화 가능성 검토 시론」, 『관악어문연구』 19집, 서울대국어국문학과, 1994.
하희정, 「잡가의 장르적 성격」, 이화여대 석사논문, 1986.
한국정신문화연구원 편, 『한국유성기음반총목록』, 민속원, 1998.

제2부 / 제2장

한국 트로트의 정체성에 대한 일고찰[1]

1945년 이전 노래의 시적 화자의 정서를 중심으로

1. 머리말

아마 트로트[2]만큼 수많은 시련을 겪고도 오늘날까지 그 생명력을 유지하고 있는 노래도 없을 것이다. 트로트는 1960년대 '왜색가요금지

1 「한국 트로트의 정체성에 대한 일고찰－1945년 이전 노래의 시적 자아의 정서를 중심으로」, 『구비문학연구』 16집, 한국구비문학회, 2003.

2 해방 이전의 대중가요는 크게 네 가지로 나뉜다. '유행가', 신민요, 만요, 재즈송이 그것이다. 이 중에서 오늘날 우리가 트로트라고 하는 것은 '유행가'에 포함된다. 트로트 대신에 당시의 용어 그대로 '유행가'란 말을 사용할 수도 있다. 그러나 '유행가'란 용어는 '일시적으로 대중적인 인기를 끌던 가요'를 의미하는 유행가란 용어와 혼동될 수 있고, 당시의 '유행가'가 오늘날의 트로트보다 좀 더 넓은 의미로 사용된 경향도 있다. 그 때문에 본고에서는 편의상, 현대 대중가요와의 연계성을 고려하면서 '유행가' 대신에 일반적으로 많이 통용되는 트로트란 용어를 사용하기로 한다. 트로트란 용어는 이미 관습화된 측면이 있어서 현재까지는 사용하기에 가장 적절한 용어로 판단된다. 경우에 따라서는 트로트를 뽕짝이라고 부르기도 하나 뽕짝이란 용어에 담긴 비하적인 어감 때문에 학술적인 용어로 부적절하며 '성인가요' 내지는 '전통가요'라는 용어도 다소 어색하게 들린다. 그러므로 본고는 1920년대에 일본 음악의 영향으로 발생해서 오늘날까지 불리는 일련의 노래들을 '트로트'라고 명명하기로 한다. 한편 일제강점기 대중가요의 갈래별 형성과정과 전개에 대해서는 장유정, 「일제강점기 한국대중가요 연구－유성기음반 자료를 중심으로」, 서울대 박사논문, 2004를 참조.

파동'[3]에 의해 시련을 겪었고, 1980년대에는 '뽕짝논쟁'으로 인해서 다시 한 번 도마 위에 올려졌다. 이와 같은 사건이 아니더라도 트로트는 항상 '왜색'과 '천박'이라는 평가에서 자유롭지 못했던 것이 사실이다.

특히 1980년대에 이루어졌던 이른바 '뽕짝논쟁'은 음악전문지에서 일간신문으로, 심지어 TV로까지 옮겨가며 격렬하게 진행되었다. 그런데 그 속을 자세히 들여다보면 어쩐지 알맹이는 빠져 있고 수박 겉핥기식의 논의만 이루어졌다는 느낌을 지울 수가 없다. 일본 음악은 안되고 서양음악은 괜찮다는 식의 이중 잣대를 들이대고 있는가 하면, 트로트의 원류가 한국이며 그 장단이 농악의 장단과 유사하다는, 다소 근거가 박약한 주장을 펴기도 한다. 그러나 트로트 자체의 면밀한 검토를 통한 올바른 평가는 제대로 이루어지지 않았다.[4]

본고는 이 자리에서 소위 '뽕짝논쟁'을 다시 불러일으킬 생각은 없다. 다만 이제까지 '왜색'과 '천박'의 그늘에 가려져 올바르게 평가받지 못한 트로트의 가치를 재고하고자 한다. 그러기 위해서는 먼저 시원(始原)의 문제를 언급하지 않을 수 없다. 보통 트로트라고 하면 항상 그림

3 '왜색가요금지파동'은 방송윤리위원회에서 가요심의기구를 두어 퇴폐가요와 왜색가요를 규제한 것을 말한다. 1965년 이후 159곡이 왜색가요로, 92곡이 일본가요 표절곡으로 판정되었다. 이 수치는 방송금지가요의 절반 이상에 해당한다. 이와 같은 왜색가요에 대한 규제는 반일감정에 대한 정부차원의 의도적 행위라는 평가를 받기도 하였다. 1964년부터 한 · 일 국교정상화 문제가 거론되었을 때, 사회여론의 반발이 심하였음에도 불구하고 1965년에는 한 · 일 국교정상화가 성사되었다. 이에 대한 반대 여론이 거세지자, 정부는 이를 무마하기 위해서 그 당시 한창 인기를 얻고 있던 이미자의 〈동백아가씨〉 등을 왜색가요라며 금지곡으로 묶어 버렸다는 것이다. 이 사건을 '왜색가요금지파동'이라고 한다. 그러나 2005년 1월 28일, 필자가 박용구 선생님과 인터뷰한 바에 의하면, 박용구 선생님은 왜색가요금지 파동과 관련하여 위로부터의 외압은 없었다고 하였다. 다만 박용구 선생님이 방송심의원회에 있을 당시에는 일체의 트로트를 내보내지 않았다고 한다. 대신 샹송, 칸소네, 탱고 정도만 방송하였다고 한다. 그러나 샹송, 칸소네, 탱고도 그 기원은 다를 뿐, 트로트와 마찬가지로 외래의 가요일 뿐이다.

4 '뽕짝논쟁'의 자세한 경위는 이영미, 「뽕짝 논쟁」, 『80년대 한국 사회 大논쟁집』, 중앙일보사, 1990 참조.

자처럼 따라 다니는 시원의 문제는 사실상 크게 중요하지 않다. 왜냐하면 시원은 고유성의 기준이 될 수 없으며 더군다나 시원이 정체성의 기준도 되지 않기 때문이다.[5]

고유성은 시원의 문제가 아니라 개성의 문제이다. 그들만이 갖는 독특함 내지는 개성이 바로 고유성을 판단하는 기준이 된다. 따라서 한국적인 것의 판단은 시원이 아니라 고유성의 여부에 달린 문제이다. 원조가 어디인가 또는 누구인가가 중요한 것이 아니라 개성이나 독특함을 갖고 있느냐가 중요한 것이다.[6] 만약 트로트가 나름대로의 고유성을 지니고 있다면 트로트는 한국적인 것이라고 말할 수 있다.

본고는 트로트의 가사에서 드러나는 시적 화자의 정서를 분석하여 트로트의 정체성을 검토하고자 한다. 트로트의 작사자는 한국인이며, 이들은 한국어로 가사를 지었다. 한국어는 한국을 다른 나라 민족과 구별 짓는 중요한 특질 중의 하나이다. 따라서 한국인이 한국어로 만든 작품을 분석하면 작품의 한국적 정체성을 밝힐 수 있다. 마찬가지로 한국어로 만든 트로트 가사를 분석하면 그를 통해 트로트의 한국적 정체성을 알 수 있을 것이다.

흔히 대중가요를 일러 당대의 삶을 반영하는 거울과 같다고 한다. 물론 대중가요가 당대를 있는 그대로의 모습으로만 반영하는 것은 아니다. 그렇더라도 대중가요를 통해 당대인들의 정서를 알 수 있다. 그

5 예를 들어, 포도주는 프랑스의 상징처럼 여겨지지만 포도나무가 프랑스에 이식된 것은 2천여 년 전일뿐이다. 프랑스는 포도를 그들만의 방식으로 재배하여 그들만의 방식으로 양조, 보관, 관리, 유통시켜서 포도주를 그들 고유의 것으로 만들었다. 또한 유럽의 인상파 화풍은 일본 미술의 영향으로 탄생한 것이라 한다. 그렇다고 해서 마네의 작품을 '유사 일본화' 혹은 '싸구려 일본화'라고 부르지는 않는다. 결국 시원은 고유성의 기준이 될 수 없다.(탁석산, 『한국의 정체성』, 책세상, 2001, 84~85쪽, 123쪽) 시원만을 따지고 들어가다 보면, 결국 일본의 음악은 그 원류가 우리나라 백제음악에 있다는 결론에까지 도달할 수 있다.

6 위의 책, 86쪽.

런데 대중들은 자신들의 정서에 맞지 않는 노래는 부르지 않는다. 대중이 어떤 노래를 부른다는 것은 그 노래가 어떤 식으로든지 그들의 정서에 맞는다는 것을 의미한다. 게다가 트로트가 오늘날까지 불리고 있다는 사실을 감안하면 그 가사에서 한국적인 정서도 발견할 수 있으리라 기대한다. 그리고 그 정서를 통해서 한국 트로트의 정체성도 지적할 수 있을 것이다.

일제강점기 대중가요를 문학적으로 분석한 논의는 기존에도 이미 있었다.[7] 주로 계량언어학적인 방법을 활용하여 어휘의 빈도수를 밝히고 주제별로 통계를 내는 등의 연구가 이루어졌다. 이러한 연구는 음악학이나 사회학 관련 분야에서 진행한 연구[8]와는 달리 트로트가 진고 있는 긍정적인 의미를 나름대로 부각시키는 쪽으로 이루어졌다고 할 수 있다. 그러나 일제강점기 가요의 전반을 다루다보니 트로트라는 양식만이 지니고 있는 특성은 십분 드러내지 못한 아쉬움이 있다.

---

7 일제강점기의 대중가요를 문학적으로 분석한 대표적인 논문을 제시하면 다음과 같다. 박미정, 「일제하 대중가요 가사의 형식과 주제분석」, 고려대 석사논문, 1992; 정수용, 「일제하 가곡과 대중가사의 문학적 고찰」, 경북대 석사논문, 1996; 김광해 · 윤여탁 · 김만수, 『일제강점기 대중가요 연구』, 박이정, 1999.

8 음악학이나 사회학 관련 분야에서 이루어진 트로트의 연구는 트로트를 부정적으로 평가하고 있는 것이 대부분이다. 노동은, 「일제 때 음악인들 어떻게 동원되었나」, 『한국민족음악 현단계』, 세광음악출판사, 1989를 비롯한 일련의 논문과 문옥배, 「한국에서의 일본 음악산업, 그 현실과 역사적 비판」, 『민족음악의 이해』 2, 민족음악연구회, 1992 등을 참조. 또한 김창남, 「대중가요, 그 현실순응의 이데올로기」, 백낙청 · 염무웅 편, 『한국문학의 현단계』 III, 창작과비평사, 1984를 비롯한 일련의 논문에서도 본고에서 트로트로 명명된 노래들을 부정적으로 평가하고 있다. 트로트가 대중들의 표피적인 감정을 자극해서 결과적으로 현실에의 체념과 순응, 그리고 인간답게 살고자 하는 모든 건강한 노력을 포기하게 만드는 결과를 낳았다는 것이 그들의 견해이다. 그러나 이들의 논의는 트로트가 음악과 노랫말이 결합된 형태임에도 불구하고 트로트에 대한 음악적인 분석에만 치중하여 성급한 결론을 내린 것이 대부분이다. 아울러 트로트 자체에 대한 면밀한 검토나 당시의 시대적 맥락에 대한 고려 없이 선험적인 인식과 당위성만으로 트로트를 바라보고 있어서 문제가 된다. 무엇보다도 당시의 대중을 수동적인 대상이며 계몽해야 할 대상으로 파악하고 있는 이들의 시혜적인 의식은, 당시에는 최선이었을지라도 현재에 유효하다고 보기 어렵다.

이에 본고는 가장 문제가 되고 있는 초창기의 트로트를 분석해서 한국 트로트가 지니고 있는 정체성의 한 단면을 살펴보고자 한다. 광복 이전에 불린 트로트 중에서 오늘날까지도 향유되는 노래를 대상으로 시적 화자의 정서를 알아보고 그를 통해 한국 트로트가 지니고 있는 정체성을 밝혀보고자 한다. 일제강점기 트로트의 정체성을 살펴보는 일은 이 땅에서 트로트를 향유하는 대중들에 대한 평가와도 맞물리는 중요한 문제라고 할 수 있다.

2. 한국 트로트의 정체성과 그 판별 기준

한국의 정체성을 찾는 일이 한국적인 것이 무엇인가에 대한 해답을 얻는 일이라면 한국 트로트의 정체성을 찾는 일은 한국 트로트에서 '한국적인 것'이 무엇인가를 밝히는 일이라고 할 수 있다. 한국의 정체성을 판단하는 기준으로는 크게 현재성, 대중성, 주체성의 세 가지를 들 수 있다.[9]

앞서 언급했듯이 시원을 따지는 일은 정체성의 판단에 아무런 기여를 하지 못한다. 중요한 것은 현재이다. 현재 한국이 갖고 있는 모든 것이 정체성의 판단을 위한 대상이 될 수 있는데 과거의 것도 재현되어 현재에 존재한다면 현재의 것이다. 그에 비추어 본다면, 트로트는 현재성을 지니고 있다고 할 수 있다.

9 한국의 정체성과 그 판별 기준은 탁석산, 『한국의 정체성』, 책세상, 2001 참조.

태진아, 송대관, 설운도 등이 여전히 트로트 가수로서 건재할 뿐만 아니라 해방 이전의 초기 트로트들도 현재의 노래로 불리고 있다. 향유자들은 단지 과거의 일들을 회상하고 추억하기 위해 트로트를 부르는 것이 아니다. 그들은 트로트를 듣거나 부르면서 현재 자신들의 심적 상태를 표현한다.[10] 트로트를 부르면서 고향도 그리워하고 사랑의 추억도 떠올리고 희망도 가져본다. 트로트를 부르면서 현재 삶의 고통과 슬픔을 위로하고 달랜다. 따라서 트로트는 현재성을 지니고 있다고 말할 수 있다.

정체성을 판별하는 다음 기준으로는 대중성을 들 수 있다. 아무리 현재성을 지니고 있다 하더라도 대중의 지지와 호응이 없다면 한국적인 것이라고 할 수 없기 때문이다. 결론부터 말하자면, 트로트는 대중성을 지니고 있는 노래라고 할 수 있다. 왜냐 하면 대부분의 중 · 장년층 사람들이 야유회나 친목회, 또는 노래방에서 노래할 기회가 생기면 여지없이 트로트를 부르기 때문이다. 그리고 일요일에 방영되는 〈전국노래자랑〉에서 가장 많이 불리는 노래도 트로트이다.[11]

물론 여전히 10대에게는 트로트가 비인기 종목인 것도 사실이다. 그러나 예전에 비해서 10대들이 트로트에 지니고 있는 반감은 상당히 줄었다고 할 수 있다. 오늘날의 10대들은 거부감 없이 트로트를 즐기고 유흥의 공간에서는 트로트를 불러 분위기를 돋우기도 하는 것이다. 이는 오늘날의 10대들이 앞선 세대에 비해 일본 문화에 대한 반감을 적게 지니고 있기 때문이라 할 수 있다. 또한 '트로트'와 '테크노'를 결합

10 이상희, 「우리 대중가요의 종합진단」, 『객석』 84년 6월호, 1984, 10쪽에서도 흘러간 노래를 현재의 심적 상태를 표현하기 위해 부른다고 지적하였다.

11 〈전국노래자랑〉 외에 오랜 전통을 자랑하는 KBS의 〈가요무대〉가 월요일 밤에 중 · 장년층의 시선을 고정시키고 있고, 금요일 오전에 방송하는 MBC 〈가요콘서트〉(1998년부터 2005년까지 방송)도 라이브 연주에 맞추어서 트로트 가수들이 노래를 부르는 프로그램이었다.

시킨 '테크노 뽕짝'으로 대중의 이목을 끌었던 '이박사'의 등장도 젊은 사람들까지 트로트를 향유하는데 일조했다고 할 수 있다. 그리고 2004년에 전국적으로 유행한 장윤정의 〈어머나〉도 트로트를 중·장년층의 노래에서 전 국민의 노래로 확산시키는 역할을 하였다고 본다. 이렇게 볼 때, 트로트는 대중성을 지니고 있다고 할 수 있다.

마지막으로 현재성과 대중성 외에 주체성을 정체성의 판단 기준으로 언급할 수 있다. 예를 들어 우리가 주체적으로 미국문화를 수용하였다면 그 문화는 외양의 유사함에도 불구하고 한국적인 것이 될 수 있다. 우리의 주체적 태도는 정체성의 중요한 기준이 되기 때문이다. 그렇다면 한국 트로트에서 주체성을 찾을 수 있는지를 알아보아야 한다. 주지하다시피, 트로트는 일제강점기에 일본을 통해 들어온 음악에서 시작하였다.[12]

그러나 노래는 음악과 문학의 결합으로 이루어진 양식이기 때문에 단순히 음악적인 영향을 받았다고 해서 무조건 우리나라 노래가 아니라고 하기는 어렵다. 특히나 트로트의 작사자는 대부분 한국인이었다. 한국인이 한국어로 그 노랫말을 짓다보니, 자연스럽게 노래 속에도 한국적인 정서가 반영되기 마련이다. 그 때문에 일제강점기 대중가요 중에서 일본 대중음악의 영향을 가장 많이 받았음에도 불구하고 트로트 역시 그 노랫말로 인해서 일제 총독부에 의해 금지곡 처분을 받곤 하

12 트로트를 부정적으로 평가하는 대부분의 논자들은 트로트가 사용하는 음계가 이른바 엔카의 '요나누끼 음계'를 그대로 사용한 것이라며 트로트의 왜색을 지적하였다. 그러나 '요나누끼'는 '4·7음이 빠진'이란 뜻의 일본말일 뿐, 일본에서 학술용어로 널리 통용된 것은 아니다. 그럼에도 불구하고 '4·7음이 빠진'을 '요나누끼'라는 일본말로 지칭한 것은 그 용어 사용에서부터 문제점이 드러난다. 게다가 일본의 '4·7음이 빠진 장음계'는 일본 음계가 서양 음계와의 결합으로 출현하였기 때문에 일본 고유의 음계도 아니다. 좀 더 면밀한 검토가 필요하겠으나, '4·7음이 빠진 장음계'는 우리나라의 솔음계와 어느 면에서는 유사하게 들리기도 한다. 그러므로 음계자체만으로 왜색을 논하고 그를 통해 트로트를 부정적으로 평가하는 것은 많은 재고의 여지가 있다.

였던 것이다. 다시 말해서 트로트가 음악 양식에 있어서는 일본의 그것과 유사할지 모르나 그 가사는 주체성을 담보하였다고 할 수 있다. 따라서 초창기 트로트의 가사를 전통의 지속과 변모라는 측면에서 분석하고 그를 통해 주체성을 밝혀낸다면 트로트의 정체성도 밝혀질 것이라고 생각한다.

게다가 해방 이후의 트로트는 서양 음계와의 접합을 통해 끊임없는 변모를 거듭하면서 오늘날까지 이어지고 있다. 그 때문에 오늘날의 트로트는 초창기의 트로트가 지니고 있는 음악 양식과도 상당히 멀어져 있다고 할 수 있다. 음계뿐만 아니라 리듬이나 화성에 있어서도 많은 변화가 있었다. 오늘날의 트로트는 서양의 장조음계를 사용한 곡이 많고 단조로 구성된 악곡이라 할지라도 템포를 빨리 하여 경쾌한 느낌을 갖게 하고, 리듬 또한 디스코와 삼바 등의 밝고 신나는 리듬을 차용하고 있다.[13]

창법에 있어서도 현대 트로트의 창법은 초창기 트로트의 창법과 다른 모습을 보여준다. 초창기의 트로트 가수들은 다소 얇고 간드러지는 듯한 목소리의 창법과 가성을 많이 활용해서 노래를 불렀다. 그러나 이런 식의 기교 많고 간드러지는 창법은 현대의 트로트에 와서는 많이 사라졌다고 할 수 있다. 그리하여 기교는 예전보다 단순해졌고 창법은 소리 지르는 창법(shout)을 주로 활용한다. 태진아, 송대관, 설운도 등의 노래에서 이러한 사실을 확인할 수 있는데, 태진아의 약간 탁성으로 내지르는 소리는 판소리의 창법과 유사하다는 느낌마저 받게 된다.

이렇게 본다면 현대의 트로트는 초창기의 트로트에서 음악적으로

---

13 위의 글, 91쪽. 태진아와 설운도 등의 트로트에서 이러한 현상을 확인할 수 있다. 트로트의 음악적 변화는 하춘화, 「한국가요의 원류와 변천에 관한 연구— 신민요와 트로트 가요를 비교 중심으로」, 동국대 석사논문, 1999 참조.

많은 변모를 거쳤다고 말할 수 있으며, 이러한 변모는 트로트의 주체적인 수용이라고 일컬을 수 있다. 트로트가 주체적으로 수용한 것이 아니라면 그 변모 또한 불가능하였을 것이기 때문이다. 이처럼 트로트는 현재성, 대중성, 주체성을 지니고 있는 우리의 노래라고 할 수 있다. 그러나 이것만으로 트로트의 정체성을 모두 밝혔다고 말하기에는 미진한 감이 있다. 한국 트로트의 정체성을 밝히기 위한 더 치밀한 접근이 요구된다. 그 한 방법은 트로트의 가사를 분석하는 것이다. 한국인이 만든 작품을 분석해서 한국적인 것을 일차적으로 발견하고 이것들을 바탕으로 민요 등과의 공통점을 찾아낸다면 그것이 바로 한국적인 정체성을 찾는 일이 될 것이다.[14]

3. 트로트의 가사에서 드러나는 시적 화자의 정서

대중문화를 구성하는 세 가지 요소는 '텍스트 생산의 과정'과 '생산된 텍스트', 그리고 '대중에 의한 수용과정'이다.[15] 트로트도 마찬가지이다. 트로트의 가사를 중심으로 보면, 텍스트의 생산에 참여하는 작사자와 텍스트 자체, 그리고 수용의 주체인 대중이 트로트를 구성하는 요소이다.

먼저 텍스트의 생산에 참여하는 작사자에 대해 간단하게 살펴보기로 한다. 일제 식민지 시대 트로트의 작사자들은 주로 문인들이었다.

14 탁석산, 앞의 책, 45쪽.

15 김창남, 「문화연구와 문화운동에 관련한 최근의 몇 가지 생각」, 『언론, 선출되지 않은 권력』, 한울, 1992, 244쪽.

중요한 작사자로 알려져 있는 조명암이나 박영호를 비롯한 대부분의 작사자들은 시인이나 극작가와 같은 문인들이었다.[16] 이들은 대중가요를 시의 일종으로 파악하고 있었으며, 실제로 가요 중에는 시적 형상화의 수준이 매우 높은 것들도 포함되어 있다. 따라서 트로트의 가사에 대한 문학적인 접근이 타당한가와 같은 질문은 유효하지 않다.

만약 트로트의 작사자들이 일반 서민들일지라도 그 노래가 당대에 유행했다면 그것은 그 당시 사람들의 정서에 맞았다는 것을 의미한다. 따라서 당대 사람들의 의식을 구명하는 데에 있어서 노래 가사의 분석은 유효하다. 이는 민요의 내용 분석을 통해서 당대 민중들의 사상과 감정을 알아보는 것과 유사한데, 민중들이 짓고 불렀다고 해서 학문적인 가치가 없다고 주장하는 것은 편협한 학문지상주의의 발로일 뿐이다. 게다가 트로트는 문인 출신의 작가들이 많아서 이와 같은 편견에서도 비껴갈 수 있다.

본격적인 내용 분석에 앞서서 가사의 형식에 대해서도 언급하기로 한다. 일제강점기 대중가요의 율격에 대한 고찰은 이미 행해진 바 있다. 주로 음수율과 음보율의 확인 작업이 이루어졌다. 그런데 주지하다시피 우리나라 시가를 자수율로 따지는 것에는 한계가 있다.[17] 우리

16 조명암은 이가실, 조영출, 금운탄이라는 예명으로 불렸고, 박영호는 처녀림이라는 예명으로도 활동하였다. 이렇게 예명을 사용하면서 실제 작사자가 누구인지 헷갈리는 경우가 생겼고 또 일부 작사자들이 월북하면서 개사자가 작사자로 버젓이 자리를 잡는 일까지 발생하였다. 앞으로 아직 실체가 드러나지 않은 작사자와 작곡자의 실체를 밝히는 일이 필요하다. 그러면 작사자마다의 작품세계를 살펴볼 수 있는 길도 열릴 것이라 기대한다.

17 실제로 해방 이전의 대중가요의 음수율을 고찰한 논자들은 서로 다른 견해를 보이고 있다. 박미정은 일제하 대중가요의 음수율은 7 · 5조가 우세하고 이것이 고려가요의 음수율을 이어받았다고 보는 반면에(박미정, 앞의 글, 20~23쪽), 김광해 등은 7 · 5조보다는 3 · 4조나 4 · 4조가 우세해서 이것이 전통적인 우리 시가의 율격을 계승하고 있다고 하였다.(김광해 외, 앞의 책, 36쪽) 이와 같이 다른 의견이 나오는 것은 우리나라 언어의 특성상 음수율을 따지는 것이 어렵다는 사실의 반증이라고 할 수 있다.

나라의 율격론은 주로 음보율에 초점을 맞추어서 시가의 율격을 알아보는 쪽으로 진행되고 있는 추세라고 할 수 있다.

일제강점기 대중가요의 음보율을 보면 3음보보다 4음보가 더 우세하게 나타나고 있는 것으로 드러났다.[18] 4음보는 우리나라 전통시가에서도 지배적으로 나타나는 음보라고 할 수 있다. 초창기의 트로트가 사람들에게 거부감 없이 불렸던 이유도 4음보에서 그 한 원인을 찾을 수 있다. 율격의 측면에서 트로트가 우리의 전통적인 시가 갈래를 계승하고 있다는 점은, 이 갈래가 우리 민족의 전통적인 정서를 표현하고 있다는 사실과도 무관하지 않다고 할 수 있다.[19]

그러면 본격적으로 트로트 가사에서 드러나는 시적 화자의 정서를 살펴보기로 한다. 이를 통해 한국 트로트의 정체성도 그 모습을 드러낼 것이라 기대한다.

1) 시적 화자의 네 가지 정서

시 분석에 있어서 중요한 것은 시적 화자의 정서[20]라고 할 수 있다. '시는 사회적이며 동시에 자율적이다'라는 것을 염두에 둘 때, 시적 화

18 일제강점기의 대중가요가 대부분 7·5조와 3음보가 지배적일 것이라는 생각은 증명되지 않은 선입견이다. 박미정은 대부분의 대중가요가 4음보라 하였고 김광해 등은 4음보의 노래가 가장 많고, 그 다음에 3음보, 마지막으로 4음보와 3음보가 같이 활용된 노래도 다수를 차지한다고 지적했다.

19 김광해 외, 앞의 책, 36쪽.

20 정서란 어떤 사물이나 상황에 부딪쳐 일어나는 모든 감정과 상념 또는 그러한 감정을 불러일으키는 기분이나 분위기를 의미한다. 즉 정서란 시어에 의해서 환기되는 심리 및 정서적 감동으로 시의 본질적 특성이라 할 수 있다. 따라서 시 분석에 있어서 그 시의 정서를 파악하는 것은 그 시의 본질에 다가가는 가장 중요한 작업이라고 할 수 있다. 이는 트로트의 가사에도 마찬가지로 적용된다.

자의 분석은 필연적이다. 어떤 시를 사회 문화적 총체 속에서 자리매김할 때 작품 그 자체의 내재적 요건을 일차적인 증거 자료로 삼을 수밖에 없는데 이때 '시적 화자'를 그 분석 대상으로 선택하게 된다. 시적 화자란 작가가 변장한 형태로, 그의 태도나 의식 내용이 곧 시의 언술로서 구조화되기 때문이다. 따라서 시의 올바른 이해를 위해서는 시적 화자의 태도나 의식 내용이 시 속에서 어떻게 구체화되고 있는가를 분석적으로 접근 · 해명하는 일이 요구된다.[21]

마찬가지로 트로트의 가사에 내재한 시적 화자의 정서를 파악하면 그 가사가 드러내고 있는 본질적인 의미를 밝힐 수가 있다. 그런데 시적 화자의 정서를 파악하기에 앞서 고려해야 할 것이 있다. 당대 사회에 대한 이해가 그것이다. 트로트를 비롯한 대부분의 대중가요들은 그 속성상, 긍정적이든지 부정적이든지 당대의 사회상을 반영하고 있으므로 당대 사회에 대한 이해가 선행되어야 한다.

1945년 이전의 트로트가 불리던 시대는 일본의 식민 지배를 받았던 시대이다. 이 시기는 표면적으로는 저항과 굴종이라는 양자택일의 정신적 혼란[22]으로 나타나는 세계관 상실의 시대적 위기 속에서 생의 선택이 어려운 시기였다고 할 수 있다. 박민수는 1920년대의 시를 분석하면서 1920년대 사회의 총체성을 다음과 같이 규정하고 있다. ① 일제의 국토강점, ② 일제의 새로운 국가 강요, ③ 불확실한 미래전망, ④ 세계관의 혼란과 생의 갈등이라는 네 가지 요소가 그것이다. 그런데 이들 네 요소 중에서 ①, ②는 ③의 원인이고, ④는 ①, ②, ③을 원인으로 삼아 발생되는 1920년대 당대인들의 심리 현상이라고 한다.[23] 1920

21 박민수, 「현대시의 사회시학적 연구」, 서울대 박사논문, 1989, 22쪽, 31쪽.
22 홍이섭, 『한국 정신사 서설』, 연세대 출판부, 1983, 75쪽.
23 박민수, 앞의 글, 26~27쪽.

년대 사회의 이와 같은 총체성의 규정은 광복 이전까지 유효한 규정이다. 해방 이전까지 당대의 사람들은 '세계관의 혼란과 생의 갈등'이라는 심리적인 현상에 놓였다고 할 수 있다.

그리고 이와 같은 심리적인 현상은 노래에도 영향을 미쳤다. 따라서 이런 상황을 전제하고 당대의 대중들이 노래를 통해 드러내는 정서가 무엇인가를 살필 필요가 있다. 해방 이전의 트로트 가사에서 나타나는 시적 화자의 정서는 다음의 네 가지로 정리할 수 있다. ① 슬픔과 비탄의 정서, ② 외로움과 쓸쓸함의 정서, ③ 동경과 그리움의 정서, ④ 기쁨과 환희의 정서가 그것이다. 물론 이 네 가지의 정서는 작품 속에서 복합적으로 나타나기도 한다. 그러나 그 작품의 주된 정서가 무엇인가는 말할 수 있다.

여기에서 ②와 ③은 동전의 양면과도 같은 유사한 속성을 지니고 있다고 할 수 있다. 모두 '결핍'과 '부재'에서 싹트는 감정이기 때문이다. 하지만 ②가 주로 자신의 내면의 결핍에서 유발하는 정서라면 ③은 구체적인 대상의 부재와 상실에서 비롯하는 정서라고 말할 수 있다. 그러므로 ②의 정서가 심화되면 ①의 정서가 생기고 ③이 충족되면 ④와 같은 정서가 생성된다고 할 수 있다.

본고에서 분석대상으로 삼은 자료는 1945년 이전에 발매된 노래로 오늘날까지 불리는 트로트 75곡이다. 대상 자료는 하춘화, 앞의 글에 실린 트로트 목록과 편집부 편, 『가요반세기』(아름출판사, 1987), 그리고 최창호의 『민족수난기의 대중가요사』(일월서각, 2000) 등을 참조하여 선정하였다. 그러나 이상의 문헌에서 제목과 연도 등을 표기한 것에 상당한 오류가 발견되므로 문헌에 나와 있는 정보를 그대로 따르는 것은 문제가 될 수 있다. 따라서 원 음반 정보를 참고하여 75곡의 목록을 제시하면 다음과 같다.[24]

1. 감격시대(강해인 작사, 박시춘 작곡, 남인수 노래, 오케 12237A, 1939)
2. 고도의 정한(청해 작사, 전기현 작곡, 왕수복 노래, 포리돌 19086A, 1933)
3. 고향만리 사랑만리(박영호 작사, 이재호 작곡, 진방남 노래, 태평 5018, 1941)
4. 고향설(김다인 작사, 이봉룡 작곡, 백년설 노래, 오케 31096B, 1942)
5. 국경의 부두(유도순 작사, 전기현 작곡, 고운봉 노래, 태평 8640A, 1939)
6. 꼬집힌 풋사랑(조명암 작사, 박시춘 작곡, 남인수 노래, 오케 12110A, 1938)
7. 꽃마차(반야월 작사, 이재호 작곡, 진방남 노래, 태평 5032, 1942)
8. 꿈꾸는 백마강(조명암 작사, 임근식 작곡, 이인권 노래, 오케 31001A, 1940)
9. 나그네 설움(조경환 작사, 이재호 작곡, 백년설 노래, 태평 8665, 1940)
10. 나는 열일곱 살(이부풍 작사, 전수린 작곡, 박단마 노래, 빅타 KJ1205A, 1938)
11. 낙화유수(김서정 작사, 김영환 작곡, 이정숙 노래, 콜럼비아 40016A, 1929)
12. 남강의 추억(무적인 작사, 이재호 작곡, 고운봉 노래, 태평 8662A, 1940)
13. 남매(조명암 작사, 이봉룡 작곡, 남인수 노래, 오케 31110B, 1942)
14. 내 고향(조명암 작사, 박시춘 작곡, 백년설 노래, 오케 31121, 1942)
15. 눈물 젖은 두만강(김용환 작사, 이시우 작곡, 김정구 노래, 오케 12094A, 1938)
16. 다방의 푸른 꿈(조명암 작사, 김해송 작곡, 이난영 노래, 오케 12282A, 1939)
17. 대지의 항구(남해림 작사, 이재호 작곡, 백년설 노래, 태평 3028, 1941)

---

24 처음에 분석 대상으로 삼은 곡은 78곡이었으나(장유정, 「한국 트로트의 정체성에 대한 일고찰－1945년 이전 노래의 시적 자아의 정서를 중심으로」, 『구비문학연구』 제16집, 한국구비문학회, 12~13쪽), 그 중에서 3곡은 분석 대상으로 삼기에 부적당하여 누락시켰다. 위에 제시한 목록에서도 〈낙화유수〉는 전형적인 트로트의 형식에서 벗어나 있어서 트로트에 귀속시키기에는 어려운 감이 있다. 또한 엄밀한 의미에서 〈왕서방 연서〉와 〈총각진정서〉는 만요(漫謠)에 속하고, 〈외로운 가로등〉과 〈다방의 푸른 꿈〉은 재즈송에 귀속시켜 다루어야 할 대상이다. 일단 목록에는 이러한 노래들을 제시하되, 본격적인 작품 분석에서는 제외시키기로 한다. 그리고 〈복지만리〉는 그 친일 여부에 있어서 문제가 될 수 있는 곡이므로 마찬가지로 제외시켰다. 아울러 노래의 가사는 원형을 그대로 싣고 있는 『유성기음반 가사집』 1권에서 7권을 참고하였고, 노래 가사가 남아 있지 않은 곡은 음반 실물을 듣고 채록하여 제시한 것임을 밝혀둔다.

18. 막간 아가씨(박영호 작사, 무적인 작곡, 박향림 노래, 태평 8610A, 1939)
19. 망향초 사랑(처녀림 작사, 이재호 작곡, 백난아 노래, 태평 3029, 1941)
20. 목포는 항구(조명암 작사, 이봉룡 작곡, 이난영 노래, 오케 31103, 1942)
21. 목포의 눈물(문일석 작사, 손목인 작곡, 이난영 노래, 오케 1795A, 1935)
22. 물방아 사랑(박영호 작사, 박시춘 작곡, 남인수 노래, 오케 1961A, 1937)
23. 바다의 교향시(조명암 작사, 손목인 작곡, 김정구 노래, 오케 12140A, 1938)
24. 방랑가(이규송 작사, 이애리수 노래, 빅타 49096A, 1930)
25. 백마야 가자(고명기 자사, 박시춘 작곡, 고운봉 노래, 오케 31067, 1941)
26. 번지 없는 주막(처녀림 작사, 이재호 작곡, 백년설, 태평 3007, 1940)
27. 복지만리(김영수 작사, 이재호 작곡, 백년설 노래, 태평 3028, 1941)
28. 북국 오천 킬로(박영호 작사, 무적인 작곡, 채규엽 노래, 태평 8600, 1939)
29. 불사조(금릉인 작사, 문호월 작곡, 이난영 노래, 오케 1587B, 1933)
30. 불어라 쌍고동(조명암 작사, 김해송 작곡, 남인수 노래, 오케 31003, 1940)
31. 불효자는 웁니다(김영일 작사, 이재호 작곡, 진방남 노래, 태평 8678A, 1940)
32. 비 오는 해관(조경환 작사, 전기현 작곡, 백년설 노래, 태평 2001, 1940)
33. 사랑에 속고 돈에 울고(이고범 작사, 김준영 작곡, 남일연 노래, 콜럼비아 40855A, 1939)
34. 사막의 한(금릉인 작사, 손목인 작곡, 고복수 노래, 오케 1762A, 1935)
35. 산팔자 물팔자(처녀림 작사, 이재호 작곡, 백년설 노래, 태평 3007, 1940)
36. 삼각산 손님(조경환 작사, 조광환 작곡, 구성진 노래, 대동아 19604, 1943)
37. 서귀포 칠십리(조명암 작사, 박시춘 작곡, 남인수 노래, 오케 31167, 1943)
38. 선창(조명암 작사, 김해송 작곡, 고운봉 노래, 오케 31055, 1941)
39. 세세년년(불사조 작사, 무적인 작곡, 진방남 노래, 태평 3012, 1940)
40. 순풍에 돛 달고(서두성 작사, 고관유이 작곡, 채규엽 노래, 콜럼비아 40591B, 1935)

41. 아주까리 등불(조명암 작사, 이봉룡 작곡, 최병호 노래, 오케 K5034, 1941)
42. 아주까리 수첩(김다인 작사, 이봉룡 작곡, 백년설 노래, 오케 31102, 1942)
43. 알뜰한 당신(조명암 작사, 전수린 작곡, 황금심 노래, 빅타 KJ1132A, 1938)
44. 애수의 소야곡(이노홍 작사, 박시춘 작곡, 남인수 노래, 오케 12080A, 1938)
45. 어머님 안심 하소서(조명암 작사, 김해송 작곡, 남인수 노래, 오케 31146A, 1943)
46. 연락선은 떠난다(박영호 작사, 김송규 작곡, 장세정 노래, 오케 1959A, 1937)
47. 왕서방 연서(김진문 작사, 박시춘 작곡, 김정구 노래, 오케 12092A, 1938)
48. 외로운 가로등(이부풍 작사, 전수린 작곡, 황금심 노래, 빅타 KJ1317B, 1939)
49. 울며 헤진 부산항(조명암 작사, 박시춘 작곡, 남인수 노래, 오케 20006A, 1940)
50. 울어라 문풍지(박영호 작사, 김해송 작곡, 이난영 노래, 오케 20016A, 1940)
51. 유랑극단(박영호 작사, 전기현 작곡, 백년설 노래, 태평 8602A, 1939)
52. 이 풍진 세월(잉갈스 작곡, 박채선 · 이류색 노래, 일축 K116B, 1920 초반)
53. 이국의 등불(처녀림 작사, 이용준, 박향림, 콜럼비아 40835B, 1938)
54. 이원애곡(금릉인 작사 손목인 작곡, 고복수 노래, 오케 1677A, 1934)
55. 인생의 봄(주대명 작사, 박용수 작곡, 왕수복 노래, 포리돌 19086B, 1933)
56. 일자일루(유도순 작사, 전기현 작곡, 백년설 노래, 태평 8656A, 1939)
57. 잘 있거라 단발령(조명암 작사, 김해송 작곡, 장세정 노래, 오케 31005A, 1940)
58. 직녀성(박영호 작사, 김교성 작곡, 백난아 노래, 태평 5018, 1941)
59. 진주라 천 리길(이가실 작사, 이운정 작곡, 이규남 노래, 콜럼비아 40875A, 1941)
60. 집 없는 천사(조명암 작사, 박시춘 작곡, 남인수 노래, 오케 31052B, 1941)
61. 짝사랑(박영호 작사, 손목인 작곡, 고복수 노래, 오케 1945, 1937)
62. 찔레꽃(김영일 작사, 김교성 작곡, 백난아 노래, 태평 5028, 1942)
63. 처녀일기(박영호 작사, 고하정남 작곡, 송달협 노래, 오케 12007B, 1937)

64. 천리정처(김다인 작사, 박시춘 작곡, 백년설 노래, 오케 31090A, 1942)

65. 청춘극장(박영호 작사, 이용준 노래, 박정림 노래, 태평 8326, 1937)

66. 청춘을 찾아서(왕평 작사, 임벽계 작곡, 왕수복 · 김용환 노래, 포리돌 19142A, 1934)

67. 총각진정서(조명암 작사, 박시춘 작곡, 김정구 노래, 오케 12147A, 1938)

68. 코스모스 탄식(조명암 작사, 김해송 작곡, 박향림 노래, 오케 20003A, 1939)

69. 타향(금릉인 작사, 손목인 작곡, 고복수 노래, 오케 1677B, 1934)

70. 하물선 사랑(처녀림 작사, 무적인 작곡, 진방남 노래, 태평 3005, 1940)

71. 항구의 선술집(박영호 작사, 박시춘 작곡, 김정구 노래, 오케 1960A, 1937)

72. 항구의 청춘시(김운하 작사, 박시춘 작곡, 남인수 노래, 오케 12294, 1939)

73. 해조곡(이노홍 작사, 양상포 작곡, 이난영 노래, 오케 12079B, 1937)

74. 홍도야 우지마라(이고범 작사, 김준영 작곡, 김영춘 노래, 콜럼비아 40855B, 1939)

75. 황성의 적(왕평 작사, 전수린 작곡, 이애리수 노래, 빅타 49125A, 1932)

75곡의 작품을 대상으로 하여 시적 화자의 정서를 살펴보니, 이상의 네 가지의 정서로 정리할 수 있었다. 그 수치를 제시하면 다음과 같다. 슬픔과 비탄의 정서를 그리고 있는 노래가 14곡, 외로움과 쓸쓸함의 정서를 드러내고 있는 노래가 16곡, 동경과 그리움의 정서를 나타내고 있는 노래가 28곡, 기쁨과 환희의 정서를 보여주고 있는 노래가 15곡이다. 그리고 그 어떤 정서에도 포함시키기 어려운 곡이 2곡이다. 하나는 〈홍도야 울지 마라〉로 이 노래는 오빠가 여동생에게 아내의 길을 지키라는 내용으로 이루어져 있어서 위의 네 정서 중 그 어느 곳에도 포함시키기가 어려웠다. 다른 하나는 〈산팔자 물팔자〉라는 노래인데, 그저 주어진 인생을 운명대로 살아보자는 내용으로 이루어져 있어서 이 또한 위의 네 가지 정서와는 다소 다른 차원의 노래라고 할 수 있다.

그런데 여기서 주목할 것이 있다. 기존의 논의에서는 대부분 해방 이전의 가요가 감상적인 비탄의 정서만을 표현하고 있다고 평가하면서 이러한 노래들이 대중들을 무기력하게 만들고 타성에 젖게 해서 그들에게 현실순응적인 생존방식만을 요구한다고 하였다. 그러나 실제로 가사를 분석해 보면 슬픔과 비탄의 정서를 표현한 노래는 14곡으로 그다지 많은 수를 차지한다고 할 수 없다. 오히려 '동경과 그리움의 정서'를 표현한 노래가 28곡으로 가장 많은 수를 차지하고 있었다. 또한 '기쁨과 환희의 정서'를 그리고 있는 노래도 15곡이나 된다. '기쁨과 환희의 정서'를 표현한 노래가 75곡 중에서 15곡이나 된다는 것은 당대의 현실을 감안한다면 의외의 현상이라고 할 수 있다. 앞으로 실제 작품분석을 통해서 드러나기는 하겠지만 이는 그 당시의 대중이 현실의 고통과 슬픔을 나름대로 극복하려 했던 의지의 한 표현으로 볼 수도 있다.

다음으로 시적 화자의 정서가 잘 드러나고 있는 작품들을 예로 들어서 시적 화자의 정서가 어떤 식으로 표출되어 있고 그것의 의미가 무엇인지를 살펴보기로 한다.

2) 슬픔과 비탄의 정서

울어라 문풍지야 너나 실컷 울어라 / 너마저 안 운다면 내 속을 누가 푸니 / 울어라 울어 다오 너나 실컷 울어다오

젖어라 문풍지야 너나 실컷 젖어라 / 너마저 안 젖으면 내 마음 누가 아니 / 젖어라 젖어 다오 너나 실컷 젖어 다오

그림 19. 〈울어라 문풍지〉 광고 (『동아일보』, 1940.3.18)

그림 20. 이난영 방송 광고 (『매일신보』, 1941.2.22)

울면서 젖어가는 문풍지도 한(恨)인데 / 굳어진 내 가슴은 웃으냐 울라느냐 /
울어라 젖어 다오 너나 실컷 울어 다오

— 〈울어라 문풍지〉

(박영호 작사, 김해송 작곡, 이난영 노래, 오케 2016A, 1940)

〈울어라 문풍지〉는 '문풍지'를 빌어서 자신의 슬픈 감정을 표현하고 있는 노래이다. 문 밖에는 지금 비바람이 치고 있고 바람이 불 때마다 문풍지는 떨면서 소리를 낸다. 시적 화자는 그 소리를 문풍지가 '운다'고 표현하고 있다. 그리고 비가 들이쳐 문풍지를 때리면서 적시고 있다. 이 노래를 들으면서 슬픔에 빠져 눈물을 흘리며 소리 내어 울고 있는 누군가의 모습을 상상해볼 수 있다.

시적 화자는 지금 굉장히 슬픈 상태에 놓여 있다. 그러나 그 슬픔의 대상이나 근원이 무엇인지는 알 수 없다. 다만 그저 슬프다는 사실만을 알 수 있을 뿐이다. 그런데 시적 화자는 걷잡을 수 없는 슬픔 속에

그림 21. 이난영과 김해송 (한국 유성기음반 아카이브)

침잠하기보다는 약간의 거리를 두고 문풍지를 향해 울라고 말한다. '너나'에서 '-나'라는 조사를 사용하고 있는데, 이는 나는 울지 않을 테니까 너만 울라는 뜻이다. 내 마음을 대신해서 문풍지에 울라고 말하는 것이다. 마지막 3절에서도 이는 마찬가지로 나타난다. '울려나 웃으려나 울어라 젖어 다오'라고 말하면서 잠시 슬픈 감정을 유예시켜 보려는 모습이 드러나는 것이다. 그러나 이어서 다시 시적 화자는 문풍지에 '너나 실컷 울어라'고 한다.

이처럼 〈울어라 문풍지〉의 시적 화자는 슬픔의 주체이긴 하지만 슬픔 속에 직접 빠져들지는 않고 있다. 문풍지라는 사물에 빗대어서 자신의 슬픔 감정을 표출하고 있는 것이다. 그러나 슬픈데도 그 슬픔 속에 맘껏 빠져들지 못하고 문풍지에게 자기 대신 울어달라고 말하는 시적 화자의 모습이 더욱 슬프게 느껴지기도 한다. 그렇다고 시적 화자가 슬픔과 비탄의 정서에만 침잠하고 마는 것은 아니다. 다음은 슬픔과 비탄에 빠져있으면서도 소극적이지만 여기에서 벗어나려는 초극의 의지가 엿보이는 작품이라고 할 수 있다.

> 쌍고동 울어 울어 연락선은 떠난다 / 잘 가소 잘 있소 눈물 젖은 손수건 / 진정코 당신만을 진정코 당신만을 사랑하는 까닭에 / 눈물을 삼키면서 떠나갑니다 / '아이 울지 마세요' 울지를 말아요.
>
> 파도는 출렁 출렁 연락선은 떠난다 / 정든 임 껴안고 목을 놓아 웁니다 / 오로지 그대만을 오로지 그대만을 사랑하는 까닭에 한숨을 삼키면서 떠나갑니다 / '아이 울지 마세요' 울지를 말아요.
>
> 바람은 살랑 살랑 연락선은 떠난다 / 뱃머리 부딪는 안따까운 조각달 / 언제

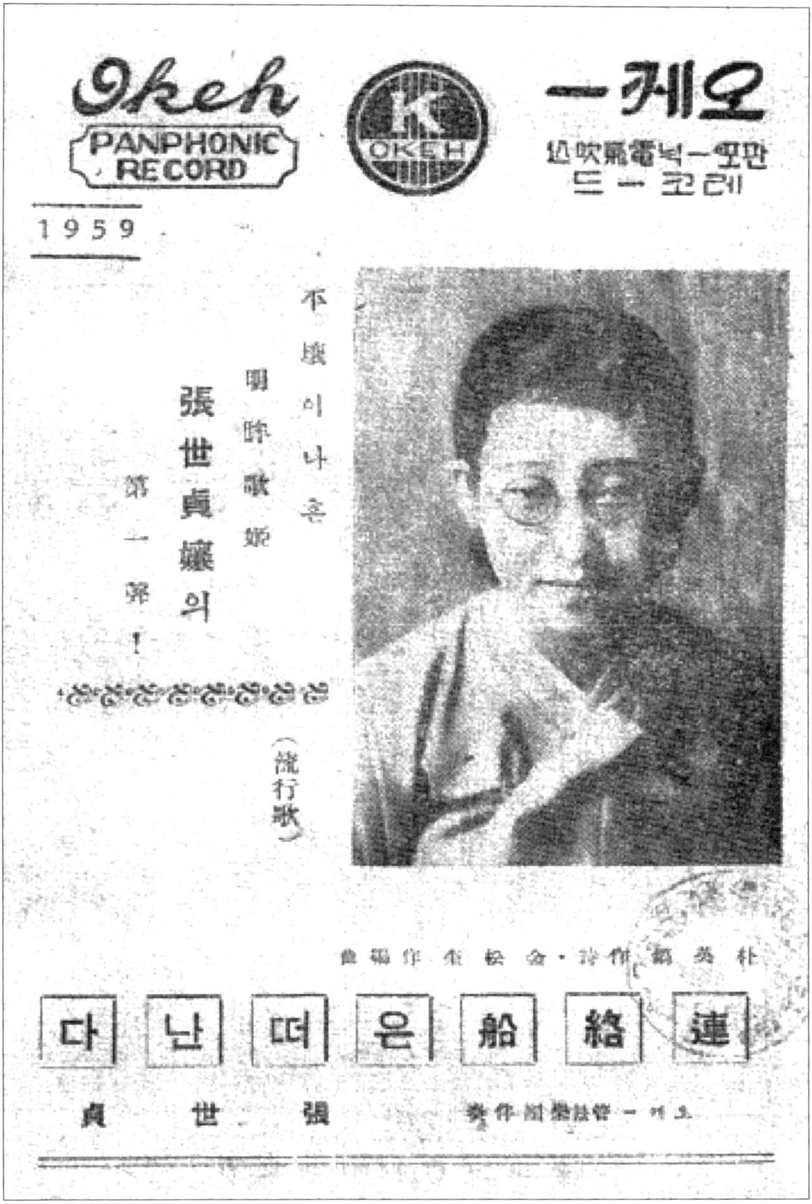

그림 22.〈연락선은 떠난다〉 음반 가사지와 장세정

나 임자만을 언제나 임자만을 / 사랑하는 까닭에 끝없이 지향 없이 떠나갑니다 / '아이 울지 마세요' 울지를 말아요.

— 〈연락선은 떠난다〉

(박영호 작사, 김송규 작곡, 장세정 노래, 오케 1939A, 1937)

이 작품의 시적 화자가 한 명인지, 두 명인지, 혹은 제3자인지는 정확하게 알 수 없다. 그러나 시적 상황이 사랑하는 사람들이 헤어져야 하는 비극적인 상황이란 것만은 확실하게 알 수 있다. 그리하여 시의 정서도 '슬픔과 비탄의 정서'가 드러나고 있다. 게다가 이 노래의 2절 중 '정든 임 껴안고 목을 놓아 웁니다'란 부분에서는 슬픔의 극한 상황마저 보여준다.

그러나 이 노래에서의 시적 화자가 단지 무조건 울며불며 슬픔에 빠지는 것에만 그치지는 않는다. 시적 화자는 '진정 사랑하니까 눈물을 삼키면서 울지 말라'고 말하는 것이다. 그리하여 슬픔의 극한 상황 속에서도 시적 화자는 상대를 배려하면서 슬픔을 참아내는 모습을 보여준다. 다시 말해서 시적 화자가 슬픔과 비탄에 빠져 허우적거리는 것이 아니라 그 속에서 조금이라도 벗어나 보려는 초극의지를 보여주는 것이다.

일제강점기 때, 우리나라 사람들은 일본의 탄광이나 광산의 인부로 끌려가기도 하였다. 그 때문에 부산항 부두는 울며불며 헤어지는 사람들의 오열이 그치지 않는 이별의 항구였다고 한다. 고향을 떠나 정처 없이 타국 땅으로 떠나가는 실향민들은 말할 것도 없고, 단기 여행을 떠나는 경우에도 조국을 떠난다는 생각에 나라 잃은 식민지 민족이라는 생각이 더해져 눈물을 금할 길이 없었던 것이다.[25]

25 최창호, 앞의 책, 128쪽.

특히 연락선의 출발을 알리는 고동 소리가 울리면 이제는 마지막이라는 생각에 감정은 더욱 북받치고 항구는 눈물바다가 되고 만다. 그런 상황 속에서도 노래 속의 시적 화자는 울지 말라고 말한다. 퍼질러 앉아 우는 것은 사랑하는 임을 위하는 일이 아니라는 것을 알기 때문에 눈물을 삼키고 울음을 참으면서 슬픔을 이겨내려는 모습을 보여주는 것이다. 이처럼 '슬픔과 비탄의 정서'를 드러내는 노래 중에는 비극적 감정 속에 묻혀서 헤어 나오지 못 하는 것이 아니라 나름대로 슬픔을 이겨내려는 노력을 보여주고 있는 것도 있다.

3) 외로움과 쓸쓸함의 정서

자고 나도 사막 길 꿈속에도 사막길 / 사막은 영원의 길 고달픈 나그네 길 / 낙타 등에 꿈을 싣고 사막을 걸어가면 / 황혼의 지평선에 석양도 애달퍼라.

저 언덕 넘어갈까 끝없는 사막의 길 / 노을마저 지면은 둘 곳 없는 이 마음 / 떠나올 때 느끼며 눈물 뿌린 그대는 / 오늘 밤 어느 곳에 무슨 꿈을 꾸는고

사막에 달이 뜨면 천지는 황막한데 / 끝없는 지평선도 안개 속에 싸이면 / 낙타도 고향 그려 진 한숨만 쉬우고 / 새벽이슬 촉촉이 옷깃을 적시우네

— 〈사막의 한〉

(금릉인 작사, 손목인 작곡, 고복수 노래, 오케 1762A, 1935)

위의 작품은 고복수가 부른 〈사막의 한〉이라는 노래이다. 여기서 현실은 '사막'으로 표현되고 있다. 사막은 작열하는 태양이 하루 종일

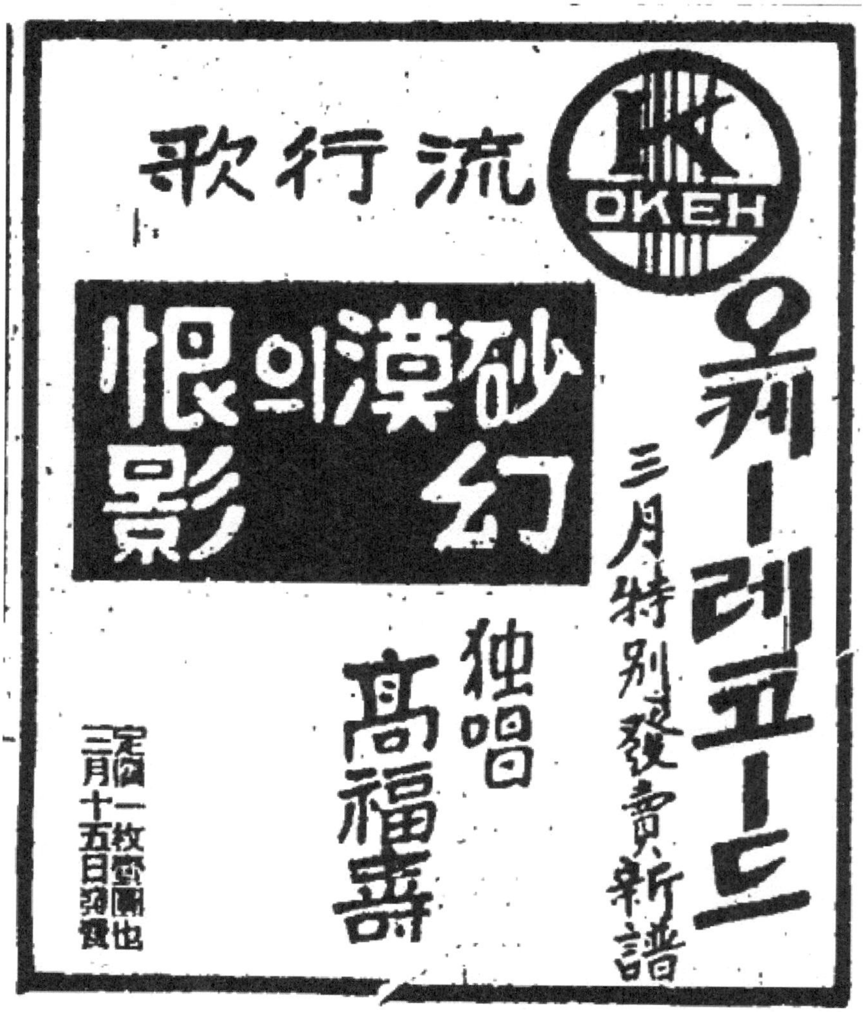

그림 23. 〈사막의 한〉 광고(『동아일보』, 1935.3.21)

내리쬐고 끝없는 모래밭만이 펼쳐지는 곳이다. 그리하여 사막은 가마득하게 크고 넓은 불모(不毛)의 모래벌판이다. 사막은 어디가 어디인지도 분간할 수 없고 모래바람이라도 불면 지형이 바뀌어서 끝없이 헤매어야 하는 장소인 것이다. 그만큼 황량하고 고독하고 외로운 곳이 사막이라 할 수 있다.

시적 화자에게 있어서 현실은 사막과 같다. 그런데 시적 화자가 이 사막에서 벗어날 길이 없다. 자고 나도 사막의 길이고 꿈에서조차도 사막의 길인 것이다. 그리하여 사막의 길을 가는 시적 화자는 나그네이다. 낙타 등에 꿈을 싣고 사막의 길을 걷다 보면 나그네는 석양마저 애달프게 느껴진다고 하고 있다. 이처럼 이 노래는 전체적으로 사막, 황혼, 석양과 같은 어두운 이미지의 시어를 사용하여 외로움과 쓸쓸함의 정서를 유발하고 있다.

주지하다시피, 당시는 일제강점기였다. 〈사막의 한〉에서는 나라 잃은 설움에 희망마저 방기한 대중의 모습을 '사막의 길을 걷는 나그네'로 그렸다고 할 수 있다. 그리하여 〈사막의 한〉에서는 '사막의 길을 걷는 나그네'의 모습을 통해 외로움과 쓸쓸함의 정서를 드러내고 있다. 다음의 작품들도 외로움과 쓸쓸함의 정서를 드러내는 노래에 해당한다.

> 아 으악새 슬피 우니 가을인가요 / 지나친 그 세월이 나를 울립니다 / 여울에 아롱져진 이즈러진 조각달 / 강물도 출렁출렁 목이 멥니다
>
> 아 뜸북새 슬피 우니 가을인가요 / 잃어진 그 사랑이 나를 울립니다 / 들녘에 떨고 섰는 임자 없는 들국화 / 바람도 살랑살랑 맴을 돕니다
>
> 아 단풍이 휘날리오니 가을인가요 / 무너진 젊은 날이 나를 울립니다 / 궁창

(穹蒼)을 헤매이는 서리맞은 짝사랑 / 안개도 후유후유 한숨 집니다

— 〈짝사랑〉

(박영호 작사, 손목인 작곡, 고복수 노래, 오케 1945, 1937)

황성 옛터에 밤이 되니 월색만 고요해 / 폐허에 설운 회포를 말하여 주노나 / 아– 외로운 저 나그네 홀로 잠 못 이루어 / 구슬픈 벌레 소리에 말없이 눈물져요

성은 허물어져 빈터인데 방초만 푸르러 / 세상의 허무한 것을 말하여 주노나/ 아– 가엾다 이 내몸은 그 무엇 찾으려 / 덧없난 꿈의 거리를 헤매여 있노라

나는 가리라 끝이 없이 이 발길 닿는 곳 / 산을 넘고 물을 건너 정처가 없이도 / 아– 한없는 이 심사를 가삼 속 깊이 품고 / 이 몸은 흘러서 가노니 옛터야 잘 있거라

— 〈황성의 적〉

(이애리수 노래, 왕평 작사, 전수린 작곡, 빅타, 49125A, 1932)

아마도 짝사랑만큼 외롭고 쓸쓸한 일도 없을 것이다. 상대가 내 마음 같지 않다고 뭐라 나무랄 수도 없고 그렇다고 어디에 하소연할 수도 없다. 그런데 이미 사랑에 빠진 마음은 쉽게 사그라지지 않는다. 혼자만의 사랑인지라 미련도 크다. 그래서 조금만 분위기가 조성되어도 시적 화자는 쉽게 감상에 빠지곤 한다. 이처럼 사랑에 빠진 사람에게 자연물은 평상시의 그것이 아니다. 풀 한 포기, 바람 한 점, 꽃 한 송이 등은 모두 감상을 불러일으키는 동인이 되는 것이다.

시적 화자가 처해 있는 시간적인 배경은 억새풀이 바람에 '스르르륵' 소리를 내는 가을밤이다. 가을 밤, 시적 화자가 강가에 홀로 서 있는데

그림 24. 가수 고복수

그림 25. 〈황성의 적〉 음반 이미지

억새풀이 바람에 흔들리는 소리가 들려오고 이는 시적 화자에게 쓸쓸함을 자아내는 것이다. 이어서 시적 화자는 임을 떠올린다. 그리고 이룰 수 없는 사랑과 흘러간 세월들을 생각하던 시적 화자는 울고 만다. 그리하여 외로움의 절정에 달한 화자는 자연물에 자신을 투영시킨다. 시적 화자는 '여울에 아롱진 이지러진 조각달'이 되는 것이다. '이지러진 조각달'은 한 쪽이 차지 않은 달을 의미하는데, 이러한 달의 그림자가 강물에 출렁거리면서 여울에 아롱진 형태로 나타난다. 이처럼 〈짝사랑〉은 시적 화자의 쓸쓸하고 외로운 정서를 자연물에 투사하여 아름답게 그린 노래라고 할 수 있다.

다음으로 〈황성의 적〉에서도 전체적으로 쓸쓸하고 외로운 정서가 묻어난다고 할 수 있다. 시어도 '황성', '밤', '월색(月色)', '고요', '폐허', '회포', '외로움', '벌레소리' 등과 같이 외로움과 쓸쓸함을 자아내는 어휘들을 주로 사용하고 있다. 이처럼 외로움과 쓸쓸함을 자아내는 시어를 사용한 것은 2절과 3절에서도 마찬가지로 확인된다. 2절에서 '빈터', '허무함', '가엾다' 등이라든지, 3절에서 '한없는 심사' 등에서도 시적 화자의 외로움과 쓸쓸함을 느낄 수 있는 것이다.

그런데 이 노래는 단순히 외로움과 쓸쓸함만을 표현하고 있는 노래는 아니다. 이 노래는 당대 사람들에게 많은 인기를 얻었는데, 이는 〈황성의 적〉이 옛 왕조의 쓸쓸함을 들어서 망국의 설움을 빗대 표현했기 때문이다. 〈황성의 적〉은 나라 잃은 슬픔에 빠져 있는 당대의 사람들에게 감상을 불러일으키기에 적절한 노래였다고 할 수 있다. 그래서 연극 공연의 막간에 이애리수가 이 노래를 부르면 가수와 관객이 모두 눈물을 흘렸다는 일화가 전해지기도 한다.[26]

---

26 〈황성의 적〉과 관련된 일화는 최창호, 앞의 책, 70~72쪽; 박찬호, 『한국가요사』, 현암사, 1992, 190~193쪽 참조. 그러나 이러한 일화와 관련된 당시의 자료는 아직까지 찾을 수 없다.

4) 동경과 그리움의 정서

앞서 언급했듯이 '동경과 그리움의 정서'는 부재와 상실에서 비롯한다. 부재와 상실로 인한 결핍이 동경과 그리움으로 표출되는 것이다. 광복 이전 트로트의 가사 속에서 동경이나 그리움의 대상은 크게 네 가지로 나타난다. 고향, 부모, 옛 왕국, 임이 그것이다. 고국을 잃고 유랑민이나 실향민이 된 사람들에게 있어서 고향이나 부모가 동경과 그리움의 대상이 된다는 것은 어찌 보면 당연한 일이라고 할 수 있다.

여기에서는 옛 왕국과 임에 대한 그리움의 정서를 표현한 노래를 들어서 그 자세한 모습을 살펴보기로 한다.

> 백마강 달밤에 물새가 울어 / 잊어버린 옛날이 애달프구나 / 저어라 사공아 일엽편주 두둥실 / 낙화암 그늘에 울어나보자
>
> 고란사 종소리 사무치면은 / 구곡간장 오로지 찢어지는 듯 / 누구라 알리요 백마강 탄식을 / 깨어진 달빛만 옛날 같으리
>
> — 〈꿈꾸는 백마강〉
> (조명암 작사, 임근식 작곡, 이인권 노래, 오케 31001A, 1940)

> 두만강 푸른 물에 노 젓는 뱃사공 / 흘러간 그 옛날에 내 님을 실고 / 떠나던 그 배는 어디로 갔오 / 그리운 내 임이여 / 그리운 내 임이여 / 언제나 오려나

게다가 박찬호가 언급한 것과는 달리, 〈황성의 적〉을 포리돌에서 이경설의 노래로 다시 발매한 〈고성의 밤〉(왕평 작사, 전수린 작곡, 이경설 노래, 포리돌 19052A, 1933)은 금지곡 처분을 받았으나, 〈황성의 적〉이 금지곡 처분을 받았던 흔적은 아직까지 찾을 수 없다. 앞으로 〈황성의 적〉과 관련된 좀 더 신빙성 있는 자료의 발굴이 요구된다.

그림 26. 가수 이인권

그림 27. 〈눈물 젖은 두만강〉 광고(『동아일보』, 1938.2.3)

강물도 달밤이면 목메어 우는데 / 임 잃은 이 사람도 한숨을 지니 / 추억에 목메인 애달픈 하소 / 그리운 내 임이여 / 그리운 내 임이여 / 언제나 오려나

임 가신 강 언덕에 단풍이 물들고 / 눈물진 두만강에 밤새가 울면 / 떠나간 그 임이 보고 싶구나 / 그리운 내 임이여 / 그리운 내 임이여 / 언제나 오려나

— 〈눈물 젖은 두만강〉

(김용호 작사, 이시우 작곡, 김정구 노래, 오케 12094A, 1938)

〈꿈꾸는 백마강〉은 옛 왕국인 백제를 회고하는 노래이다. 회고는 '그리움'이 그 주된 정서라고 할 수 있다. 1절에서 시적 화자는 백마강 달밤에 물새가 우니 잃어버린 백제 왕국이 생각나서 애달프다고 한다. 그래서 배를 타고 삼천궁녀가 빠져 죽었다는 낙화암 그늘에 가서 울어나 보자고 말한다. 2절에서도 마찬가지이다. 고란사는 낙화암 근처의 절로서 고려시대에 백제의 후예들이 삼천궁녀를 위로하기 위하여 중창한 것이라고 한다.[27] 이러한 고란사의 종소리가 사무치면 시적 화자의 구곡간장은 찢어지는 듯하다. 그리하여 시적 화자는 아무도 알아주지 않는 백마강 탄식에 빠진 것이다. "깨어진 달빛만 옛날 같으리"는 달빛과 달리 옛날과 달라진 비참한 현실을 과 같다고 말하는 것이다.

그런데 이 노래를 단지 옛 왕국의 회고로만 보는 것은 어딘가 미진한 구석이 있다. 옛 것을 그리워하고 과거를 회상한다는 것은 현실의 결핍과 불만족을 의미한다. 현실이 고되고 힘들수록 그 현실에서 벗어나려는 한 방편으로 옛 것을 회고하게 된다. 작자는 백제의 멸망을 일제하의 암울한 시기에 대입하고 있다. 그리하여 옛 왕국을 회고하면서

27 박미정, 앞의 글, 54쪽.

그림 28. 가수 김정구

일본에 나라를 빼앗긴 설움을 달랜 것으로도 볼 수 있다.

이처럼 옛 왕국을 그리워하는 노래는 초창기 트로트에서 더러 보이고 있다. 〈목포의 눈물〉[28]도 그러한 노래 중의 하나인데, 2절에서 '삼백년 원한 품은 노적봉 밑에'는 일본에 대한 저항으로 여겨져서 금지곡이 되고 이후 '삼백연 원안풍(三栢淵願安風)'으로 고쳐서 검열을 피하였다. 그러나 아무리 〈목포의 눈물〉의 가사를 '삼백연 원안풍(三栢淵願安風)'으로 적었다고 하더라도 대중들은 이 부분을 '삼백년 원한 품은'으로 불렀을 가능성이 높다. 즉 〈목포의 눈물〉의 시적 화자는 삼백년 원한 품은 노적봉[29] 밑에서 이별한 임이 그리워 울지만, 임을 기다리면서 절개

28 〈목포의 눈물〉 문일석 작사, 손목인 작곡, 이난영 노래, 오케 1795A, 1935.

29 실제로 유달산 안에 노적봉이 있는데 이곳은 임진왜란 때 이순신 장군이 군량을 쌓아둔 것처럼 가장하는 위장전술을 펴서 왜적과 싸우지 않고도 이겼다는 전설이 전해지는 곳이라고 한다.(박미정, 위의 글, 50쪽)

를 지키겠다고 말하는 것이다. 결국 〈목포의 눈물〉은 조국의 광복을 기다리는 당대인들의 마음을 대변하고 있는 노래라고 할 수 있다.[30]

이와 같이 옛 왕국을 그리워하는 노래가 트로트 가사에 등장하는 것은 당대 현실을 극복해보려는 소극적인 저항이 표출된 것으로 이해할 수 있다. 검열을 피하기 위해 애를 쓴 흔적과 가사에서 은연중에 드러나는 복합적인 의미들은 이런 식의 평가를 가능하게 해주는 요소라고 할 수 있다.

〈눈물젖은 두만강〉에서는 떠난 임에 대한 그리움이 나타나는데, 그 임의 모습도 예사롭지 않다. 1930년대에 두만강 나루는 살길을 찾아 중국으로 건너가는 실향민들로 붐볐다고 한다. 즉 언제 돌아올지 모르는 낯선 타국 땅으로 임을 떠나보내고 그리워하는 두만강가의 사람들의 모습을 그려볼 수 있는 것이다. 그런데 그들이 중국으로 건너간 이유는 바로 나라를 잃고 살 터전을 상실했기 때문이다. 그 때문에 임에 대한 그리움은 조국 광복에 대한 그리움으로 이어질 수 있다. 표면적으로는 임을 그리워하는 노래이지만 임을 떠나보낸 상황을 생각할 때, 이면에 감추어진 것은 바로 조국 광복에 대한 염원이라고도 할 수 있는 것이다.[31] 결국 '흘러간 그 옛날의 내 임'은 사랑하는 임이면서 동시에 잃어버린 조국으로도 볼 수 있다.

이상에서 살펴 본 바와 같이 광복 이전의 트로트는 '동경과 그리움의 정서'를 반영한 것이 많다. 그런데 그 그리움의 대상은 단지 임이나 옛 왕국만은 아니다. 당시의 검열을 피하기 위해서 표면적으로는 사랑

---

30 〈목포의 눈물〉에 대한 자세한 분석은 장유정, 앞의 글, 2004, 158~160쪽 참조.

31 최창호, 앞의 책, 129~133쪽에 〈눈물 젖은 두만강〉을 짓게 된 배경이 자세하게 나와 있는데, 이 내용을 전적으로 신뢰할 수는 없을 지라도, 당시의 문화적 맥락을 고려한다면 〈눈물 젖은 두만강〉에 대한 이러한 해석이 전혀 불가능한 것은 아니다. 아울러, 정수용, 앞의 글, 60쪽에서도 이와 같은 해석을 하고 있다.

하는 임과 옛 왕국을 내세우고 있지만 그 속에는 조국 광복에 대한 염원을 절절하게 담은 노래로 볼 수 있는 것들도 상당히 많다. 노래를 짓게 된 배경이나 검열을 피하기 위해 작사자들이 노력한 흔적들이 이러한 사실을 반증한다고 할 수 있다. 그러므로 노래 속에 교묘하게 숨겨진 의미와 당대의 사회적 맥락을 무시한 채, 표면에 드러나는 의미만으로 해방 이전의 노래를 평가하는 것은 한계가 있다.

무언가를 그리워하고 동경한다는 것은 아직 희망을 버리지 않았다는 것을 의미한다. 모든 것의 시작은 그리움이다. 그 대상에 대한 그리움이 원동력으로 작용해서 무엇이든지 한다. 일제강점기에 불리던 트로트의 주된 정서가 '동경과 그리움의 정서'라는 사실은 당대의 대중들이 아직 희망을 버리지 않았다는 것을 의미한다.

5) 기쁨과 환희의 정서

거리는 부른다 환희에 빛나는 숨쉬는 거리다 / 미풍은 속삭인다 불타는 눈동자
불러라 불러라 불러라 불러라 거리의 사랑아 / 휘파람 불며 가자 내일의 청춘아

바다는 부른다 정열에 넘치는 청춘의 바다여 / 깃발은 펄렁펄렁 바람세 좋구나
저어라 저어라 저어라 저어라 바다의 사랑아 / 희망봉 멀지 않다 행운의 뱃길아

잔디는 부른다 봄 향기 감도는 희망의 대지여 / 새파란 지평 천리 백마야 달려라
갈거나 갈거나 갈거나 갈거나 잔디의 사랑아 / 저 언덕 넘어가자 꽃 피는 마을로

— 〈감격시대〉

(강해인 작사, 박시춘 작곡, 남인수 노래, 오케 12237A, 1939)

그림 29. 〈감격시대〉 광고(『동아일보』, 1939.4.30)

〈감격시대〉는 기쁨과 환희의 정서를 표현하고 있는 대표적인 노래라고 할 수 있다.[32] 그 시대적 배경을 감안할 때, 일제강점기에 이렇게 기쁨과 환희의 정서를 노정한 노래가 많다는 것은 어찌 보면 의외의 현상으로 보일 수 있다. 그리고 그러한 의외성 때문에 〈감격시대〉가 친일노래라는 주장이 제기되기도 하였다. 즉 〈감격시대〉가 일제가 전쟁준비로 뒤숭숭하던 사회분위기를 고무하기 위해 권장한 건전가요 중의 하나라고 주장하는 것이다. 그런가 하면 다른 한편에서는 〈감격시대〉를 광복 기념가로 애창하기도 한다.

이처럼 〈감격시대〉라는 노래를 두고 서로 상반되는 주장이 제기되었다. 그런데 〈감격시대〉의 노랫말을 살펴보면, 노랫말에서 친일의 흔적을 찾아내기가 어렵다는 것을 알 수 있다. 다만 노랫말이 전체적으로 '어떤 대상에 대한 강한 지향성'을 드러낸다는 것을 알 수 있으나 그 대상의 실체가 무엇인지는 쉽게 단정할 수 없다. 〈감격시대〉가 친일가요라고 주장하는 사람들은 이 지향성의 정체를 '일제 식민 정책에

32 〈감격시대〉에 대한 분석은 장유정, 앞의 글, 2004, 160~165쪽을 인용하였다.

대한 부응'이라 하고 그 반대쪽에서는 이러한 지향성을 오히려 '조국 광복에 대한 열망'으로 보고 있는 것이다. 결국 〈감격시대〉가 드러내고 있는 지향성은 관점에 따라 다르게 말할 수 있으므로 어느 것이 옳다고 쉽게 단정할 수 없다.

따라서 〈감격시대〉를 자의적으로 해석할 위험성을 줄이기 위해 일단 〈감격시대〉가 발표된 시기의 정황 등을 살펴보고 그 이후에 노래에 투영된 대중들의 정서를 살펴볼 필요가 있다. 대중가요의 속성상, 작사자의 의도보다 중요한 것은 그 노래에 대한 대중들의 인식이다. 즉 대중들이 그 노래에 열광한 이유가 무엇인지에 초점을 맞추어서 이 노래를 살펴보면 〈감격시대〉의 친일가요 논쟁도 해결할 단서를 찾을 수 있을 것이다.

그러면 먼저 〈감격시대〉가 발표될 당시의 정황부터 살펴보기로 한다. 〈감격시대〉가 발표될 당시의 정황을 살펴보는 일은 현재로서는 그나마 가장 객관적인 근거를 기반으로 하여 작품을 평가할 수 있는 거의 유일한 방법이기 때문이다.[33] 〈감격시대〉는 1939년 4월에 발매되었는데, 〈감격시대〉와 같은 음반에 수록된 〈달 없는 항로〉[34]는 친일 혐의와는 전혀 무관한 곡이다. 〈달 없는 항로〉는 마도로스로 보이는 어떤 남자가 사랑하는 임과 이별하는 내용을 절절하게 읊고 있을 뿐이다.

〈감격시대〉를 발표한 시기를 전후한 1939년 상반기에 오케 회사가 발표한 곡을 보더라도, 〈어머님 전상백〉[35]이나 〈세상은 요지경〉[36]과 같은 곡들이 보일 뿐이며 친일 혐의가 있는 곡은 단 한곡도 발견할 수

33 〈감격시대〉가 발표될 당시의 정황은 이준희, http://www.gayo114.com에 실린 글을 참고할 수 있다.

34 〈달 없는 항로〉 김용호 작사, 엄재권 작곡, 이난영 노래, 오케 12237B, 1939.

35 〈어머님 전상백〉 조명암 작사, 김령파 작곡, 이화자 노래, 오케 12212A, 1939.

36 〈세상은 요지경〉 조명암 작사, 박시춘 작곡, 김정구 노래, 오케 12203B, 1939.

없다. 이는 같은 시기 다른 음반회사에서 발표한 작품을 보아도 마찬가지이다. 1939년 상반기에 각 음반회사에서 발표한 200여 곡이 대중가요에서 친일 혐의가 있는 노래는 거의 찾을 수 없다.

1939년 상반기에는 박향림의 〈막간 아가씨〉[37]와 김영춘의 〈홍도야 우지 마라〉,[38] 황금심의 〈외로운 가로등〉[39]과 같은 곡들이 크게 유행하고 있을 때였다. 이와 같은 대중가요계의 분위기 속에서 유독 〈감격시대〉 한 곡만이 친일적 의도로 제작되었다고 하는 것은 상식적으로 납득하기가 어렵다. 물론 친일가요라고 일컬어질 수 있는 노래가 있었던 것은 사실이다. 그러나 이는 특정 시기에 특정한 정치적 상황 때문에 나타난 경우가 많았다. 예컨대, 1937년 후반부터 1938년 초까지 중일전쟁 개시의 여파로 몇몇 친일가요가 발표되었고 본격적인 친일가요라고 할 수 있는 군국가요는 1941년 태평양 전쟁의 전개와 관련하여 양산되었다.

〈감격시대〉를 친일가요로 보는 논자들은 이 노래가 행진곡풍으로 불리고 장조음계를 사용하고 있으며 미래지향적인 가사로 이루어졌다는 이유 등을 들어서 일제의 침략정책에 부응하는 노래라고 하고 있다.[40] 그러나 장조음계는 〈감격시대〉 외에도 상당수의 대중가요가 사용하고 있는 음계이며, '행진곡풍'이라고는 하지만 친일가요에 해당하는 군국가요의 것과는 음악적 질감이 달라서 단순히 행진곡풍이라는 이유로 〈감격시대〉를 친일가요로 단정하기는 어렵다. 또한 '미래지향적인 노랫말'을 사용하고 있다고 해서 〈감격시대〉를 친일가요로 규정

---

37 〈막간 아가씨〉 박영호 작사, 무적인 작곡, 박향림 노래, 태평 8610A, 1939.

38 〈홍도야 우지 마라〉 이고범 작사, 김준영 작곡, 김영춘 노래, 콜럼비아 40855B, 1939.

39 〈외로운 가로등〉 이부풍 작사, 전수린 작곡, 황금심 노래, 빅타 KJ1317B, 1939.

40 2002년 'EBS기획시리즈— 강헌의 시대로 본 대중음악'에서 강헌은 〈감격시대〉가 행진곡풍의 장조음계를 사용하고 있다는 것을 근거로 들어서 〈감격시대〉를 친일가요로 규정하였다.

할 수 있을지도 의문이다. 오히려 〈감격시대〉가 발표된 당시의 정황을 보면, 〈감격시대〉를 친일가요로 단정할 수 없는데, 이러한 상황을 전제하고 〈감격시대〉의 노랫말을 좀 더 자세하게 분석하기로 한다.

〈감격시대〉는 전체적으로 밝고 경쾌한 분위기가 연출되는 곡으로 그 주제는 '청춘예찬'이다. 이 노래에 묘사된 거리는 '기분 좋은 미풍이 부는 환희의 거리'이고 2절에 그려진 바다도 '정열이 넘치는 청춘의 바다'이다. 게다가 '환희', '정열', '희망', '청춘', '행운'처럼 밝고 긍정적인 이미지의 시어가 지속적으로 등장하고 있음을 알 수 있다. 2절 마지막 부분의 '희망봉 멀지 않다. 행운의 뱃길아'나 3절 마지막 부분의 '저 언덕 넘어가자 꽃 피는 마을로'에서 드러나는 정서 역시 희망과 기쁨의 정서라고 할 수 있다. 그러면 여기서 '희망봉이 멀지 않다'나 '저 언덕을 넘어가자'가 단지 시종일관 '전진'을 선동하는, 그리하여 노골적인 친일가요를 예비하는 것[41]에 불과한 것일까?

여기서 중요한 것은 〈감격시대〉에 등장하는 '행운의 뱃길'과 '희망의 대지'가 누구나 쉽고 편하게 도달할 수 있는 곳이 아니라는 점이다. 다시 말해서 〈감격시대〉는 무조건적으로 막연한 낙관주의만을 표출하는 노래가 아니다. 3절을 보면 이러한 사실을 확인할 수 있다. 3절에 등장한 '꽃 피는 마을'로 가려면 '언덕'을 넘어야 하는데, 여기서 '언덕'은 목표물에 다가가기 위해 통과해야 할 '장애물' 내지는 '방해물'로 볼 수 있다. 그러므로 〈감격시대〉에 등장하는 '희망의 대지'나 '꽃 피는 마을'은 언덕이라는 장애물을 넘어야지만 도달할 수 있는 장소인 것이다. 시적 화자는 아무 고통 없이 쉽게 그곳에 가겠다는 것이 아니라 언덕이라는 장애물을 넘어서라도 '꽃 피는 마을'로 가겠다고 말한다.

---

41 이영미, 앞의 책, 1999, 90쪽.

게다가 〈감격시대〉의 시적 화자는 언덕을 넘어가는 것과 같은 고난의 길을 혼자 가지 않는다. 1절의 '불러라'와 2절의 '저어라'에서 알 수 있듯이, 명령형을 사용하여 듣는 이의 구체적인 행동을 촉구한다. 즉 시적 화자는 시적 청자 내지는 실재 청자에게 함께 "넘어 가자"고 권유하는 것이다. 언덕만 넘어가면 꽃 피는 마을이 우리를 기다리고 있을 테니 힘들어도 함께 넘어가자고 제안하는 것이다. 특히 이 노래의 3절에서는 '갈거나'라는 시어를 반복적으로 사용하고 있는데, '-거나'는 자신의 의사를 스스로 묻거나 상대방의 의견을 물을 때 사용하는 종결어미이다. 따라서 여기서의 '-거나'도 상대방의 의견을 물으면서 은근히 권유하기 위해 사용한 어미라고 할 수 있다.

이처럼 〈감격시대〉의 노랫말이 미래지향적인 것은 사실이나 막연한 낙관주의만을 표명하여 대중들에게 헛된 희망만을 품게 하는 노래는 아니다. 오히려 '언덕'이라는 장애물을 넘어서라도 함께 '꽃 피는 마을'고 가자고 하고 있다. 그러므로 〈감격시대〉에서 드러난 낙관주의는 노력과 고난 뒤의 선물로 주어지는 낙관주의임을 알 수 있다. 이를 통해 대중들이 당시에 이 노래를 좋아한 이유가 무엇이며, 광복 후에는 이른바 '해방가요'로 이 노래가 다시 대중들의 사랑을 받게 된 이유를 알 수 있다. 〈감격시대〉가 해방가요로 인기를 얻을 수 있었던 것은 〈감격시대〉의 노랫말이 광복이라는 시대 상황과 조응하면서 8·15광복이 주는 이미지와 잘 어울렸기 때문이다.

사실상, 일제강점기에는 〈감격시대〉와 마찬가지로 희망의 정서를 표출한 '유행가'가 많았다. 그런데 희망을 꿈꾼다는 것은 당대가 '희망'을 품어야 할 만큼 시대적 여건이 좋지 않았다는 것을 반증한다. 아울러 당대인들이 그러한 상황에서도 희망을 잃지 않았다는 것을, 희망을 품고 삶을 견뎌냈다는 것을 보여주는 것이라 할 수 있다.

이상으로 해방 이전의 트로트 가사 속에서 드러나는 정서를 실제 작품을 들어서 살펴보았다. 다음으로는 광복 이전의 트로트를 전통의 지속과 변모라는 측면에서 그 전통이 유지된 것과 변한 것이 무엇인가를 살펴보기로 한다.

4. 트로트 가사를 통해 본 전통의 지속과 변모

앞에서는 본고에서 대상 자료로 삼은 트로트 75곡을 네 가지 정서로 분류하여 각각에 해당하는 작품을 제시하고 그 자세한 모습을 살펴보았다. 그리하여 기존의 논의와는 달리 비탄에 빠진 정서를 표현한 노래보다 '동경과 그리움의 정서'를 표현한 노래가 가장 많았고, '기쁨과 희망의 정서'를 표현한 노래도 상당수를 차지하고 있다는 사실을 밝혀냈다. 현실의 괴로움과 고통은 현재 부재하고 있는 무언가를 그리워하게 만들고 당대의 어려움을 나름대로 극복해보려는 의지의 표현으로 '기쁨과 희망의 정서'를 그리고 있는 노래들도 유행했던 것으로 보인다. 그 어떤 고통 속에서도 희망과 낙관적인 전망을 잃지 않았던 대중들의 모습을 엿볼 수 있는 것이다.

이 장에서는 트로트의 가사에서 드러나는 전통의 지속과 변모의 구체적인 모습을 살펴보고자 한다. 시어의 측면, 수사체계의 측면, 정서의 측면에서 구체적으로 어떻게 전통이 지속되고 변모하였는가를 살펴보기로 한다.

1) 시어의 측면에서 본 전통의 지속과 변모

트로트 75곡에 등장하는 어휘를 그 빈도수별로 나누어서 상위 50개의 시어를 제시하면 다음과 같다.

> 울다 / 가다 / 오다 / 나 / 없다 / 고향 / 부르다 / 밤 / 마음 / 꿈 / 길 / 그립다 / 눈물 / 속(안) / 사랑 / 임 / 가슴 / 피다 / 소리 / 달 / 너 / 잊다 / 말다 / 노래 / 넘다 / 젖다 / 위 / 봄 / 하다 / 불다 / 흐르다 / 항구 / 어머니 / 물 / 떠나다 / 청춘 / 외롭다 / 꽃 / 희망 / 찾다 / 지다 / 있다 / 이별 / 바다 / 눈[雪] / 구름 / 흘러가다 / 웃다 / 어디 / 당신(제시 순서는 빈도순)[42]

그런데 트로트의 가사에 사용된 시어목록이 우리나라 민요 중에서 교환창으로 불린 모노래의 어휘 목록과 크게 다르지 않다는 사실을 확인할 수 있다. 모노래에 등장하는 시어를 상위 50개만 제시하면 다음과 같다.

> 임 / 나 / 모 / 해[日] / 달 / 꽃 / 첩 / 가다 / 논 / 산 / 손 / 서울 / 우리 / 오다 / 처녀 / 밥 / 너 / 새 / 집 / 보다 / 점심 / 밭 / 머리 / 영화(榮華) / 끝(공간개념) / 알 / 오늘 / 떠나다 / 물 / 부모 / 젖 / 연밥 / 산소(선산) / 문어 / 전복 / 초롱(불) / 낭군 / 늦다 / 밤 / 비 / 술 / 울다 / 주인양반 / 낮 / 목화 / 벼랑 / 주다 / 나무 / 상추 / 모르다(제시 순서는 빈도순)[43]

42 1945년 이전에 발매된 트로트 75곡의 어휘 빈도수는 유닉스 명령어 sort, uniq 등과 Ultraedit라는 텍스트 편집기를 이용하여 통계낸 것이다.

43 장유정, 「교환창 모노래의 2행시 구성방식 연구」, 서울대 석사논문, 1998, 111쪽.

트로트와 민요의 시어목록을 통해 알 수 있듯이, 교환창 모노래와 트로트 가사에 등장하는 어휘는 어느 정도 유사성을 보이고 있다. 여전히 '임'과 '나'가 중요한 시어로 등장하고 있으며, 자연 상관어로는 '달'이나 '밤'이 공통적으로 높은 빈도수를 드러내고 있는 것이다. 게다가 '가다', '오다', '울다', '떠나다'라는 동사도 여전히 중요한 시어로 나타나고 있다.

물론 모노래는 농사 현장에서 불린 노동요이기 때문에 '논', '밭', '밥' 등과 같은 농사와 관련된 어휘가 다수 등장하고 있다. 반면에 트로트에는 그 노래가 불려진 시대의 반영으로 가사 속에 '고향', '항구' 등이 새롭게 나타나고 있다. 고향이 삶의 무대가 되어서 그곳에서 농사짓고 살던 옛날과 달리 이제 고향을 떠나서 유랑민이나 실향민이 된 사람들에게 있어서 '고향'은 남다른 의미로 다가오고, 그 때문에 '고향'이 새로운 시어로 등장할 수밖에 없었다고 할 수 있다.

또 한 가지 특기할 사실은 공동 노동으로 이루어지는 모심기의 특성상 모노래에서는 '우리'라는 단어가 많은 빈도수를 차지하고 있는 것에 반해서 트로트에는 '우리'라는 시어가 거의 등장하지 않는다는 점이다. 민요를 부르던 사람들에게는 공동체의 개념이 중요한 자리를 차지하고 있기 때문에 민요에 '우리'라는 시어도 빈번하게 등장하였다. 그러나 트로트는 개인의 서정적인 내면을 표출하는 노래이기 때문에 '우리'라는 시어가 등장하기는 어려웠던 것으로 보인다.

이 밖에도 트로트와 민요는 유사한 시어의 활용을 보여준다. 의성어와 의태어의 활용, 실제 지명의 사용이 그것이다. 의성어와 의태어의 활용은 트로트 가사의 음악성을 살리는 데에도 한 몫을 하고 있다. 그 예를 제시하면 다음과 같다.

한들한들, 알곰삼삼, 출렁출렁, 총총〈꽃마차〉 / 펄렁펄렁〈감격시대〉 / 두둥실〈꿈꾸는 백마강〉 / 구비구비〈삼각산 손님〉 / 빙글빙글〈아주까리 등불〉 / 출렁출렁〈연락선은 떠난다〉 / 출렁출렁, 살랑살랑〈눈물 젖은 두만강〉 / 가물가물〈해조곡〉 / 출렁출렁, 가물가물〈바다의 교향시〉 / 철썩철썩〈서귀포 칠십리〉 / 동동〈불어라 쌍고동〉 / 까강까강〈막간 아가씨〉 / 퉁퉁, 하하하〈왕서방 연서〉

의성어와 의태어는 어떤 특정한 뜻이나 인상을 상징적인 음성으로 나타내서 듣는 이에게 그 의미를 전달하는 음성상징에 해당한다고 할 수 있다. 트로트에서 의성어와 의태어의 활용은 주로 '기쁨과 환희의 정서'를 표현하는 노래에서 노래 전체에 경쾌함과 발랄함을 부여하는 수단으로 활용되고 있다. 또한 그 외의 정서를 표출하는 노래에서도 의성어와 의태어는 작품에 리듬감을 부여하고 청각적 이미지나 시각적 이미지의 재현을 통해 작품에 활력과 현실감을 불어넣고 있다.[44] 그리고 이러한 기능은 민요와 트로트에 공통적으로 적용된다고 할 수 있다.

검실검실 / 금실금실 / 나풀나풀 / 남창남창 / 능청능청 / 반들반들 / 방긋방긋 / 살랑살랑 / 알금살금 / 철철 / 울긋불긋 / 타박타박 / 훨훨 / 흥청흥청 / 개골개골 / 깍깍 / 출렁 / 지지배배 / 퐁당퐁당 / 알곰삼삼 / 허허[45]

위에 제시한 예는 교환창 모노래에서 사용하고 있는 의성어와 의태어의 목록이다. 민요에서 의태어와 의성어의 활용은 보편적인 현상이라고 할 수 있는데, 특히 행동의 통일을 요구하는 노동요에서는 빈번하

44 위의 글, 265쪽.

45 교환창 모노래에 등장하고 있는 의성어와 의태어의 목록과 활용 등은 장유정, 「시어의 측면에서 본 교환창 모노래의 특성」, 『한국민요학』 6집, 1998, 262~266쪽 참조.

게 사용된다고 할 수 있다. 그리고 민요에서 의성어와 의태어를 활용한 것은 노래에 리듬감과 더불어 활력을 불어넣어주는 역할을 하고 있다.

또한 민요와 마찬가지로 트로트에서도 실제 지명을 사용하고 있다. 그 예를 제시하면 다음과 같다.

> 백마강, 낙화암, 고란사〈꿈꾸는 백마강〉 / 두만강〈눈물젖은 두만강〉 / 영산강, 삼학도, 목포, 유달산 〈목포는 항구〉 / 삼학도, 목포, 노적봉, 유달산, 영산강〈목포의 눈물〉 / 해란강, 두만강 〈코스모스 탄식〉 / 진주, 촉석루〈진주라 천리길〉 / 압록강, 용암포, 진강선, 신의주〈국경의 부두〉

이처럼 보통 명사로서의 '산'이나 '강'이 아니라 노랫말에 구체적인 지명을 제시한 것은 교환창 모노래에서도 공통적으로 드러나는 특징이다. 모노래에서 실제 지명의 활용은 허구적인 언술에서 관용적인 표현처럼 굳어져서 나타나고 있다. 이런 실제 지명의 활용은 허구적인 언술을 사실적인 언술인 것처럼 위장하기 위한 장치라고 할 수 있다.[46] 마찬가지로 트로트에서도 구체적인 지명을 활용하여 노래 가사의 사실성과 현장성을 강조하고 있다고 할 수 있다.

그러나 트로트에서 구체적인 지명을 활용한 것은 사실성과 현장성을 강조한 것 이상의 의미를 지닐 수 있다. 여기에는 더욱 적극적인 의미를 부여할 수 있는 것이다. 구체적인 국토나 지명은 그것을 알고 있는 사람들에게는 특별한 의미망을 형성하기 때문이다. 예를 들어서 목포, 유달산, 영산강과 같은 구체적인 지명은 한국인에게만 특수한 문

---

46 모노래에 등장하는 구체적인 지명의 예를 제시하면 다음과 같다.
서울 / 밀양 / 성지골 / 상주 / 함창 / 삼각산 / 진주 / 고성학동 / 남해금산
(장유정, 「교환창 모노래의 2행시 구성방식 연구」, 서울대 석사논문, 1998, 85쪽)

화적 코드로서의 의미를 지닌다.

다시 말해서 일본인에게 있어서 '목포'나 '유달산' 등은 그저 수많은 지명 중 하나이고 수많은 산 중의 하나일 뿐이다. 그러나 우리나라 사람에게 있어서 목포나 유달산은 조상의 정기가 어려 있는 정감어린 대상이 될 수 있다. 이러한 이유로 구체적인 지명을 활용하고 있는 트로트의 가사는 단순히 가사의 사실성과 현장성을 넘어서 한국인에게만 특수한 문화적 코드를 형성하기 때문에 중요한 의미를 지닌다고 할 수 있다. 어쩌면 이는 일제 총독부의 검열과 탄압 속에서 작사자들이 할 수 있는 유일한 저항이었다고도 할 수 있다.[47]

2) 수사체계의 측면에서 본 전통의 지속과 변모

수사체계에 있어서는 반복이나 병렬법, 돈호법, 의인법의 활용 등이 민요에 이어서 트로트에서도 나타나고 있다. 또한 트로트에도 민요와 마찬가지로 여음을 사용하고 있다. 먼저 반복에 대해 살펴보기로 한다.

반복은 음성의 반복, 어휘의 반복, 구절의 반복으로 나뉘며 그 의미는 의식에 투영되는 정감 또는 태도를 반영하여 자기를 표출하는 의의를 갖는다.[48] 여기에서는 음성의 반복보다는 주로 어휘의 반복과 구절

---

47 2003년 5월 23일 프레스센터에서 『조명암 시전집』(이동순 편, 선, 2003)의 출판 기념회가 있었다. 그 자리에서 진방남이라는 이름의 가수로도 활약하였던 작사자 반야월씨의 증언을 들을 수 있었다. 일제강점기의 각 음반회사에는 전속 작사자와 작곡자가 있었는데, 작사자들이 쓴 노래 가사는 일제총독부에 보내져 삭제되고 가사에 수없이 빨간 줄이 그어져서 돌아올 정도로 일제의 검열과 탄압이 심했다고 한다. 한편 일제강점기 대중가요 중에서 트로트보다 신민요가 구체적인 지명을 더욱 많이 활용하고 있다. 이에 대해서는 장유정, 앞의 글, 2004, 136쪽을 참조할 수 있다.

48 '반복'에 대해서는 김대행, 『한국시가구조연구』, 삼영사, 1976, 188~198쪽 참조.

의 반복을 중심으로 고찰하도록 한다.

> 불러라 불러라 불러라 불러라, 젓어라 젓어라 젓어라 젓어라, 가리라 가리라 가리라 가리라 〈감격시대〉 / 가만히 가만히 오세요 〈나는 열일곱 살〉 / 쉬지 말고 쉬지를 말고 〈대지의 항구〉 / 달 실은 마차다 해 실은 마차다 〈복지만리〉 / 갈매기 울어 울어, 하모니까 불어 불어 〈아주까리 수첩〉 / 알뜰한 당신은 알뜰한 당신은 〈알뜰한 당신〉 / 쌍고동 울어 울어, 진정코 당신만을 진정코 당신 만을, 마음이 울어 울어, 살뜰한 당신만을 살뜰한 당신만을 〈연락선은 떠난다〉 / 띵호와 띵호와 돈이가 없어도 띵호와 〈왕서방 연서〉 / 간다 간다 떠나는 항구 〈하물선 사랑〉 / 가자 가자 바다로 가자 〈바다의 교향시〉 / 외로이 저어가니 외로이 외로이 저어가니, 흐르는 물결 위에 흐르는 흐르는 물결 위에 〈순풍에 돛달고〉 / 연자방아 도는구나 연자방아 도는구나 〈내 고향〉

위에서 볼 수 있듯이 반복은 트로트의 가사에서 빈번하게 활용되는데, 어휘의 반복과 구절의 반복이 모두 나타나고 있다. 그뿐만 아니라 구절의 형태를 약간 변형시켜서 반복하는 '수정 반복'도 작품의 전편을 통해 확인할 수 있다. 반복의 사용은 첫째, 반복된 어휘를 강조하며, 둘째, 정서를 고조시켜 그 절정으로 이끌어 가고, 셋째, 민요와 같은 효과를 낸다고 할 수 있다.[49] 반복은 민요에서뿐만 아니라 고려가요, 더 나아가 고대가요에서도 빈번하게 사용되는 수사법이라고 할 수 있다. 트로트 가사 속에서의 반복도 이러한 전통의 시가 양식에서 그 원천을 찾을 수 있다.

반복과 더불어서 언급할 수 있는 것이 여음의 활용이다. 여음은 반

---

49 위의 책, 191쪽에서 재인용.

복의 한 형태라고 말할 수도 있기 때문이다. 트로트에서도 여음의 활용은 빈번하게 나타난다. 그와 더불어 '아—'와 '음—'과 같은 감탄사의 사용도 나타난다. 이 또한 민요의 전통을 계승하였다는 점에서 그 의미를 부여할 수 있을 것이다. 그리고 여음의 위치도 전렴, 중렴, 후렴에 모두 나타나는데 이것도 민요와 유사하다고 할 수 있다. 그러나 민요가 주로 의미 없는 여음을 사용하고 있는 반면에 트로트는 의미 있는 여음을 활용한다는 것이 차이점이라 할 수 있다.[50]

마지막으로 돈호법과 의인법에 대해 살펴보기로 한다. 트로트의 가사를 살펴보면 돈호법의 활용이 두드러진다는 사실을 알 수 있는데, 그 예를 제시하면 다음과 같다.

> 젊은 푸념아, 젊은 한숨아〈고향설〉 / 내일의 청춘아, 바다의 사랑아, 행운의 빛길아〈감격시대〉 / 저어라 사공아〈꿈꾸는 백마강〉 / 말을 매는 나그네야, 피리 부는 나그네야〈대지의 항구〉 / 울던 사람아〈번지 없는 주막〉 / 울지마라 아가야〈아주까리 등불〉 / 동무야〈청춘을 찾아서〉 / 산홍아〈세세년년〉 / 울어라 문풍지야, 젖어라 문풍지야〈울어라 문풍지〉 / 울어라 깡깡이야, 울어라 손풍금아〈막간 아가씨〉 / 조는 푸른 등불〈다방의 푸른 꿈〉

돈호법은 지금 이 자리에 없는 사람이나, 추상적이거나 무생물적인 실체를 직접 부르는 것이다. 흔히 그 효과는 고도의 형식성을 추구하거나 갑작스러운 정서적인 충동을 표현하는 것이라고 한다.[51] 이와 같은 돈호법의 활용은 교환창 모노래에서도 두드러진다. 교환창 모노래

---

50 박미정, 앞의 글, 36쪽에서도 일제강점기 대중가요의 여음의 활용을 민요나 잡가의 영향으로 파악하고 있다.

51 홍문균, 『시어론』, 양문각, 1994, 133쪽.

에서도 누군가를 부름으로써 주의를 환기시키고 창자의 정서적인 충동을 드러내는 것이다.[52] 그런데 여기에서 주목할 것은 돈호법이 주로 의인법과 결합된 형태로 나타난다는 것이다. 그리고 이는 트로트나 민요에서 공통적으로 드러나는 현상이다.

위의 예를 통해 드러나듯이 트로트에서 돈호법을 활용해서 부르는 대상은 단지 사람만이 아니다. '젊은 푸념', '젊은 한숨', '우는 문풍지'처럼 무생물을 살아있는 것으로 인식해서 말을 건네는 의인법을 같이 사용하고 있다. 이는 교환창 모노래에서도 마찬가지로 드러난다. '모', '청조새', '텀비둘기' 등을 의인화하여 그들을 부르면서 말을 건네는 것이다.[53] 트로트와 민요가 유사하게 의인법을 활용한 돈호법을 사용하면서도 민요에서는 주로 사람이 아닌 자연물을 의인화하는 것과 달리 트로트에서는 '사랑', '한숨', '푸념'과 같은 추상어까지도 의인화하는 모습을 보여주고 있다.

이상으로 수사체계에서 드러나는 특징을 전통의 지속과 변모라는 측면에서 살펴보았다. 다음으로는 정서의 측면에서 전통이 어떤 식으로 유지되고 있는가를 살펴보기로 한다.

3) 정서의 측면에서 본 전통의 지속과 변모

앞서 3장에서는 트로트 가사에서 드러나는 시적 화자의 정서를 알아보았다. 그 결과 기존의 견해와는 달리 '동경과 그리움의 정서'가 가장 많이 나타나고 있다는 사실을 밝혀냈다. 그러면 '동경과 그리움의

52 장유정, 「교환창 모노래의 2행시 구성방식 연구」, 서울대 석사논문, 1998, 57쪽.
53 위의 글, 26쪽.

정서'가 전통적인 정서인지, 만약 전통적인 정서라면 어떻게 구현되고 그 의미가 무엇인가에 대해서도 살펴볼 필요가 있다.

'동경과 그리움의 정서'는 전통시가에서도 빈번하게 나타나는 정서라고 할 수 있다. 임과의 사랑과 이별 후에 나타나는 정서가 바로 '동경과 그리움의 정서'이기 때문이다. 동경과 그리움의 정서는 민요에도 빈번하게 나타나는 정서이다. 앞서 언급했듯이, 민요나 트로트에는 모두 '임'과 '나'가 주요한 어휘로 등장하고 있다. 따라서 동경과 그리움의 대상인 '임'을 중심으로 그 모습과 의미를 살펴보면 전통의 재생이 어떻게 이루어지고 있는지도 알 수 있을 것이다.

김대행은 민요에서의 '임'이 '부재에서 생기는 정서'를 바탕으로 하고 있다고 하였다. 또한 민요에서의 '임'은 '과거에 존재했던 대상'이며 '미래에는 있을 임'이라고 하였다. 마지막으로 '임'에 대한 주체로서의 나의 태도는 수동적인 모습이라고 하였다.[54] 이와 같은 임의 부재성(不在性), 과거 지향성, 수동성(受動性)은 트로트의 가사에도 그대로 나타나고 있다고 할 수 있다.

> 그렇게 약속히도 떠나간 님을 / 잊자다 또 못 잊고 그리는 마음 / 한 글자 한 눈물에 젖는 글월을 / 보낼까 쓰건 만은 부칠 길 없네
>
> 못 보낼 글월 적던 붓대 멈추고 / 하늘가 저 먼 곳에 꿈을 보내니 / 눈물에 젖은 글월 얼룩이 져서 / 가슴 속 타는 불에 재가 되려네

— 〈일자일루〉

(유도순 작사, 전기현 작곡, 백설 노래, 태평 8656A, 1939)

---

54 김대행, 『한국시의 전통 연구』, 개문사, 1980, 159~164쪽.

물소리 구슬프다 안개 나린 남강에서 / 너를 안고 너를 안고 아– / 울려주던 그날 밤이 울려주던 그날 밤이 / 음– 파고드는 옛노래여

촉석루 옛 성터엔 가을달만 외로히 / 낙엽소리 낙엽소리 아– / 처량코나 그날 밤이 너를 안고 울었고 / 음– 다시 못 올 꿈이여

고향에 임을 두고 타향살이 십여 년에 / 꿈이라도 꿈이라도 아– / 잊을소냐 그대모습 정들자 헤어지던 / 음– 불러라 망향가를

— 〈남강의 추억〉

(무적인 작사, 이재호 작곡, 고운봉 노래, 태평 8662A, 1940)

위의 노래는 모두 동경과 그리움을 주된 정서로 하고 있는 노래이다. 동경과 그리움의 대상은 임이다. 그러나 사랑하는 임은 지금 없다. 그러므로 부재한 임이면서 상실한 임이다. 그 때문에 임은 동경과 그리움의 대상이 되는 것이다. 〈일자일루〉에서의 임은 야속하게 떠나간 과거의 임이고, 〈남강의 추억〉에서의 임도 한때는 사랑을 나누었지만 정들자 헤어진 과거의 임이다. 이는 민요에서의 임이 과거의 임인 것과 일맥상통한다고 할 수 있다. 과거의 임이며 동시에 현재 부재하는 임의 모습이 민요와 트로트에 공통적으로 그려지는 것이다.

트로트에서 임에 대한 시적 화자의 태도도 민요에서와 마찬가지로 수동성을 드러낸다. 〈일자일루〉에서 시적 화자는 떠난 임을 잊지 못하고 있다. 그러나 시적 화자가 하는 일이라고는 고작 부치지 못하는 편지를 쓸 뿐이다. 부치지 못하는 편지를 쓰다가 눈물이 흐르고 이내 편지는 눈물로 얼룩이 지고 만다. 시적 화자는 더 이상 편지도 쓰지 못하고 붓대를 멈춘 채, 밤하늘을 바라보며 타는 가슴을 달랜다. 이러한

그림 30. 〈일자일루〉 광고(『조선일보』, 1940.3.27)

그림 31. 〈남강의 추억〉 광고(『동아일보』, 1940.1.10)

시적 화자의 태도를 통해서 시적 화자의 수동성을 지적할 수 있다.

〈남강의 추억〉에서 시적 화자의 태도도 수동적이라고 할 수 있다. 시적 화자는 지금 남강과 촉석루에 와 있다. 남강과 촉석루는 그 옛날 시적 화자가 임과 사랑을 나누었던 장소이자 임과 이별하였던 장소이다. 그런데 그 곳에는 임이 없고 오직 시적 화자만이 그 옛날, 임과의 추억을 떠올리며 그곳에 와 있는 것이다. 이처럼 사랑하는 임과 헤어진 시적 화자가 할 수 있는 일이라곤 그 옛날 추억의 장소를 서성거리는 것뿐이다. 그러면서도 '꿈에라도 잊을 수 없는 임'이라며 임에 대한 끝없는 그리움을 드러낸다. 결국 시적 화자는 추억의 장소를 배회하며 임에 대한 그리움만을 표현하고 있는데, 여기서 시적 화자의 수동성이 드러난다고 할 수 있다.

이상에서 살펴 본 바와 같이 트로트 가사에서 드러나는 '동경과 그리움의 정서'는 민요와 유사한 성격을 띠면서 나타나고 있다. 민요와 마찬가지로 트로트는 당대의 정서를 반영하는 노래이다. 노래의 향유층이 변한 것이 아니라 향유층의 성격만 변했을 뿐인 일제강점기의 대중은 민요를 향유하던 사람들과 크게 다르지 않다고 할 수 있다. 그 때문에 가사에도 이처럼 유사한 정서가 나타나고 있다.

요컨대 트로트의 가사는 '동경과 그리움의 정서'라는 전통을 재생시키고 있다. 그리고 임의 부재성, 과거 지향성, 그리고 시적 화자의 수동성이 민요에서 트로트로 이어지고 있다고 할 수 있다. 그리고 이것이 한국 트로트가 가지고 있는 정체성의 한 모습이라고 할 수 있다.

5. 맺음말

본고는 가장 기본적인 질문에서 시작하였다. 이른바 왜색과 천박이 전유물로 여겨지는 트로트가 어떻게 오늘날까지도 불리고 있으며 또 어떤 사람들에게는 절절한 언어가 되어 사랑까지 받고 있을까 하는 질문에서 시작하였다. 주위의 부정적인 시선에도 불구하고 트로트가 여전히 향유되는 것에는 분명히 그 이유가 있을 것이라 생각하였다. 그리고 그 이유를 찾기 위해서 기존의 연구와 마찬가지로 음악적인 양식에 초점을 맞추는 대신에 가사에 드러나는 시적 화자의 정서를 살펴보았다.

물론 트로트가 노래로 불렸기 때문에 가사 외적인 상황을 무시할 수는 없다. 그래서 2장에서는 가사의 외적인 상황을 중심으로 트로트의 정체성을 살펴보았다. 그리하여 한국의 정체성을 판별하는 기준에 해당하는 '현재성', '대중성', '주체성'을 트로트에 적용시킨 결과 트로트는 한국의 정체성을 지니고 있음을 밝혀냈다.

다음으로 3장에서는 트로트 가사에서 드러나고 있는 시적 화자의 정서를 중심으로 그 구체적인 모습을 살펴보았다. 그 결과 해방 이전 대중가요의 가사가 사람들을 비탄에 젖게 하는 내용이 많다고 평가받는 것과는 달리 '동경과 그리움의 정서'가 가장 우세한 것으로 나타났다. 또한 '기쁨과 환희의 정서'를 표현한 노래도 일정 수를 차지하고 있어서 비참한 상황 속에서도 희망을 버리지 않은 건강하고 낙관적인 대중의 모습을 엿볼 수 있었다.

마지막으로 4장에서는 전통의 지속과 변모라는 측면에서 트로트 가사를 다시 한 번 살펴보았다. 시어와 수사체계, 그리고 정서의 측면에서 전통적인 요소가 어떻게 재생과 변주를 이루는지를 알아보았다. 임의 부재에서 비롯한 정서가 바로 동경과 그리움의 정서인데 임에 대한 과거 지향성이나 임에 대한 시적 화자의 수동성이 민요의 그것과 유사하다는 사실을 밝혀냈다. 앞으로 트로트라는 용어 자체의 문제, 그리고 작사자에 대한 정확한 고증, 그리고 트로트 가사 자료의 수집과 정리가 시급한 과제라고 할 수 있다. 이에 대한 논의는 다음의 과제로 남긴다.

참고문헌

김광해 · 윤여탁 · 김만수, 『일제강점기 대중가요 연구』, 박이정, 1999.
김대행, 『한국시가구조연구』, 삼영사, 1976.
______, 『한국시의 전통 연구』, 개문사, 1980.
김창남, 「대중가요, 그 현실순응의 이데올로기」, 백낙청 · 염무웅 편, 『한국문학의 현단계』 III, 창작과비평사, 1984.
______, 「문화연구와 문화운동에 관련한 최근의 몇 가지 생각」, 『언론, 선출되지 않은 권력』, 한울, 1992.
김흥규, 「한국 시가 율격의 이론 I－이론적 기반의 모색」, 『욕망의 형식과 시학』, 태학사, 1999.
노동은, 「일제 때 음악인들 어떻게 동원되었나」, 『한국민족음악현단계』, 세광음악출판사, 1989.
문옥배, 「한국에서의 일본 음악산업, 그 현실과 역사적 비판」, 『민족음악의 이해』 2, 민족음악연구회, 1992.
박미정, 「일제하 대중가요 가사의 형식과 주제분석」, 고려대 석사논문, 1992.
박민수, 「현대시의 사회시학적 연구」, 서울대 박사논문, 1989.
박찬호, 『한국가요사』, 현암사, 1992.
이동순 편, 『조명암 시전집』, 선, 2003.
이상회, 「우리 대중가요의 종합진단」, 『객석』 84년 6월호, 1984.
이영미, 「뽕짝 논쟁」, 『80년대 한국 사회 大논쟁집』, 중앙일보사, 1990.
장유정, 「교환창 모노래의 2행시 구성방식 연구」, 서울대 석사논문, 1998.
______, 「시어의 측면에서 본 교환창 모노래의 특성」, 『한국민요학』 6집, 1998.
______, 「일제강점기 한국 대중가요 연구－유성기음반 자료를 중심으로」, 서울대 박사논문, 2004.
정수용, 「일제하 가곡과 대중가사의 문학적 고찰」, 경북대 석사논문, 1996.
최동현 · 임명진 편, 『유성기음반 가사집』 5 · 6, 민속원, 2003.
최창호, 『민족수난기의 대중가요사』, 일월서각, 2000.

편집부 편, 『가요반세기』, 아름출판사, 1987.

탁석산, 『한국의 정체성』, 책세상, 2001.

하춘화, 「한국가요의 원류와 변천에 관한 연구－신민요와 트로트가요를 비교 중심으로」, 동국대 석사논문, 1999.

한국고음반연구회 · 민속원 공편저, 『유성기음반 가사집』 I, 민속원, 1990.

________________________, 『유성기음반 가사집』 II, 민속원, 1990.

한국고음반연구회 편, 『유성기음반 가사집』 3, 민속원, 1992.

______________, 『유성기음반 가사집』 4, 민속원, 1994.

홍문균, 『시어론』, 양문각, 1994.

홍이섭, 『한국 정신사 서설』, 연세대 출판부, 1983.

제2부 제3장

1930년대 신민요에 대한 당대의 인식과 수용[1]

1. 머리말

신민요는 1930년대에 크게 유행했던 대중가요의 한 양식이다. 그 명칭에서 짐작할 수 있듯이 신민요는 '새로운 민요'라는 뜻으로 토속민요[2]를 염두에 두고 생긴 노래라고 할 수 있다. 당대의 신문에 실린 기사를 참고하여 신민요의 특성을 간단하게 언급하면 제작과정에서는 작사가와 작곡가가 있고 문학면으로는 향토성이 패배하고 시대성이 승리하였고, 음악면에서는 가요에 접근하였으며, 전파 상태로 보면 레코드나 라디오를 통해 짧은 기간 동안 전파되는, 부르는 것보다 듣는 것 위주의 노래라고 할 수 있다.[3]

1 「1930년대 신민요에 대한 당대의 인식과 수용」, 『한국민요학』 12집, 한국민요학회, 2003.

2 토속민요는 향토민요(鄕土民謠), 토민민요(土民民謠)라고도 한다.

3 을파소라 김종한은 『조선일보』에 「신민요의 정신과 형태」라는 기사를 1937년 2월 6일부터

신민요에 대한 연구는 다른 대중가요에 대한 연구와 마찬가지로 그다지 활발하게 이루어지지 않았다고 할 수 있다. 연구 대상에서 신민요가 아예 제외되거나[4] 대체로 부정적인 평가를 받아온 것이 사실이다. 이영미는 신민요를 '민요가 아닌 잡가와 같은 곡에 일본식 트로트 리듬이 결합된 것'이라면서 다소 부정적으로 보고 있으며,[5] 주로 잡가의 연구에 천착한 고미숙도 "잡가의 명맥이 기생가수들의 출현으로 신민요라는 변질된 형태로 이어졌으며 뽕짝과 신민요는 잡가로 방출되었던 폭발적 에너지를 천박하게 다듬어버림으로써 그 이후 대중들의 감수성의 영역을 일원화시켜버렸다는 혐의를 벗기 어려울 듯하다"[6]며 신민요를 부정적으로 평가하고 있다. 신민요에 대해 비교적 자세하게 접근하고 있는 이노형도 잡가의 긍정적인 계승이 근대민요이고, 잡가를 타율적 퇴보적으로 계승한 것이 신민요라며 신민요에 대한 평가에 인색한 모습을 보여주었다.[7]

한편 전선아는 악곡과 사설의 측면에서 비교적 상세하게 신민요의

13일까지 4회에 걸쳐 연재하고 있다. 여기에서 을파소는 신민요의 특징을 다음과 같이 밝히고 있다.

"제작과정으로 보면, A. 自然發生的인 民謠가 일정한 作詩, 作曲家에 의하여 代辨的으로 製作되게 된 것. 문학방면은 B. 鄕土性의 敗北. 時代性의 勝利. C. 人生에 對하여 否定的精神. 음악면은 D. 歌謠曲에의 接近. E. 短旋法의 獨步. 전파상태로는 F. 機械藝術(레코-드, 라디오)과의 握手 G. 消費體系的 H. 傳播期間이 짧은 것. I. 都市에 流行하다가 農村에 사라짐 J. 노래하는 것보다도 듯는 것이 爲主가 되여감. 따라서 勞動民謠의 喪失."

4 김창남, 「유행가의 성립과정 및 그 성격에 관한 연구」, 서울대 석사논문, 1984와 일제강점기의 유행가를 다룬 김창남의 일련의 논의에서는 신민요가 아예 제외되었다.

5 이영미, 「일제시대의 대중가요」, 『노래』 1, 실천문학사, 1984, 107쪽. 이영미는 『홍남부두 금순이는 어디로 갔을까』(황금가지, 2002, 55쪽)에서도 "신민요들은 통속적 수준에, 미래지향성도 없고 트로트보다도 현실과 정면 승부하는 절실한 태도를 보여주지 못했다. 그래서 신민요는 기생방에 누운 것처럼 편안했다"라고 하면서 신민요에 대한 다소 부정적인 입장을 고수하는 모습을 보여주고 있다.

6 고미숙, 「20세기 초 잡가의 양식적 특질과 시대적 의미」, 『18세기에서 20세기 초 한국시가사의 구도』, 소명출판, 1998, 316쪽.

7 이노형, 『한국 전통 대중가요의 연구』, 울산대 출판부, 1994.

전모를 드러내고 있다. 신민요를 유행가와 비교하면서 신민요가 악곡, 사설, 주제 등의 측면에서 민요계 잡가(통속민요)에 기저를 두는 가운데 동시대에 성행한 유행가의 영향을 받아들여 대중가요의 한 부류로 형성되었다고 하였다.[8] 그러면서도 신민요에 대한 적극적인 가치 평가는 유보하고 있다.

이진원은 주로 신민요의 음악적 내용 분석에 치중하고 있는데, 신민요가 '외래 음악의 음악적 양식을 우리의 음악 양식(특히 민요)과 조화시켜 만들어 낸 것 중의 하나'[9]라고 하였다. 송방송은 신민요 가수이자 유행가 가수로 활약했던 권번 출신의 여가수 6명을 검토하여 그들이 초기 한국가요사의 발전에 크게 이바지했다고 평가하였다.[10] 유선영은 신민요가 당시 엘리트들에 의해 의도된 잡종화를 통한 근대화의 기획이었으며 결국 임기변조된 잡종으로 신민요는 단종에 이르렀다고 하였다.[11]

신민요에 대한 논의를 살펴보면, 신민요 가수에 대한 검토를 통해 신민요에 긍정적인 의미를 부여하려는 노력이 최근에 있기는 했으나 대체로 신민요에 대해 부정적인 평가를 하고 있다는 사실을 알 수 있다. 그리하여 신민요를 '변질'과 '잡종'으로 이해하고 있는 것이 기존 연구의 대체적인 입장이라고 할 수 있다.

신민요에 대한 기존 연구가 지니고 있는 문제점은 두 가지 정도로 요약해 볼 수 있다. 하나는 당대의 사회적 상황에 대한 고려가 다소 부

---

8 전선아, 「일제강점기 신민요 연구」, 강릉대 석사논문, 1998.

9 이진원, 「신민요 연구 (I)」, 『한국음반학』 7, 한국고음반연구회, 1997.

10 송방송, 「신민요가수의 음악사회학적 조명 – 권번출신의 여가수를 중심으로」, 『낭만음악』 제14권 제3호(통권55호), 2002 여름, 2002.

11 유선영, 「식민지 대중가요의 잡종화 – 민족주의 기획의 탈식민성과 식민성」, 『비교영화 / 문화연구 어떻게 할 것인가』, 한국예술종합학교영상원, 2002 공개 학술심포지움 발표문, 2002.

족했다는 것이고, 또 다른 하나는 수용자에 대한 이해가 미비했다는 것이다. 그 결과 기존의 논의는 작품에 대한 온전한 이해를 이루지 못했다고 할 수 있다.

신민요가 음반을 통해 한창 유행했던 1930년대는 일제강점기이다. 일제강점기의 대중들은 검열과 탄압 속에서 그 어느 것 하나도 자유롭게 행할 수 없었다. '식민지화'와 '근대화'라는 두 가지 요소는 당대의 대중들에게 수많은 혼란과 혼돈을 가져다주었을 것이다. 근대화를 통해 움튼 '근대적 자아'는 일제강점기라는 시대적 벽에 가로막혀 이중, 삼중의 고통과 정체성의 혼란을 겪어야 했다.

기존의 연구에서는 일제강점기라는 시대적 상황을 들어서 당대의 대중가요가 '저항'과 '항거'의 모습을 보여주지 않는다며 부정적으로 평가하곤 하였다. 그러나 일제강점기라는 시대적 상황 속에서 적극적인 저항과 항거가 얼마나 가능했을지는 다소 의문이다. 게다가 신민요를 비롯한 당대의 대중가요가 주로 음반이라는 매체를 통해서 보급된 사실을 감안할 때, 그 탄압과 제약은 짐작하고도 남는다고 할 수 있다. 중요한 것은 일제강점기라는 시대적 상황 속에서도 나름대로의 방식으로 드러내고 있는 소극적인 저항의 모습을 찾아서 거기에 의미를 부여하는 일일 것이다.

다음으로 기존 연구의 문제점은 수용자에 대한 고려가 이루어지 않았다는 것이다. 대중문화를 구성하는 세 가지 요소는 '텍스트 생산의 과정'과 '생산된 텍스트', 그리고 '대중에 의한 수용과정'이다.[12] 생산자, 수용자, 그리고 생산된 텍스트인 작품의 삼각구도에 대한 전체적인 고려를 통해 그 양식이나 작품에 대한 평가를 행해야 한다. 왜냐하면 대

12 김창남, 「문화연구와 문화운동에 관련한 최근의 몇 가지 생각」, 『언론, 선출되지 않은 권력』, 한울, 1992, 244쪽.

중가요는 다른 대중문화나 대중예술과 마찬가지로 대중이 없다면 그 존재가치를 상실하기 때문이다.

신민요에 대한 연구도 마찬가지이다. 신민요의 생산자, 수용자, 그리고 작품에 대한 전반적인 고려를 통해 그 온전한 의미를 드러낼 수 있다. 그러나 기존의 연구는 수용자에 대한 고려가 없거나 연구자의 주관적인 잣대나 텍스트만 가지고 논의를 전개시킨 결과, 신민요에 대한 객관적인 가치 평가를 이루지 못하였다고 할 수 있다. 그리하여 신민요에 대한 당대의 인식과 수용은 무시한 채, 신민요를 '잡종'과 '변질'로만 인식하게 된 것이다.

오늘날의 관점에서 어떤 대상을 바라보고 그에 대한 가치 평가를 하는 것도 중요하나 당대의 시각에서 그 대상이 어떤 의미를 가지고 있는지를 밝히는 것도 소중한 작업이라고 할 수 있다. 이에 본고는 신민요가 크게 유행했던 1930년대에 신민요의 생산자와 수용자가 어떤 입장을 지니고 있었으며, 그러한 입장을 확인한 후에 다시 텍스트를 바라보면 어떤 식으로 작품에 대한 해석과 평가가 달라지는지를 밝혀보고자 한다. 당대의 시각으로 보면, 이제까지 보이지 않던 신민요의 다른 모습이 보이리라 생각한다.

2. 생산자와 수용자의 소통과 대화

1) '우리 것'을 추구한 신민요의 생산자

신민요의 생산자로는 작사가, 작곡가, 편곡자, 가수, 반주자 등을 거론할 수 있으나 본고에서는 대표적으로 작사가와 작곡가의 의식에 주목하여 논의를 진행시키고자 한다. 그들이 어떤 생각을 가지고 신민요를 작사하고 작곡했는지를 검토하면 신민요가 단순한 잡종이나 변질은 아니라는 사실을 확인할 수 있을 것이다.

신민요의 작사가와 작곡가가 이른바 당대의 엘리트라는 사실은 이미 밝혀진 사실이다.[13] 선우일선이 노래해서 당시에 대중들의 사랑을 크게 받았던 〈꽃을 잡고〉의 작사가 김안서와 작곡가 이면상이 그러하고 그 밖에도 신민요와 트로트의 작사에 모두 두각을 나타냈던 박영호, 조명암, 김동환, 이하윤, 유도순도 마찬가지이다. 또 당대의 대중가요 작곡가로는 홍난파, 이용준, 형석기 등을 거론할 수 있는데 이들도 당대의 엘리트에 해당한다. 물론 이들이 엘리트이기 때문에 그들이 작사하고 작곡한 신민요가 예술성이나 민족성을 가지고 있다는 식의 단선적인 해석은 성립할 수 없다. 다만 적어도 오로지 상업성이나 대중성만을 목적으로 해서 아무런 고심과 노력도 없이 작품을 만들어냈다는 혐의에서는 벗어날 수 있을 것이다.

신민요의 작사가와 작곡가들은 '대중의 생활 감정'과 '자생적인 민요'에서 조선적인 것을 찾고 순수한 '조선혼'을 복원하려는 기획을 가

---

13 유선영, 앞의 글, 9~12쪽 참조.

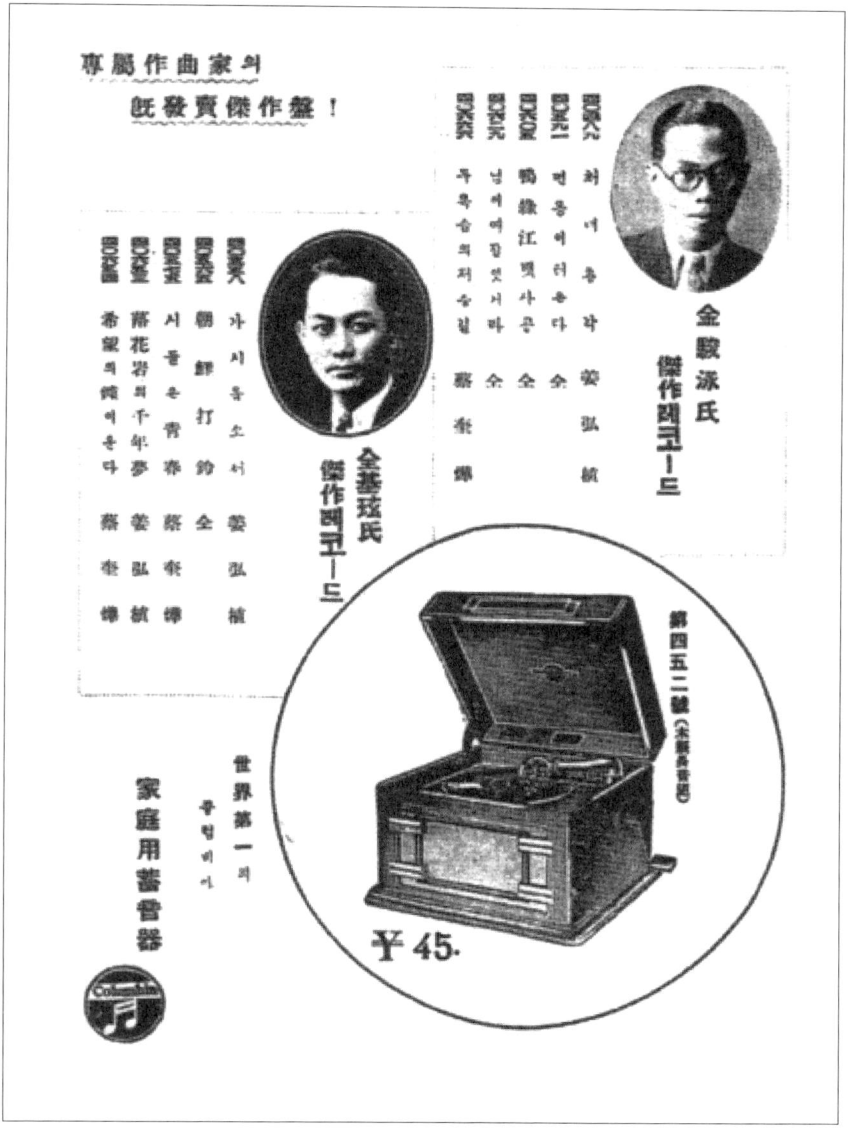

그림 32. 콜럼비아 전속 작곡가인 김준영과 전기현(한국 유성기음반 아카이브)

졌던 것으로 보인다.[14] 우리 것에 대한 추구는 자연스럽게 토속민요에 대한 관심을 유발시켰고, 작사가와 작곡가들은 그러한 토속민요를 바탕으로 새로운 유행가를 만들어보고자 기획한 것이다. 그리고 이것이 수용자들의 공감을 사면서 신민요는 당대에 크게 유행하였다. 강홍식이 부른 〈조선타령〉을 작곡한 전기현의 말을 인용해보기로 한다.

> 〈朝鮮打鈴〉이 詩人 劉道順씨에 力作인데 그야말로 유감없이 朝鮮에 精氣를 그린 유도순씨의 一大傑作이외다. 이 노래는 우리 三千里 半島江山의 幸福을 祝願한 노래입니다. 白頭山에서 精氣뻐쳐 南쪽 끝 濟州道 漢拏山까지 三千里江山은 비단폭을 느리운듯한 기름진 錦繡江山임에 世界에 자랑인 아름다운 東山이외다. 이것을 우리가 차지하고 있으면서 우리의 것을 우리가 슬 사람인 것입니다. 그래서 詩人 劉道順씨의 지은 것으로 그 노래가 活氣롭게 作詞가 된 것인데 여기 아주 꼭 더러만는 姜弘植씨가 그 우렁차고 活氣있고 男性的인 목소리에다가 조금이라도 남에게 오즉 稱讚받겠다는 그 목젓청을 내인 것 없는 아주 씩씩한 男子에 노래를 遺憾없이 發揮한 名曲絶唱인데 이것이 나오자 半島가 振動해버렸습니다. 지금 市內某女學校에서도 배우고 있는 것은 流行歌로서의 강홍식씨에 朝鮮타령뿐일 것입니다. 그 句節句節 마디마디 넘어갈 때에 억개춤이 절로 나며 우렁찬 목소리로 青山流水와 같이 시원시원하게 부른 노래는 果然 힘을 주고 蘇生을 줄 노래의 하나입니다. 여기에 그 作詞를 보아도 알 것입니다.[15]

〈조선타령〉은 시인 유도순이 삼천리 강산의 행복을 축원하기 위해 지은 노래라고 하였다. 유도순이 백두산에서 한라산까지 삼천리 반도

14 유선영(앞의 글, 26쪽)은 신민요 작사가와 작곡가들의 기획을 소개하면서, 결과적으로 실패했다고 보았다.

15 「거리의 꾀꼬리인 십대가수를 내보낸 作曲·作詞 苦心記」, 『삼천리』, 1935.11.

강산의 아름다움을 활기 있게 작사하였으며 여기에 강홍식의 우렁찬 목소리까지 곁들여져서 아주 씩씩한 남자의 노래를 유감없이 발휘하고 있다고 하였다. 〈조선타령〉이 나오자 반도가 진동을 할 정도로 인기를 얻었고 시내의 모여학교에서는 〈조선타령〉을 배우기까지 한다고 하였다.

이처럼 〈조선타령〉은 순수하게 조선 국토에 대한 찬양에서 창작되었다고 할 수 있다. 이러한 창작의도를 무시한 채, 일제강점기라는 상황 속에서 무슨 국토 예찬이냐며 오늘날의 잣대를 가지고 작품을 평가하는 것은 다소 문제가 있다.[16] 오히려 일제강점기라는 상황을 고려할 때, 이런 식으로 국토를 예찬한 작품은 적극적으로 평가할 수도 있다. 일제에 대한 저항과 항거가 원천적으로 봉쇄된 상황 속에서 '국토에 대한 사랑'을 표현한 것은 소극적인 저항으로까지도 평가할 수 있기 때문이다.

곡명이 '신작남해민요(新作南海民謠)'[17]라고 되어 있으나 작사가와 작곡가가 있는 것을 볼 때, 넓은 의미의 신민요에 포함된다고 할 수 있는 〈이어도〉(금릉인 작사, 문호월 작곡, 김연월 노래)는 가사집에 그 창작동기를 싣고 있어서 주목된다.

---

16 이노형(앞의 책, 184쪽)은 〈조선타령〉과 같이 국토를 예찬한 내용으로 이루어진 〈대한팔경〉(『유성기음반 가사집』을 보면, 〈대한팔경〉의 원제목은 〈조선팔경가〉인데 광복 이후에 〈대한팔경〉으로 제목이 바뀌어서 다시 유행하였다)을 들어 식민지 당대에 이런 곳을 찾아다니며 유흥을 즐길 만한 계층이 과연 얼마나 있느냐며 이러한 노래가 편향된 주제의식을 드러내고 있다고 평가하였다. 이에 대해서는 3장에서 상술하기로 한다.

17 『유성기음반 가사집』을 검토해 보면, 곡명이 혼동되고 있는 사실을 알 수 있다. 신민요, 유행가, 속요, 민요 등이 혼용되기도 한다. 곡명에 대한 개념정의가 정확하게 이루어지지 않은 당대의 상황을 반영한다고 할 수 있다. 〈이어도〉를 굳이 '신작남해민요'라고 지칭한 것은 당시에 유행하던 신민요보다 향토미나 지방색이 더 드러났기 때문인 것으로 보인다. 신민요로 인해 촉발된 우리 것에 대한 관심이 지방의 민요에 대한 관심으로까지 이어졌던 당시의 상황을 고려하면 이해가 된다.

水陸 二千里! 南海 한가운데는 濟州道라는 情 만코 恨 만흔 섬이 잇습니다. 이 두 노래는 作詩作曲者가 몸소 이 고장을 踏査하야 代表的 情緖를 그려낸 作品입니다. 이 고장 사람, 그 中에도 젊은 여인네들은 大陸의 男子 以上으로 經濟의 實權을 잡고 잇거니와 그래도 젊은 그들은 恒常 꿈을 그립니다. 그러나 꿈이 잇서 恨이 생기고 다시 恨의 모히는 곳에 꿈을 그립니다.[18]

당대의 잡지를 보면, 신민요로 고조된 민요에 대한 관심이 토속민요를 발굴하여 재창조하게 만드는 상황에 이르렀다는 사실을 알 수 있다.[19] 〈이어도〉는 이와 같은 분위기 속에서 만들어진 노래라고 할 수 있다. 그런데 주목할 사실은 이 노래의 작사가와 작곡가들이 제주도를 답사해서 그 대표적인 정서를 그려내기 위해 노력했다는 것이다. 직접 답사를 하면서까지 그 고장의 정서를 찾아내려는 그들의 모습을 통해 당대 작사·작곡가들이 지향했던 바가 무엇인지를 짐작할 수 있다. 단순히 상업성만을 목적으로 한 것이 아니라 나름대로 민요적인 전통을 계승하기 위해 노력한 흔적을 엿볼 수 있는 것이다.

그런가 하면 박영호가 작사하고 이기영이 작곡한 신민요 〈낙화삼천〉이 실린 가사지에는 다음과 같은 창작배경이 실려 있어 참조가 된다.

百濟七百年의 最後를 읍조른 哀切慘切한 노래외다. 三千宮女의 血淚曲[20]

18 『유성기음반 가사집』 II, 민속원, 1990, 841쪽. 참고로 〈이어도〉의 가사를 제시하면 다음과 같다.
(1) 이어도가 어데런가 아지는 못해도 / 이어도만 넘어가면 님이 살어온다네 / 바람불면은 섬색시 가슴이 떨니고 / 이어도 넘으라 소리에 목이 쉬이네
(2) 이어도는 꿈의 나라 가본이 업다네 / 그러치만 이어도는 님이 살어온다오 / 달 밝은 밤물 우로 써가는 물새는 / 섬색시 애타는 가슴을 전해주련 듯
(3) 바다에서 사는 몸이 이별이 만어서 / 삼년 석달 긴 세월을 눈물 속에서 보냇네 / 이어도의 소식은 아즉도 안 오고 / 물결만 바위를 싸리고 다시 깨지네

19 이에 대해서는 2)에서 후술하기로 한다.

20 『유성기음반 가사집』 II, 민속원, 1990, 1037쪽.

그림 33. 태평 음반회사의 전속 예술가 (한국 유성기음반 아카이브)

〈낙화삼천〉은 이와 같은 창작배경과 더불어 악보까지 실려 있는 노래이다. 〈낙화삼천〉뿐만 아니라 〈마의태자〉(유도순 작사, 김준영 작곡, 미스코리아 노래)와 〈낙화암의 천년몽〉(유도순 작사, 전기현 작곡, 강홍식 노래)도 이와 마찬가지로 역사의 저편으로 사라진 신라와 백제에 대한 회고와 감상을 싣고 있다.

'백제 칠백 년의 최후를 애절하고 참절하게 읊조리고 있는 노래'라고 밝히고 있듯이, 〈낙화삼천〉은 매우 슬픈 가사의 신민요라고 할 수 있다. 신라와 백제에 대한 회고를 주제로 한 신민요는 일제강점기라는 시대적 배경 속에서 새롭게 등장한 노래이다. 이러한 내용의 노래가 계속 창작된 것은 삼천궁녀와 마의태자를 통해 나라를 잃은 당대인의 괴로움과 슬픔을 표현하고자 한 작사자의 의도가 반영된 것이라고 볼 수도 있다.

위에서 살펴본 바와 같이, 신민요의 작사가와 작곡가들은 그들 나름대로 고민과 고심을 하면서 노래를 창작했다고 할 수 있다.[21] 물론 대중가요는 생래적으로 상업성을 목적으로 한다. 그것마저 부정하려는 것은 아니다. 대중가요는 대중매체를 매개로 하고 대중을 수용자로 하는 다른 대중예술과 마찬가지로 상업성 내지는 대중성과 예술성 사이의 줄다리기와 시소타기를 필연적으로 수반한다고 할 수 있다. 예술성만을 강조하다 보면, 수용자와의 소통을 이루지 못할 수 있고 상업성

21 우리나라의 신민요가 일본의 신민요 운동의 영향을 받았다고도 하나 이에 대해서는 좀 더 신중한 검토가 요구된다고 할 수 있다. 당대 일본에서 이루어진 신민요 운동의 영향을 완전히 무시할 수는 없겠으나 그렇다고 일본의 신민요 운동을 적극적으로 받아들인 것 같지는 않다. 우선 일본의 신민요 운동이 노래가 아닌 읽기 위한 시운동으로 시작하고 있어서 우리나라 신민요와는 출발이 다르다는 점에서 그러한 사실을 지적할 수 있다. 또한 김사엽이 「신민요의 재인식－아울러 일본민요 운동의 작금」(『조선일보』, 1935.12.11~12.21)에서 우리나라의 신민요도 일본의 신민요 운동을 적극적으로 받아들여야 하며 이제까지 민요에 관련한 하등의 운동이 없었다는 사실을 지적한 것을 보면 우리나라에서 일본의 신민요 운동이 그다지 크게 영향을 끼치지는 못했다는 사실을 짐작할 수 있다.

내지는 대중성에만 집착하면 작품의 질이 떨어질 뿐만 아니라 수용자의 외면을 받을 수도 있다.

1930년대에 유행했던 신민요도 마찬가지이다. 본고는 신민요가 무조건 예술성만을 추구했다든지, 문학적으로 대단한 경지를 보여주고 있다는 식의 논의를 하려는 것이 아니다. 다만 기존의 논의처럼 당대의 작사가와 작곡가들이 단순히 편하고 쉽다는 이유만으로 신민요를 선택한 것은 아니라는 사실을 지적하는 것이다. 당대의 작사가와 작곡가들은 당대의 대중가요를 대상으로 많은 고민과 고심을 한 것으로 보인다. 그런 고민과 고심의 결과로 나타난 것이 신민요라고 할 수 있다.

신민요는 민요에서 차용한 여러 가지 전통적인 요소를 당대의 대중들이 관심을 기울일 수 있도록 재창작한 것이라 할 수 있다. 당시의 작사・작곡가들은 이미 당대의 다른 유행가와 음반을 접해 본 대중들에게 기존의 민요를 그대로 보여주는 것은 한계가 있으리라 생각했을 것이다. 그리하여 토속민요에 들어 있던 사투리를 제거하고 음반에 수록할 수 있는 3분가량의 분절형식으로 노래를 새롭게 창작해서 세상에 내놓은 것이다. 그런데 이것이 우리 것에 목말라 있고 은근히 우리 것을 바라던 수용자들에게 많은 사랑을 받게 되고 그렇게 발로된 우리 것에 대한 관심이 토속민요의 발굴에까지 이르게 된 것이라 할 수 있다. 다음 절에서는 당대 신민요 수용자들의 모습을 살펴보기로 한다.

2) '우리 것'을 갈망한 신민요의 수용자

수용자의 역할을 중시하는 수용미학은 1980년대 말 이후에 우리나라에서도 본격적으로 주목받기 시작한다. 그리하여 '능동적 수용자론'[22]이 등장하고 독자를 비롯해서 수용자를 중시하는 일련의 논의가 이루어졌다.[23] 대중가요 부분에서도 오래전부터 수용자가 중요하다는 인식은 있었으나 실제로 수용자를 고려한 논의는 활발하게 이루어지지 않았다.[24] 이는 수용미학에 대한 완전한 이해가 부족하거나 수용미학이 가지고 있는 한계에서 비롯한 것일 수도 있다.[25]

그러나 굳이 수용미학에서의 수용자 이론을 빌리지 않더라도 대중가요에서의 수용자의 중요성은 새삼 강조할 필요가 없을 것이다.[26] 대중가요는 대중의 사랑 속에서만 그 생명력을 유지할 수 있기 때문이다. 대

---

22 이강수(「능동적 미디어 수용자론의 새로운 시각」, 『현대사회와 커뮤니케이션 이론』, 한길사, 1989)는 송신자는 능동적이고 수신자는 수동적이라는 도식이 비인간주의적인 접근이라고 밝히고, 이어서 능동적으로 미디어와 미디어 메시지를 그의 욕구와 필요에 의해서 주관적으로 선택하는 '능동적 수용자'론을 제시하였다.

23 대표적인 문헌을 제시하면 다음과 같다.
권희돈, 「수용미학— 그 한국적 적용의 가능성」, 『청주대어문논총』 6 · 7합 1989; 차봉희 편저, 『수용미학』, 문학과 지성사, 1995; 민병덕, 「한국문학의 수용미학적 연구 서설— 한국시가의 수용미학적 연구 서설」, 『혜전전문대논문집』 3, 혜전전문대, 1985.4; 김예호, 「수용미학적 관점에서 본 시의 감상과 해석」, 『안양대인문과학연구』 8, 2000.9; 이유선, 「작품의 수용과 영향, 독자의 능동행위」, 『문학사상』 204, 1989.10; 강남주, 「한국시의 수용미학적 연구 시론」, 『부산수대논문집』 37, 1986.

24 이영미(『한국대중가요사』, 시공사, 1999)는 수용자 의식을 강조하면서도 실제로는 수용자를 고려하지 않고 연구자의 주관대로 작품을 분석하고 평가한 측면이 많다. 특히 트로트나 신민요에 대한 해석에서 그러한 모습의 일단을 찾을 수 있는데 이에 대해서는 다시 언급할 것이다. 야마우치 후미타카(「한국에서의 일본대중문화 수용에 관한 역사적 고찰— 구한말 · 일제강점기 창가와 유행가를 중심으로」, 한국외대 석사논문, 2000)는 실제로 수용자를 중시하면서 당대의 유행가를 기존의 견해와 다르게 평가하고 있어서 주목된다.

25 강남주(위의 글, 193쪽)는 수용미학이 그 중요성에도 불구하고 문제점을 한계가 있다고 하였다. 즉 커뮤니케이션이 숙명적으로 채택할 수밖에 없는 매체가 의미평가에 있어서 상당한 결함의 요소를 지니고 있다는 것과 작자와 독자를 나란히 놓고 비교할 때 작자의 역할이 독자의 역할과 비교할 수 없을 정도로 크다는 사실을 수용미학의 문제점으로 지적하였다.

26 본고는 수용미학의 적용을 목적으로 삼지는 않는다. 수용미학의 한계를 인정한 채, 다만 당대 신민요에 대한 올바른 평가를 위해서는 생산자와 수용자에 대한 고려가 모두 중요하다는 것을 전제하고 논의를 진행시킬 뿐이다. 수용자와 생산자에 대한 고려를 통해 신민요 작품을 다시 볼 때, 작품의 분석이 어떻게 달라지고 총체적으로 당대의 신민요가 어떤 의미를 함의하고 있는가를 밝히는 것이 본고의 최종 목표이다.

중가요와 대중가수는 모두 대중의 사랑을 먹고 자라는 나무라고 할 수 있다. 그리하여 대중의 사랑 때문에 잠시 잊혔던 가수가 다시 등장하기도 하고 어떤 가수는 대중의 기억 저편으로 사라지기도 하는 것이다.

수용자는 편의상 크게 두 부분으로 나누어 생각해볼 수 있다. 보편적 수용자와 비평적 수용자가 그것이다.[27] 보편적 수용자는 대중가요를 듣는 일반적인 모든 수용자를 지칭하는 것으로서 단순 수용자에 해당한다고 할 수 있다. 다시 말해 음악을 듣고 감상하고 향유하는 모든 일반적인 수용자를 지칭한다. 그에 반해 비평적 수용자는 단순히 음악을 듣는 것에 그치는 것이 아니라 그 음악을 분석적으로 수용해서 그에 대한 평을 적극적으로 개진하는 수용자를 말한다. 따라서 비평적 수용자는 기본적으로 보편적 수용자에 해당하면서도 그 작품을 분석하고 평가까지 하기 때문에 비평적 수용자가 되는 것이다.

물론 이러한 수용자의 개념은 신민요에만 해당하는 것이 아니라 모든 대중가요에 적용가능하다고 할 수 있다. 게다가 당대의 수용자들이 신민요만을 들은 것이 아니라 당대의 다른 유행가도 향유하였다는 것을 생각할 때, 신민요의 수용자는 당대의 다른 유행가의 수용자와 중복되는 양상을 보여준다.[28] 다만 본고에서는 신민요를 대상으로 하고 있으므로 편의상 신민요의 수용자에 초점을 맞추어서 논의를 진행시키기로 한다.

---

27 수용자를 중요하게 생각하는 수용미학에서는 수용의 유형을 자세하게 구분하고 있다. 본고는 수용미학에서 이루어진 '수용의 유형'을 참고하여 나름대로 두 가지 정도의 유형으로만 나누어 보았다. 자세한 수용의 유형에 대해서는 권희돈, 위의 글, 342~343쪽을 참조할 수 있다.

28 신민요의 수용자와 여타 대중가요의 수용자가 중복되는 것이 사실이나, 때로 세대와 계층에 따라 대중가요에 대한 다른 선호를 보이기도 하였다. 즉 이때부터 '취향의 공동체'가 형성되었던 것이다.

(1) 보편적 수용자

당대에 신민요가 일반 대중의 인기를 크게 얻었다는 것은 주지의 사실이다. 그러면 왜 그들이 신민요에 열광했는지를 살펴볼 필요가 있다. 1930년대는 작은 음반회사들 외에 대표적으로 빅타, 콜롬비아, 포리돌, 시에론, 태평, 오케 까지 전부 6개의 음반회사가 경쟁 관계에 있던 시기이다. 그 당시의 잡지는 이러한 상황을 '육대회사(六大會社)레코드 전(戰)'[29]이라고까지 명명하고 있다. 음반회사들은 서로 경쟁관계에 있었으며 그 경쟁에서 살아남기 위해서는 무엇보다도 대중의 취향과 선호도를 알아내야 했다. 대중의 구미에 맞는 노래를 만들어야 대중의 인기를 얻어서 음반 판매 실적을 올리고 그래야만 자신들의 음반회사가 이익을 얻고 살아남을 수 있기 때문이다.

당대의 신문이나 잡지를 보면, 그 당시의 음반회사들이 대중의 기호를 헤아리고 그에 맞추어서 대중가요를 만들기 위해 부심했던 흔적을 찾아볼 수 있다. 『삼천리』 잡지 1936년 2월호에는 각 음반회사의 문예부장들이 전년도에 유행했던 노래를 살펴보고 신춘에 유행할 노래를 예상하는 인터뷰 내용이 실려 있다.

> 우리 조선사람 더구나 젊은 사람들의 마음 속에 쿡쿡 백혀질만한 노래, 다시 말하면 이 時代의 조선사람들의 心琴을 흔들어 줄만한 노래라면 어떠한 노래라고 하든지 다— 조흘 것이며 또한 반듯이 流行될쭐로 암니다[30]

> 數三年 전까지는 〈民謠〉라고 부르는 在來 조선사람들이 누구나 할 것 없이

29 「六大會社레코-드戰」, 『삼천리』, 1933.5.

30 이하윤(콜롬비아 문예부장), 「新春에는 엇든 노래 流行할가— 조선사람 心琴을 울니는 노래」, 『삼천리』, 1936.2.

부르든 所謂 노래인데 이것으로 말하면 조선에 레코-드 文化가 輸入되는 初期에는 그 中 만히 一般에게 알려지든 것으로, 그 뒤 차츰차츰 外來의 流行歌風으로 그만 기울어지면서 또 一方 映畵解說 갓흔 것도 한때에는 相當히 一般에게 歡迎되여 流行되든 때가 잇섯으나 그 뒤 차츰 그 힘이 미약해지는 현상으로 되고 말엇다. 그러나 流行歌만은 그 뒤 오늘날까지 굉장히 流行되더니만 昨年度부터 나타나는 現象을 살펴보면, 또한 다른 方面으로 一般 레코-드 팬들의 嗜好가 흘러저 가는 것을 알 수 잇다.[31]

위의 두 인용문은 음반회사들이 대중들의 기호와 취향에 신경을 쓰고 있고 그들의 반응에 주목하고 있다는 사실을 말해준다. 콜롬비아회사의 문예부장인 이하윤은 조선 사람들의 심금을 울려주는 노래가 신춘에 유행할 것이라고 말하고 있다. 빅타 회사의 문예부장인 이기세도 대중들의 기호가 흘러가는 양상을 보여주면서 그들의 취향에 따라 음반생산의 모습도 바뀔 것이라는 사실을 시사하고 있다. 이처럼 당시의 음반회사들은 대중들의 취향과 기호에 촉각을 곤두세우고 있었다. 이는 그만큼 당대 대중들의 수용태도가 음반의 창작에 많은 영향을 끼쳤다는 사실을 반증한다고 할 수 있다.

1936년에 유행할 노래를 예상하면서 각 음반회사의 문예부장들은 먼저 전년도에 신민요의 인기가 많았다는 사실을 지적하고 있다. 그리고 신민요의 인기는 다시 토속민요에 대한 관심을 이끌어냈고, 그 때문에 1936년에는 신민요와 더불어 토속민요에 양악반주를 맞춘 노래가 유행할 것이라고 예상하고 있다.

31 이기세(빅타 문예부장), 「新春에는 엇든 노래 流行할가-「民謠」와 「新民謠」의 中間의 것」, 『삼천리』, 1936.2.

이 「新民謠」는 두말할 것도 없이, 「流行歌」보다는 조선의 내음새가 들어잇고 우리들의 마음에 反響할만한 노래이면서 亦是 洋曲에 마쳐 부러너흔 것이다. 이것은 유행가보다는 어느 정도까지 우리들의 마음에 맛는 노래라고 해서 最近까지는 이 「新民謠」가 굉장히 일반의 환심을 사게 되어 퍽들 만히 流行되여왓섯다. (…중략…) 그러나 昨年 下半期에 드러서면서부터는 一般 레코-드팬 大衆이 「新民謠」에도 역시 실증을 가지기 始作하게 되여, 純全한 在來의 「民謠」도 아니고, 「新民謠」도 아닌 그 中間層인 「俗謠」라고 명칭을 부를 수 잇는 그런 種類의 노래로 기우러지는 듯함을 역역히 엿볼수 잇섯다. 이 「俗謠」도 불리워지는 종류의 노래는 입때까지 우리가 캐여내지 못하든 民謠로서 아직도 一般이 모르는 채 엇던 한 地方地方에 남어 잇는 「노래」를 차저내여서 될 수 잇는 程度에 조선의 民謠로서의 生命이 잇게 伴奏를 마처 부르게 되는 노래인데 이것이 亦是 今年度에 드러와서는 그중 만히 一般에게 歡迎을 바들 것이며 반듯이 流行될 것이다.[32]

위의 글을 통해서 알 수 있듯이, 당대의 대중들이 신민요를 좋아한 것은 신민요에서 조선의 냄새가 나고 그 때문에 신민요가 다른 유행가보다 대중들의 마음에 맞았기 때문이다. 게다가 이런 신민요에 대한 관심은 토속민요에까지 옮겨간다. 그래서 이기세는 "지방에 남아 있는 토속민요를 캐어내어 양곡의 반주에 맞춰 부른 노래가 전년도 하반기에 유행했고 또 앞으로도 유행할 것"이라고 말한 것이다. 당대의 대중들이 신민요에 열광한 것은 단순히 그것이 쉽고 편하기 때문만은 아니었다. 다른 유행가보다 우리 전통의 냄새가 배어 있었기 때문이다. 일제강점기라는 시대 상황 속에서 우리 것에 대한 대중들의 갈망은 신민

32 위의 글, 124쪽.

요에 대한 열광으로 어느 정도 해소될 수 있었다고 볼 수 있다.

이와 같은 현상은 오케 회사의 문예부장이었던 금릉인도 지적하고 있다.

> 上半期에 잇서서 나타난 바로 보면, 재래의 「新民謠」풍의 노래들이 가장 만히 一般大衆들 앞에 歡迎되여 왓섯든 것은 그 販賣成績으로 보아 확실한 바 〈앞강물 흘너흘너〉(金陵人 作詩, 文湖月 作曲)의 李銀波孃의 新民謠盤과 朴芙蓉氏의 〈노들강변〉(申不出 作詞, 文湖月 作曲)等이 그 中 만히 팔니는 것으로 보아서도 알 수 잇는 사실이외다. (…중략…) 그러나 차츰차츰 그 下半期로 나려오면서는 입때까지 試驗되지 안튼 가장 새로운 方面의 노래가 유행되는 現象을 나타내기 始作되엿든 事實을 指摘할 수 잇슬줄로 암니다. 그것은 엇더한 種類의 노래인가 하면 역시 民謠風의 노래는 노래이나 일즉이 입때까지 一般 조선사람들의 입에서 불니워저 잇지 안튼 卽 다시 말하면 조선의 어떤 시골의 한 구석에서 만이 獨特하게 불니워저 내려오면서도 가장 조선의 情緖에 쩌러저 잇는, 鄕土味, 조선색이 철철 흐르는 그러한 民謠를 未開拓의 땅에서 캐여내여서, 물론 伴奏는 西洋曲譜나 樂器를 사용한다 하드래도 가장 우리의 鄕土味를 發揮할 수 잇는 曲에다 맞춰서 制作한 것들이 流行되여지는 現象임니다.[33]

다른 음반회사의 문예부장들과 마찬가지로 오케 회사의 문예부장인 금릉인도 전년도에 신민요가 크게 유행했다는 사실을 지적하고 신민요로 조성된 민요에 대한 관심이 토속민요에까지 이르렀다는 사실을 밝히고 있다. 반주는 서양 곡보나 악기를 사용할지라도 그 정서는 조선의 정서를 담고 있으며 향토미와 조선색이 철철 넘치는 노래가 앞

33 금릉인(오케 문예부장), 「新春에는 엇든 노래 流行할가—'民謠'와 리아리틱한 '流行歌'」, 『삼천리』, 1936.2.

그림 34. 가수 선우일선(1934)

으로도 유행할 것이라고 예상하고 있다.

그리하여 1930년대 중반에는 신민요의 음반 판매율이 당대의 트로트를 압도하면서 수용자의 관심은 신민요에서 자극을 받아 토속민요에 더 가까운 속요에까지 이동하게 된 것이다.[34] 게다가 대중들은 노래뿐만 아니라 그 노래를 부른 가수에까지 열광을 하고 그들의 사생활에도 관심을 기울였다. 강홍식이나 선우일선처럼 신민요로 유명한 가

34 실제로 당대의 잡지(『삼천리』, 1936.2)를 보면, 민요와 신민요의 비빔밥격인 노래가 유행했고, 또 앞으로도 더 유행할 것으로 예상하고 있는 사실을 확인할 수 있다. 당시 빅타 회사의 문예부장인 이기세의 말을 빌면, 속요란 "조선 古典 냄새가 물컥물컥 나는 노래로 조선의 민요에다가 양악반주를 맞춘 중간식의 노래"라는 것을 알 수 있다. 여기에서 말하는 속요란 지방에 남아 있는 민요를 찾아내어 거기에 양악반주를 맞춘 것으로 신민요보다 향토색이 더 짙은 노래라고 할 수 있다. 이를 통해 볼 때, 신민요에 의해서 자극된 우리 것에 대한 수용자들의 갈망은 전래의 민요를 양악반주에 맞추어서 새롭게 출현시키는 것에까지 이른 것으로 보인다.

수들의 사생활이 잡지에 실리고 『삼천리』는 매달 인기투표를 통해 가장 인기 있는 가수를 1위부터 5위까지 남녀별로 소개하기도 했다.

비록 당대에 신민요를 향유하던 대중의 목소리를 직접 들을 수는 없었으나 각 음반회사의 문예부장의 말을 통해 짐작할 수 있는 사실이 있다. 하나는 당대의 대중들의 취향이 음반을 만드는 데 많은 영향을 끼쳤다는 것이고, 또 다른 하나는 대중들이 신민요에 열광한 이유는 신민요가 '우리 것'을 닮아 있었기 때문이라는 것이다. 우리 것에 대한 추구가 원천적으로 봉쇄된 상황 속에서 대중들은 우리 것에 대한 갈망을 신민요를 통해 어느 정도 충족할 수 있었던 것으로 보인다. 그리고 그것이 신민요가 당대에 인기를 얻었던 이유이다.

(2) 비평적 수용자

비평적 수용자는 앞서 언급했듯이, 단순히 노래를 듣고 좋아하는 것에 그치는 것이 아니라 그 노래를 분석하고 평가하는 일을 맡았던 사람들을 지칭한다. 대중가요 평론가나 대중가요 연구자는 모두 비평적 수용자에 해당할 것이다. 오늘날과 마찬가지로 1930년대의 비평적 수용자 중에도 유행가를 부정적으로 생각하던 비평적 수용자도 있고 유행가에 옹호적인 입장을 보이던 비평적 수용자도 있었다.

1935년과 1937년에 여러 차례에 걸쳐 『조선일보』에 비평적 수용자가 신민요에 대한 글을 실은 것을 확인할 수 있다. 이는 그만큼 신민요가 1930년대에 주목을 끌었다는 것을 반증한다고 할 수 있다. 김사엽은 1935년 12월에 모두 7회에 걸쳐 『조선일보』에 '신민요의 재인식 — 아울러 일본민요 운동의 작금'이라는 제목의 글을 실었는데, 그는 광복 이후에 『조선민요집성』[35]을 펴낼 정도로 우리 민요에 관심이 많이 지녔던 사람이기도 하다.

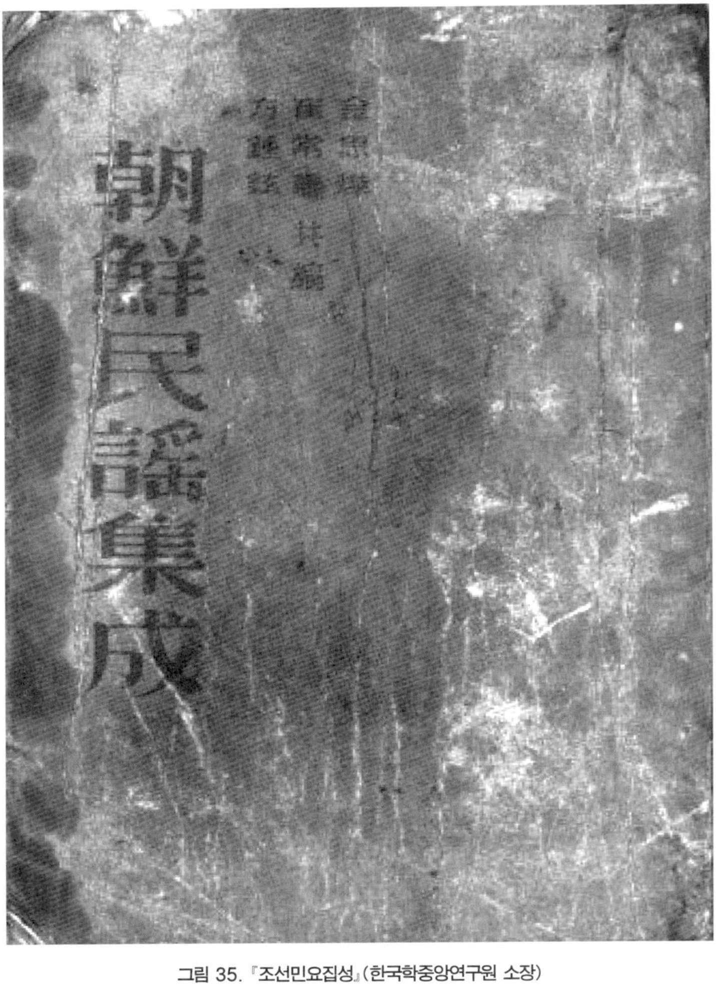

그림 35. 『조선민요집성』(한국학중앙연구원 소장)

35 김사엽, 최상수, 방종현, 『조선민요집성』, 정음, 1947.

한편 을파소는 1937년 2월 6일부터 2월 13일까지 4회에 걸쳐 '신민요의 정신과 형태'라는 글을 『조선일보』에 연재하였다. '을파소'란 호를 사용한 시인 김종한은 니혼[日本]대학 예술과를 졸업하고, 1937년에 『조선일보』 신춘문예에 시 〈낡은 우물이 있는 풍경〉이 당선, 1939년 『문장』지에 〈귀로(歸路)〉, 〈고원(故園)의 시〉, 〈할아버지〉 등이 추천되면서 시인으로서의 자리를 굳힌 인물이다. 게다가 〈가벼운 인조견을〉과 〈물 길러 가세〉와 같은 신민요를 직접 작사하기도 한 사람이다. 본고에서는 신민요에 대해 비교적 자세하게 자신들의 견해를 밝히고 있는 김사엽과 김종한의 글을 통해 신민요에 대한 당대의 비평적 수용의 한 모습을 살펴보기로 한다.

먼저 김사엽은 일본의 민요 운동에 대해 소개한 뒤에 우리나라는 민요 운동 자체에도 무관심할 뿐만 아니라 그와 같은 운동을 기도해 보려는 의욕적인 사람도 없다며 통탄을 하고 있다. 그러면서 신민요와 민요에 대해 다음과 같이 말하고 있다.

> 新民謠라는 것은 古來로 傳承되여 오든 民謠에 대하여 새로히 創作된 民謠를 말함이나 大體로 民謠는 在來의 것이든 새로히 創作된 것이든 다만 評의 尺度만 가지고 자질할 수 업는 여러 가지 特質이 잇다. (…중략…) 먼저 一言하여야 할 것은 相當히 敎養이 잇는 사람 가운데 民謠를 「너무 通俗的이고 低級하다」고 하야 턱업시 排斥하는 어리석은 짓을 敢行한다는 것이다. 이것은 皮相的 觀察로 因한 認識不足을 스스로 自白하는 외에 아모 것도 안이니 이 一見 平民的한 民謠가 도리혀 一般民衆의 品位의 好尙을 指示하고 民心의 性情方面의 陶冶에 큰 任務을 하고 잇다는 것을 고려에 넛치 안은 까닭이다.[36]

36 김사엽, 「신민요의 재인식 – 아울러 일본민요 운동의 작금(2)」, 『조선일보』, 1935.12.11.

인용한 글을 보면 신민요란 기존 민요와 달리 새로 창작한 민요라는 사실을 알 수 있다. 그리고 민요에 대한 김사엽의 생각도 드러나고 있다. 일부 교양 있는 사람들 가운데에 민요를 통속하고 저급하다고 생각하는 사람이 있으나 이는 인식 부족에서 비롯한 어리석은 생각이며, 민요야말로 민심의 성정을 도야하는데 큰 임무를 맡고 있다고 말하고 있다. 그러면서 『시경』의 예를 들어 고대에는 민요에 대한 진정한 이해에 아무런 문제가 없었다는 사실을 지적하고 있다.

김사엽은 민요에 대한 애정과 진정한 이해에서 비롯하여 신민요의 문제점을 지적하고 신민요가 앞으로 나아갈 방향을 제시하고 있다. 신민요란 표현에 흥미가 있고, 각 음반회사에 자타가 공인하는 시인이 섞여 있어서 큰 기대를 하였으나 다른 유행가와의 차별성이 드러나지 않아서 실망했다고 말한다. 그리고 이는 신민요에 대한 작사가의 이해가 부족한 데서 나타난 현상이라고 말하고 있다. 각 회사에서 발표하는 신민요 중에는 제재가 좋은 것이 있는데 민요 제작에 있어서 몇 가지 점에 유의한다면 더 좋은 작품을 만들었을 것이라고 하였다.

김사엽은 신민요가 구비할 조건으로 첫째, 언어 구사의 평명화(平明化), 둘째, 민요의 호흡인 정형률(定型律)의 음악적 효과, 셋째, 풍부한 감정의 표현[37]을 들고 있다. '언어 구사의 평명화'는 이 시대의 민중이 사용하는 평이한 시어를 사용해서 대중들이 쉽게 이해할 수 있는 노래를 만들어야 한다는 것이다. 두 번째로 '정형률의 음악적 효과'는 음수율에 대해 언급한 것이다. 김사엽은 정형과 변조형의 두 가지 예를 제시하면서 음수율을 지켜야 좋은 신민요 가사를 만들 수 있다고 말하였

37 김사엽은 신민요가 구비해야 할 세 번째 조건으로 '감정의 둔화'를 제시하였는데 이는 기존의 신민요가 감정의 둔화라는 문제점을 드러낸다는 것을 의미하는 것으로 보인다. 따라서 신민요가 구비해야 할 세 번째 조건으로는 '풍부한 감정의 표현'이라고 고쳐서 명명할 수 있을 것이다.

그림 36. 〈이어도〉 광고(『조선일보』, 1935.5.23)

다. 마지막으로 '풍부한 감정의 표현'에서는 금릉인이 작사한 〈이어도〉의 예를 들면서 금릉인이 좋은 제재를 선택했음에도 불구하고 민요와 전설에 대한 이해가 부족해서 감정이 둔화된 노래를 만들었다고 평하고 있다.[38] 다시 말해서 풍부한 감정이 담긴 신민요를 만들기 위해서는 민요에 대한 진정한 이해가 필요하다고 말하고 있다.

김사엽은 이처럼 신민요에 대한 문제점을 지적하면서 나름대로 신민요가 나아갈 방향을 제시하고 있다. 여기에서 한 가지 짚고 넘어갈 것은 김사엽이 애초부터 신민요에 대한 부정적인 생각을 바탕으로 해서 이런 글을 쓴 것이 아니라는 점이다. 김사엽은 어디까지나 신민요가 지금보다 좀 더 좋은 방향으로 나아가기를 바라는 마음에서 이와 같은 글을 쓴 것이다. 다음의 인용문을 통해서 그러한 사실을 확인할 수 있다.

> 『조광』 금월호에 홍난파씨는 「樂室偶感散抄」에서 「길거리나 점두에서 소란스럽게 울려나오는 레코드의 叫聲은 『내 소리판 한 장 사주시오』하는 애원성이 아니고 무엇이냐」고 하야 그 저급함을 천시하엿스나 레코드가 대중을 대상으로 한 상품이란 명목 이상에 그것이 민심에 작용하는 영향은 크다면 크지 그다지 적은 것이 아님을 생각할 때 음악가나 시인은 한 번쯤은 그것을 문제 삼아 결점을 들고 실패의 원인을 지적하야 줄 의무가 잇지 아니 할가.[39]

> 바라건대 새해에는 야심만만한 민요 시인 민요 작곡가 민요 연구가가 다수히 배출하야 노력함이 잇기를 지금부터 大望하야마지 아는다.[40]

---

38 〈이어도〉는 앞서 지적했듯이, 작사가와 작곡가가 직접 제주도를 답사하고 그 지방의 정서를 반영하려고 노력하면서 나름대로 심혈을 기울여서 제작한 노래라고 할 수 있다. 그러나 작사·작곡가의 생산 의도와 관계없이 비평적 수용자에게는 부정적인 평가를 받기도 하였다. 이를 통해 생산자와 수용자 사이의 간극을 확인할 수 있어 흥미롭다.

39 김사엽, 「신민요의 재인식 – 아울러 일본민요 운동의 작금(3)」, 『조선일보』, 1935.12.14

첫 번째 인용문은 레코드의 저급함을 천시하는 홍난파의 발언을 들어서 그에 대한 비판을 하고 있다. 김사엽은 레코드가 대중을 대상으로 한 상품인 이상 그것이 민심에 작용하는 영향이 크며, 따라서 음악가나 시인은 한 번쯤 그러한 점을 생각해서 결점을 지적하고 실패의 원인을 밝혀주어야 한다고 말하고 있다. 결국 김사엽은 단순히 신민요에 대해 부정적인 인식을 바탕으로 해서 이러한 글을 쓴 것이 아니라 애정을 바탕으로 신민요에 대한 발전적인 비평을 하고 있다고 말할 수 있다.[41] 그리고 신민요에 대한 김사엽의 애정은 새해에는 좀 더 야심만만한 민요시인, 민요작곡가, 민요연구가가 나오기를 진심으로 바란다는 말로 다시 한 번 확인된다.

을파소 김종한 또한 「신민요의 정신과 형태」라는 제목으로 4회에 걸쳐 『조선일보』에 신민요에 대한 자신의 생각과 견해를 연재하였다. 「신민요의 예술적 계보」라는 소제목의 글에서는 사람들이 민요라고 하면 토민민요(土民民謠)를 생각하는 그릇된 관습을 가지고 있다면서 토민민요가 높은 문화적 가치를 지니고 있지만 이는 지방분권적이고 수공업적인 중세사회에만 존재할 수 있는 민요 형식이라고 말하고 있다. 그러면서 생활양식의 발전이 새 문화를 출산하고 그 문화의 일부분으로 새 문화의 민요 형식이 출산되는 것이라고 하였다. 신민요는 신민요 이전의 모든 전통적 민요에서 출발해야 할 하등의 의무는 없으며 토민민요가 종언(終焉)되는 곳에서 새로 출아(出芽)할 (또는 한) 민요 형식이라며 조선의 감정과 언어를 살려줄 신민요 작가를 기다릴 뿐이라고 하였다. 이어서 제작 과정, 문학 면, 음악 방면, 전파 상태면에서 현대

40 김사엽, 「신민요의 재인식 — 아울러 일본민요 운동의 작금 (7)」, 『조선일보』, 1935.12.21.

41 이진원(앞의 글, 373쪽)은 김사엽이 신민요에 대해 부정적인 입장을 취했다고 하였으나, 전적으로 부정적인 입장을 취한 것은 아니다. 본고에서 밝히고 있듯이, 그것은 어디까지나 애정을 전제로 한 발전적인 비평이라고 할 수 있다.

사회를 절대적으로 반영하는 신민요의 특성을 각각 밝히고 있다.[42]

「신민요와 개성」이라는 소제목의 글에서는 토속민요가 비개성적이라면 신민요는 개성적이라며 그 차이점을 언급하고 있다. 또한 김팔연(김동환)씨의 〈동백꽃〉을 예로 들면서 "효과적으로 제약된 정열과 주지적으로 기도된 구상은 단연 개성의 소치"라고 평가하고 있다. 단편적인 영탄에만 머물러 있던 민요에 이와 같은 문학적 수법을 이용한 것은 확실히 민요가 진화한 측면이라고 긍정적으로 평가하였다. 김종한은 민요 작가가 지닌 최대의 난관으로 예술성과 대중성의 경계선을 지적하고 있다. 김안서와 김소월의 민요시를 '을플 민요'라고 칭하고 이들의 민요가 자기만족의 극단을 보여주는 예라면서 작곡을 무시하고 쓴 '을플 민요'는 민요의 변태에 해당한다고 하였다. 그러나 '을플 민요'에서 대중성의 예술화라고 말할 수 있는, 세련된 수법과 시에의 접근은 민요 작가들이 반성적 목표로 삼아야 한다고 말하고 있다.[43]

「신민요의 '템포'」라는 글에서는 '템포'가 민요의 중요한 요소임을 밝히고 소비 체계의 예술인 신민요가 생산 체계의 예술인 민요처럼 민중생활의 템포와 일치하지 않는 현상을 지적하였다. 그리하여 현대의 신민요는 전통적인 3 · 4, 4 · 4조에서 탈피하고 있다고 하였다.[44] 또한 신민요에서 두드러지는 향토성의 패배와 시대성의 승리는 템포를 통해서도 확인할 수 있다고 말하고 있다.[45]

---

42 을파소, 「신민요의 정신과 형태」 1, 『조선일보』, 1937.2.6.

43 을파소, 「신민요의 정신과 형태」 2, 『조선일보』, 1937.2.7.

44 김종한이 지적하는 템포는 김사엽이 언급한 율격에 가까운 개념이라고 할 수 있다. 그런데 김사엽이 신민요에서 음수율의 정형을 강조하면서 음수율에 맞지 않으면 좋은 작품을 만들 수 없다고 한 것에 반해, 김종한은 향토성의 패배와 더불어 신민요가 전통적인 율격에서 벗어나는 것은 어쩔 수 없는 일이라고 지적하고 있다. 이와 같은 상반된 견해는 당시에 율격에 대한 정확한 이론이 정립되지 않았음을 반증한다고 할 수 있다. 음수율은 주로 초기 국문학자들이 강조하던 것으로 오늘날 국문학계에서는 음수율을 인정하지 않는 경향이 많다. 따라서 음수율로 율격을 따지는 것은 한계가 있다는 것을 염두에 둘 필요가 있다.

「신민요의 시대성」에서는 신민요가 생성된 초기에 신민요의 시대성이 '신시대(新時代)의 호기심'에서 시작하였는데 지금에 와서는 대상없는 향수와 생활의 불행을 잊으려는 절망과 '데카당'의 형태로 나타난다고 하였다. 또한 「신민요의 시대성」과 함께 실려 있는 「신민요와 기계 예술」이라는 글에서는 신민요를 기계 예술과 분리해서 생각할 수 없다는 사실을 지적하고 근래의 신민요가 시에서 멀어져 가고 음악에 접근하고 있다고 하였다. "시에서 멀어져 가는 감이 있는 금일(今日)의 민요열이 인공적인 민요열"이라고 비판하고 있는 것이다. 그러나 민요란 필연적으로 불가피한 생명력을 가진 예술이므로 비록 민중이 처음에는 기계 예술이 부여하는 노래를 수동적으로 받을지라도 필연성이 없는 민요라면 반드시 버릴 것이라고 하였다. 이어서 시대인의 진정한 생활감정을 표현한 새로운 민요가 반드시 올 것이라는 말로 글을 맺고 있다.[46]

이처럼 김사엽과 마찬가지로 김종한도 당대에 유행한 신민요에 대해 비교적 상세하게 서술하고 있다. 토속민요와 신민요와의 차이점을 들어서 신민요의 특성을 밝히고 신민요가 보여주는 여러 가지 현상을 지적하고 있다. 김종한은 신민요의 가장 큰 특징으로 향토미가 사라지고 시대성을 반영하게 된 것을 지적하고 있다. 여기에서 말하는 '시대성'이란 당대의 사회를 반영한다는 의미라고 할 수 있다. 당대의 생활감정을 표현한 새로운 민요가 반드시 올 것이라는 그의 단정적 표현은 신민요의 발전을 기원하는 그의 바람과 의지를 담고 있다고 볼 수 있다.

지금까지 비평적 수용이라는 측면에서 김사엽과 김종한의 글을 살펴보았다. 중요한 것은 신민요에 대한 이들의 관심이 매우 의욕적이고 민요에 호의적인 감정을 지니고 있다는 것이다. 이들은 기본적으로 민

45 을파소, 「신민요의 정신과 형태」 3, 『조선일보』, 1937.2.9.
46 을파소, 「신민요의 정신과 형태」 4, 『조선일보』, 1937.2.13.

요에 대한 애정을 가지고 있으며 민요에서 출발한 신민요를 하나의 실험으로 여긴 듯하다. 신민요에 대한 그들의 비판은 단순히 비판을 위한 비판이나 부정을 위한 비판은 아니었다. '발전을 위한 비판', '긍정을 위한 비판'이었다고 할 수 있다. 그들은 신민요를 그들 나름대로 분석하고 신민요가 나아갈 방향을 제시하였으며 희망찬 말로 끝을 맺고 있다. 이를 통해 비평적 수용자들이 신민요의 발전을 기원하고 있다는 것을 확인할 수 있다.

이상으로 신민요에 대한 보편적 수용과 비평적 수용을 살펴보았다. 보편적 수용에서는 일반 대중들이 신민요에 열광한 이유가 그것이 우리 것을 닮아 있었기 때문이라는 사실을 밝혔다. 일제강점기라는 식민지 상황에서 우리 것에 목말라 있던 대중들에게 신민요는 우리 것에 대한 갈증을 해소시켜 줄 수 있는 노래였다고 할 수 있다. 그리고 그러한 신민요에 대한 관심은 토속민요에 대한 흥미까지 이끌어내어 한동안은 토속민요를 발굴해서 양악 반주에 맞춰 부르는 노래도 유행했다는 사실을 알 수 있었다.

비평적 수용에서는 신민요에 대해 비교적 자세히 언급하고 있는 김종한과 김사엽의 글을 통해서 당시 비평적 수용의 양상을 살펴보았다. 여러 차례에 걸쳐 연재된 그들의 글을 통해 당대 문인이나 시인들이 신민요에 많은 관심이 있었다는 것을 알았다. 그들은 당대의 신민요가 지니고 있는 문제점도 언급하고 있지만, 그러한 비판은 어디까지나 발전과 긍정을 위한 비판이었다는 사실을 확인할 수 있었다.

다음 장에서는 신민요에 대한 당대의 생산과 수용을 확인한 상태에서 다시 작품을 바라보고자 한다. 당대의 생산과 수용 과정을 일단 확인한 상태에서 작품을 다시 보면, 작품에 대한 다른 이해와 평가를 할 수 있으리라 생각한다.

3. 신민요 작품 다시 보기

앞서 언급했듯이, 신민요에 대한 기존 연구는 신민요의 생산과정이나 수용 과정을 염두에 두지 않았다는 맹점을 드러내고 있다. 그리하여 신민요는 일제강점기라는 식민지 시대에 편향적인 주제의 향락과 유흥만을 추구했던 퇴보적인 노래이고,[47] '우리 것 찾기'같은 움직임과는 무관한, 그저 기생방에 누운 것처럼 편하고 익숙한 노래에 불과하다는 식의 평가[48]를 내리기도 하였다. 그러나 신민요의 생산과정과 수용 과정을 살펴보면 우리 것을 추구했던 생산자와 우리 것을 갈망하던 신민요의 수용자를 만나볼 수 있다. 신민요는 우리 것을 추구한 생산자와 우리 것을 갈망한 수용자의 욕망이 교차하면서 만들어진 결과물인 것이다. 신민요는 생산자와 수용자가 서로 소통하고 대화하면서 이루어진 작품이라고 할 수 있다. 그러면 이러한 점을 전제하고 작품에 대한 구체적인 분석을 해보도록 한다.

> 아— 白頭山(백두산) 소사서 精氣(정긔)를 쌔치니
> 三千里(삼천리) 山野(산야) 기름이 젓네
> 에라 조와 얼수 에라조와라
> 오대강(五大江) 십대산(十大山) 널닌 곳에서
> 이천만(二千萬) 百姓(백성)이 잘도나 사네
> 즐겁다 朝鮮(조선)을 祝福(축복)을 하세

47 이노형, 앞의 책, 176~198쪽.
48 이영미, 앞의 책, 2002, 55쪽.

아― 田畓(전답)에 五穀(오곡)이 金波(금파)를 지으니
三千里(삼천리) 山野(산야) 춤 속에 쒸네
에라 조와 얼수 에라조와라
金剛山(금강산) 妙香山(묘향산) 山(산)과 山(산)들은
奇花(기화)라 妖草(요초)라 비단을 퍼네
즐겁다 朝鮮(조선)을 祝福(축복)을 하세

아― 文物(문물)이 燦爛(찬란)히 쏫갓치 폇스니
三千里(삼천리) 山野(산야) 노래에 차네
에라 조와 얼수 에라조와라
鴨綠江(압록강) 豆滿江(두만강) 江(강)과 江(강)들은
金魚(금어)라 銀魚(은어)에 玉流(옥류)를 짓네
즐겁다 朝鮮(조선)을 祝福(축복)을 하세

아― 쒸여난 人物(인물)이 수만히 낫스니
三千里(삼천리) 山野(산야) 사러서 쒸네
에라 조와 얼수 에라조와라
英雄(영웅)과 豪傑(호걸)에 文章(문장)이 나니
말함과 행함이 힘잇게 사네
즐겁다 朝鮮(조선)을 祝福(축복)을 하세

— 〈조선타령〉

(유도순 작사, 전기현 작곡, 강홍식 노래, 콜롬비아 40565A, 1934)

위에 제시한 것은 〈조선타령〉의 전문이다. 앞서 언급했듯이, 이 노래는 시인 유도순이 조선의 정기를 그린 작품이다. 백두산에서부터 산

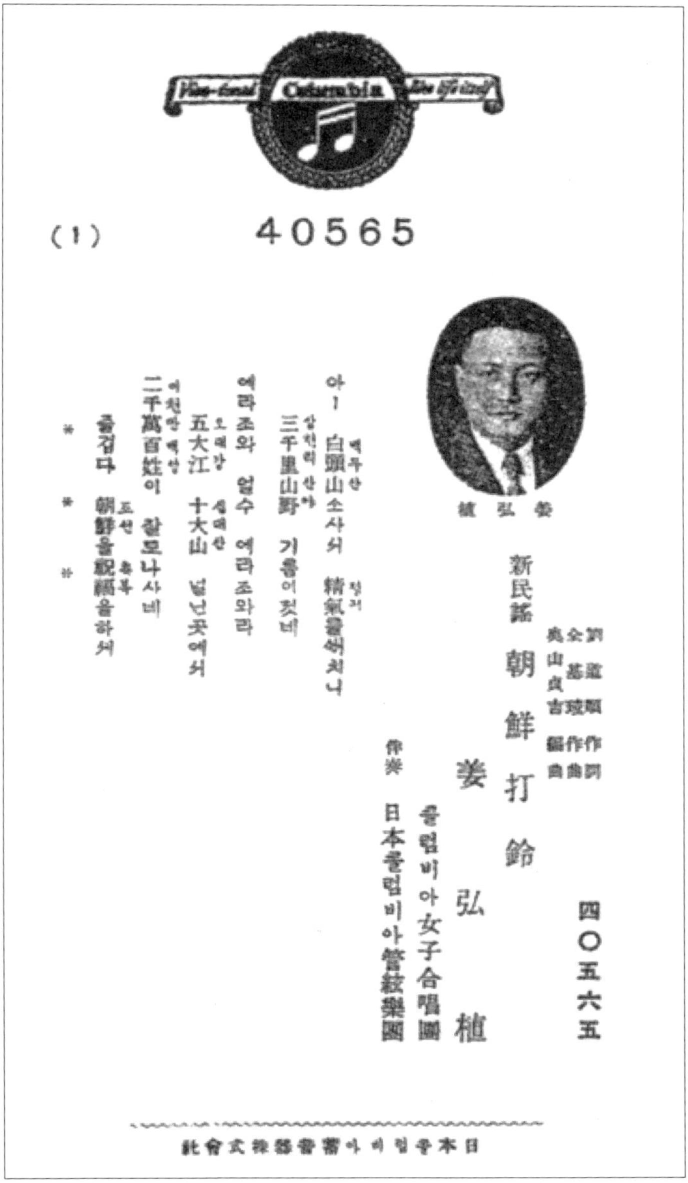

(1) 40565

四〇五六五

訓讀順作詞
金基玹作曲
奧山貞吉編曲

新民謠 朝鮮打鈴

姜弘植

姜弘植

콜럼비아女子合唱團

伴奏 日本콜럼비아管絃樂團

아! 白頭山(백두산)소사서 精氣(정기)를뻐치니
三千里山野(삼천리산야) 기름이첫네
에라조와 엽수 에라조와라
五大江(오대강) 十大山(십대산) 넓난곳에서
二千萬百姓(이천만백성)이 잘모나사네
즐겁다 朝鮮(조선)을祝福(축복)을하서
※ ※ ※

日本콜럼비아蓄音器株式會社

그림 37. 〈조선타령〉 음반 가사지

과 강의 이름을 일일이 열거하면서 우리나라의 아름다운 국토를 자랑하고 있는 노래이다. 애초부터 이러한 의도를 지닌 채 유도순이 가사를 썼고, 여기에 작곡가 전기현은 이른바 남성적이고 우렁찬 곡조를 붙였다. 이처럼 작사가와 작곡가의 창작 의도가 순수한 국토예찬에 비롯했다는 것은 앞서도 지적한 사항이다.

그런데 〈조선타령〉이 나오자 반도가 진동을 할 정도로 많은 인기를 얻었고 어떤 여학교에서는 유행가로는 처음으로 이 노래를 배우기까지 한다고 하였다. 그만큼 이 노래는 당대의 수용자들에게 많은 인기를 얻은 노래였다. 그리고 수용자들의 호응에 힘입어 국토 예찬을 주제로 하는 노래들이 대거 출현하였다. 〈조선팔경가〉(편월 작사, 형석기 작곡, 선우일선 노래, 포리돌), 〈금강산이 조흘시고〉(유도순 작사, 김준영 작곡, 미스코리아 노래,콜롬비아), 〈복되소서 이 강산〉(금릉인 작사, 문호월 작곡, 고복수 · 김연월 노래, 오케), 〈백두산 바라보고〉(박영호 작사, 전기현 작곡, 미스코리아 노래), 〈東海錦江〉(김안서 작사, 김준영 편곡, 조병기 노래), 〈名勝의 四季〉(이하윤 작사, 김준영 작곡, 김홍식 · 김초운 노래) 등도 모두 〈조선타령〉과 마찬가지로 국토를 예찬하고 있는 노래이다. 특히 〈조선팔경가〉는 광복 후에도 〈대한팔경〉이로 제목을 바꾸어서 아주 오랫동안 대중의 사랑을 받기도 하였다.

그런데 기존의 연구는 〈조선팔경가〉를 예로 들면서 "식민지 당대에 이러한 곳을 찾아다니며 유흥을 즐길 만한 계층이 과연 얼마나 있었느냐며, 이러한 노래가 편향된 주제의식을 드러낸다"고 평가한 바 있다. 그리하여 신민요는 유흥의 주제를 다루고 있으면서 당대 대중들의 현실적 질곡에 대해서는 전혀 관심을 두지 않고 유흥 자체만을 향락하고 있다고 신민요를 비판하였다.[49] 그런데 한 가지 주목할 것은 기존의 연구자가 오늘날에도 〈조선팔경가〉가 대중들에게 애창되고 있다고 밝혔듯이, 연구자의 부정적인 평가에도 불구하고 당대의 대중들에게 국토예찬의 이러한 노래가 사랑을 받았다는 것이다.

그러면 대중들은 왜 이러한 노래를 좋아한 것인지에 대해 생각해 볼 필요가 있다. 유흥으로 소일하는 일부 의식 없는 대중들에게만 향유된 것이 아니라 당대 대중들에게 보편적으로 이러한 노래가 향유된 것에는 나름대로의 이유가 있을 것이다. 대중들은 어쩌면 국토 예찬에 대한 순수한 마음으로 이 노래를 좋아하였을 지도 모른다. 식민지 상황 속에서 국토예찬을 담고 있는 이러한 노래는 예사롭게 들리지 않았을 것이다. 게다가 음악면에서도 민요의 전통을 닮아 있어서 신민요는 음악과 내용의 모든 측면에서 당대 대중들의 갈망과 욕구를 채워줄 수 있었던 것으로 보인다. 남에게 빼앗겨 버린 '백두산', '금강산', '묘향산', '압록강', '두만강' 등의 친숙한 산과 강의 이름을 불러보면서 대중들은 아름다운 우리 국토에 대한 사랑에도 빠져보았을 것이다. 작품은 그냥 두고 이 노래의 생산자와 수용자만을 볼 때, 이 작품에 무조건 비판적이고 부정적인 가치 평가의 잣대를 들이대기는 어려울 것으로 보인다.

그러면 〈조선타령〉에서 '조선을 축복하세'라고 말한 것은 무엇을 의미하는가? 〈조선타령〉의 1절에서는 백두산에서 정기가 뻗쳐서 삼천리 산야가 기름지고 오대강 십대산 널린 곳에서 이천만 백성이 잘도 산다고 하였다. 2절에서는 전답에 오곡이 금빛으로 반짝이면서 물결을 이루고 금강산과 묘향산과 같은 산들은 기화요초로 비단을 편 것 같다고 말한다. 3절에서는 문물이 찬란하게 꽃처럼 피고 압록강과 두만강 같은 강에는 금어와 은어가 옥류(玉流)를 짓는다고 한다. 마지막으로 4절에서는 뛰어난 인물이 많이 나서 삼천리 산야가 살아서 뛴다

49 이노형, 앞의 책, 184, 186쪽.

그림 38. 〈조선타령〉 광고(『동아일보』, 1935.2.10)

고 하고 영웅과 호걸에 문장이 나니 말함과 행함이 힘 있게 산다고 하고 있다. 전체 4절로 이루어져 있고 각 절은 독립된 형식을 이루고 있어서 각 절 간의 연관성은 크지 않으나 '국토를 예찬'한다는 차원에서는 통일된 주제를 드러내고 있는 노래라고 할 수 있다.

그런데 일제강점기라는 시대적 상황에도 불구하고 이런 식으로 조선을 축복하는 것이 과연 가능하며, 가능하다면 그것이 무엇을 의미하는지를 생각해 볼 필요가 있다. 〈조선타령〉은 일종의 '선취된 미래'를 담고 있는 것으로 볼 수 있다. 현재형을 사용한 것은 커다란 바람과 소망을 담고 있는 것으로 보아야 한다. 이러한 점은 작곡가 전기현이 〈조선타령〉을 가리켜 "삼천리 반도 강산의 행복을 축원(祝願)한 노래"[50]라고 한 부분에서도 확인할 수 있다. 즉 앞으로 그렇게 되기를 바라는 마음을 현재형으로 읊어서 이미 이루어진 것처럼 말하고 있는 것이다.

신민요에는 선취된 미래를 담고 있는 내용이 많이 등장하는데, 〈봄맞이〉나 〈풍년맞이〉 등도 모두 같은 경우에 해당한다. 가사에 '선취된 미래'를 담아서 가사를 구성하는 것은 신민요에서 가사를 만드는 일종의 공식으로 작용한 것 같다. 같은 시기에 유행한 트로트에 '선취된 미래'를 나타낸 가사가 드물다는 점에서도 이를 확인할 수 있다. 트로트가 주로 현재의 감상과 느낌을 읊는 것에 치중하고 있다면, 신민요는 선취된 미래를 통해 강력한 소망과 염원을 담고 있는 경우가 많은 것이다.

'선취된 미래'를 현재형의 어법으로 표현하는 것이 신민요에서 갑자기 등장한 것은 아니다. 이미 기존의 토속민요에서도 이와 같은 '선취된 미래'의 어법을 확인할 수 있다.

50 전기현, 앞의 글.

그림 39. 작곡자 전기현(1936)

이논에다가 모를 심어 감실감실 영화로세
우리동생을 곱게나길러 갓을씌여 영화로세[51]

충청도라 중복숭아 가지가휘청 열렸구나
강원도라 강대추가 가지가휘청 열렸구나[52]

위의 작품들은 모를 심을 때 부르던 노동요이다. 주지하다시피, 노동요란 실제 노동을 하면서 부르던 노래인데, 노래의 내용을 보면 이미 이루어진 결과를 노래하고 있다. 첫 번째 노래에서는 모를 심어서 감실감실 영화(榮華)가 나고 동생을 곱게 길러서 갓을 씌었으니 이 또한 영화(榮華)라고 말한다. 조동일도 지적하고 있듯이, 노래를 부르며

51 『한국구비문학대계』 8-14, 경남 하동군 하동읍, 정경순(여 · 48).
52 『한국구비문학대계』 8-12, 경남 울산시, 김석보(남 · 57).

일의 결과를 기대하는 것은 일정한 주술적인 의의를 가진 것이라고 추정할 수 있다. 즉 실현되기를 희망하는 결과를 미리 행동이나 말로 나타내면 희망의 실현이 가능하다고 믿는 것은 주술의 기본적인 원리 중 하나[53]인 것이다. 두 번째 노래도 마찬가지이다. 복숭아와 대추를 통한 풍요로운 수확의 바람을 이미 이루어진 결과를 묘사하는 식으로 표현하고 있다.[54] 편의상 모노래만을 예로 들었으나 이미 이루어진 결과물을 묘사하는 것으로 간절한 소망과 염원을 나타내는 노래는 토속민요를 위시한 전통가요에서 쉽게 찾을 수 있다.[55]

〈조선타령〉을 비롯해서 국토예찬을 주제로 한 노래들은 선취된 미래로서 간절한 염원을 담고 있는 것이라고 할 수 있다. 현재형으로 전개되는 〈조선타령〉의 내용은 모두 그렇게 되기를 열망하는 소원을 담고 있는 노래로 읽을 수가 있다. 4절에서는 이와 같은 소망이 더욱 구체적으로 드러나고 있다. "뛰어난 인물이 수많이 나왔으니 삼천리 산야가 살아서 뛰네"와 "영웅과 호걸이 문장에 나니 말함과 행함이 힘 있게 사네"는 뛰어난 인물이 많이 나와서 삼천리강산이 살아서 뛰고 영웅과 호걸이 문장에 나서 말과 행동을 하는 데 있어서 힘 있게 살았으면 좋겠다는 염원, 꼭 그렇게 되리라는 의지의 반영이라고 할 수 있다.

'선취된 미래'를 통해 소망을 기원하는 어법은 당대의 대중가요 중 신민요에만 유독 두드러지게 나타나는 특징이고, 이는 기존의 토속민요에서 이미 발견되는 전통적인 어법을 계승한 것으로 볼 수 있다. 그

53 조동일, 『한국민요의 전통과 시가율격』, 지식산업사, 1996, 65쪽.

54 모노래에서 나타나는 '선취된 미래'는 장유정, 「교환창 모노래의 2행시 구성방식 연구」, 서울대 석사논문, 1998, 43쪽, 45쪽을 참조할 수 있다.

55 예를 들어 〈서동요〉도 서동이 소망하는 바를 이루기 위해 그러한 내용을 미리 노래에 담아 유포시켰다. 바라는 바를 미리 제시하면 그대로 이룰 수 있다는 생각은 구석기시대 이래의 의식에서 거듭 확인할 수 있는 일이라고 한다.(강등학, 「한국 민요의 사적 전개 양상」, 『구비문학연구』 제5집, 한국구비문학회, 1998, 107쪽)

때문에 이러한 노래를 창작한 생산자나 이 노래를 애창하던 당대의 수용자들에게는 이런 식의 어법이 자연스럽고 익숙하게 받아들여진 것으로 보인다. 그리하여 '조선을 축복하세'라는 식의 노래가 시대적 상황에도 불구하고 아무런 거부감 없이 불릴 수 있었던 것이다.

〈조선타령〉은 선취된 미래로서의 내용을 발랄하고 우렁찬 선율에 싣고 있다. 그 어떤 경우에도 웃음과 낙관을 잃지 않던 민중들의 생기발랄함을 느낄 수 있다고 할 수 있다. 우리 민족의 정서를 보통 '한(恨)'으로 단순화시키곤 하지만, 그 상대편에는 분명히 그 어떤 경우에도 웃음을 잃지 않는 '낙관적(樂觀的)인 정서'도 존재하고 있는 것이다. 〈조선타령〉을 실제로 들어보면, 새소리로 들리는 밝은 소리로 노래를 시작하고 있다. 그리고 후렴에서는 콜럼비아여자합창단들의 코러스가 강홍식의 목소리와 어우러지면서 노래의 발랄한 이미지를 강조하고 있다. 결국 〈조선타령〉은 발랄한 선율에 선취된 미래의 내용을 담아서 전체적으로 조선의 축복을 간절하게 염원하고 있는 노래라고 할 수 있다. 단순한 염원을 넘어서 일제에 대한 일종의 재치 있는 반항으로 볼 수 있는 여지도 있다고 할 수 있다.

4. 맺음말–실험과 시도로서의 신민요

이상으로 1930년대에 유행한 신민요를 생산과정, 수용과정, 그리고 작품이라는 삼각구도 속에서 살펴보고 그 가치 평가가 어떻게 달라지는지를 구체적인 작품을 들어 살펴보았다. 당대의 인식과 수용이라는 측면에서 보면, 신민요는 우리 것에 대한 추구와 갈망이 교차하는 접점에 놓여있다고 할 수 있다. 우리 것을 추구하던 생산자와 우리 것을 갈망하던 수용자가 만들어 낸 작품이 신민요라고 할 수 있다. 그리고 신민요에 대한 이러한 관심이 기존의 토속민요에 대한 관심까지 이끌어냈다는 사실은 앞서도 지적한 사실이다.

물론 그 중에는 단순히 당대에 유행하던 신민요의 음악적 어법이나 문학적 어법을 베껴서 대중들의 환심을 사고 음반회사의 실적을 올리려 한 얄팍한 수법도 있었을 것이다. 이는 오늘날도 마찬가지인데, 상업성만을 추구할 때 발생하는 부작용이라 할 수 있다. 그러나 이것이 신민요를 비롯한 대중가요의 전부이며, 전체는 아니다. 보다 중요한 것은 1930년대의 생산자와 수용자가 조선의 냄새가 물씬 풍기는 신민요를 지향하고 추구했다는 점이다. 우리 것에 목말라 있던 당대의 대중들에게 신민요는 목마름을 해소해주는 일종의 청량제의 역할을 했던 것으로 보인다.

민요를 현대적 어법에 맞추어서 재창작하다 보면, 어떤 면에서는 실패를 할 수도 있고 그에 따른 부작용이 생길 수도 있다. 전통적인 민요와 국악에만 익숙한 사람에게 양곡이 곁들여진 신민요는 질적 저하와 변질로만 느껴질 수도 있을 것이다.[56] 그러나 적어도 당대의 생산자와 보편적인 대중에게 있어서 신민요는 단순한 잡종이나 변질은 아니었다. 그것은 하나의 시도이자 실험이었다. 우리 것을 현대적으로 재창조하려

56 국악을 변용시키려는 시도와 노력은 오늘날에도 다양하게 이루어지고 있다. 하지만 일부에서는 이를 전통의 변질과 훼손이라 여기며 부정적으로 평가하기도 한다. 하지만 모든 것은 변하기 마련이다. 시대에 적응하지 못한다면 이는 일부러 보존해야 할 박물관에 박제에 불과할 수 있다. 박물관의 박제로 남느냐, 아니면 시대에 적응하면서 끝없이 변신하여 대중과 소통하느냐는 국악을 업으로 하는 사람들의 과제라 할 수 있다. 어떤 측면은 옛날 모습 그대로 남기고 보존해야 하겠으나, 국악의 현대화와 대중화는 국악과 대중과의 소통이라는 차원에서 중요한 의미를 지닌다고 볼 수 있다.

는 실험과 시도의 결과가 바로 신민요였다. 신민요는 전통적인 민요가 현대의 대중가요로 넘어가는 과도기적 과정의 노래라고 할 수 있다.

신민요는 1960년대 김세레나와 하춘화 이후에는 사양길로 접어든다. 신민요는 단종되었고 결국 실패한 양식으로 보이기도 한다. 그러나 그것이 전부일까? 아직 알 수 없다. 의식 있는 신민요 작사, 작곡가, 그리고 가수가 다시 나타난다면 신민요의 부활은 가능하다. 노래란 그런 것이다. 주류가 아니라고, 지금 당장 눈에 보이지 않는다고 완전히 사라진 것은 아니다. 노래의 생명력은 생각보다 더 길기 때문이다.

신민요는 과도기적 과정 속에서 수많은 실험과 시도를 행했던 대중가요이다. 그리하여 나름대로의 어법을 지닌 양식으로 당대에 자리를 잡았던 것으로 보인다. 그러나 1940년대 대중가요의 수난기를 거치면서 더 이상의 양식적인 실험은 이루어질 수 없었다. 그리고 1950년대와 1960년대를 거치면서 대중들의 의식 부족과 화려한 서양곡의 열기에 떠밀려 신민요는 구석으로 내몰렸다. 그러나 토속민요와 대중가요와의 만남은 여전히 소중하고 가치 있는 작업이라고 할 수 있다. 대중가요의 전통계승이라는 측면에서도 그러하다. 신민요의 부활은 신민요에 대한 부정적이고 비판적인 인식에서 벗어나는 것에서부터 시작할 수 있다. 신민요에 대한 부정적인 인식이 팽배하는 한, 신민요의 부활을 꿈꾸기는 어렵기 때문이다.

본고는 당대의 인식과 수용이라는 측면에서 신민요에 적극적인 의미를 부여해 보았다. 기존 연구의 부정적인 인식이 지닌 문제점을 지적하고 당대의 눈으로 보면 신민요는 우리 것의 재생과 부활이라는 측면에서 적극적인 가치를 부여할 수 있다는 사실을 밝혀냈다. 그러나 아직까지 신민요의 전모를 드러낸 것은 아니다. 다만 신민요에 적극적이고도 긍정적인 의미를 부여한 첫 번째 논고로서의 의미를 지닐 것이다.

참고문헌

『삼천리』, 『한국구비문학대계』 8-12, 『한국구비문학대계』 8-14

강남주, 「한국시의 수용미학적 연구 시론」, 『부산수대논문집』 37, 1986.
강등학, 「한국민요의 사전 전개 양상」, 『구비문학연구』 제5집, 한국구비문학회, 1998.
고미숙, 「20세기 초 잡가의 양식적 특질과 시대적 의미」, 『18세기에서 20세기 초 한국 시가사의 구도』, 소명출판, 1998.
권희돈, 「수용미학－그 한국적 적용의 가능성」, 『청주대어문논총』 6 · 7합, 1989.
김사엽, 「신민요의 재인식－아울러 일본민요 운동의 작금」, 『조선일보』, 1935.12.12~21.
김사엽 · 최상수 · 방종현, 『조선민요집성』, 정음, 1947.
김예호, 「수용미학적 관점에서 본 시의 감상과 해석」, 『안양대인문과학연구』 8, 2000.9.
김종한, 「신민요의 정신과 형태」, 『조선일보』, 1937.2.6~2.13.
김창남, 「유행가의 성립과정 및 그 성격에 관한 연구」, 서울대 석사논문, 1984.
______, 「문화연구와 문화운동에 관련한 최근의 몇 가지 생각」, 『언론, 선출되지 않은 권력』, 한울, 1992.
민병덕, 「한국문학의 수용미학적 연구 서설－한국시가의 수용미학적 연구 서설」, 『혜전전문대논문집』 3, 혜전전문대, 1985.4.
송방송, 「신민요가수의 음악사회학적 조명－권번출신의 여가수를 중심으로」, 『낭만음악』 제14권 제3호(통권55호), 2002.
야마우치 후미타가, 「한국에서의 일본대중문화 수용에 관한 역사적 고찰－구한말 · 일제강점기 창가와 유행가를 중심으로」, 한국외국어대 석사논문, 2000.
유선영, 「식민지 대중가요의 잡종화－민족주의 기획의 탈식민성과 식민성」, 『비교영화 / 문화연구 어떻게 할 것인가(공개 학술심포지움 발표문)』, 한국예술종합학교영상원, 2002.
이강수, 「능동적 미디어 수용자론의 새로운 시각」, 『현대사회와 커뮤니케이션 이론』, 한길사, 1989.
이노형, 『한국 전통 대중가요의 연구』, 울산대 출판부, 1994.

이영미, 「일제시대의 대중가요」, 『노래』 1, 실천문학사, 1984.
______, 『한국대중가요사』, 시공사, 1999.
______, 『홍남부두 금순이는 어디로 갔을까』, 황금가지, 2002.
이유선, 「작품의 수용과 영향, 독자의 능동행위」, 『문학사상』 204, 1989.10.
이진원, 「신민요 연구 (I)」, 『한국음반학』 7, 한국고음반연구회, 1997.
장유정, 「교환창 모노래의 2행시 구성방식 연구」, 서울대 석사논문, 1998.
전선아, 「일제강점기 신민요 연구」, 강릉대 석사논문, 1998.
조동일, 『한국민요의 전통과 시가율격』, 지식산업사, 1996.
차봉희 편저, 『수용미학』, 문학과 지성사, 1995.
한국고음반연구회 · 민속원 공편, 『유성기음반 가사집』 II, 민속원, 1990.

제2부 제4장

재즈송으로 본 20세기 전반기 서양 대중음악의 수용과 양상[1]

1. 머리말

일제강점기의 대표적인 대중가요 갈래로는 트로트[2], 신민요, 재즈송, 만요가 있다. 일본 대중음악의 영향을 받아서 형성된 트로트, 전통가요의 대중가요화인 신민요, 서양 대중음악에 그 연원을 두고 있는 재즈송, 일종의 코믹송(comic song)에 해당하는 만요가 당시에 서로 교

1 「20세기 전반기 서양 대중음악의 수용과 양상 고찰 — 재즈송을 중심으로」, 『우리춤연구』 13집, 우리춤연구소, 2010.

2 일제강점기 당시에는 '트로트'라는 용어가 갈래명으로 사용되지 않았다. 유행가로 불리는 노래 중에 우리가 오늘날 트로트라고 칭하는 노래들이 포함되어 있을 뿐이다. 그러나 이미 '트로트'가 특정한 갈래명으로 인식되고 있는 실정을 감안하고, 논의의 편의를 도모하기 위하여 본고에서는 일본 대중음악의 영향을 받아서 형성된 일련의 노래들을 '트로트'라 지칭하기로 한다.

섭하고 공존하였다.[3] 이 중에서 본고가 주목하는 것은 재즈송이다. 당시의 재즈송은 본격적인 의미의 재즈만을 가리키는 것이 아니라 미국에서 대중적으로 유행한 모든 음악과 샹송, 라틴 음악을 포괄하는 개념이었다. 그리고 그러한 분위기를 모방하여 만든 우리나라 대중음악도 포함된다.[4] 재즈송이 중요한 이유는 그것이 서양 대중음악의 유입과 수용이라는 문제와 연관되기 때문이다.

일제강점기에 우리나라 음악에 끼친 서양음악의 영향은 크게 세 가지로 나누어 볼 수 있다. 군악대, 찬송가, 대중음악이 그것이다. 이 중에서 군악대와 찬송가에 대해서는 이미 상당한 연구의 진척이 있었다. 서양음악이 우리나라에 수입된 시기에 대해서는 아직 논란이 있으나, 1880년대 초에 이루어진 개신교의 선교와 1900년 군악대의 창설은 서양음악이 우리나라에 들어온 계기가 된 중요한 사건이라고 할 수 있다.[5]

이에 반해, 서양 대중음악이 초창기 우리나라 대중음악에 끼친 영향에 대해서는 그다지 많은 연구가 이루어지지 않았다. 이는 일본 대중음악의 부정적인 영향만을 성토하던 학계의 풍토와 무관하지 않다. 마치 일제강점기 대중음악은 트로트만 있는 것처럼 치부되었고, 상대적으로 다른 대중가요 갈래는 도외시되었던 것이다. 또한 이는 과거 대중음악의 연구가 사료에 대한 수집과 정리에서 시작한 것이 아니라 관념과 이데올로기에 의해 좌우되었기 때문이기도 하다.

물론 당시 우리나라는 일본의 식민지였기 때문에 일본 음악의 영향에서 자유로울 수 없었다. 그렇다고 해서 일본 음악만의 영향으로 당시 우리나라 대중음악의 판도를 설명할 수는 없다. 게다가 일본 대중

3 일제강점기 대표적인 대중가요의 갈래 및 형성에 대해서는 장유정, 『오빠는 풍각쟁이야—대중가요로 본 근대의 풍경』, 민음in, 2006, 84~124쪽 참조.

4 박찬호, 안동림 역, 『한국가요사』 1, 미지북스, 2009, 251쪽.

5 군악대와 찬송가의 유입과 전파에 대해서는 이강숙 외 2명, 『우리 양악 100년』, 현암사, 2001 참조.

음악 또한 서양 대중음악과의 교섭 속에서 형성된 정황을 감안할 때, 우리나라 대중음악을 일본 대중음악의 영향만으로 설명하는 것은 한계가 있다. 비록 식민지 시기였으나 한국 대중음악사의 초창기는 매우 역동적이고 복잡하게 전개되었다. 언제나 새로운 문화는 외래의 문화가 자국의 문화와 섞이는 과정에서 출현하듯이, 일본 대중음악, 서양 대중음악 그리고 전통음악은 다양한 방식으로 만나 교섭하면서 공존하였던 것이다. 그러므로 동시대의 세계적인 음악 문화의 맥락 속에서 우리나라 초창기 대중음악을 이해할 필요가 있다.

본고에서 대상으로 한 재즈송은 동시대의 세계적인 음반 산업의 맥락 속에서 출현하였다. 더욱이 현대 대중음악에 끼친 서양 대중음악의 영향이 거의 절대적이라는 점을 고려할 때, 서양 대중음악이 초창기 한국 대중음악에 끼친 영향을 살펴보는 일은 매우 중요하다고 할 수 있다. 본고에서 고찰하려는 재즈송은 바로 서양 대중음악의 직접적인 영향 관계를 보여주는 중요한 갈래이므로 이에 대한 천착이 요구되는 것이다.

한편 박찬호가 일제강점기 대중가요 중 서양 대중음악의 영향을 받아 형성된 재즈송에 대해 언급한 이래로,[6] 2000년 이후로 재즈송에 대한 논의가 더러 이루어졌다. 재즈송의 형성과정과 작품에 대한 논의[7]를 비롯해서 재즈송에 대한 당대의 인식과 김송규 창작 재즈송에 대한 논의 등이 있었다.[8] 본고에서는 일제강점기에 음반으로 발매된 재즈

6 박찬호, 『한국가요사』, 현암사, 1991, 221~226쪽.

7 장유정, 「일제강점기 한국 대중가요 연구— 유성기음반 자료를 중심으로」, 서울대 박사논문, 2004; 장유정, 앞의 책, 2006에서 재즈송의 형성 과정과 전개에 대해 고찰하였다.

8 이진원, 「한국 초기 재즈를 말한다」, 『한국음반학』 15호, 한국고음반연구회, 2005은 재즈송의 음반 목록과 당시의 사료를 토대로 재즈송에 대해 언급하였고, 성기영, 「1930년대 우리나라 '재즈송' 연구— 작곡가 김송규의 작품을 중심으로」, 경희대 석사논문, 2009는 김송규의 작품을 음악적으로 분석하였다. 이 밖에 부분적으로 일제강점기 재즈송을 언급한 논의로는

송을 중심으로 그 전반적인 모습을 살펴보고 가사에 나타나는 특징을 고찰하기로 한다. 이러한 작업을 통해 초창기 우리나라 대중음악사에서 재즈송이 차지하는 위상과 서양 대중음악이 우리나라 대중음악에 끼친 영향을 알 수 있을 것이다.

2. 재즈의 유입과 유행

본고에서 대상으로 한 자료는 음반 가사지와 음반에 '재즈송', '댄스뮤직', '룸바', 그리고 '블루스' 등으로 곡종이 표기된 대중가요이다. 당시에 '유행가'로 곡종이 표기된 노래 중에도 재즈송이 많았을 것으로 추정된다. 그러나 이는 노래를 일일이 들어보면서 판단해야하므로 단시간에 처리할 수 있는 일이 아니다. 게다가 음원이 없는 상황에서 목록만 보고 재즈송인지 아닌지를 판단하기도 어렵다.[9]

이에 반해, 곡종을 재즈송으로 표기했다는 것은 음반의 창작과 녹음 과정에서 이미 여타 갈래의 대중가요와 재즈송을 다르게 인식하였음을 의미한다. 명확하지는 않더라도 당시의 관습에 따른 갈래 인식이

박애경, 「환락과 환멸 – 1930년대 만요와 재즈에 나타난 도시의 청춘」, 『구비문학연구』 제29집, 한국구비문학회, 2009; 박찬영, 「한국 재즈의 형성과정에 대한 연구」, 단국대 석사논문, 2010을 들 수 있다.

9 본고에서는 일단 곡종이 재즈송 내지는 재즈송과 관련된 곡종으로 표기된 노래만 논의의 대상으로 삼았다. 그 때문에 〈청춘계급〉(유행가, 박영호 작사, 김송규 작곡, 김해송 노래, 콜럼비아 40813A, 1938)과 〈짜스 맥이〉(유행가, 中野定吉 편곡, 임헌익 노래, 콜럼비아 40460A, 1933)등은 재즈송으로 볼 수 있음에도 불구하고 '유행가'로 곡종이 표기되어 있어서 일단 논의에서 제외하였다. 앞으로 이에 대한 보완과 보충이 요구된다.

그림 40. 폴 화이트먼
(Paul Whiteman, 1890~1967)

그림 41. 폴 화이트먼 음반 표지

그림 42. 코리안 재즈밴드(1926년 경성방송국에서)

자리하였던 것이다. 그러므로 곡종이 '재즈송'으로 표기된 노래를 위주로 그 전반적인 모습을 살펴보는 일은 의미가 있을 것이다. 재즈송으로 분류된 노래를 살펴보면 재즈송의 전반적인 양상과 이에 대한 당대의 갈래 인식마저 엿볼 수 있기 때문이다.

당시의 신문 자료나 음반 광고 등을 살펴보면, 이미 1920년대 중반 이후에 서양 음악의 본격적인 유입과 향유가 이루어졌음을 알 수 있다. "콜럼비아 전속예술가가 된 미국 재즈밴드의 패왕, 폴 화이트맨"[10]과 같은 음반 광고 문구는 서양 대중음악 음반이 그대로 수입된 상황을 보여준다. 게다가 1920년대 중반 경에 결성된 '코리안 재즈밴드'는 우리나라에 재즈의 바람이 불기 시작하였다는 것을 알려준다.[11] 1920년대 말 신문에 종종 등장하는 코리안 재즈밴드의 순회 공연 기사[12]는

10 『동아일보』, 1928.9.4. 비록 광고 문구에서는 폴 화이트먼을 '재즈밴드의 패왕'이라고 소개하고 있으나 음반에 수록된 노래들은 〈라 팔로마〉, 〈메리 위도우 왈츠〉 등과 같이 재즈만을 수록한 것은 아니다. 재즈라는 용어의 외연이 처음부터 확장된 채로 사용되었음을 알 수 있다.

11 장유정, 위의 책, 2006, 96~97쪽.

코리안 재즈밴드의 인기와 더불어 우리나라에 불어 닥친 서양 대중음악의 영향을 짐작하게 하는 것이다.

세련된 도시 음악의 형태로 간주된 재즈는 당시의 모던걸과 모던보이를 중심으로 유행하였다. 1920년대 말에 만연하였던 재즈의 열풍과 분위기가 도시 문명의 향락적 요소와 어울리면서 재즈의 인기도 높아졌던 것이다.[13] 그러나 이에 대한 당대의 시선은 비판적이었다. 이서구가 쓴 다음의 글은 재즈의 유행에 대한 부정적인 시각을 반영한다.

> 자도 재즈, 깨도 재즈- 재즈 기분의 도취는 날로 깊어간다. 그러나 가엽다. 아직 문화의 앞길이 열리지 못한 경성의 모던보이, 모던걸들은 다만 '레코드와 활동사진'에서 보고 들은 재즈의 맛을 옮겨가지고 본바닥 놀이는 꿈도 못 꾸고 수박 가죽 핥듯이 겉멋에 떠서 엉덩이 춤이나 추고 있는 것이다.[14]

> 現代人의 病的 享樂生活 그것이 곳 짜쓰 趣味라는 것이다. 興에 겨운 曲調를 體毛도 염치도 이저가면서 몸짓 손짓 다릿짓 코짓 그야말노 제 멋이 내키는대로 질알을 하다십히 아뢰오는 것을 짜쓰빤드라고 부른다.[15]

위의 인용문을 통해서 모던보이와 모던걸들이 재즈를 향유한 방식을 알 수 있다. 즉 이들은 처음에 레코드와 영화를 통해 재즈를 접하고 이에 도취되었다. 그러나 당시에 극작가이자 대중가요 작사가, 그리고

---

12 코리안 재즈밴드와 관련된 대표적인 기사의 목록을 제시하면 다음과 같다. 『중외일보』, 1928.8.3; 『중외일보』, 1928.8.12; 『중외일보』, 1928.8.15; 『중외일보』, 1928.8.22; 『동아일보』, 1928.9.28. 이에 대한 자세한 사항은 이진원, 앞의 글, 2005, 62~63쪽을 참고할 수 있다.

13 장유정, 위의 책, 2006, 97쪽.

14 이서구, 「서울 맛 · 서울 정조」, 『별건곤』, 1929.9.

15 이서구, 「경성의 짜쓰」, 『별건곤』, 1929.10.

그림 43. 홍난파

음반회사의 문예부장까지 역임하였던 이서구는 모던보이와 모던걸들이 재즈를 향유하는 것을 일러 '병적 향락생활'이라고 하고, "겉멋에 떠서 엉덩이 춤이나 추고 있다"며 비판을 하고 있다. 이서구의 글을 통해서 모던보이와 모던걸이 재즈를 향유하는 모습을 비난하던 일부 지식인층의 논리를 엿볼 수 있다.

그러나 모든 사람들이 재즈의 향유를 비난하였던 것은 아니다. 예를 들어, 코리안 재즈밴드의 일원이기도 하였던 홍난파는 재즈를 '신예술' 내지는 '신음악'으로 인정해야 함을 강조하면서 재즈가 "가장 앞선 시대를 반영한다"고 하였다.[16] 이는 홍난파의 '신조선 음악론'과도 연관이 있다. 그는 "서양음악을 토대"로 "조선의 마음을 합하는 음악", 즉 조선의 정서를 바탕으로 한 서양식 음악이 '신조선 음악'이라고 하였던 것이다.[17]

재즈에 대한 상반된 논의들은 당시 재즈의 인기를 반증한다. 그리고 재즈의 이러한 인기에 힘입어 서양 대중음악의 영향을 받은 대중음악 갈래인 '재즈송'도 출현할 수 있었다. 다음 장에서는 유성기음반에 수록된 '재즈송'의 전반적인 양상을 살펴보기로 한다.

3. 재즈송의 전반적인 양상

음반의 가사지에 표기된 갈래명 중에서 '재즈송' 외에 '재즈 코러스', '재즈', '댄스뮤직', '블루스'도 모두 서양 대중음악의 영향을 받아 형성된 대중음악의 갈래명이라고 할 수 있다. 광복 이전에 발매된 유성기음반의 목록에서 확인할 수 있는 재즈송은 약 132곡이다.[18] 당시 음반

16 홍난파, 「째즈음악에 대하여」, 『조선일보』, 1938.2.27.

17 김창욱, 「홍난파 음악 연구」, 동아대 박사논문, 2004, 84쪽.

18 장유정, 위의 책, 2006, 357쪽에서는 재즈송을 111곡이라고 하였으나, 이후 댄스뮤직 등을 포함시키고 가사지를 검토하는 과정에서 재즈송이 더 늘어났다. 그러나 이 또한 완벽한 수치는 아니다. 현재로서는 최대한 확보할 수 있는 곡의 수치이나 이후에 음반이나 가사지가 더 발견되면 수치는 바뀔 수 있다. 재즈송 132곡의 목록은 이준희 개인 목록, 김점도 편, 『유성기음반총람자료집』, 신나라레코드, 2000, 그리고 한국정신문화연구원 편, 『한국 유성기음반 총목록』, 민속원, 1998을 참조하였다. 또한 가사지를 일일이 검토하면서 목록을 보충하였다. 유성기음반 가사지를 영인한 가사집 1권에서 7권까지의 서지는 다음과 같다. 한국고음반연구회 · 민속원 공편, 『유성기음반 가사집』 I, 민속원, 1990; 한국고음반연구회 · 민속원 공편, 『유성기음반 가사집』 II, 민속원, 1990; 한국고음반연구회 편, 『유성기음반 가사집』 3, 민속원, 1992; 한국고음반연구회 편, 『유성기음반 가사집』 4, 민속원, 1994; 최동현 · 임명

과 음반 가사지에 표기된 갈래명에 따른 수치를 보면, 재즈송[19] 103곡, 댄스뮤직 9곡, 재즈 9곡, 재즈코러스 4곡, 룸바 2곡, 블루스 1곡, 재즈 민요 1곡, 재즈 소패 1곡, 재즈송 룸바 1곡, 재즈송 블루스 1곡이다.

재즈송 132곡의 연도별 수치를 보면, 1930년에 5곡, 1931년에 3곡, 1932년에 3곡, 1934년에 2곡, 1935년에 22곡, 1936년에 61곡, 1937년 19곡, 1938년에 6곡, 1939년에 9곡, 1940년에 2곡이 발매되었다. 재즈송은 1935년부터 1937년 사이에 가장 많이 발매되었다. 목록 자체가 완벽한 것이 아니기 때문에 단정할 수는 없으나, 1930년대 중반은 음반 산업이 가장 활기를 띠었던 시기이다. 그에 따라 다른 음반 발매수가 많아지는 것과 더불어 재즈송의 음반 발매율도 높아졌을 것으로 추정된다.

재즈송이 우리나라 대중가요의 갈래로 안착하는데 일조한 것은 영화였다고 볼 수 있다. 영화는 1936년 이후부터 급속하게 성장하였는데,[20] 이 시기에 들어온 서양 영화, 특히 미국영화는 당대인의 감수성을 자극하였고 서양에 대한 동경을 품게 하였다. 그러므로 서양 영화는 재즈와 같은 서양 대중음악의 향유를 부추기는 측면이 있었고, 당대인이 재즈송에 익숙해지는데 일조하였다고 볼 수 있다.

다음으로 음반회사별 재즈송의 대체적인 발매 현황을 살펴보면 다음과 같다.

진 편, 『유성기음반 가사집』 5, 민속원, 2003; 최동현 · 임명진 편, 『유성기음반 가사집』 6, 민속원, 2003; 이준희 · 장유정, 『유성기음반 가사집』 7, 민속원, 2008.
한편 성기영(앞의 글, 11쪽)은 일제강점기 발매된 재즈송이 119곡이라고 하였다. 이는 『유성기음반총람자료집』만 참고한 수치이다. 그러나 음반 목록집 자체가 불완전하므로 오류가 적은 목록을 작성하려면 목록집들을 서로 비교하고 대조하는 작업이 필요하다.

19 음반회사에 따라 '째즈송'과 '짜즈송'으로 표기되었으나 외래어 표기법에 따라 '재즈송'으로 통일하기로 한다.

20 유선영, 「한국 대중문화의 근대적 구성과정에 대한 연구 — 조선후기에서 일제시대까지를 중심으로」, 고려대 박사논문, 1992, 319쪽.

음반회사 별 재즈송 발매 수

회사명	뉴코리아	디어	럭키	리갈	밀리온	빅타
수 량	3	2	1	8	1	25
회사명	시에론	오케	이글	콜럼비아	태평	포리돌
수 량	4	32	1	35	4	16

예상대로 20세기 전반기에 가장 규모가 큰 회사이면서 가장 많은 음반을 발매한 콜럼비아 회사가 재즈송 음반을 제일 많이 발매하였다. 그 다음이 오케, 빅타, 포리돌 회사의 순서로 재즈송을 발매하였다는 것을 알 수 있다. 다음으로 음반 제작에 참여한 작사자와 작곡자, 가수, 그리고 편곡자의 현황을 살펴볼 필요가 있다. 재즈송 음반 생산자 중에서 작사가와 그들이 창작한 작품의 수를 제시하면 다음과 같다.

작사가 별 재즈송 창작 수

강영숙(1) 고마부(2) 고파영(1) 금릉인(1) 김동진(6) 김목운(1) 김벽호(2) 김병철(1)
김용호(1) 금운탄(4) 김운하(1) 김 웅(2) 김춘수(1) 김해운(3) 문수일(1) 문예부(6)
박루월(1) 박영호(7) 박향노(3) 범 오(5) 소화인(1) 손목인(1) 이고범(1) 이 송(1)
이영일(1) 이 일(1) 이하윤(3) 일지영(1) 장재성(1) 장한월(1) 조영출(2) 조핸리(1)
처녀림(2) 팽환주(1) 편 월(1) 현 우(1) 홍토무(1) 홍희명(3) 미상(58)

작품 수만을 놓고 볼 때, 박영호(처녀림), 김동진, 조영출(금운탄), 범오(유도순)가 재즈송 창작에 가장 많이 관여한 것으로 나타났다. 박영호와 조영출은 이 시기 대중가요 작사를 가장 많이 했던 작사가이므로 재즈송을 많이 작사한 것이 큰 의미를 지니기 어렵다. 그러나 김동진은 약 4,000여 곡의 대중가요 중에서 약 12곡을 작사하였는데, 그 중의 반이 재즈송이므로 재즈송 작사에 주력하였다고 볼 수 있다. 그러나 가곡과 한국적인 오페라 창작에 주력하였던 김동진(金東振)과 다른 인

그림 44. 해리 아크스트가 작곡한 〈다이나〉

물인 대중가요 작사가 김동진(金東進)에 대해서는 알려진 바가 거의 없다. 다만 주로 번안곡을 작사하였다는 것을 알 수 있을 뿐이다.

작사가 이름에 '문예부'가 표기된 작품이 총 6곡이었다. '문예부'가 작사하였다는 것은 소속 음반회사의 전속 작사가들의 공동 작사를 의미하는 것이 아닐까 한다. 주지하다시피, 일제강점기에는 각 음반회사마다 문예부가 있어서 음반의 제작에 대한 기획에서부터 음반을 판매부에 넘기기까지의 모든 일을 담당하였다.[21] 그러므로 문예부가 작사를 하였다는 것은 작사가 한 명이 아닌 여러 명이 공동 작업으로 작사하였다는 것을 의미한다고 볼 수 있다. 다음으로 재즈송을 작곡한 작곡자와 작품의 수를 제시하면 다음과 같다.

작곡가 별 재즈송 창작 수

김송규(4)	김영환(1)	김준영(1)	김탄포(1)
린데만(Wilheim Lindemann)(1)	문호월(1)	박시춘(1)	백　파(2)
복부양일(2)	손목인(2)	스미스(3)	아크스트(Harry Akst)(4)
에르윈(Ralph Erwin)(1)	염구정팔(塩尻精八)(1)	유춘광(2)	이경주(1)
이용준(5)	임벽계(1)	전기현(1)	전수린(3)
삿사 코오카[佐佐紅華](1)	최승희(1)	추월영(1)	크루밋(Frank Crumit)(1)
현동일(1)	미상(89)		

작사가와 달리 작곡자의 이름 중에는 일본인과 서양인의 이름이 보인다. 아크스트가 작곡한 곡이 4곡이나 되는데, 이는 〈다이나〉가 인기를 얻으면서 각 음반회사에서 이 노래를 각각 음반으로 발매하였기 때문이다. 해리 아크스트(Harry Akst, 1894~1963)가 작곡하고 루이스(Sam M. Lewis)와 조 영(Joe young)이 작사한 〈다이나〉의 원곡 〈Dinah〉는, 에디(Eddie Cantor)가 1925년에 미국 피츠버그(Pittsburgh)에서 공연한 뮤지컬 〈Kid

21 장유정, 위의 책, 2006, 154쪽.

Boots〉에서 부른 이래로 엄청난 인기를 얻으면서 수많은 가수들이 리메이크 하였다.[22] 월러(Fats Waller), 에델 워터스(Ethel Waters), 밀스 브라더스(Mills Brothers)와 빙 크로스비(Bing Crosby), 보스웰 시스터즈(Boswell Sisters), 루이 암스트롱(Louis Armstrong), 듀크 엘링턴(Duke Ellington), 캡 켈러웨이(Cab Calloway), 베니 굿맨(Benny Goodman) 등이 모두 〈다이나〉를 리메이크한 가수들이다.

이러한 인기에 힘입어 일본 테이치쿠[帝國] 음반회사는 1934년에 디크 미네[23]의 데뷔 음반에 〈다이나〉를 수록하였다. 처음에 잘 알려지지 않은 가수였던 디크 미네는 〈다이나〉를 일본어로 직접 번안하고 노래하여 일본에서 상당한 인기를 얻었다. 〈다이나〉는 나카노 타다하루[中野忠晴]와 아키라 키시[岸井明] 등에 의해서도 리메이크 될 만큼 일본에서도 많은 인기를 얻었다.

그리고 거의 비슷한 시기에 우리나라에서도 〈다이나〉가 발매되었다. 1935년에 디크 미네가 '삼우열'이라는 이름으로 오케 회사에서 〈다이나〉를 발매한 이래로 1936년에는 콜럼비아 회사에서 강홍식과 안명옥이 부른 〈다이나〉가, 같은 해에 포리돌 회사에서는 강덕자가 부른 〈다이나〉가 발매되었다. 이후에도 〈다이나〉는 여러 번 재발매되었고,

---

22 본고에서 제시한 재즈송의 원곡에 대한 정보는 이준희의 개인 목록; http://www.yahoo.co.jp/; http://www.google.co.kr/; http://www.wikipedia.org/; http://www.youtube.com을 종합적으로 참고하였음을 밝혀둔다.

23 본명이 미네 토쿠이치[三根 德一]인 디크 미네(1908~1991)는 일본의 배우와 가수로 활동하였다. 주로 재즈를 불렀던 그는 우리나라에서 삼우열(三又悅)이라는 이름으로 음반을 발매하여 인기를 얻었다. 한편 필자는 2005년 10월 22일 홍대 근처에서 일본에서 잠시 한국에 들어오신 박찬호 선생님을 뵌 적이 있다. 『한국가요사』 1권과 2권의 저자이신 박찬호 선생님은 디크미네가 한국인일지도 모른다고 하였다. 디크미네가 활동할 당시에도 그런 의문은 제기되었다고 한다. 디크미네는 끝까지 자신이 한국인이 아니라고 하였으나, 어떤 노래 프로그램에서 그는 "북에서 침입해 오면 우린 어떻게 합니까?"라고 말한 적이 있다고 한다. 이는 일본인이 할만한 발언은 아니다. 그러나 여타 자료가 없는 상황에서 디크미네를 한국인으로 단정하기는 어렵다.

1939년에는 오케 회사에서 김능자의 노래로 발매되기도 하였다. 〈다이나〉는 약간의 시차를 두고 미국, 일본, 우리나라를 비롯하여 전 세계적으로 유행했다고 볼 수 있다. 결국 우리나라의 대중음악은 동시대 세계 음반 산업과 음악 문화의 영향을 받고 있었던 것이다.

린데만이 작곡한 〈Trink, Trink, Brüderlein Trink(Drink, Dronk, Brother Flax, Drink)〉을 원곡으로 하는 〈다시 못 올 이 청춘〉은 처음에 버튼 크레인(Burton Crane)이 일본 콜럼비아 회사에서 〈오이오이노부코상(おいおいのぶこさん)〉이라는 제목으로 일본어와 영어를 섞어 녹음하였다. 이어서 그는 이 노래를 한국어와 영어를 혼합하여 〈다시 못 올 이 청춘〉이라는 제목으로 1936년에 녹음하였다.

프랭크 크루밋(Frank Crumit, 1889~1943)이 작곡한 〈A Gay Caballero〉(음반 번호 21735A)는 1928년 경에 미국 빅타 회사에서 발매한 것이다. 이 노래는 다시 〈샤레 오또꼬[洒落男]〉(음반 번호 51013A)라는 제목으로 1930년 일본 빅타에서 번안되어 발매되었다. 후타무라 테이이치[二村定一]가 먼저 녹음하였으나, 일본의 희극왕으로 불렸던 에노모토켄이치[榎本健一]가 이 노래를 부르면서 크게 유행하였다. 그리고 이어서 우리나라에서는 1937년에 〈명물남녀〉라는 제목으로 발매되었다.

외국인 작곡자 중에서 삿사 코오카는 〈그대 그립다〉의 원곡인 〈君戀し〉의 작곡자이다. 시구레 오토와[時雨音羽]가 작사하고 삿사 코오카가 작곡한 〈君戀し〉는 후타무라 테이이치[二村定一]가 불러서 1929년 경에 일본 빅타(음반번호 50559A) 회사에서 발매되었다. 복혜숙이 부른 〈그대 그립다〉에는 없으나, 후타무라 테이이치가 부른 〈君戀し〉를 들어보면, 간주에 영국의 H.R.비숍이 작곡한 〈Home Sweet Home〉의 선율이 삽입되어 있는 것을 알 수 있다. 다음으로 재즈송을 불렀던 가수들의 이름과 그들이 부른 노래의 수를 제시하면 다음과 같다.

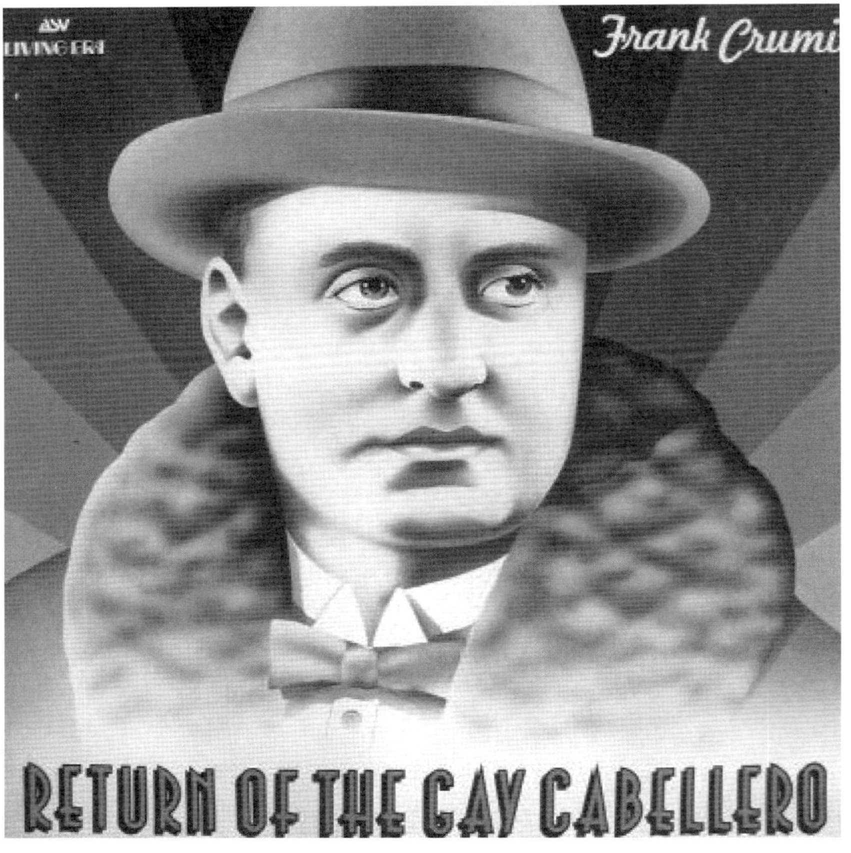

그림 45. 프랭크 크루밋

가수 별 재즈송 발매 수

강금자(4)	강남주(1)	강남향(1)	강덕자(2)	강석연(1)
강홍식(3)	강홍식 · 안명옥(2)	권영걸(2)	김기태(2)	김난방 · 임양일(2)
김능자(2)	김복희 · 이복본(1)	김연월(1)	김용환(8)	김용환 · 리듬보이스(2)
김인숙(1)	김해(2)	김해송(8)	김해송 · 이난영(2)	럭키보이(1)
리듬보이스(1)	박단마(2)	박향림(3)	백우선(2)	백우선 · 이복본(2)
버튼크레인(Berton Crane)(2)	복혜숙(5)	삼우열(8)	손목인(2)	손안드레(6)
안일파(1)	이경설(1)	이난영(3)	이명진(1)	이복본(18)
이상춘(1)	임양일(1)	임원(4)	임헌익 · 조금자(2)	채규엽(2)
채규엽 · 안일파(2)	최남용(1)	최승희(2)	탁성록(1)	포리돌리듬보이스(2)
미상(8)				

우리나라 가수 중에서는 당시에 작곡가로도 대활약을 하였던 김해송과 손목인(손안드레)이 많은 재즈송을 불렀다. 중창까지 합하면 이복본이 20곡으로 가장 많은 재즈송을 불렀는데, 이복본은 약 4,000여곡의 대중가요 중에서 약 28곡을 불렀다. 이 중에서 '재즈송'으로 곡종이 명기된 노래만 20곡이니, 명실 공히 그는 이 시기 재즈송 가수였다고 할 수 있다. 이복본은 나운규가 감독한 영화 〈무화과〉(1935)에도 출연했었던 가수이자 코미디언, 그리고 배우였다. 황문평의 기록에 의하면, 이복본은 프랑스의 유명한 배우 모리스 슈발리에(Maurice Auguste Chevalier, 1888~1972)처럼 맥고모자를 쓰고 나비넥타이를 매고 무대에 올라 상당한 인기를 얻었다고 한다.[24] 그러나 그는 1950년 한국전쟁 당시 납북 후 사망한 것으로 알려져 있다.

흥미로운 것은 '리듬보이스'라는 가수이다. 그 실체가 분명하지 않으나 포리돌 회사에서 일시적으로 조직한 남성 중창단으로 추정된다. 포리돌 회사에서는 '포리돌 리듬보이스'와 '오리엔탈 리듬보이스'를 조직해서 음반을 발매하였다. '럭키보이'는 당시 군소 음반회사였던 럭

24 황문평, 『노래백년사』, 숭대문화사, 1981, 31쪽.

그림 46. 이복본

키 회사에서 발매한 재즈송 〈몬테카를로의 간난이〉를 부른 가수이다. 그러나 오직 한 번만 등장하고 있어서 그 정체가 분명하지 않다. 다만 당시에 이른바 '얼굴 없는 가수'로 활동하였던 '미스 코리아'나 '미스터 콜럼비아'처럼 일종의 얼굴 없는 가수 중의 한 명으로 추정된다.[25] 그러나 단 한 곡만을 부른 것으로 보아서 럭키보이의 음반은 일회성의 행사(event)가 아니었을까 한다.

재즈송을 부른 가수 중에서 버튼 크레인(1901~1963)은 그 이력이 특이하다. 우리나라에서 그가 발매한 음반은 앞서 살펴보았던 〈다시 못 올 이 청춘〉과 〈술주정뱅이〉 두 곡이다. 당시 『동아일보』 1935년 12월 18일자에는 "新春의 豪華陣 레코드界의 異彩西洋人 朝鮮語吹入"이라고 소개하고 있다. 광고를 통해 알 수 있듯이, 버튼 크레인은 한국어와 영어를 혼합하여 노래를 불러 음반을 취입하였다. 그는 한국어뿐만 아니라 일본에서는 일본어와 영어를 혼합하여 부른 노래를 여러 차례 취입하기도 하였다. 예를 들어, 〈술주정뱅이〉의 원곡은 〈Drunk Last Night〉이라는 전통적인 '음주 노래(drinking song)'인데, 버튼 크레인은 한국어 음반에 앞서 〈酒が歓みたい〉(콜럼비아, 26177A)라는 제목으로 일본어 음반을 취입하였던 것이다.

뉴욕 버팔로(Buffalo)에서 장로교 목사의 아들로 태어난 버튼 크레인은 1922년에 프린스턴 대학을 졸업하고 1925년에 일본 도쿄에서 『재팬 애드버타이저(*The Japan Advertiser*)』의 경제부 기자로 일하였다. 그는 극작가이자 경제학 강사로 활동하였고, 1937년부터 1963년까지 『뉴욕타임(*The New York Times*)』지의 경제란 담당 기자를 역임하기도 했다. 그는 도쿄에서 6개의 연극을 연출하였는데, 그 중 5개의 극본을 자신이 썼다. 또

25 '얼굴없는 가수'와 음반회사의 신비주의 마케팅에 대해서는 장유정, 「20세기 전반기 음반회사의 마케팅 전략에 대한 일고찰」, 『한국음반학』 제14호, 한국고음반연구회, 2004 참조.

Viva-tonal Columbia Grafonola

(1) 40655

떼 즈 쏭

다시못올이靑春

(金綠作詞)

비-톤·크레인

伴奏 日本콜럼비아 쩨즈밴드

Burt u Crane

Acc. Columbia Jazz Band

술담배 쳥말조와
세상에 업지못할것
이것만이 업다면야
엇떠케 살것인가
젊어청춘 조흔때
연인을 찻고서
이말이 불쾌하면
비-루맘것 마서요

비-비- 영자씨!
비-루를 가저와요
오- 천사여!
이떼로 안즈서요
다시못올 이청춘
즐겁게 노라요
가슴속이 탈때여지
마음것 마서봐요

그림 47. 〈다시 못 올 이 청춘〉의 음반 가사지

한 경제를 주제로 한 네 권의 책을 쓰기도 하였다. '재팬 애드버타이저'에서 일하는 동안 일본 콜럼비아 음반회사에서 독특한 가수로 인기를 얻었다. 주로 그 시대의 유행했던 서양 노래들을 일본어로 불러서 일본에 소개하는 역할을 하였고, 급기야 우리나라말 음반까지 취입하였던 것이다. 마지막으로 재즈송 음반 제작에 참여한 편곡자를 소개하면 다음과 같다.

편곡자 별 재즈송 발매 수

구도 수수무 [工藤進](4)	김송규(1)	레이몬드 핫토리 [服部] (핫토리 이츠로 [服部逸郎])(3)
문예부(4)	핫토리 료이치 [服部良一](5)	야마다 에이치 [山田榮一](2)
스기타 료조 [杉田良造](1)	서영덕(1)	손목인(4)
오쿠야마 데이키치 [奥山貞吉](6)	니키 타키오 [仁木他喜雄](11)	미상(89)

손목인과 김송규(김해송)가 편곡을 한 경우가 있기는 하나, 상당수의 일본인들이 우리나라 재스송의 편곡에 참여하였음을 알 수 있다. 음악에 있어서 편곡이 차지하는 비중을 무시할 수 없다는 것을 감안할 때, 일본인들이 재즈송의 편곡에 참여하였다는 것은 자연스럽게 동시대 일본 대중음악의 영향을 받았다는 것을 의미하기도 한다. 그런데 일본인 편곡자들의 면면을 보면 그렇게 단순하게 설명할 수 없다는 것을 알 수 있다. 가장 많은 수의 재즈송 편곡에 참여한 니키 타키오, 오쿠야마 데이키치, 핫토리 료이치[26] 등의 음악적 배경과 성향을 살펴보기로 한다.

작곡자와 편곡자로 활동하였던 홋카이도[北海道] 출신의 니키 타키

26 핫토리 료이치에 대한 정보는 그의 공식 홈페이지인 http://www.r-hatto.com에서 얻을 수 있다. 그 밖에 니키 타키오, 오쿠야마 데이키치, 핫토리 료이치에 대한 정보는 야마우치 후미타카, 「일제시대 음반제작에 참여한 일본인에 관한 시론– 콜럼비아 음반의 작곡 활동을 중심으로」, 『한국음악사학보』 제30집, 한국음악사학회, 2003 참조.

오(1901~1958)는 재즈에서부터 음악활동을 시작하였다. 니키 타키오는 1919년 오쿠야마[奧山]가 소속되어 있던 하타노 밴드의 리더인 하타노 후쿠타로[波多野福太郎]가 도쿄 긴자[銀座]에 있는 서양영화 전문극장의 주인의 요청으로 조직한 하타노 오케스트라의 구성원이었다. 그는 신교향악단의 정식 구성원으로 클래식 음악과 재즈를 병행하였다.

다음으로 도요[東洋]음악학교 출신인 오쿠야마 데이키치(1887~1956)는 일본 최초의 슬라이드 트롬본 연주자이자, 일본 재즈밴드의 효시로 간주되는 하타노[波多野] 밴드의 일원이었다. 1912년에 결성된 하타노 밴드는 미국 항로의 동양기선(東洋汽船)인 '지요오마루[地洋丸]'를 타던 선원 중 5명으로 구성된 재즈밴드로, 미국과 일본을 왕래하면서 자연스럽게 형성기의 재즈를 접하였다.[27] 이후에 오쿠야마는 콜럼비아 회사에 입사하여 문예부에서 편곡가로 활동하였고 클래식 음악의 지휘도 담당하였다.

마지막으로 오사카[大阪]에서 하우따[端唄]나 고우따[小唄] 같은 샤미센[三味線] 음악을 비롯한 일본의 전통음악을 즐겼던 부모 사이에서 태어난 핫토리 료이치(1907~1993)는 어린 시절 근처의 감리교회에서 열린 주일학교에서 처음으로 풍금을 접하고 찬송가를 부르면서 서양음악에 대한 관심을 키워갔다. 소년음악대 등을 거쳐 NHK오사카 중앙방송국관현악단(또는 오사카 필하모닉오케스트라)에 입단하여 오보에를 담당하였고, 교토[京都] 대학 교향악단의 지휘자였던 러시아계 유태인 메텔(Emmanuel Metter, 1878~1941)에게서 작곡 이론과 화성법을 배웠다. 그는 클래식 음악과 더불어 오사카의 카페나 댄스홀 등에서 재즈의 세계에

27 상하이에서 악기를 들여오면서 결성된 우리나라의 '코리안재즈밴드'가 1920년대 중반부터 활동한 것과 달리 일본은 1912년부터 동시대 미국의 재즈를 매우 빠르게 수용했다고 볼 수 있다. '코리안재즈밴드'의 형성에 대해서는 장유정, 위의 책, 2006, 96~97쪽 참조.

그림 48. 핫토리 료이치[服部良一]

빠져들었다. 결국 그는 재즈의 영향을 받은 보다 세련된 '화제(和製) 재즈송'의 영역을 개척한 작곡자로 지금까지 기억되고 있다.

이상에서 살펴본 바와 같이, 비록 상당수의 편곡자들이 일본인이기는 하지만 이들의 음악적 성향과 배경은 클래식 음악과 재즈에 있었다. 그러므로 일본인이 편곡했다는 사실을 들어 당시의 재즈송이 일방적으로 일본 음악의 영향만 받았다고 보기는 어렵다. 물론 어떤 재즈송은 분명히 음악적으로 이른바 트로트의 선율을 접목하고 있다.[28] 음악적으로 볼 때, 이 시기 재즈송은 기본적으로 서양 음악에, 우리나라의 전통 음악적인 요소를 가미한 것과 일본 음악적인 요소를 접목한 것이 공존한다. 그러나 기본적으로 미국을 중심으로 전개되었던 음악의 산업화라는 커다란 흐름이, 일본과 우리나라의 대중음악에 동시에 영향을 끼친 것도 사실이다.[29] 따라서 이러한 맥락을 고려하면서 당시 우리나라 대중음악을 이해할 필요가 있다.

한편 현재 확인할 수 있는 음반 목록에서 '재즈송'이라는 곡종명을 달고 발매된 가장 이른 시기의 음반은 〈종로행진곡〉(시오지리 세이하치[塩尻精八] 작곡, 복혜숙 노래, 콜럼비아, 1930)이다. 〈도톤보리[道頓堀]행진곡〉의 번안곡인 〈종로행진곡〉은 사월 초파일 종로 거리의 풍경을 담고 있는데, 반주와 가수의 목소리가 제각각 전개되어서 다소 어설프게 들리기도 한다. 그러나 이 곡은 가장 이른 시기에 '재즈송'이라는 갈래명을 사용한 중요한 노래이다.

초창기 재즈송은 번안곡이 대다수를 차지하였다. 그러다가 작사와 작곡을 모두 새로 한 창작 재즈송이 등장하기 시작하였다. 일본과 미

28 현악기를 사용한 4/4박자의 〈흘러간 목가〉(처녀림 작사, 이용준 작곡, 박향림 노래, 콜럼비아, 1938)는 팝의 요소가 있는 반면에, 선율과 리듬 면에서는 트로트적인 느낌이 나기도 한다.

29 야마우치 후미타카, 앞의 글, 2003, 800쪽.

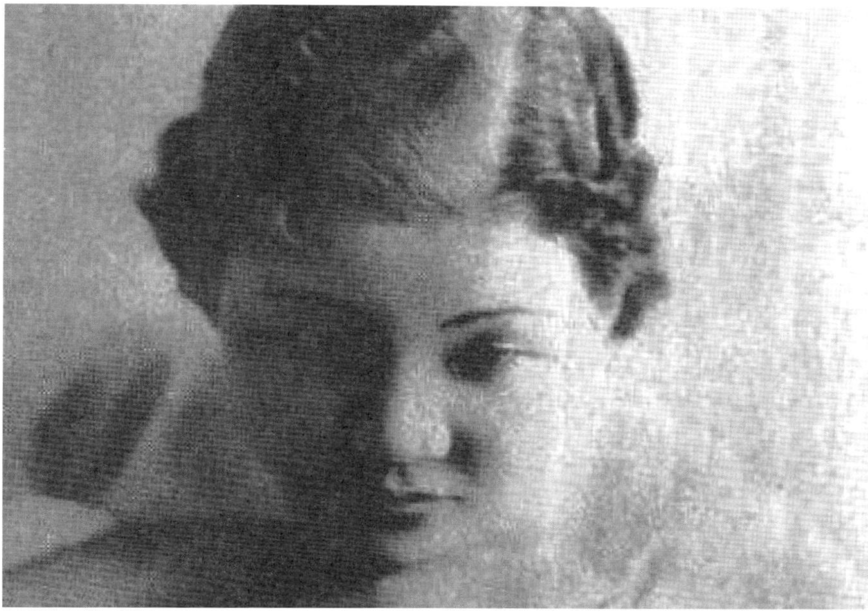

그림 49. 〈종로행진곡〉을 부른 복혜숙

국의 재즈송을 번안한 곡과 우리나라 작사자와 작곡자가 만든 창작 재즈송이 공존하였던 것이다. 가장 이른 시기에 발매된 창작 재즈송으로는 1930년에 발매된 〈세동무 노래〉(문수일 작사, 김영환 작곡, 복혜숙 노래, 이글)를 들 수 있다. 그러나 이 노래의 가사와 음원이 남아 있지 않아서 단정하기는 어렵다.

가장 마지막으로 발매된 재즈송 음반은 〈나는 신사다〉(이복본 노래, 오케, 1940)와 〈쓸쓸한 일요일〉(이복본 노래, 오케, 1940)이다. 가사와 음원이 모두 남아 있지 않아서 어떤 노래인지는 확인할 길이 없으나, 이 노래를 마지막으로 재즈송이라는 갈래명은 사라졌다. 일본이 본격적인 전시 체제에 들어서면서 이른바 적성국의 노래로 간주하였던 재즈송을 더 이상 녹음할 수 없었던 것이다. 이는 일본도 마찬가지이다. 일본은 1940년 8월부터 대대적으로 재즈 음악을 금지시켰고,[30] 그 여파가 우리나라에까지 미쳤던 것이다.

이상으로 재즈송의 생산자를 중심으로 재스송에 대한 일반적인 양상과 특징을 살펴보았다. 이를 통해, 이 시기 우리나라 대중음악의 양상과 전개가 매우 복합적이고 혼성적으로 이루어졌다는 것을 확인할 수 있었다. 다음 장에서는 현재 남아 있는 재즈송의 가사와 음원을 통해서 도출할 수 있는 재즈송의 특징을 살펴보기로 한다.

4. 가사의 향락성과 애상감

약 132곡의 재즈송 중에서 가사를 찾을 수 있는 곡은 49곡 정도이다. 그리고 음원이 남아 있는 곡은 24곡이다.[31] 49곡의 가사를 통해 재즈송 가사의 전반적인 특징을 언급하기는 어렵다. 그러나 아쉬운 대로 남아 있는 가사에서 사용한 어휘를 중심으로 그 양상과 특징을 제시하기로 한다.

먼저 재즈송에서 사용한 어휘의 특징으로 제목과 가사에 빈번하게 외래어를 사용했다는 점을 지적할 수 있다. 제목 중에서 〈나포리의 처녀〉, 〈다이나〉, 〈라쿠카라차〉, 〈리라꽃 피건만〉, 〈메랑코리〉, 〈목장의 로맨스〉, 〈몬테카를로의 간난이〉, 〈사랑의 란데부〉, 〈사랑의 유레이티〉, 〈상해블루스〉, 〈센트루이스 블루스〉, 〈스윗 채리니〉, 〈싱싱

---

30 이진원, 앞의 글, 2005, 91쪽.

31 본고에서 분석 대상으로 삼은 재즈송 24곡은 앞으로 자료를 더 발굴하면 달라질 수 있는 수치이다.

싱〉, 〈아듀 몬 파리〉, 〈우쿠레레뻬뻬〉, 〈유카렐리 뻬뻬〉, 〈이태리의 정원〉, 〈카보이 노래〉, 〈카푸리섬〉, 〈캐리오카〉, 〈콜로라도의 달〉, 〈파이프의 연기〉, 〈하와이의 꿈〉, 〈허리우드 행진곡〉 등이 모두 그러한 예이다. '나포리의 처녀', '다이나', '캐리오카'처럼 이국의 여성을 지칭하는 어휘를 제목에 사용한 것도 특기할 만하다. 〈나포리의 처녀〉는 음원과 가사가 없어서 알 수 없으나 〈다이나〉와 〈캐리오카〉는 이국 여성에 대한 남성 화자의 노골적인 동경과 환상을 표현하고 있다.

가사에 나타나는 외래어로는 넥타이, 란데부(랑데부), 웨이트리스, 포플러, 댄스, 카페, 모던보이, 키스, 이태리, 코즈모폴리턴, 다이나, 캐리오카, 알프스, 드라이브, 비루(beer), 아폴로, 플라타너스, 패브먼트(pavement), 오케스트라, 트럼펫, 색소폰, 스텝, 트로트, 블루스, 커튼, 마도로스 등을 들 수 있다. 이 중에서 상당수의 외래어가 재즈송 가사의 향락성을 강화시키는 역할을 한다. 예를 들어, 〈그대여 가자〉에 등장하는 '댄스'와 '카페'는 노래의 향락성을 강조하기 위해 사용한 어휘로 볼 수 있다.

> 쌘**스**를 하자 사랑의 쌘스를 **스텝마**초아 추자
> 밤하늘엔 소군소군 별들이 즐기고
> **카페**에선 취한 맘이 잔 들고 어즈러이 춤춘다 헤잇
> 손을 잡고 쌘스하러 가자 내 사랑의 그대여
> **라 원 투 트리**(강조는 인용자)
>
> — 〈그대여 가자〉
> (김벽호 작사, 임헌익 · 조금자 노래, 콜럼비아, 1935)

위에 인용하지는 않았으나 〈그대여 가자〉의 1절과 2절에서 화자는 사랑하는 그대에게 각각 산과 바다로 함께 가자고 말한다. 이어서 위

40595

째즈 코-라스 {그대여가자} (쿠잌스텝)

林 憲 翼
趙 錦 子
伴奏 日本콜럼비아 째즈밴드

林 憲 翼

金 碧 湖 作詞
仁木他喜雄 編曲

A—
내사랑의그대여
산으로가자 들지내꿀건너 푸른잔듸로가자
가지에선 산새들이 홍겨이지줘고
나무닢은 노래노래 쳐고들모다낫코 춤춘다
손을잡고 잔듸밧을가자 내사랑의그대여

B—
바다로가자 물결이뛰노는 푸른바다로가자
갈매기는 돌우돌며 즐거이춤추고
바람쌀아 흰돗들은 쉬리쉬리 착을지어나간다
손을잡고 저바다로가자 내사랑의그대여

C—
쌘스를하자 사랑의쌘스를 스텝마초아추자
밤하늘엔 소군소군 별들이 즐기고
카페에선 취한맘이 잔들고 어즈러이춤춘다
헤잇!!
손을잡고 쌘스하려가자 내사랑의그대여
락……………………윈、투、쓰리、

日本콜럼비아蓄音器株式會社

그림 50. 〈그대여 가자〉 음반 가사지

그림 51. 〈그대여 가자〉 광고(『동아일보』, 1935.2.24)

에 제시한 3절에서 화자는 '그대'에게 "스텝에 맞춰서 댄스를 하자"고 말한다. '댄스', '스텝', '카페'와 같은 외래어가 향락적이고 유흥적인 노래의 가사를 강조하는 것이다. 마지막 줄의 "원 투 트리"는 음악에 박자를 맞추는 장면을 연상시키면서 전체적으로 노래를 흥겹게 만드는 역할을 한다.

이처럼 재즈송의 상당수가 그 가사에서 향락성을 드러내고 있다. 〈정열의 산보〉, 〈이태리의 정원〉, 〈다이나〉와 같은 노래에서도 그러한 사실을 확인할 수 있다.[32] 때로 재즈송에 등장하는 공간은 현실과 동떨어진 이국(異國)의 낙원을 떠올리게 한다. 〈사랑의 유레이티〉에는 '알프스'에서 '우유를 짜는 총각'이 등장하고, 〈이태리의 정원〉에서는 '이태리의 정원'에서 '세레나데'를 부르며 임을 기다리는 화자가 등장한다. 이국이 아니더라도 종종 재즈송에 등장하는 배경은 행복이 충만한 공간이고, 그곳의 화자들은 기쁨과 사랑에 들떠 있다.

> 백화는 만발하고 록음은 지처가네 어엽쁜 아가씨들
> 향기는 쏫을 차저 나븨는 나라들고 새들은 지저귀네
> 자연에 음악소리 청춘을 부르네 졂은이여 오라
> 쏫방망이 만들라 북치며 노래하세 라라라
>
> 바람은 솔솔 불고 시내는 맑게 흘러 다졍한 졂은이여
> 연두빗 저즌 언덕 수양이 늘어진데 꾀꼬리 노래하네
> 아지랑이 서린 곳 쏫우슴 요염타 졂은이여 오라
> 취한 듯 홍이 나니 불너라 버들피리 라라라

32 재즈송의 향락지향성에 대해서는 장유정, 앞의 책, 2006, 201~214쪽 참조.

서천에 붉은 노을 동령에 달이 솟네 우리네 젊은이들
꼿 속에 잠든 나뷔 새들은 깃들엇네 신비에 자연이여
달아 레팔을 씨고 자연을 노래해 젊은이여 오라
인생이 멧날인가 청춘을 행락하세 라라라

— 〈라라 노래하세〉

(재즈송, 김동진 작사, 권영걸 노래, 콜럼비아, 1935)

위의 노래도 '결핍'보다는 '충만'과 '잉여'로 넘쳐나는 세계를 그리고 있다. "백화는 만발하고 녹음은 지쳐가네"와 같은 표현은 잡가에서 사용하는 '공식구'를 연상시키지만, 전체적으로 꽃, 나비, 새, 바람, 시내와 같은 자연이 그 속의 젊은이들과 어우러지면서 노래 속의 세상은 기쁨과 즐거움이 넘쳐나는 세상이 되는 것이다. 게다가 '음악소리', '웃음', '노래'처럼 청각적 이미지를 연상시키는 시어가 노래의 음악성을 더해주고 있다.

그러나 재즈송으로 곡종이 표기된 모든 곡이 향락지향적인 성격을 드러내는 것은 아니다. 가사를 찾을 수 있었던 24곡 중에서 약 10곡 정도의 가사는 결핍과 상실을 주제로 하고 있었다. 특히 곡종이 '블루스'로 표기된 〈비오는 밤〉(이하윤 작사, 이용준 작곡, 강남주 노래, 콜럼비아, 1939)이나, '재즈'로 곡종이 표기되어 있을지라도 〈항구의 부루스〉처럼 제목에 '블루스'가 들어간 노래 중에 이러한 현상이 두드러졌다.

카텐을 거두어라 제물포가 보인다
눈 싸인 부두 우엔 황혼이 왓다
붉은 불 푸른 테프 오색 꿈을 실고서
오늘밤 저 배들은 어데로 가나

넘치는 그라스여 휘두르는 수건이여
고달픈 부루스에 밤이 밥부다

닻줄을 팔에 거니 써나기가 설구나
한만은 마도로쓰 이별에 운다
허기는 항구마다 사랑이야 잇스나
이별에 울어야 할 밤도 잇단다
꿈꾸는 눈동자여 울음 짓는 빰이여
고달픈 부르쓰가 진정 설구나

— 〈항구의 부루스〉

(재즈, 처녀림 작사, 핫토리 료이치 작곡, 박향림 노래, 콜럼비아, 1939)

〈항구의 부루스〉는 일본의 블루스 전성시대를 연 것으로 평가받는 〈別れのブルース〉(후지우라 코우[藤浦洸] 작사, 핫토리 료이치 작곡, 아와야 노리코[淡谷のり子] 노래, 콜럼비아 29384)의 번안곡이다. 발매 당시에는 〈別れのブルース〉가 별로 인기를 얻지 못하였으나, 발해 후 반년 이상이 지난 1938년 1월부터 전국적으로 유행하여 일본에서 이 노래가 30만매 이상 팔렸다고 한다. 이 노래를 부른 아와야 노리코(1907~1999)도 블루스 가수로 일본에서 엄청난 인기를 구가하였다.[33]

이 노래가 〈항구의 부루스〉라는 제목으로 번안되어 우리나라에서 발매되었다. '제물포'라는 지명이 우리나라 노래라는 것을 알려주지만 '커텐', '테푸', '그라스', '마도로스', '블루스'와 같은 외래어가 이국적인

33 구완회, 「전시하의 레코드계 현황」, 『조광』, 1940.4. 한편 당시 일본에서는 음반이 1만매 이상 나가면 잘 팔린 것이라고 한다. 〈別れのブルース〉가 30만매가 팔렸다고 하니, 이 노래의 인기가 일본에서 어느 정도였는지를 짐작할 수 있다.

그림 52. 〈別れのブルース〉의 음반

그림 53. 〈別れのブルース〉를 부른 아와야 노리코

정취를 느끼게 한다. 그러나 이러한 외래어의 사용이 이 노래의 애상감을 반감시키기도 한다. "이별에 우는 한 많은 마도로스"라는 표현이 '만들어진 슬픔' 내지는 '거짓 슬픔'처럼 느껴지는 것이다. 동시대의 트로트가 보여주었던 핍진한 삶에 대한 묘사가 결핍과 상실의 내용을 다룬 재즈송에서는 외래어의 사용으로 트로트만큼의 효과를 거두지 못하였다.

그럼에도 불구하고 이 노래 또한 인기를 얻은 것으로 보인다. 1940년대 「戰時下의 레코드界 現況」을 쓴 구완회에 의하면, 일본에서 〈別れのブルース〉가 일본에서 유행하게 된 원인이 "블루스가 자아낸 독특한 애상감이 동양인의 기분에 공명(共鳴)되는 바가 있는 까닭이요, 전시(戰時) 기분(氣分)과 무슨 관련(關聯)이 있는가는 다시 연구할 여지(餘地)가 있다"고 하였다.[34] 1930년대 말에 일본이 전시 체제에 들어서면서 이러한 애상감을 자아내는 블루스가 일본과 우리나라에 모두 인기를 얻었던 것을 보면, 이는 어느 정도 당시의 사회상을 반영한 것으로 볼 수 있다. 불안정하고 불안한 사회 속에서 노래도 기쁘고 즐거운 노래보다는 애상적인 블루스가 유행한 것이다.

한편 〈항구의 부루스〉를 불렀던 박향림은 인터뷰에서 재즈 가수 디크 미네를 좋아한다면서 자신도 "꾸준히 공부를 하여 재즈송으로 조선에 제일가는 사람이 되고 싶다"[35]고 한 바 있다. 아와야 노리코가 부른 노래와 박향림이 부른 노래를 비교해서 들어보면, 둘 다 노래 중간 중간에 가성을 사용하면서도 박향림이 비음을 더 많이 사용하고 있다는 것을 알 수 있다.

이처럼 20세기 전반기에 유행하였던 재즈송은 도시의 모던걸과 모

34 위의 책, 119쪽.
35 「온천장에 깃드린 정서, 콜럼비아 가수 박향림」, 『조광』, 1938.7.

던보이 사이에서 인기를 얻으면서 향락지향성을 드러내는 반면에, 1930년대 말에 이르면 전시 체제의 영향으로 애상감을 자아내는 블루스 계통의 노래가 유행하기도 하였다. 비록 애상감과 상실 의식 등을 드러내고 있는 노래가 있을지라도 재즈송은 기본적으로 도시 문화와 청춘 남녀의 전유물로 여겨지는 측면이 있었다.

5. 맺음말

본고에서는 재즈송으로 곡종이 표기된 일제강점기 대중가요를 중심으로 그 전반적인 양상을 살펴보고 가사에 나타나는 몇 가지 특징을 제시하였다. 본고는 아직까지 그 전모가 밝혀지지 않았던 재즈송의 정보를 제공하였다는 점에서 그 의의를 인정할 수 있다. 번안곡의 경우, 아직까지 그 원곡에 대한 정보를 모두 밝히지 못하였고 창작곡과 번안곡의 비율도 정보의 부족으로 제시할 수 없었다. 그러나 지금까지 찾을 수 있는 모든 자료를 동원하여 되도록 원곡에 대한 정보를 실으려고 하였다.

이러한 작업을 통해서 일제강점기 우리나라 대중음악이 단순히 일본 대중음악만의 영향을 받은 것이 아니라는 것을 알았다. 즉 전 세계의 음반 산업과 음악 문화의 맥락 속에서 우리나라의 대중음악의 현상을 파악할 필요가 있었던 것이다. 그리고 이러한 작업은 일제강점기 대중음악을 일제의 일방적인 이식으로만 설명하고자 하였던 기존의 견해를 보완하는데 일조할 것이라 생각한다.

사실상 이식이라는 말은 '어떤 것을 옮겨 심는 것'을 의미하므로 그 주체가 강조되는 용어이다. 즉 누가 옮겨 심었는가가 중요하다고 볼 수 있다. 그러나 오늘날과 마찬가지로 일제강점기 대중음악도 기본적으로 경제적인 원리에 지배를 받았다. 즉 음반회사들의 목적은 기본적으로 잘 팔리는 음악을 만들어서 이윤을 내는 것이었다. 그리고 잘 팔리는 음반을 결정하는 데 있어서 가장 중요한 요소는 수용자의 선택이었다. 그러므로 '이식'이라는 용어만으로 대중음악의 판도를 설명하는 것에는 한계가 있다.

모든 새로운 문화는 혼종적인 성격을 지닌다. 머리말에서 언급하였듯이, 모든 새로운 문화는 외래의 문화가 자국의 문화와 섞이는 과정에서 출현한다. 이는 일제강점기에만 국한되는 것이 아니다. 모든 나라 모든 문화에 마찬가지로 적용할 수 있다. 오늘날도 마찬가지이다. 현대 대중음악이라고 일컫는 것 중에서 서양 대중음악의 영향을 받지 않은 것을 찾기란 거의 불가능하다. 본고는 이제까지 일제강점기 대중음악을 언급할 때 상대적으로 도외시되었던 서양 대중음악의 영향을 받은 재즈송을 통해 그 혼종 양상과 특성을 살펴보았다.

한편 찾을 수 있는 49곡의 재즈송 가사를 살펴 본 결과 향락성과 애상감이라는 상반된 경향이 병존하였다. 적은 수의 가사만으로 재즈송의 특징을 언급하기는 어려울 것이다. 그러나 재즈송의 가사는 기본적으로 도시문화를 중심으로 형성된 모던걸과 모던보이의 향락적인 문화를 담는 측면이 많았다. 그러나 1930년대 말에 일본이 전시체제에 들어서면서 애상감을 표현한 블루스가 유행하기도 하였다.

본고에서는 현재 찾을 수 있는 모든 재즈송을 참고하여 그 양상과 가사의 특성을 고찰하였으나, 여전히 남는 문제들이 있다. 첫째, '유행가'로 표기된 노래 중에 포함되어 있는 재즈송을 어떻게 선별하고 정리할 것인가의 문제이다. 처음에 필자는 일제강점기 대중가요의 곡종별 수치를 제시하면서 '유행가'라고 곡종이 표기된 노래를 트로트로 간주하였다. 그러나 연구를 진행하는 과정에서 곡종이 유행가라고 해서 모두 트로트가 아니라는 것을 알았다. 유행가라는 표현은 당시의 유행하던 대중가요를 지칭하는 일반적인 용어에 더욱 가까웠다. 그 때문에 유행가는 신민요를 제외한 다른 갈래의 대중가요를 모두 통칭하기도 하였던 것이다.

앞으로 유행가에 포함되어 있는 재즈송, 만요, 트로트 등을 분류하고 정리하는 일이 필요하다. 하지만 이는 쉬운 일이 아니다. 앞서 언급하였듯이, 목록이나 제목만 보고 행할 수 있는 일이 아니기 때문이다. 음원이 남아 있는 곡을 위주로 진행시켜야 하는데, 음원이 일부만 남아 있는 상태에서 이러한 작업을 진행시키는 것이 수월하지 않다. 그렇더라도 앞으로 이에 대한 보충 작업을 진행시킬 필요가 있다.

참고문헌

『동아일보』, 『조선일보』, 『중외일보』, 『삼천리』, 『별건곤』

김점도 편, 『유성기음반총람자료집』, 신나라레코드, 2000.

김창욱, 「홍난파 음악 연구」, 동아대 박사논문, 2004.

박애경, 「환락과 환멸－1930년대 만요와 재즈에 나타난 도시의 청춘」, 『구비문학연구』 제29집, 한국구비문학회, 2009.

박찬영, 「한국 재즈의 형성과정에 대한 연구」, 단국대 석사논문, 2010.

박찬호, 『한국가요사』, 현암사, 1991.

박찬호, 안동림 역, 『한국가요사』 1, 미지북스, 2010.

성기영, 「1930년대 우리나라 '재즈송' 연구－작곡가 김송규의 작품을 중심으로」, 경희대 석사논문, 2009.

야마우치 후미타카, 「일제시대 음반제작에 참여한 일본인에 관한 시론－콜럼비아 음반의 작곡 활동을 중심으로」, 『한국음악사학보』 제30집, 한국음악사학회, 2003.

이강숙 · 김춘미 · 민경찬, 『우리 양악 100년』, 현암사, 2001.

이준희 · 장유정, 『유성기음반 가사집』 7, 민속원, 2008.

이진원, 「한국 초기 재즈를 말한다」, 『한국음반학』 15호, 한국고음반연구회, 2005.

장유정, 「20세기 전반기 음반회사의 마케팅 전략에 대한 일고찰」, 『한국음반학』 제14호, 한국고음반연구회, 2004.

______, 「일제강점기 한국 대중가요 연구－유성기음반 자료를 중심으로」, 서울대 박사논문, 2004.

______, 『오빠는 풍각쟁이야－대중가요로 본 근대의 풍경』, 민음in, 2006.

______, 「만요를 통해 본 1930년대의 근대문화」, 『웃음문화』 창간호, 한국웃음문화학회, 2006.

______, 「1930년대 서울 노래의 이중성－웃음과 눈물의 이중주」, 『모던라이프 언파레드』, 민속원, 2008.

최동현 · 임명진 편, 『유성기음반 가사집』 5, 민속원, 2003.
________________, 『유성기음반 가사집』 6, 민속원, 2003.
한국고음반연구회 · 민속원 공편, 『유성기음반 가사집』 I, 민속원, 1990.
______________________________, 『유성기음반 가사집』 II, 민속원, 1990.
한국고음반연구회 편, 『유성기음반 가사집』 3, 민속원, 1992.
___________________, 『유성기음반 가사집』 4, 민속원, 1994.
한국정신문화연구원 편, 『한국 유성기음반 총목록』, 민속원, 1998.
황문평, 『노래백년사』, 숭대문화사, 1981.
http://www.r-hatto.com
http://www.yahoo.co.jp/
http://www.google.co.kr/
http://www.wikipedia.org/
http://www.youtube.com
http://www.gayo114.com

제3부
근대 대중가요와 전통가요

제1장_대중매체의 출현과 〈수심가〉 텍스트의 변화 양상
제2장_광복 이전 유성기음반(SP) 수록 대중가요 아리랑 텍스트의 반복과 변주
제3장_20세기 전반기 〈방아타령〉계 노래의 지속과 변모
제4장_〈엿장수 타령〉을 통해 본 민요의 웃음 창출 방식과 그 계승

제3부 / **제1장**

대중매체의 출현과 〈수심가〉 텍스트의 변화 양상[1]

1. 머리말

본고는 매체의 변화가 전통가요[2] 텍스트의 변화를 수반하는가? 만약 그렇다면 구체적으로 어떤 변화를 수반하는가라는 질문에서 시작한다. 여기서 매체는 전통가요를 유통시키는 매개가 되는 것으로, 전통가요 텍스트가 내용에 해당한다면 매체는 형식에 해당한다. 그러나 매체는 단순한 형식 이상을 넘어선다. 특히 근대 이후에 등장한 대중매체 — 유성기, 라디오 — 는 문화 전반에 엄청난 변화를 가져왔다. 이

1 「대중매체의 출현과 전통가요 텍스트의 변화 양상 고찰— 〈수심가〉를 중심으로」, 『고전문학연구』 30집, 한국고전문학회, 2006.

2 본고에서 전통가요는 본격적인 의미의 대중가요가 등장하기 이전에 이미 존재하였던 판소리, 잡가, 민요, 단가, 시조 등을 통칭하는 개념이다. 전통가요의 개념과 범주에 대해서는 장유정, 『오빠는 풍각쟁이야— 대중가요로 본 근대의 풍경』, 민음in, 2006, 78~81쪽 참조.

러한 매체의 변화는 텍스트의 변화마저 수반하는데, 결국 형식의 변화가 내용의 변화를 초래한 것이라 할 수 있다.

물론 전통가요 텍스트의 변화 원인을 전적으로 매체의 변화에서만 찾을 수는 없을 것이다. 형식, 수용자, 생산자 등의 다양한 변수가 고전시가 텍스트에 종합적으로 작용한 결과, 전통가요의 텍스트도 변하였을 것이다. 그러나 대중매체의 출현은 전통가요 텍스트의 변화에 매우 중요한 역할을 한 것 또한 사실이다. 따라서 본고에서는 근대 매체 중에서 유성기를 중심으로 유성기 등장의 배경과 유성기음반의 출현으로 인한 전통가요 텍스트의 변화 양상을 고찰하고자 한다.

이제까지 매체의 변환에 따른 전통가요 텍스트의 변화 양상에 대한 논의는 본격적으로 이루어졌다고 보기 어렵다. 이처럼 이에 대한 논의가 활발하게 이루어지지 못한 것은 유성기음반의 출현과 더불어 전통가요가 단절되었다는 의식이 지배적이었던 것도 아마 그 한 원인이 될 것이다. 즉 유성기 등장 이전의 전통가요와 유성기 등장 이후의 전통가요가 은연중에 다른 것으로 인식되기도 하였던 것이다. 그러나 유성기음반에 수록된 전통가요가 결코 기존의 전통가요와 완전히 다른 것은 아니다. 따라서 유성기의 등장으로 전통가요 텍스트가 어떻게 변하였는지에 대한 논의는 전통가요의 계승과 변용이라는 차원에서도 살펴볼 필요가 있는 주제라고 할 수 있다.

그러므로 본고에서는 유성기음반에 수록된 전통가요의 전반적인 양상을 노래책에 수록된 전통가요와 비교하여 논하고 특정한 텍스트를 선정하여 매체 변환에 따라 텍스트가 어떤 식으로 변하였는지를 구체적으로 살펴보기로 한다.

2. 유성기의 등장과 전통가요의 변화

1) 유성기의 등장, 기계음의 매혹

1877년에 토마스 에디슨이 유성기를 발명한 이래로 우리나라에 첫 상업 음반이 발매된 것은 1907년의 일이다. 이때 음반에 실린 노래는 대체로 잡가나 민요와 같은 전통가요이었다. 이처럼 잡가 등의 전통가요가 우리나라의 상업 음반에 가장 먼저 수록된 것은 당시 잡가가 가장 인기가 많은 노래였다는 점에서 그 원인을 찾을 수 있다. 실제로 아직까지 유성기음반이 보편화되지 않았던 1910년대에 전통가요는 공연과 노래책을 통해서 유통되곤 하였는데, 이때 주된 곡목은 잡가와 민요였다고 해도 과언이 아니다. 그리고 이러한 경향은 유성기음반에 수록된 노래에도 그대로 이어진다.

1910년대에 노래책을 통한 전통가요의 유통은 당시 대중들의 노래에 대한 선호를 여실히 반영한다. 이 시기는 이미 노래 부르는 일을 직업으로 하는 직업 가수가 등장하여 노래를 부르던 시기이다. 이들 직업 가수는 주로 광대나 기생[3]들로 이루어졌는데, 1894년에 갑오개혁으로 신분제가 폐지되면서 천민 예능인이었던 이들은 천민의 신분에서 벗어날 수 있었다. 천민의 신분에서 탈피한 이들 직업 가수군들은 마침 서울을 중심으로 형성된 도시적인 유흥 문화와 조응하면서 수용

3 본고에서 기생은 일패에서부터 삼패까지를 모두 통칭한 개념이다. 관기 출신의 기생인 일패와 매춘업도 일삼았던 삼패는 구별할 필요가 있다. 그러나 1907년부터 관기 제도가 차츰 폐지되고 삼패들이 주로 부르던 잡가 등이 대중들의 커다란 호응을 얻으면서 삼패의 위상이 높아졌다. 이에 따라 일패와 삼패의 구별이 점차로 모호해졌다. 20세기 초 기생제도에 대해서는 장유정, 「20세기 초 기생제도 연구」, 『한국고전여성문학연구』 제8집, 2004 참조.

자들에게 상당한 호응을 얻었다.

1910년대 당시, 수용자들은 단지 노래를 듣는 것에만 그치는 것이 아니라 그들이 부른 노래를 수록한 노래책을 소장하는 것으로 적극적인 수용 태도를 보여주었다. 정재호 편저의 『한국속가전집』[4] 6권은 총 26권의 노래책을 영인해서 수록한 것이다. 이 중에서 1946년에 간행된 『조선고전가사집』(박인수, 낙동서관)과 1958년에 발간된 『대증보무쌍유행신구잡가부가곡선』(강근형, 영화출판사)을 제외하고는 모두 일제강점기에 발매된 것으로 당시에 노래책이 상당수 유포되었음을 알려준다.

특히 1910년대에 발간된 노래책이 15권으로 가장 많고 이후 1920년대가 8권으로 그 뒤를 따르고 있어서 노래책을 통한 전통가요의 유통은 주로 1910년대와 1920년대에 집중되었다고 할 수 있다. 그리고 1930년대에 들어서면 한 권 밖에 없어서 1930년대부터 노래책을 통한 전통가요의 유통은 미미해진다.[5] 물론 『한국속가전집』에 수록된 노래책이 당시에 발간된 노래책의 전부는 아니다. 이보다 훨씬 더 많았으며, 같은 책이 여러 번 재판(再版)되기도 하였다. 그러나 이러한 정황을 전제하더라도 1920년대까지 노래책을 통한 전통가요의 유통이 보편적이고 지배적인 현상이었다는 사실은 변하지 않는다.

이러한 상황은 1930년대부터 달라진다. 1907년경부터 시작된 상업음반의 발매가 1930년대에 이르러 본격화된 것이다. 그리하여 1930년대는 '유성기의 황금시대' 내지는 '음반회사의 전쟁'이라는 표현이 나올 정도로 유성기음반을 통한 가요의 향유가 일반화되었다.[6] 이에 따라 노래책이 아니라 유성기음반과 유성기음반 가사지를 통해 당대의

---

4 정재호, 『한국속가전집』, 다운샘, 2002.

5 『한국속가전집』 6권에 수록된 노래책의 서지 사항은 위의 책, 18~19쪽을 참조할 수 있다.

6 유성기 천하(天下)에 대해서는 장유정, 앞의 책, 49~52쪽 참조.

전통가요를 향유하게 되었다. 결국 노래책에서 유성기로의 매체 전환은 엄청난 파장을 불러온 것이다.

노래책에서의 유성기로의 매체 전환은 새로운 소리의 탄생을 의미한다. 물론 그 이전에도 소리는 존재하였다. 그러나 유성기에서 흘러나오는 소리는 이전의 자연적인 소리와는 완전히 다른 것이었다. 유성기의 소리는 이제까지 들어본 적이 없었던 기계음의 소리이자 근대의 소리였던 것이다. 이러한 기계음의 소리는 간혹 소음으로 느껴지기도 하였으나 그보다는 매혹적인 근대의 소리로 당시의 대중에게 다가갔다.

유성기로의 매체 전환이 중요한 이유는 그것이 음악을 비롯한 문화의 대중화를 가능하게 하였기 때문이다.[7]

> 이십 년이란 짧고도 길며 우습고도 눈물겨운 시간이 경과한 1930년의 첫녀름에는 만중표 '씨가렛'과 가티 십삼도 방방곡곡이 '에듸손'의 선물에 귀를 기우리지 못한 불행한 조선의 노소남녀는 업게 되엇다. (…중략…) 귀를 기우리고 드러보아라 지나가든 길거리에서 이 상점 저 상점 이집 마루 저집 대청에서 길 건너 담 넘어 들려오는 이 여름의 유일한 위안거리인 '레코-드' 소래를![8]

인용문을 통해서도 알 수 있듯이, 유성기는 당시에 에디슨의 선물로 간주되었다. 방방곡곡의 남녀노소 모두가 유성기에서 흘러나오는 소리에 귀를 기울이게 되었으며, 이는 음악의 대중화를 가능하게 한 것이다. 물론 유성기 자체는 음악의 대중화를 가능하게 하는 한편 수용자의 취향에 따라 다른 식의 계층화를 유발하기도 하였다. 즉 전통가요를 듣느냐, 대중가요를 듣느냐, 서양고전음악을 듣느냐에 따라 새로

7 유성기의 등장과 의미에 대해서는 위의 책, 52~56쪽에서 논한 바 있다.

8 『매일신보』, 1930.6.14.

운 계층화가 이루어지기도 하였다.[9] 그럼에도 불구하고 유성기의 출현은 마셜 매클루언의 표현대로 '장벽이 제거된 음악당'을 의미하는 획기적인 사건이었다. 같은 음악을 여러 번 재생할 수 있고 누구나 그 음악을 들을 수 있다는 것은 이전의 음악 향유 방식을 혁신한 것이라고 할 수 있다.

요컨대 유성기로의 매체 전환은 당시의 대중들에게 이제까지 전혀 경험하지 못했던 기계음의 매혹을 알려주었으며 근대의 소리를 경험하게 한 획기적인 사건이었다. 아울러 유성기를 통해 음악을 비롯한 문화의 대중화를 이루었다는 점에서 유성기 등장의 의미를 지적할 수 있다.

2) 유성기음반에 수록된 전통가요의 양상

1910년대까지 노래책을 통한 전통가요의 향유는 일반적인 현상이었다. 그러나 점차로 유성기음반에 수록된 전통가요의 수가 많아지면서 1920년대는 노래책과 유성기음반을 통한 수용이 함께 이루어졌다. 그러다가 1930년대에 이르면 노래책보다는 유성기음반을 통한 전통가요의 향유가 지배적인 위치를 점유한다. 이러한 현상이 단지 시각에서 청각으로의 변화를 의미하는 것은 아니다. 그보다는 오히려 시각에서 시청각으로의 변화를 의미한다고 할 수 있다. 유성기음반은 그 초기부터 노랫말을 적시한 유성기음반 가사지를 첨부하였는데, 이러한 유성기음반 가사지는 단순히 듣는 음악을 넘어서 보는 음악도 가능하

9 선호하는 음악의 차이에 따른 계층화의 양상에 대해서는 다른 논고를 통해 다루기로 한다.

게 하였다. 즉 유성기음반과 유성기음반 가사지를 통해서 '보고 듣는 음악'이 가능해진 것이다.

1930년대는 본격적인 의미의 대중가요가 등장하면서 전통가요가 쇠락하는 시기이기도 하다. 그렇다고 해서 전통가요가 대중가요에 의해 일방적으로 쇠퇴를 맞이한 것은 아니다. 전통가요는 대중가요와의 충돌과 공존 속에서 나름대로의 살길을 모색하였다. 가야금과 바이올린 이중주나 양악 반주와 전통가요의 만남을 비롯한 다양한 혼성화의 시도는 전통가요가 살길을 도모하기 위한 시도였다고 할 수 있다. 게다가 전통가요에 모태를 두고 출현한 신민요는 전통가요가 대중가요로 탈바꿈한 대표적인 사례가 될 것이다.

이러한 시도들이 모두 성공했다거나 의미 있는 작업이었다고 단정할 수는 없다. 그러나 전통가요가 새로운 매체에 적응하기 위해 수없이 많은 시도를 하였다는 점은 부인할 수 없다. 이러한 과정 속에서 시행착오를 겪기도 하고 어떤 작업들은 일회적인 사건에 그치기도 하였으나, 다양한 혼성화의 시도는 이후 전통가요의 성쇠를 결정하는 일종의 시험대로서의 역할을 하였다고 볼 수 있다. 이러한 작업을 거쳐서 어떤 전통가요는 살아남고 어떤 전통가요는 서서히 사라져갔던 것이다.

그렇다면 유성기음반에 수록된 전통가요는 어떤 양상을 띠고 있을까? 1945년 이전에 발매된 유성기음반의 서지사항을 제시한 음반 목록집으로는 『한국유성기음반총목록』(한국정신문화연구원 편, 민속원, 1998)과 『유성기음반총람자료집』(김점도 편, 신나라레코드, 2000)의 두 가지가 있다. 이 중에서 『유성기음반총람자료집』을 중심으로 그 갈래별 음반수를 제시하면 다음과 같다.

10 장유정, 앞의 책, 357쪽. 6대 음반회사의 갈래별 곡수는 2002년 당시의 수치임을 밝혀둔다.

6대 음반회사의 갈래별 음반수[9]

갈래	콜럼비아	빅타	오케	포리돌	태평	시에론	합계
'유행가'	714	480	905	387	358	110	2,954
신민요	121	102	94	127	86	14	544
재즈송	31	25	29	19	4	3	111
만요	51	23	29	0	11	1	115
잡가	297	105	146	84	45	48	725
판소리	231	166	139	24	34	70	664
민요(속요)	62	134	90	59	41	49	435
단가	70	63	43	19	18	26	239
가야금병창	63	3	46	16	12	9	149
시조	19	5	10	0	6	4	44
가사	14	2	2	2	0	0	20
합계	1,673	1,108	1,533	737	615	334	6,000

위에 제시한 표는 결코 절대적인 수치를 반영하는 것이 아니다. 목록집 자체가 불완전하고 갈래명도 부정확해서 이 수치를 절대적으로 신뢰할 수 없다. 그러나 이 수치를 통해서 당시 음반 발매 현황을 짐작할 수는 있다. 6대 음반회사가 발매한 대중가요와 전통가요의 음반수는 대중가요 3,724와 전통가요 2,276으로 총 6,000곡이다. 이 중에서 전통가요의 음반 발매 현황을 보면, 잡가, 판소리, 민요, 단가의 순으로 음반이 발매되었음을 알 수 있다. 유성기음반에서도 잡가, 판소리, 민요는 상당히 인기가 많은 노래 갈래였다고 할 수 있다.

그러면 노래책에 수록된 곡목별 작품수와 유성기음반에 수록된 작품의 수를 비교해보기로 한다. 정재호는 「잡가고」에서 15권의 노래책에 수록되어 있는 작품의 수를 제시하였는데, 15권의 노래책을 통틀어서 10번 이상 노래책에 수록된 노래와 유성기음반에 수록된 같은 제목의 노래 수를 제시하면 다음과 같다.[11]

번호	제목	노래책에 수록된 수	유성기음반에 수록된 수
1	새타령	15	66
2	육자배기	15	56
3	적벽가	15	35
4	토끼화상	15	60
5	배따라기	14	41
6	영변가	14	39
7	제비가	13	40
8	추풍감별곡	13	17
9	방아타령	12	167
10	성주풀이	12	28
11	소상팔경	12	67
12	수심가	12	173
13	초한가	12	43
14	춘면곡	12	6
15	소춘향가	11	4
16	난봉가	11	185
17	산염불	11	44
18	상사별곡	11	5
19	양산도	11	107
20	유산가	11	27
21	자진난봉가	11	50
22	곰보타령	10	10
23	농부가	10	70
24	앞산타령	10	27
25	자진산타령	10	4
26	회심곡	10	36
27	홍타령	10	98

11 정재호, 「잡가고」, 『한국속가전집』 6, 다운샘, 127~135쪽. 한편 유성기음반에 수록된 곡목별 수는 김점도 편, 앞의 책을 위주로 작성되었다. 절대적인 수치는 아니나 경향성을 파악하기에는 충분하다.

정재호의 「잡가고」에서는 15권의 노래책에 수록된 총 201곡의 노래와 각 권의 수록 여부를 제시하였다.[12] 총 201곡 중에서 10권 이상에 수록된 노래는 27곡이었다. 노래책에 여러 번 수록되었다는 것은 그만큼 노래의 인기가 높았음을 의미한다. 상위 27곡의 노래가 유성기음반에 수록된 수를 표 오른쪽 칸에 제시하였다. 이를 통해 볼 때, 대체로 노래책에 여러 번 수록된 노래가 유성기음반에도 많이 실린 것을 알 수 있다. 다만 〈춘면곡〉, 〈소춘향가〉, 〈상사별곡〉, 〈자진산타령〉만 그 수가 현저히 줄어들었을 뿐이다. 이 중에서 12가사에 속하는 〈춘면곡〉과 〈상사별곡〉은 가사의 인기가 떨어지면서 자연스럽게 음반에도 별로 실리지 못한 것으로 보인다.

한편 표를 통해서 알 수 있듯이, 〈방아타령〉, 〈수심가〉, 〈난봉가〉, 〈양산도〉는 노래책에 이어서 유성기음반에도 상당히 많이 실린 것으로 나타났다. 유성기음반의 판매율은 음반회사의 이윤과 직결되기 때문에 대중들이 원하는 노래가 아니라면 음반회사에서도 굳이 음반을 만들 필요가 없다. 역으로 이토록 음반에 많이 실렸다는 것은 당시에 이들 노래가 상당한 인기를 얻었음을 의미한다.

이창배의 분류에 따르면, 〈방아타령〉과 〈양산도〉는 경기도 민요에, 〈난봉가〉는 그 종류에 따라 경기도 민요와 황해도 민요, 〈수심가〉는 평안도 민요에 속한다. 즉 이들 모두 경서도 민요로써 당시에 경서도 민요가 상당한 인기를 얻었음을 알 수 있다. 이렇게 경서도 소리가 인기를 얻을 수 있었던 것은 당시 유성기음반의 가장 큰 시장이 서울이었으며, 서울에 거주하는 사람들이 유성기음반의 주 고객층이었기 때문에 가능하였다고 할 수 있다.

12 15권 노래책의 서지사항은 위의 책, 126쪽 참조.

그러나 동일한 경서도 민요에 속하면서도 어떤 노래는 당시에 상당한 인기를 얻었고 또 어떤 노래는 그렇지 못한 것에 대한 해명은 작품 하나하나마다 이루어져야 할 과제이다. 본고에서는 일단 당시 유성기 음반에 상당히 많이 실렸던 〈수심가〉를 중심으로 텍스트가 어떻게 변하였으며 그 의미가 무엇인지를 살펴보기로 한다.

3. 전통가요 〈수심가〉 텍스트의 변화 양상

유성기음반에 노래를 싣는 일은 노래책에 노래를 싣는 것과 다르다. 유성기음반의 특성상 한 곡이 3분 이상을 넘어갈 수 없기 때문이다. 따라서 아무리 긴 노래라도 음반에 싣기 위해서는 그 길이를 수정할 수밖에 없다. 때로는 한 음반의 앞면과 뒷면에 같은 곡을 이어서 싣기도 하나, 그렇더라도 기존의 긴 노래들은 어쩔 수 없이 짧아진다. 역으로 기존의 짧은 길이의 노래나 절의 구분이 있는 전통가요는 긴 노래보다 상대적으로 유성기음반에 싣기에 좋은 조건을 가졌다고 볼 수 있다.

요컨대 매체가 변하면서 텍스트에 생긴 변화 중 대표적인 것은 노래 길이가 짧아졌다는 것을 들 수 있다. 이는 유성기음반이 지니고 있는 특징으로 인해서 생긴 필연적인 변화라고 할 수 있다. 예를 들어서 『정정증보신구잡가』에 실려 있는 〈수심가〉는 총 1,627자 56줄의 매우 긴 노래이다.[13] 그러나 이렇게 긴 노래를 음반에 그대로 실을 수 없다. 그

13 한인석, 『정정증보신구잡가』, 광문책사, 1915, 556~562쪽.

때문에 〈수심가〉가 음반에 실릴 때는 그 길이가 대폭 줄어드는데, 한 예로 1932년 포리돌 음반에 수록된 〈수심가〉[14]는 168자 8줄로 이루어졌을 뿐이다.

그러면 노래책에 실려 있던 〈수심가〉가 음반에 수록될 때, 어떤 식으로 그 길이가 줄어들었는지 궁금하지 않을 수 없다. 먼저 〈수심가〉의 주제는 크게 '인생무상(人生無常)'과 '상사(相思)'라고 할 수 있다.

> 놉세다놉세다절머만놉세다 나이만하빅슈가지면못놀니라
>
> 인싱ᄒᆞᆫ번도라가면만슈장림에운무로다청춘홍안을앗기지말고ᄆᆞᄋᆞᆷ대로놉세다
>
> (…중략…)
>
> 일싱일ᄉᆞᄂᆞᆫ만승텬ᄌᆞ왕후장상두목지소동파리덕션동방삭일지라도막무가ᄂᆡ하로구나절머청춘에ᄆᆞᄋᆞᆷᄃᆡ로노ᄌᆞᄂᆞᆫ구나
>
> 인싱이일쟝춘몽이니아니나놀지ᄂᆞᆫ못ᄒᆞ리로다
>
> — 한인석, 『정정증보신구잡가』, 광문책사, 1915, 556~562쪽

> 남산이고와셔ᄇᆞ라다볼짜요정든님계시게ᄇᆞ라다보지요춤아진졍님의화용그리워나못살갓네
>
> 슈로구나슈로구나대텬디즁에두원슈로구나놈의나님졍두라는거시원슈로구나
>
> ᄉᆞ로구나난ᄉᆞ로구나난ᄉᆞ즁에라도겹난ᄉᆞ로구나놈의님씌다졍드려놋코사ᄌᆞ고ᄒᆞ기도겹난ᄉᆞ로구나춤아진졍가지로서러셔나못살갓네
>
> 나를조르다병나신몸이제병에죽어도내타시라ᄂᆞᆫ구나춤아진졍나못살갓네
>
> 님의집을격장에두고보지못ᄒᆞ니심불안ᄒᆞ고ᄉᆞ졍치못ᄒᆞ니나죽갓구나
>
> 님이가실제오마구ᄒᆞ더니가구나영졀에무쇼식이로구나춤아진졍나죽갓구나

14 〈수심가〉 서도잡가, 이영산홍 · 김옥엽 노래, 이진봉 장고, 포리돌 19001A, 1932.

그림 54. 『정정증보신구잡가』 표지

밤중마다님의싱각날적에어늬다졍ᄒᆞᆫ친고님전에다셜분셜한을ᄒᆞ존말인가

남산을ᄇᆞ라보니진달화초ᄂᆞᆫ다만발ᄒᆞ엿ᄂᆞᆫᄃᆡ웃동달고아래아래동팡파짐ᄒᆞᆫ아희야날살녀라

태산이가로막힌거슨텬디간조작이오님의쇼식사로막힌거슨인간조작이로구나참아진정나못살갓네

남산송죽에홀노안ᄌᆞ우ᄂᆞᆫ져법곡식야님죽은혼령이여드네아니불샹탄말이가ᄎᆞᆷ아가지록님의싱각ᄀᆞᆫ졀ᄒᆞ여나못살갓고나 (…중략…)

— 한인석 저, 『정정증보신구잡가』, 광문책사, 1915, 556~562쪽

위의 작품은 『정정증보신구잡가』에 실려 있는 〈수심가〉이다. 같은 노래의 다른 부분인데, 먼저 제시한 부분이 '인생무상'을 그리고 있다면 나중에 제시한 부분은 '상사'를 그 내용으로 하고 있다. 〈수심가〉에서는

'인생무상'과 '상사'를 나름의 방식으로 풀어낸다. '인생무상'의 경우, '인생이 무상하니까 놀자'는 식으로 풀어내는 것이다. 즉 '향락'을 통해 인생무상을 극복하려는 모습을 보여준다. 그리하여 '나이가 많아서 백수(白首)가 지면 못 노니까 청춘홍안을 아끼지 말고 놀자'고 하는 것이다.

그런가 하면, '상사'를 표현한 노랫말도 임에 대한 단순한 그리움을 넘어서 임에 대한 원망으로 점철되어 있음을 알 수 있다. 후렴처럼 계속 반복되는 '나 못살겠다', '나 죽겠다', '원수로구나'라는 표현을 통해 이러한 사실을 확인할 수 있다. 그야말로 시적 화자는 원색적이고도 직설적으로 임에 대한 자신의 감정을 나타내고 있다. 임에 대한 그리움을 조용하게 읊조린다기보다는 소란스럽게 자신의 서러운 속내를 드러내고 있는 것이다.

〈수심가〉의 중요한 주제인 '인생무상'과 '상사'는 〈수심가〉가 음반에 실릴 때에 중요한 요소가 된다.

1.
노자노자 절머노자 매양이면마음대로노잔다
나희만코백발이되면은 못놀겟구나아
인생이살면은긔오백년사나 한백년못살썰번민이로구나
자나깨나버릴날업서 나어이을사는야
사랑에자최는사라저버리고 다만나문건번민과고통이로구나
언제나또다시맛나에잘산단말이냐
쓸쓸한이세상 파도도만코 험악한이사회적해도만코나
생각을하면 버릴날이업서업서 나어이사느냐

— 〈수심가〉

(서도잡가, 이영산홍 · 김옥엽 노래, 이진봉 장고, 포리돌 19001A, 1932)

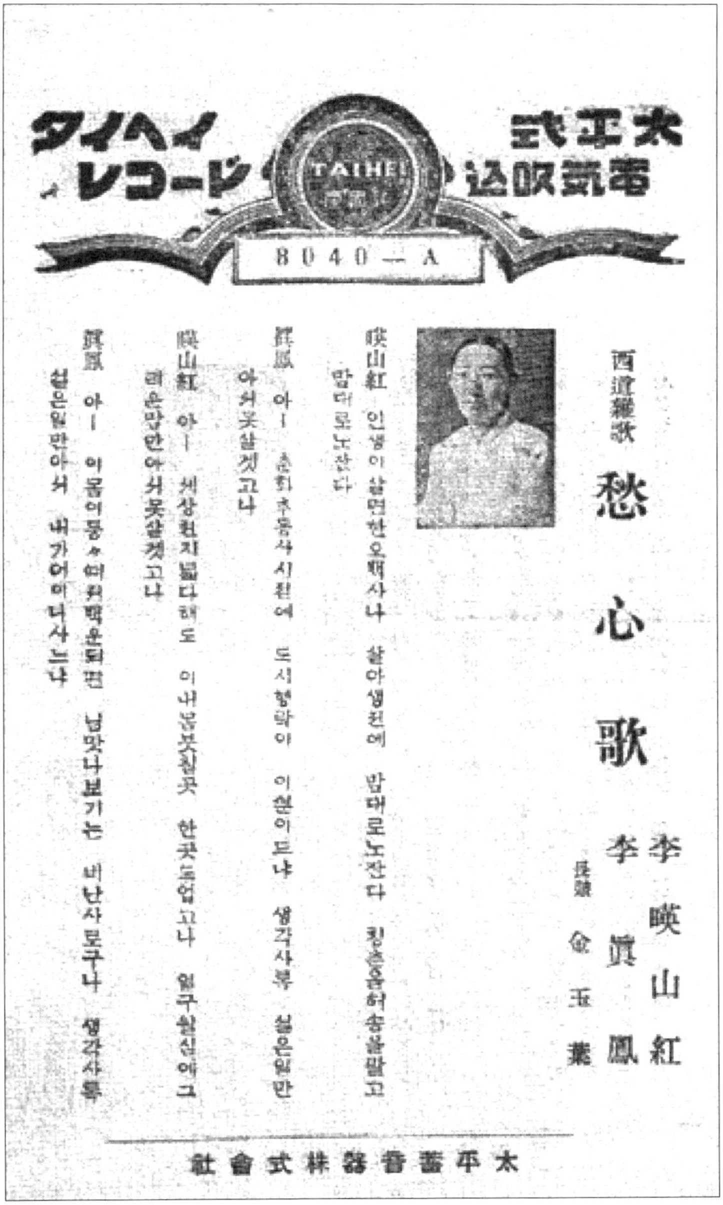
太平式 電氣吹込
タイヘイ レコード
TAIHEI
8040—A

西道雜歌 愁心歌
李暎山紅
李眞鳳
長鼓 金玉葉

暎山紅 인생이살면한오백사나 살아생전에 밤대로노잔다 청춘을허송을말고
밤대로노잔다
眞鳳 아ー 춘하추동사시절에 도시행락이 이런이드냐 생각사록 설은일만
아서못살겟고나
暎山紅 아ー 세상천지넓다해도 이내몸붓칠곳 한곳도업고나 일구월심에그
리운맘만아서못살겟고나
眞鳳 아ー 이몸이둥々떠워백운되면 님맛나보기는 비난사로구나 생각사록
설은일만아서 내가어이나사느냐

太平蓄音器株式會社

그림 55. 〈수심가〉의 음반 가사지

2.

인생이살면한오백사나 살아생전에 맘대로노잔다 청춘을허송을말고 맘대로 노잔다

아아 춘화추동사시절에 도시행락이 이뿐이드냐 생각사록 설은일만 아서못 살겟고나

아아 세상천지졻다해도 이내몸붓칠곳 한곳도업고나 일구월심에 그리운맘만 아서못살겟고나

아아 이몸이둥둥써저백운되면 님맛나보기는 비난사로구나 생각사록 설은일 만아서 내가어이나사느냐

— 〈수심가〉

(서도잡가, 이영산홍 · 이진봉 노래, 김옥엽 장고, 태평 8040A, 1933)

3.

아아 백년을살어야 삼만륙쳔날못사는걸 그동안멧날에 왜그리그립든고 생각을하니 님모양간절하여 내가못살니로구나

아아 형산백옥이 진토에무첫스니 어니누구라 옥인줄알니요 나두언제나 죠흔바람을만나서 잘살아본단말이요

아아 날차저라 유심한님아 천리창색은 일편심이로구나 일신단몸이 의지할 곳이업서서 불망이로구나

아아 세상에 약도만콤 드난비수도만컨만은 정이즐약과 정베이는칼이업드란 말인가

— 〈수심가〉

(서도잡가, 김옥선 · 김죽엽 노래, 민형식 장고, 콜럼비아 40619, 1935)

4.

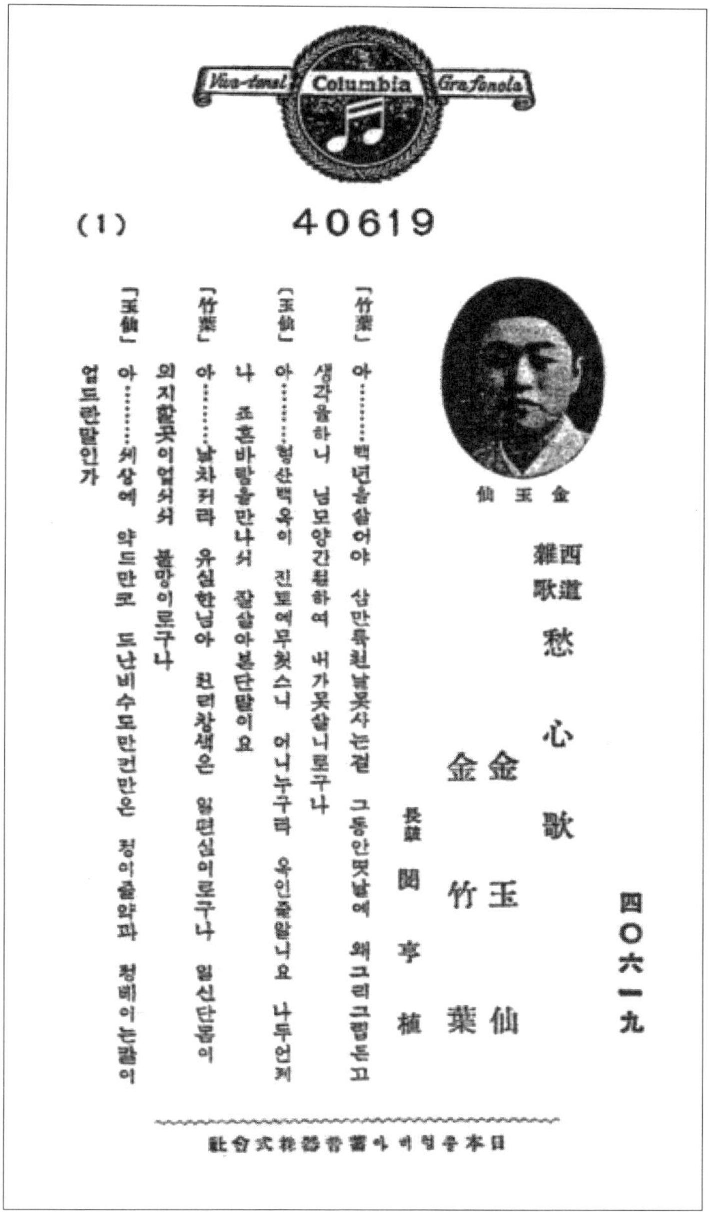

Viva-tonal Columbia Grafonola

(1) 40619

四〇六一九

金玉仙

西道雜歌 愁心歌

金玉仙
金竹葉

長鼓 閔亨植

「竹葉」 아………백년을살어야 삼만륙천날못사는걸 그동안몃날에 왜그리그렵든고
생각을하니 님모양간절하여 내가못살니로구나
「玉仙」 아………청산백옥이 진토에무쳣스니 어니누구라 옥인줄알니요 나두언제
나 조흔바람을만나서 잘살아본단말이요
「竹葉」 아………날차저라 유심한님아 천리창색은 일편심이로구나 일신단몸이
의지할곳이업서서 불망이로구나
「玉仙」 아………세상에 약도만코 드난비수도만컨만은 정이줄약파 정베이는칼이
업드란말인가

日本콜넘비아蓄音器株式會社

그림 56. 〈수심가〉(김옥선·김죽엽 노래) 음반 가사지

인싱일장은츈몽이되고 세상공명은쑴박이로구나 아니놀고아니나쓰지는못하리로구나

아싱편곡군지부아 일타인간만종수라 인싱백년을생각을하면 츈몽이로구나

명산디쳔에불공을말고 타관긱리에외로난사람의 괄시를말어라 일구월심에 밋을곳이발나서못사리로구나

남산송뎡에홀노안져우난졉동아 님죽은혼신인지 이너심사를슈심케하누나

— 〈수심가〉

(서도잡가, 이금옥 노래, 콜럼비아 40213A, 1931)

위에 제시한 작품들은 모두 유성기음반에 수록된 〈수심가〉들이다. 주로 1930년대에 발매되었는데, 일단 그 길이가 대폭 줄어들었음을 알 수 있다. 그러나 줄어든 길이에 상관없이 그 주제는 공통적으로 '인생무상'과 '상사'로 이루어져 있다. 이처럼 주제가 '인생무상'과 '상사'라는 기존 〈수심가〉의 주제를 계승하면서도 그 세세한 표현은 노래마다 다르다. 1번과 2번의 경우, 음반회사는 각각 포리돌과 태평이지만 음반에 참여한 사람들은 이영산홍, 김옥엽, 이진봉으로 동일하다. 동일한 사람들이 음반에 참여했음에도 불구하고 '인생무상'과 '상사'를 표현하는 세세한 방식은 다르다는 것을 알 수 있다.

'인생무상'을 표현하는 방식만 보더라도 1번 작품에서는 '노자 노자 젊어 노자 매양이면 마음대로 노잔다 나이 많고 백발이 되면은 못 놀겠구나아'라고 한 데에 반해서 2번 작품에서는 '인생이 살면 한 오백 사나 살아생전에 맘대로 노잔다 청춘을 허송을 말고 맘대로 노잔다'고 표현한 것이다. 즉 주제는 동일하게 '인생무상'을 표출하면서도 그 세부적인 표현은 다른데, 이는 3번이나 4번 작품에서도 마찬가지로 확인되는 사실이다. 이를 통해 볼 때, 〈수심가〉를 음반에 수록하면서 중요하

게 생각한 것은 주제의 계승이지, 세세한 표현 자체는 아님을 알 수 있다. 대강의 내용과 주제만 유사하다면 세세한 표현은 자유롭게 하였던 것이다.

길이가 짧아지면서 노래책에 수록된 〈수심가〉에서 드러났던 시적 화자의 성향은 단순해진다. 즉 정신분열증을 떠올릴 정도로 생각나는 대로 자신의 감정을 직설적으로 분출하였던 시적 화자는 유성기음반에 수록된 〈수심가〉에서는 찾아보기 어렵다. '못 살겠네'나 '죽겠구나'라는 표현이 '로구나'나 '하누나' 정도로 그 표현이 약화된 것이다. '죽겠구나'에서 '겠'은 동사 어간이나 '이다'의 어간에 붙어 일인칭 주체의 의지를 표현하는 반면에 '로구나'는 아랫사람 내지는 자신에게 새삼스럽다는 느낌을 담아 서술하는 뜻을 나타낸다. 그러므로 부정적인 언술로 자신의 의지를 강하게 드러내었던 노래책의 시적 화자는 음반에 수록된 〈수심가〉에서는 상대적으로 누그러진 감정을 표현하고 있는 것이다.

요컨대 노래책에서 유성기로 그 매체가 변하면서 〈수심가〉는 다소 변화된 양상을 드러낸다. 일단 외적으로는 그 길이가 짧아지는데, 이는 녹음 시간이 약 3분으로 한정되어 있는 음반의 속성에 따른 필연적인 변화라고 할 수 있다. 〈수심가〉의 주제는 유성기음반에 수록된 〈수심가〉에도 그대로 계승된다. 즉 '인생무상'과 '상사'가 노래책에 실린 〈수심가〉에 이어서 유성기음반에 수록된 〈수심가〉에도 그대로 나타나는 것이다. 그렇다고 유성기음반에 수록된 〈수심가〉가 노래책에 수록된 〈수심가〉의 표현을 그대로 차용하지는 않았다. 허용된 범위 안에서 자유롭고도 다양한 표현을 연출하고 있다.

노래책에서 자신의 감정을 직설적으로 분출하였던 시적 화자는 유성기음반에 수록된 〈수심가〉에서는 상대적으로 자신의 감정을 조심스럽게 드러내고 있다. 이것이 단순히 작품의 길이가 짧아지면서 생긴 현상인지, 아니면 1910년대에서 1930년대로 오면서 변화된 일반적인 현상인지는 앞으로 다른 작품과의 비교를 통해 드러내야 할 것이다.

이상이 노래책에서 유성기음반으로 매체가 변하면서 텍스트에 나타난 변화 양상이다. 그런데 노래책과 마찬가지로 유성기음반에 수록된 〈수심가〉도 완결된 형식보다는 개방적인 형식을 지향한다. 앞서 제시한 〈수심가〉의 경우, 어떤 절이 앞서도 사실상 문제가 되지 않는다. '인생무상'과 '상사'를 표현하면서도 각 절은 독립된 형태를 띠고 있어서 그 순서가 뒤바뀌어도 상관은 없는 것이다. 이에 따라 노래의 길이가 자유자재로 길어질 수도, 줄어들 수도 있다.

그러나 이러한 상황은 신민요에 오면 달라진다. 신민요는 유성기의 출현과 더불어 새롭게 생성된 대중가요의 한 갈래이다. 신민요는 기존의 전통가요를 모태로 하고 있어서 전통가요와 어떤 식으로든지 닮아 있다. 결국 신민요는 대중매체의 변환에 따라 전통가요 텍스트가 변한 대표적인 예라 할 것이다. 노래책과 유성기음반에 상당수 실렸던 〈방아타령〉, 〈수심가〉, 〈난봉가〉, 〈양산도〉는 제목 앞에 '신(新)'자를 붙여서 신민요로 재탄생하기도 하였다. 그 서지 사항을 제시하면 다음과 같다.

제목	곡종	작사자	작곡자	가수	음반회사	음반번호	발매연도
〈신수심가〉	신민요	추야월	이면상	선우일선	포리돌	19340A	1936년 10월
〈신방아타령〉	신민요	오관자	전수린	김복희	빅타	49372A	1935년 9월
〈신방아타령〉	신민요		박용수	왕수복	콜럼비아	40449A	1933년 9월
〈신방아타령〉	신민요	이호	이면상	선우일선	포리돌	19291B	1936년 4월
〈신양산도〉	신민요	이인	김교성	선우일선	포리돌	19399B	1937년 4월
〈신난봉가〉	신민요			서상석	기린	212	1935년 3월
〈신난봉가〉	신민요			백서리	태평	S1A	1933년 4월

위에 제시한 것뿐만 아니라 당시 기존의 전통가요에 '신'자가 붙어서 신민요로 재탄생한 예는 부지기수로 많았다. 작품 하나하나마다의 텍스트 분석은 앞으로의 과제인데, 일단 신민요 〈신수심가〉와 〈신방타령〉의 노랫말을 제시해보기로 한다.

어항속의 금붕어는 물말을까 수심이요
가지끗헤 안진새는 바람불까 수심일세
청춘홍안 미인들은 세월감이 수심이요
견우직녀 매즌꿈은 이별할가 수심일세

— 〈신수심가〉

(추야월 작사, 이면상 작곡, 선우일선 노래, 포리돌 19340A, 1936)

길든해가 짧아오고 더운김이 식어가면
인생길은 줄음잡아 젊든마음 갓치늙네
에라우여라 방아로다 에라우여라 방아로다

밤만이야 길어진들 설움좃차 어이길며
나무닙히 흔든다고 이밤마저 짤아가나
에라우여라 방아로다 에라우여라 방아로다

열매업는 잔듸밧헤 가을혼이 한숨쉴제
거삼업는 내넉만은 눈물좃차 둘곳없네
에라우여라 방아로다 에라우여라 방아로다

— 〈신방아타령〉

(박용수 작곡, 왕수복 노래, 콜럼비아 40449A, 1933)

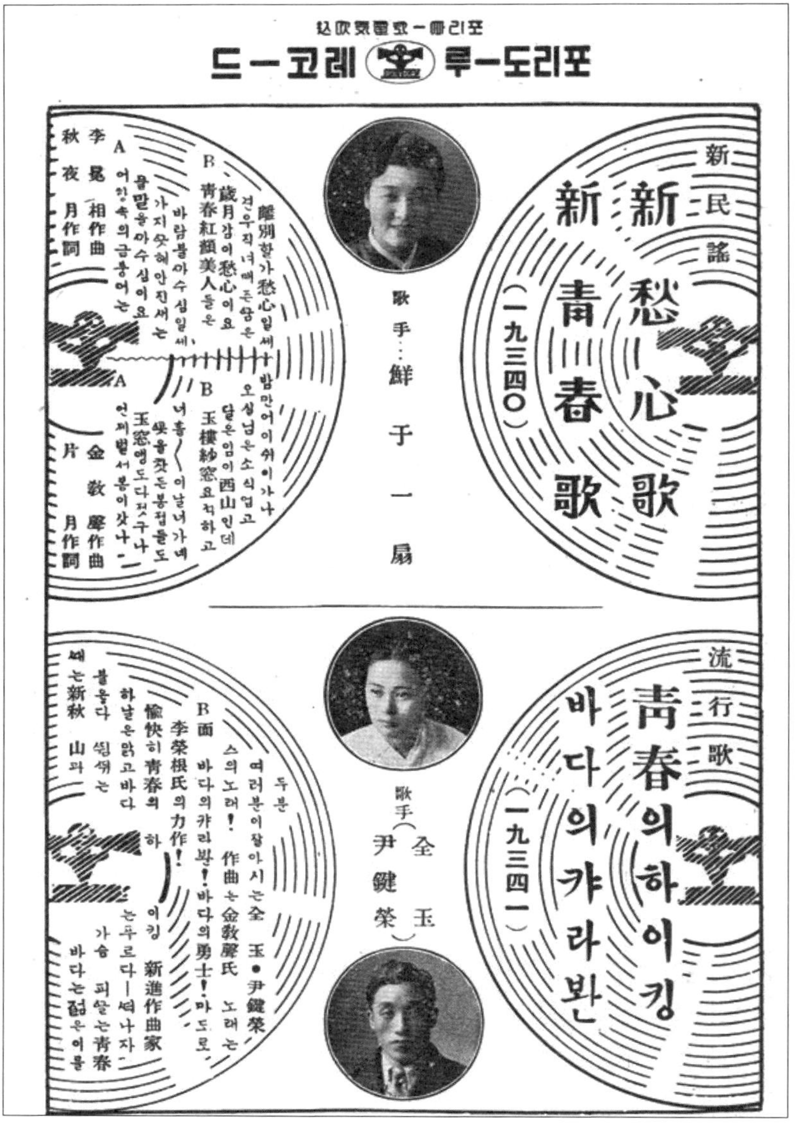

그림 57. 〈신수심가〉 광고(한국 유성기음반 아카이브)

그림 58. 〈신방아타령〉 광고(『동아일보』, 1933.8.21)

노랫말을 통해 알 수 있듯이, 신민요는 기존 전통가요의 노랫말과는 비슷하면서도 다르다. 가장 큰 차이점은 작사자와 작곡자가 존재한다는 것이다. 기존의 전통가요에서 불분명하였던 작사자와 작곡자가 신민요에 와서는 중요하게 인식된다. 그 노랫말을 보면, 일단 절 개념이 더욱 분명해졌고 글자 수는 상대적으로 정형화되었음을 알 수 있다. 〈신수심가〉는 4·4조로 정확하게 운율이 맞추어져 있고, 〈신방아타령〉도 대체로 4·4조를 이루고 있다. 또한 〈신수심가〉에서는 '수심이요'가 〈신방아타령〉에서는 '에라우여라 방아로다'가 매절 끝의 후렴으로 일관되게 등장한다.

그 내용을 보면, 〈신수심가〉의 경우 〈수심가〉의 가장 큰 특징이었던 '인생무상'과 '상사'가 탈각되고 그야말로 '수심'에 해당하는 내용을 나열하고 있다. 〈신방아타령〉도 '설움'을 자연물에 빗대어 표출한 내용으로 이루어져 있다. 이를 통해서, 기존의 전통가요가 신민요로 재탄생하면서 문학적 형상화 방식이 상대적으로 세련되었다고 볼 수 있다. 신민요에서는 전통가요가 보여주었던 감정의 폭발적인 분출보다는 절제된 감정 표현에 치중한 것을 확인할 수 있다. 그리고 이러한 일련의 모든 특징들이 새로운 대중매체인 유성기가 등장하면서 가능해졌다고 볼 수 있다.

요컨대 유성기라는 대중매체가 출현하면서 나타난 전통가요 텍스트의 가장 중요한 변화는 전통가요가 본격적인 의미의 대중가요로 재탄생하였다는 점이다. 신민요라는 갈래는 기존의 전통가요가 새로운 매체에 적응하면서 나타난 가장 커다란 변화 중의 하나일 것이다.

4. 맺음말

이상으로 대중매체의 출현과 그로 인한 전통가요 텍스트의 변화 양상을 고찰해 보았다. 2장에서는 대중매체 중에서도 유성기를 중심으로 유성기의 등장과 그 의미를 전통가요와의 연관 속에서 살펴보았다. 대중들이 점차로 근대적인 기계음에 매혹되면서 노래책에서 유성기로 그 향유 매체가 변하였다. 또한 노래책에서 인기를 얻었던 전통가요는 유성기음반에서도 여전히 인기가 있음을 그 발매수로 알아보았다.

3장에서는 노래책에 이어서 유성기음반에서 그 수가 폭발적으로 많아졌던 〈수심가〉를 중심으로 텍스트의 변화 양상을 살펴보았다. 그 결과, 노래책에 수록되었던 〈수심가〉가 시간적 제약을 지니고 있는 음반에 실리면서 그 길이가 대폭 줄어들었음을 확인하였다. 유성기음반에 수록된 〈수심가〉는 기존 〈수심가〉의 주제였던 '인생무상'과 '상사'를 그대로 계승하되, 그 세부적인 표현은 다양하게 하였음도 알았다. 또한 유성기라는 매체의 출현은 신민요라는 새로운 갈래도 생성하였다. 물론 유성기의 출현으로만 신민요의 형성을 설명할 수는 없다. 그러나 전통가요가 새로운 매체에 적응하면서 신민요라는 대중가요의 한 갈래가 생성된 것 또한 사실이다.

본고의 초점이 대중매체의 출현과 그로 인한 전통가요 텍스트의 변화 고찰에 맞추어져 있어서 신민요가 지니고 있는 텍스트 자체의 미학은 소홀하게 다룬 감이 있다. 앞으로 전통가요와 신민요의 비교 분석을 통해 작품이 지니고 있는 미학적 특징까지 살펴볼 필요가 있다. 이에 대한 논의는 앞으로의 과제로 남긴다. 또한 본고에서 상세하게 고찰하지 못한 갈래명 자체에 대해서도 다른 논고를 통해 다루기로 한다. 당시에는 잡가와 민요라는 용어가 서로 혼동되고 혼용되었는데, 작품의 실상을 보면서 이에 대한 정리를 할 필요가 있다. 본고는 다만 전통가요가 새로운 대중매체에 적응하면서 혼성화가 이루어지고 신민요라는 새로운 대중가요 갈래도 생성되었음을 구체적으로 밝혀 이후 논의의 기틀을 마련하였다는 점에서 그 의의가 있을 것이다.

참고문헌

김점도 편, 『유성기음반총람자료집』, 신나라레코드, 2000.

장유정, 「20세기 초 기생제도 연구」, 『한국고전여성문학연구』 제8집, 한국고전여성문학회, 2004.

_____, 『오빠는 풍각쟁이야—대중가요로 본 근대의 풍경』, 민음in, 2006.

정재호 편, 『한국속가전집』, 다운샘, 2002.

한국정신문화연구원 편, 『한국유성기음반총목록』, 민속원, 1998.

제3부 제2장

광복 이전 유성기음반(SP) 수록 대중가요 아리랑 텍스트의 반복과 변주[1]

1. 머리말

아리랑은 마치 살아있는 유기체처럼 끝없이 변신하고 재생한다. 토속민요에서 출발한 아리랑은 통속민요와 대중가요를 거치면서 더욱 다양하고 다채롭게 변신과 변모를 거듭하면서 오늘날에 이르고 있다. 이러한 아리랑의 자기 변신은 아리랑의 생명력을 연장시키는 주요한 동력으로 작용하기도 한다. 때로 아리랑은 노동의 노래로, 유흥의 노래로, 저항의 노래로 불리면서 명실 공히 민족의 노래로 자리하고 있는 것이다.

본고에서 주목하는 것은 대중가요 아리랑이다. 토속민요와 통속민요 아리랑에 대한 연구는 상당수 진척되었다.[2] 그러나 대중가요 아리

1 「유성기음반 수록 대중가요 아리랑 텍스트의 반복과 변주」, 『한국문학과 예술』 6집, 숭실대학교 한국문예연구소, 2010.

랑에 대해서는 아직까지 그 전모가 온전하게 드러났다고 보기 어렵다. 여기서 대중가요 아리랑이란 민요 아리랑과 달리 작사자와 작곡자가 가수에게 부르게 할 요량으로 창작한 아리랑을 의미한다. 물론 대중가요 아리랑이라 할지라도 기존의 민요를 토대로 하고 있다. 그러므로 대중가요 아리랑은 일정 부분 기존의 아리랑과 닮아 있는 것이 사실이다. 그러면서도 곡종을 달리하고 작사 내지는 작곡을 다시 하여 기존 민요와 다른 모습을 드러낸다. 다시 말해 대중가요 아리랑은 기존 아리랑의 반복과 변주의 산물이라고 할 수 있다.

가사를 놓고 볼 때, 대중가요 아리랑은 크게 세 부분으로 나누어서 살펴볼 수 있다. 첫째, 제목에 아리랑이 들어간 경우, 둘째, 제목에 아리랑이 들어가지 않았더라도 노래 가사에 '아리랑'이라는 어휘가 들어간 경우, 셋째, 아리랑의 후렴만 차용한 경우가 그것이다. 이 중에서 제목에 아리랑이 들어간 노래들은 대부분 '아리랑'이라는 어휘와 아리랑의 후렴을 동시에 사용하고 있는 경우가 태반이다. 그러나 제목은 다르더라도 '아리랑'이라는 어휘와 아리랑의 후렴을 사용한 노래가 있다. 이러한 노래를 온전한 의미의 대중가요 아리랑의 범주에 넣을 수는 없을지라도 이에 대해 살펴보는 작업은 필요하다.

그러므로 여기서는 이러한 노래를 모두 모아서 그 구체적인 양상을 살펴보기로 한다. 노래의 곡종을 살펴보고, 곡종에 따라 가사의 내용이 어떻게 달라지며 그 의미가 무엇인지를 검토하기로 한다. 이를 통해서 유성기음반 수록 대중가요 아리랑의 전모가 드러나리라 기대한다.

2 김시업 외, 『근대의 노래와 아리랑』, 소명출판, 2009는 아리랑에 대한 최근의 연구 성과를 상당수 수록하고 있다. 그 외에도 토속민요와 통속민요 아리랑에 대한 연구가 많이 이루어졌으나 본고의 논의와 직접적인 관련이 적으므로 서지 사항 정리는 생략하도록 한다. 다만 논의를 전개하면서 토속민요와 통속민요 아리랑에 대한 연구 성과를 반영할 필요가 있을 때만 문헌의 서지 사항을 제시하도록 한다.

2. 유성기음반 수록 아리랑의 전반적인 모습

축음기(蓄音機) 혹은 유성기(留聲機)는 음반에 녹음한 음을 재생하는 장치이다. 1907년에 우리나라에서 첫 상업 음반이 발매된 이래로 유성기는 우리나라의 음악 환경을 바꾸어 놓으면서 음악의 생산과 소비에 상당한 영향을 끼쳤다.[3] 이러한 대중매체의 출현으로 음악의 대량 생산과 대량 소비가 가능해졌고 대중음악도 형성될 수 있었다.

유성기음반에 수록된 아리랑은 크게 토속민요와 통속민요를 포함하는 전통가요 아리랑과 대중가요 아리랑으로 나눌 수 있다. 음반 목록에서 확인할 수 있는 전통가요 아리랑은 약 59곡이다.[4] 어떤 노래를 전통가요 아리랑으로 볼 수 있는 이유는 특정한 작사자와 작곡자가 없다는 것과 부기된 곡종 때문이다. 제목별 아리랑의 수를 보면, 강원도아리랑이 4곡, 긴아리(긴아리랑)이 20곡, 밀양아리랑이 9곡, 신조아리랑이 2곡, 아리랑(아리랑타령, 아르렁타령)이 15곡, 아리랑애원곡이 2곡, 아리아리랑이 2곡, 아리랑대회가 2곡, 진도아리랑이 3곡이다.[5]

다음으로 전통가요 아리랑 59곡의 곡종별 수치를 제시하면 다음과 같다. 가야금병창(잡곡) 4곡, 가요 1곡, 경기가요 1곡, 경기(경성)잡가 4곡, 남도민요 3곡, 민요 5곡, 서도속요(잡가) 5곡, 세소독주 1곡, 세적단소 2곡, 속곡(속요) 10곡, 잡가 14곡, 적금합주 1곡, 정악 1곡, 하모니카

---

3 유성기를 통한 대중음악의 형성과 전개는 장유정, 『오빠는 풍각쟁이야— 대중가요로 본 근대의 풍경』, 민음in, 2006 참조.

4 전통가요 아리랑에 대한 정보는 김점도 편, 『유성기음반총람자료집』, 신나라레코드, 2000; 한국정신문화연구원 편, 『한국 유성기음반 총목록』, 민속원, 1998 참조.

5 통상적으로 음반 한 장에 앞뒤로 두 곡이 수록되어 있다. 본고에서 제시한 수치는 한 면을 한 곡으로 산정한 수치다.

합주 2곡, 향토민요 1곡, 곡종 표기가 안 된 것이 4곡이다. 당시의 곡종은 완전하게 구분되기보다는 여러 용어가 혼용되었다. '밀양아리랑'만 하더라도 민요, 속요, 잡가로 각각 표기되었던 것이다. 다만 '진도아리랑'은 남도민요로 정확하게 표기된 것을 확인할 수 있다.

전통가요 아리랑의 발매 연도별 수치를 제시하면, 1925년에 7곡, 1926년에 1곡, 1927년에 2곡, 1930년에 1곡, 1931년에 2곡, 1932년에 6곡, 1933년에 6곡, 1934년에 9곡, 1935년에 7곡, 1936년에 4곡, 1937년에 6곡, 1938년에 3곡, 1939년에 4곡, 발매연도를 알 수 없는 곡이 1곡이다. 이를 통해 1925년부터 1939년까지 전통가요 아리랑은 꾸준하게 유성기음반에 수록되었다는 것을 알 수 있다. 특히 1934년과 1935년에 전통가요 아리랑의 발매 수가 많아진 것을 알 수 있다. 이는 이 시기 신민요가 인기를 얻으면서 신민요에서 비롯한 전통가요에 대한 관심이 전통가요 아리랑의 녹음과 발매에까지 이른 것으로 보인다.

그러면 대중가요 아리랑은 어떠한가? 광복 이전에 발매된 유성기에 수록된 대중가요 아리랑은 약 53곡을 찾을 수 있었다.[6] 곡종이 신민요나 유행가처럼 대중가요라는 것을 알려준다든지 곡종은 '민요'처럼 전통가요의 곡종을 적시하였더라도 작사자 혹은 작곡자의 이름이 부기되어 있거나 보사(補詞) 내지 편곡(編曲)을 하였다면 대중가요 아리랑으로 간주하였다. 그러나 내용 중간에 노래 아리랑이 삽입되어 있더라도 영화설명 〈아리랑〉과 민요만담 〈아리랑 레뷰〉는 이야기 중간에 아리랑

---

6 필자는 제목에 '아리랑'이 들어간 노래가 42곡이라고 한 바 있다.(장유정, 앞의 책, 2006, 112쪽) 본고에서 제시한 대중가요 아리랑 53곡은 제목에 '아리랑'이 들어간 것뿐만 아니라 '아리랑'이라는 시어와 '아리랑' 후렴을 사용한 노래를 모두 포함한 수치이다. 그러나 이것도 완벽한 것은 아니다. 앞으로 노래가 더 발견되면 수치는 달라질 수 있다. 대중가요 아리랑의 목록은 김점도, 위의 책; 한국정신문화연구원 편, 위의 책; 이준희 개인목록; 아리랑연합회 소장 음반 목록을 모두 참조하였다.

이 삽입되어 있을 뿐이어서 대중가요 아리랑 목록에서는 제외하였다.

곡종을 보면 가요곡 3곡, 기타-샤쿠하치[尺八][7] 사중주 1곡, 민요 4곡, 신가요 2곡, 신민요(제창) 25곡, 영화소패 1곡, 유행가(유행소곡) 14곡, 재즈민요 1곡, 댄스곡 1곡, 곡종을 알 수 없는 곡이 1곡이다. 이 중에서 가요곡과 신가요는 1940년 이후 유행가 대신에 사용했던 용어이므로 유행가로 곡종이 표기된 아리랑이 총 19곡이라고 할 수 있다. 예상대로 신민요가 가장 많지만 유행가(트로트)로의 변주도 상당히 이루어졌다는 것을 알 수 있다. 전통가요 아리랑의 반주가 주로 대금, 해금, 장고 등을 이용해서 이루어진 것과 달리 대중가요 아리랑은 주로 관현악 반주에 맞추어 녹음하였다.

대중가요 아리랑의 연도별 수치를 보면, 1930년 2곡, 1931년 2곡, 1932년 3곡, 1933년 7곡, 1934년에 2곡, 1935년 7곡, 1936년 8곡, 1937년 7곡, 1938년 2곡, 1939년 1곡, 1940년 2곡, 1941년 5곡, 1942년 3곡, 1943년 2곡이다. 대중가요 아리랑의 수가 1933년부터 늘어나더니 1935년부터 1937년까지 가장 많이 발매되었음을 알 수 있다. 특히 '신민요' 아리랑이 많이 발매되었는데, 신민요가 인기를 얻으면서 아리랑의 변주도 상당수 이루어진 것으로 보인다. 그리고 이는 전통가요 아리랑의 발매 수가 늘어난 것과도 때를 같이 한다. 결국 아리랑의 변주는 1930년대 중반에 가장 많이 이루어졌다고 할 수 있다.

음반 목록에서 확인되는 것 중 가장 먼저 발매된 대중가요 아리랑은 1930년에 발매된 유행가 〈아리랑〉(콜럼비아 40070A, 1930)이다. 제목에 아리랑이 들어가지는 않았으나 '신민요제창'이라고 부기되어 있는 〈방아 찧는 색시의 노래〉(콜럼비아 40159A, 1931)도 비교적 이른 시기에 아리

7 일본의 전통 악기인 샤쿠하치[尺八]는 대나무로 만든 수직형의 피리이다.

랑의 후렴을 사용한 노래이다.[8] 그러나 대중가요 아리랑은 나운규의 영화 〈아리랑〉이 만들어졌을 때부터 이미 시작되었다고 할 수 있다.[9]

1926년에 나운규가 주연을 맡고 연출까지 하였던 무성 영화 〈아리랑〉의 주제가로 사용되었던 〈아리랑〉은 기존의 민요에서 후렴과 노랫말 등을 차용한 것이다. 특히 1920년대 말에 〈아리랑〉의 인기가 어느 정도였는지는 다음의 인용문을 통해서 확인할 수 있다.[10]

> 요사이는 〈아리랑 타령〉이 어찌나 유행되는지, 밥 짓는 어멈도 아리랑, 공부하는 남녀 학생도 〈아리랑〉, 젖내 나는 어린 아이도 〈아리랑〉을 부른다. 심지어 어떤 여학교에서는 창가 시험을 보는데, 학생이 집에서 혼자 〈아리랑 타령〉을 하던 것이 버릇이 되어 다른 창가를 한다는 것이 〈아리랑 타령〉을 하여 선생에게 꾸지람을 듣고……. (…중략…) 하여간 서울에 그 노래가 퍽 유행하는 것은 사실이다. 나운규 군의 〈아리랑〉 영화가 여러 사람의 환영을 받은 만큼 그 영향이 일반 가정이나 학교에 미치는 것이 또한 적지 않다.[11]

---

8 강등학은 신민요라는 이름으로 가장 먼저 나온 아리랑 노래는 〈최신아리랑〉(P19095), 유행가라는 이름으로 가장 먼저 나온 아리랑 노래는 〈아리랑〉(C40070)이라고 하였다. 그러나 노래들은 작사자와 작곡자의 이름이 없어서 창작 아리랑으로 인정할 수 없다고 하였다. 그러면서 그는 작사자와 작곡자가 모두 명시된 신민요 아리랑은 〈그리운 아리랑〉(P19186), 유행가(트로트) 아리랑은 〈모던아리랑〉(V49250)이라 하였다.(강등학, 「형성기 대중가요의 전개와 아리랑의 존재양상」, 『근대의 노래와 아리랑』, 소명출판, 2009, 455쪽) 그러나 제목에 아리랑이 들어간 것으로 작사자와 작곡자가 모두 명시된 가장 이른 시기의 대중가요 아리랑은 1933년에 발매된 〈변조 아리랑〉(신민요, 이고범 작사, 전수린 작곡, 이애리수 노래, 빅타 49204A)이다.

9 필자는 나운규의 영화 〈아리랑〉의 주제가로 사용되었던 〈아리랑〉에서 가장 이른 시기 신민요의 모습을 찾을 수 있다고 한 바 있다.(장유정, 앞의 책, 110~112쪽) 영화 주제가 〈아리랑〉에 대한 최근의 연구로는 기미양, 「영화 주제가 〈아리랑〉 연구」, 성균관대 석사논문, 2009를 들 수 있다.

10 장유정, 앞의 책, 111쪽.

11 「신유행! 괴유행」, 『별건곤』, 1928.12.

위의 인용문을 통해서 두 가지 사실을 확인할 수 있다. 첫째는 1920년대 말에 〈아리랑〉이 대대적으로 유행했다는 것이고, 둘째는 이때 유행하였던 〈아리랑〉이 나운규의 영화 주제가 〈아리랑〉이라는 것이다. 〈본조 아리랑〉이라고도 칭해지는 주제가 〈아리랑〉은 전통 가요 아리랑과 구별되는 새로운 아리랑이다. 전통가요를 기반으로 한 새로운 형태의 노래가 사람들의 입과 입을 타고 유행하다가 1930년대는 대중매체의 후광을 입고 대대적으로 양산되었던 것이다. 다음 장에서는 대중가요 아리랑 53곡을 중심으로 그 구체적인 모습을 살펴보기로 한다.

3. 대중가요 아리랑의 양상

53곡의 대중가요 아리랑 중에서 음원을 찾을 수 있는 곡은 19곡이고, 가사를 찾을 수 있는 곡은 31곡이다. 53곡 중에서 제목에 아리랑이 들어간 노래는 44곡이고 나머지 9곡은 가사나 후렴에 아리랑을 사용하였다. 제목에 아리랑이 적시된 경우에는 예외 없이 노래 가사에 아리랑을 사용하거나 아리랑 후렴을 차용하고 있었다. 그러면 가사와 후렴에 '아리랑'을 사용한 경우부터 그 구체적인 모습을 살펴보기로 한다.

1) 가사와 후렴에 아리랑을 차용한 경우

가사에 아리랑이라는 어휘를 사용한 경우는 그다지 많이 찾지 못하였다. 유성기음반의 가사를 영인한 『유성기음반 가사집』 1권에서 7권까지를 일일이 검토해서 노래 가사에 '아리랑'이 들어간 노래를 찾았는데,[12] 겨우 3곡을 찾았을 뿐이다.

> 금강두 산쏠에 자라난 칡덩쿨
> 한 줄기 쑥 잘너 감어를 두엇다
> **아리랑** 바람에 가는 님의 허리를
> 얼시구 좃타 절시구나 홍
> 동여나 매잔쿠
>
> — 〈금송아지 타령〉
> (신민요, 금운탄 작사, 김저석 작곡, 이화자, 포리돌, 1937)

> 봄은 왔네 봄이 와 숫처녀의 가슴에도
> 나물 캐러 간다고 아장아장 들로 가네
> 산들 산들 부는 바람 **아리랑 타령이** 절로난다 홍
>
> — 〈처녀총각〉
> (민요, 범오 작사, 김준영 작곡, 강홍식 노래, 콜럼비아, 1934)

> 아 봄은 찾아 왔네 또 다시 봄은 찾아와
> 귀여운 아가씨 **아리랑도** 들려오네 음

12 현재까지 간행된 『유성기음반 가사집』의 1권부터 7권까지의 서지 사항을 제시하면 다음과 같다. 한국고음반연구회 · 민속원 공편, 『유성기음반 가사집』 I, 민속원, 1990; 한국고음반연구회 · 민속원 공편, 『유성기음반 가사집』 II, 민속원, 1990; 한국고음반연구회 편, 『유성기음반 가사집』 3, 민속원, 1992; 한국고음반연구회 편, 『유성기음반 가사집』 4, 민속원, 1994; 최동현 · 임명진 편, 『유성기음반 가사집』 5, 민속원, 2003; 최동현 · 임명진 편, 『유성기음반 가사집』 6, 민속원, 2003; 이준희 · 장유정, 『유성기음반 가사집』 7, 민속원, 2008.

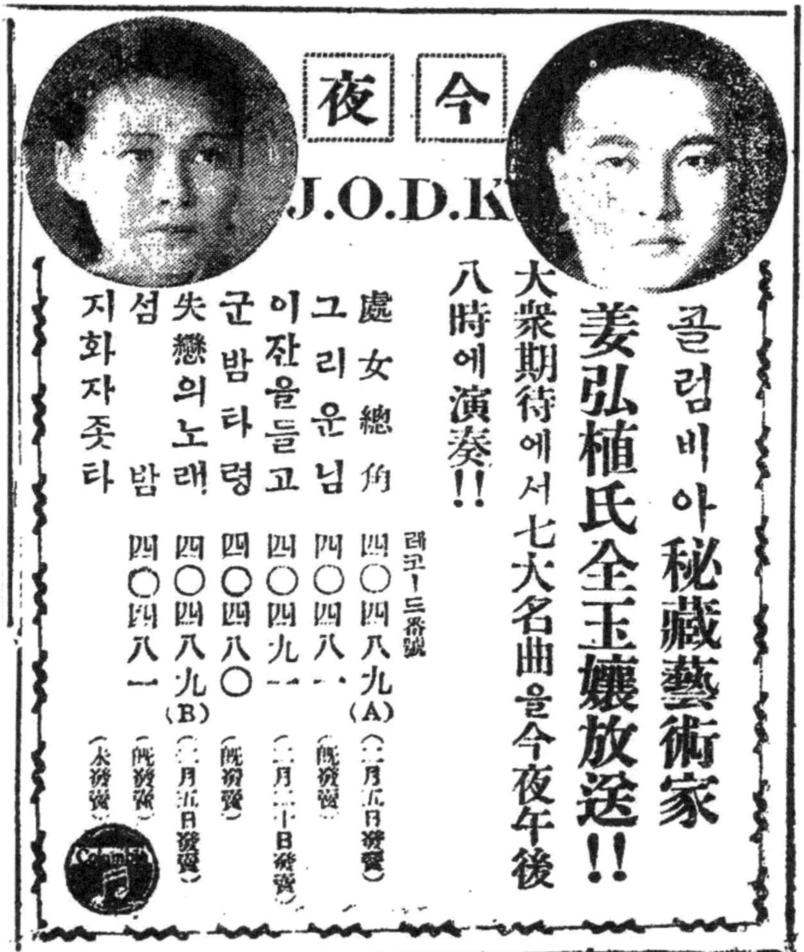

그림 59. 〈처녀총각〉 라디오 방송 광고(『조선일보』, 1934.1.27)

구성진 초동의 콧노래도 들리네
이 산으로 가도 저 산으로 가도
봄노래 만 들려오니 공연히 내 가슴 설레어집니다

— 〈봄총각 봄처녀〉

(신민요, 범오 작사, 윤기항 작곡, 강홍식 노래, 콜럼비아, 1938)(강조는 인용자)

위의 노래들은 제목이나 후렴에 아리랑을 사용하지 않았으나 가사에 아리랑이라는 어휘가 등장하는 예이다. 〈금송아지 타령〉의 2절에 등장한 '아리랑'은 별 의미가 없는 허사처럼 뒷말을 부드럽게 이어주는 역할을 하고 있다. 그냥 '바람에'라고 해도 괜찮을 것을 '아리랑 바람'이라고 하여 가사의 운율을 맞추고 부드럽게 발음되도록 도와주는 것이다. 결국 〈금송아지 타령〉에 '아리랑'이 등장한 것은 노래의 음악성을 강화시켜 주는 역할을 한다고 볼 수 있다. 유음인 'ㅇ'과 'ㄹ'로 이루어진 아리랑이 부드럽게 들리면서 그러한 기능을 하는 것이다.

그에 반해, 〈처녀총각〉과 〈봄총각 봄처녀〉에 나오는 '아리랑'은 아리랑 노래를 의미한다. 이때 아리랑이 전통가요 아리랑인지, 아니면 나운규의 〈본조 아리랑〉인지는 확실하지 않다. 다만 노래 속의 아리랑은 봄을 맞이하여 설레고 흥분되는 감정을 대변하고 강조하는 기능을 한다. 그러나 공통적으로 아리랑 노래를 지칭하면서도 〈처녀총각〉에서 아리랑을 부르는 주체는 노래의 화자로 추정되고, 〈봄총각 봄처녀〉에서 아리랑을 부르는 사람은 아가씨라고 할 수 있다. 즉 〈처녀총각〉에서는 화자가 아리랑을 부르는 사람이고, 〈봄총각 봄처녀〉에서는 화자가 아리랑을 듣는 사람이 된다. 노래 속에 또 다른 노래의 등장은 노래의 청각적 이미지를 강화시킨다. 청자들은 〈처녀총각〉과 〈봄총각 봄처녀〉를 들으면서 '아리랑'이 나오는 부분에서는 아리랑이라는

그림 60. 〈봄총각 봄처녀〉 음반 가사지와 강홍식

노래마저 떠올리는 것이다. 이에 따라 청각적 이미지는 강화되고 노래 전체의 음악성도 풍부해진다.

다음으로 제목에 아리랑이 들어가지 않았으면서도 노래 가사에 아리랑 후렴을 차용한 작품들을 살펴보기로 한다. 아리랑 후렴을 차용한 노래로는 〈방아찧는 색시의 노래〉, 〈신이팔청춘〉, 〈춘몽〉, 〈조선의 처녀〉, 〈가벼운 인조견을〉, 〈가거라 초립동〉 등을 들 수 있다.[13]

팔월이라 열사흘밤 달도 밝구나
우리 랑군 안 계서도 방아를 찟네
아리랑 아리랑 아라리요
햇쌀은 찌어서 무엇하나

— 〈방아찧는 색시의 노래〉
(신민요 제창, 김수경 작곡, 홍난파 작곡, 서금영·이경숙·최명숙 노래, 콜럼비아, 1931)

가벼운 인조견을 살짝 몸에 감고서
오늘도 나와 보는 노들강변 백사장
바람아 스리슬슬 치마폭을 노와라
열여덜 이 마음을 너도 마저 하느냐
아리랑 아리랑 아라리오
그리운 나라로 차저를 가네

— 〈가벼운 인조견을〉
(신민요, 을파소 작사, 정진규 작곡, 유선원 노래, 콜럼비아, 1937)

13 제목에 아리랑이 없으면서도 노래 가사에서 아리랑 후렴을 차용한 노래들은 현재까지 영인된 『유성기음반 가사집』을 일일이 보면서 찾아낸 것이다. 따라서 앞으로 가사지를 더 찾으면 그 수치는 달라질 수 있다.

눈물로 매즌 정을 눈물로 풀고 가리
봄눈은 녹아 흘러 방초만 후르럿네
아리아리 아리아리 아라리오 아리랑 고개를 넘어간다

— 〈춘몽〉

(신민요, 조명암 작사, 김준영 작곡, 강홍식 노래, 콜럼비아, 1936)

북으로 백두산은 구름 속에 꿈 꾸고
남으로 한라산은 물소리에 꿈 쓰네
이 강산처녀(江山處女)들은 삼천리(三千里) 꿈 속에
五色실로 아롱아롱 사랑을 수놋네
아리 아리 둥둥 스리 스리 둥둥
둥둥둥 북을 울려라
이팔(二八)은 처녀시절 노래 불으자

— 〈조선의 처녀〉

(신민요, 금운탄 작사, 석일송 작곡, 이화자 · 조영심 노래, 포리돌, 1937)

동원(東園)에 지는 꼿 주서나들고
주름진 녯님을 차저가랴
아리 아리 얼사 스리 스리 스리 조타
세월아 아리 아리 아리 아리 가지 말아
악까운 청춘(靑春)이 다 늙어간다

— 〈신이팔청춘〉

(신민요, 남강월 작사, 이면상 작곡, 선우일선 노래, 포리돌, 1935)

어리광도 피웠소 울기도 하였소

그림 61. 〈신이팔청춘〉 음반 (한국 유성기음반 아카이브)

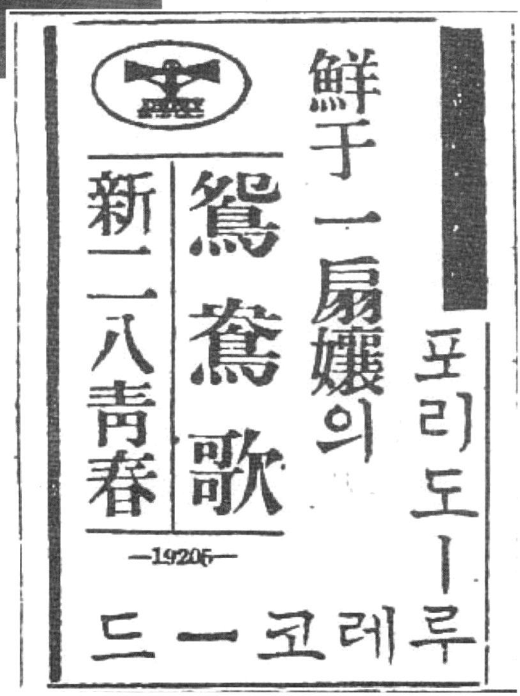

그림 62. 〈신이팔청춘〉 광고 (『매일신보』 1935.9.22)

그림 63. 가수 이화자

홍갑사 댕기를 사달라고 졸라도 보았소

아리살짝꿍 응– 스리스리 응–

문경새재 넘어간다 초립동이 아저씨 떠나간다

간다 간다 초립동이 간다 간다 초립동이

아저씨 떠나간다

— 〈가거라 초립동〉

(신민요, 조명암 작사, 김령파 작곡, 이화자 노래, 오케, 1941)

위에 제시한 노래들은 제목에 아리랑이 들어가지는 않지만 아리랑의 후렴을 차용한 경우이다. 〈방아찧는 색시의 노래〉와 〈가벼운 인조견을〉이 "아리랑 아리랑 아라리오"라는 후렴을 사용하였다면, 〈춘몽〉에서는 "아리랑 아리랑 아라리오 아리랑 고개를 넘어간다"까지 차용하였다. 그 외에 〈조선의 처녀〉, 〈신이팔청춘〉, 〈가거라 초립동〉은 아리랑의 후렴을 사용하되, 이것을 좀 더 변형시킨 양상을 보여준다.

위의 노래들에서 사용한 아리랑의 후렴은 노래의 장르를 알려주는 표지라고도 볼 수 있다. 같은 시기에 유행하였던 트로트가 후렴 없이 의미 있는 가사(verse)로만 이루어진 것과 달리 신민요는 기존 민요의 후렴을 차용하여 신민요라는 장르를 명확하게 하기도 하였다. 인용한 노래들은 기존 민요의 후렴 중에서 아리랑의 후렴을 활용하여 신민요라는 갈래를 확인시켜 준다. 그러나 온전한 대중가요 아리랑은 제목과 가사 모두에 아리랑이 들어간 경우라고 할 수 있다. 이에 다음 장에서는 제목에 아리랑이 들어간 작품의 양상을 구체적으로 살펴보기로 한다.

2) 제목에 아리랑을 사용한 경우

앞서 언급하였듯이, 제목에 아리랑이 들어간 노래는 총 44곡을 찾을 수 있었다. 제목에 아리랑을 넣었다는 것은 기본적으로 기존의 아리랑을 염두에 두면서 창작하였다는 것을 의미한다. 따라서 이러한 노래들을 온전한 의미의 대중가요 아리랑이라고 할 수 있고, 그리고 이러한 노래들을 살펴보면 대중가요 아리랑의 반복과 변주의 구체적인 양상을 알 수 있다.

먼저 갈래를 보면, 민요라고 부기하였으나 작사자 혹은 작곡자의 이름이 명기되어 있어서 신민요에 포함시킬 수 있는 노래 3곡을 포함한 신민요 아리랑이 20곡이다. 다음으로 오늘날 우리가 통상적으로 트로트라고 명명하는 유행가(신가요, 가요곡)가 20곡으로 신민요 아리랑과 유사한 수치를 드러냈다. 신민요에 국한시키지 않고 유행가 아리랑으로의 변주가 활발하게 이루어졌다고 할 수 있다.

음원과 가사는 아직 발견되지 않았으나 당대에 재즈 가수로 활동하였던 이복본이 부른 〈아리랑〉(빅타 49472, 1937)은 곡종이 '재즈 민요'로 표기되어 있어서 아리랑과 재즈의 혼성이 이미 이 시기에 이루어졌음을 확인할 수 있다. 곡종이 댄스곡으로 표기된 〈신아리랑〉(시에론 ch50, 1932)도 주목할 만하다. 그 음원은 발견되지 않았으나 〈신아리랑〉에 대한 정보를 보면 "巴里 무란루주 專屬部로지다 大짜쓰반드 一行招請吹入"[14]라고 하여 파리에서 온 재즈밴드의 반주에 맞추어서 녹음이 이루어졌음을 알 수 있다. 또한 콜럼비아사에서 발매한 〈아리랑〉(콜럼비아 40670, 1936)은 서양 악기인 '기타'와 일본의 전통 목관 악기인 '샤쿠하치

14 한국정신문화연구원 편, 앞의 책, 667쪽.

그림 64. 파리 무란루즈 특별 취입 광고
(『동아일보』, 1932.8.30)

(尺八)'의 반주에 맞추어서 녹음을 하였다.

김운선이 부른 〈아리랑〉(포리돌 19017B, 1933)처럼 가야금 병창으로 이루어진 것과 선우일선이 부른 〈긴아리랑〉(포리돌 19195, 1935)처럼 피리와 같은 전통가요 반주에 맞추어서 녹음된 것이 있기는 하나, 대중가요 아리랑은 대체로 관현악 반주에 맞추어서 녹음되었다. 그러나 음원이 남아 있는 곡 중에서 〈유선형 아리랑〉(오케 1902, 1936)과 〈신작 아리랑〉(오케 31125, 1942)은 간주에 피리 소리를 집어넣어 서양 악기와 전통 악기의 합주를 시도하고 있다. 당시에 서양 음악과 전통음악의 혼성은 다양한 방식으로 이루어졌는데, 대중가요 아리랑에서도 그 모습을 엿볼 수 있는 것이다.

다음으로 아리랑의 가사를 보면 기본적으로 열린 구조를 취하고 있다. 즉 각 절이 독립적으로 존재해서 노래의 순서가 바뀌어도 별 문제가 되지 않는다. 기존의 민요가 그러했던 것처럼 열린 구조로 이루어진 노래들은 그 길이를 얼마든지 늘이거나 줄일 수 있다. 그러나 음반이 약 3분 분량으로 이루어져 있기 때문에 대중가요 아리랑은 보통 3절로 이루어져 있다. 그러면 각 절이 어떤 내용으로 이루어졌는지를 비교적 이

아리랑(채동원)

채보 장유정

른 시기에 음반으로 발매된 채동원의 〈아리랑〉(콜럼비아 40070A, 1930)을 통해서 보기로 한다.

2. 아리랑 아리랑 아라리요
아리랑 고개로 넘어간다
산천의 초목은 젊어가고
인간의 청춘은 늙어가네

3. 아리랑 아리랑 아라리요
아리랑 고개로 넘어간다
청천 하늘에 별도나 많고
우리네 살림살이 말도 많다

— 〈아리랑〉(유행가, 채동원, 콜럼비아, 1930)

〈아리랑〉의 악보와 3절까지의 가사를 제시하면 다음과 같다. 3/4박자로 이루어진 채동원의 〈아리랑〉은 구조아리랑의 선율을 따르고 있다. 그런데 채동원은 바로 1930년대에 최고의 인기를 구가하였던 채규엽이다. 그는『매일신보』1932년 2월 3일자에 채동원이 자신이라는 것과 〈아리랑〉을 취입하게 된 경위를 다음과 같이 밝히고 있다.

> 나로서는 처음으로 레코드에 吹入하던 四年 前 그때 十曲을 吹入하였다. 그 十曲 中에는 東園이라 일흠을 가지고 吹入한 것이 우리의 民謠로서 流行된 아리랑이다. 나는 그때 바로 京城女子美術學校에서 音樂을 맛터 가르치고 잇섯다. 그럼으로 이런 정 저런 정을 생각하여 아리랑만은 吹入할 생각이 업섯다. 그러나 會社의 要求이기 까닭에 吹入은 하엿다만 노래의 內容 現實의 朝鮮을 그린 歌詞뿐 吹入하고 난잡한 (나를 버리고 가는님은 十里도 못가서 발病난다) 歌詞는 빼여버렷든 것이다.[15]

채규엽이 채동원이라는 이름으로 음반을 취입한 것은 목록에서 약 3곡을 확인할 수 있다. 〈아리랑〉을 위시하여 〈세동무〉(콜럼비아, 1930)와 '넌센스'라는 곡종명을 달고 있는 〈바람쟁이 전차차장〉(콜럼비아, 1932)이 그것이다. 채규엽은 〈아리랑〉을 취입할 당시에 경성여자미술학교에서 음악을 맡고 있었다. 그 때문에 회사의 요구로 〈아리랑〉을 취입하기는 하면서도 조선 현실과 상관없는, 그러나 〈아리랑〉 하면 가장 먼저 떠오르는 가사인 "나를 버리고 가는 님은 십리도 못 가서 발병난다"를 누락시킨 것이다.

〈아리랑〉이 "조선의 현실을 그리고 있다"는 채규엽의 표현을 통해

15 채규엽, 「레코드로 본 조선의 노래」, 『매일신보』 1932.2.3.

서 알 수 있듯이, 당시에 〈아리랑〉은 이미 민족의 노래로 인식되었다. 『삼천리』 1936년 4월호에서도 채규엽이 부른 〈아리랑〉이 1933년 6월 13일에 '치안(治安)'의 이유로 금지를 당한 것을 확인할 수 있다. 당시의 설명에서는 〈아리랑〉이 가사 자체는 괜찮으나 "입으로 불이워저 나오는 매듸에는 넘우나 懷古的이요, 哀傷的인 点이 잇섯음으로 해서, 禁止를 당하였다"[16]고 하였다. 이어서 1932년에 시에론에서 발매된 〈아리랑〉[17]과 1933년에 빅타에서 나온 〈변조 아리랑〉도 '치안(治安)'의 이유로 연이어 발매 금지를 당하였다.

한편 채규엽이 부른 〈아리랑〉의 가사를 보면, "아리랑 아리랑 아라리요 아리랑 고개로 넘어간다"라는 후렴을 각 절의 처음에 반복 사용하고 있다. 또한 각 절의 내용은 독립적이어서 절의 순서를 바꾸어도 노래 전체의 의미가 이상해지지 않는다. 전체적으로 인생과 관련된 내용을 다루고 있으면서도 각 절이 독립적으로 존재하기 때문에 순서는 사실상 문제가 되지 않는 것이다. 채동원의 〈아리랑〉에서 1절은 '풍년'을 소재로 하고 있고, 2절은 '노화(老化)', 그리고 3절은 '시름'에 대해 노래하고 있다. 풍년이 기쁨과 연결된다면 노화와 시름은 슬픔과 관련이 있다. 즉 인생의 희로애락(喜怒哀樂)을 각 독립절로 제시하고 있는 것이다.

후렴을 제외한 가사의 구성방식을 보면, 1절은 '풍년이 와요'를 반복하면서 AABA 구조를 보여준다. 기존의 민요에서 종종 볼 수 있는 AABA 구조를 채동원의 〈아리랑〉에서 반복하고 있는 것이다. 예를 들어, 통속민요로 추정되는 〈아리랑 타령〉에서 "노다가게 노다가게 저

16 「엇더한 레코드가 금지를 당하나」, 『삼천리』, 1936.4.

17 시에론에서 음반번호 51로 발매된 〈아리랑〉의 가수를 '금지된 레코드 일람표'(『삼천리』, 1936.4)에서는 金大根이라고 하였으나, 한국정신문화연구원 편, 앞의 책, 668쪽과 김점도 편, 앞의 책, 241쪽에서는 일본 가수 高坂幸子라고 적시하고 있다. 『삼천리』 1936년 4월호에 명기한 '김대근'이 잘못된 것이 아닐까 한다.

달이 지도록 노다가게"[18]도 AABA 구조로 이루어져 있으며, 대중가요 아리랑은 이러한 구조를 반복하고 있는 것이다. 결국 1절은 "풍년이 와요"를 세 번 반복하면서 풍년이 온 상황을 강조하고 있다고 할 수 있다.

이에 반해 2절과 3절은 각 절의 두 줄이 서로 짝을 이루는 대구[19]를 통해 의미를 엮어간다. 그러면서도 2절이 반의적 대구를 사용하였다면 3절은 유의적 대구를 활용했다고 볼 수 있다. 반의적 대구는 반대 의미를 지닌 앞줄과 뒷줄이 나열된 것이고 유의적 대구는 유사한 의미를 지닌 앞줄과 뒷줄이 나열된 것을 의미한다.[20] 이런 경우에 의미의 강조는 뒷줄에 있다.

반의적 대구로 이루어진 2절에서는 산천의 초목이 젊어가는 것과 인간의 청춘이 늙어가는 것을 비교하여 인간의 청춘이 늙어가는 것을 강조하는 것이다. 다시 말해, 자연의 무한성과 인간의 유한성을 대비하여 인간의 유한성을 강조하였다. 그에 반해 3절은 2절과 마찬가지로 앞줄에는 자연을 언급하고 뒷줄에 인간사를 서술하면서도 그 관계가 유의적이다. 즉 청천 하늘에 별이 많은 것처럼 우리의 삶도 말이 많다는 것이다.

따라서 채동원 부른 〈아리랑〉의 구조와 의미를 정리하면 다음과 같다.

1절 : 풍년(AABA)

2절 : 노화(반의적 대구)

3절 : 시름(유의적 대구)

18 임동권, 『한국민요집』 II, 집문당, 1993, 735쪽.

19 대구의 의미에 대해서는 장유정, 「교환창 모노래의 2행시 구성방식 연구」, 서울대 석사논문, 1998, 24쪽 참조.

20 위의 글, 36쪽.

채동원의 〈아리랑〉이 사용한 이러한 구조는 기존 민요의 구조와 의미를 차용한 것이고, 이는 여타 대중가요 아리랑에서도 종종 볼 수 있다. 김연실이 부른 〈아르렁〉(빅타 49071A, 1935)도 채동원 〈아리랑〉과 거의 흡사하되, 1절에 "나를 버리고 가는 임은 / 십리도 못 가서 발병나요"만 더 삽입되어 있다. 가장 널리 알려져 있는 가사인 김연실이 부른 〈아르렁〉의 1절은 앞부분과 뒷부분이 의미나 논리적으로 구속되어 있는 연결형[21]이라고 볼 수 있다. 연결형은 두 줄의 연결에 의해서만 온전한 의미를 드러낼 수 있다. "나를 버리고 가는 임은 / 십리도 못 가서 발병나요"는 앞부분이 주어, 뒷부분이 술어의 역할을 하면서 의미가 전개된다.

다른 가사가 주로 인생 관련 내용으로 이루어져 있다면, "나를 버리고 가는 임은 / 십리도 못 가서 발병나요"는 이성 관련 가사라고 할 수 있다. 즉 떠나는 임에 대한 원망을 담고 있는 것이다. 그러나 임에 대한 화자의 원망은 임이 화자를 얼마나 좋아하는지를 역설적으로 드러내기도 한다. 만약 화자가 임을 정말로 미워한다면 임이 죽기를 바랐을지도 모른다. 그러나 화자는 임이 발병이 나서 자신을 떠나지 못하기를 바란다. 그러므로 "십리도 못 가서 발병나라"는 것은 발병이 나서 임이 떠나지 못하였으면 좋겠다는 화자의 바람을 나타낸다.

대중가요 아리랑은 열린 구조를 바탕으로 하여 인생과 이성 관련 가사를 반복과 대구, 그리고 연결을 통해 엮어가고 있다. 〈유선형 아리랑〉(오케 1902, 1936), 〈신작 아리랑〉(오케 31125, 1942), 그리고 〈아리랑 강남〉(콜럼비아 40585B, 1935)이 모두 그러한 예이다. 그러나 곡종이 가요곡으로 표기된 〈할미꽃 아리랑〉(태평 5028, 1942)은 언어유희로 즐거움을

21 연결형에 대해서는 위의 글, 48쪽 참조.

유발시키는 노래에 해당한다. 제목부터 재미있는 〈할미꽃 아리랑〉은 만요(漫謠)로도 볼 수 있는데, 그 가사는 다음과 같다.

물오른 버들가지 한 아름 꺾어들고
아리랑 객주로 찾아를 가세
아리랑 아리랑 늙은이 아리랑
이 빠진 아리랑 대머리 아리랑

살풀이 장단에다 고깔을 제껴쓰고
아리랑 객주로 찾아를 가세
아리랑 아리랑 할미꽃 아리랑
지팡이 아리랑 주름살 아리랑

늙은이 아리랑은 가락은 뻣뻣해도
점잖고 틀지고 눙치는 가락
아리랑 아리랑 호박꽃 아리랑
체머리 아리랑 돋보기 아리랑

전반적으로 환유법을 활용하고 있는 〈할미꽃 아리랑〉은 객주에 모여든 나이든 사람들의 모습을 재미있게 묘사하고 있다. '늙은이 아리랑', '이 빠진 아리랑', '대머리 아리랑', '할미꽃 아리랑', '지팡이 아리랑', '주름살 아리랑', '체머리 아리랑', '돋보기 아리랑'은 모두 나이든 사람들을 연상시킨다. 나이가 들어 늙으면 치아와 머리카락이 빠지고 걷기가 힘들어서 지팡이를 짚고 다니고, 얼굴에는 주름살이 생기고 눈이 안 보여 돋보기를 쓰고 체머리를 흔들기까지 하는 것이다. 그리고 그 때마다 '아리랑'을 붙여서 노래 전체의 유희성을 강화시키고 있다. 그러나 이 노래가 나이 든 사람을 비하하는 것으로 보기는 어렵다. 마지막 3절에서 "늙은이 아리랑은 가락은 뻣뻣해도 점잖고 틀지고 눙친다"는 표현에서 그러한 사실을 확인할 수 있다.

아리랑은 경우에 따라 슬픔의 노래가 되기도 하고 기쁨의 노래가 되기도 하고 위로와 체념의 노래가 되기도 한다. 〈아리랑의 꿈〉(리갈 C383A, 1936), 〈아리랑 삼천리〉(오케 31017, 1941), 그리고 〈그리운 아리랑〉(포리돌 X562, 1935)이 슬픔과 눈물의 아리랑이라면, 〈아리랑 풍년〉(콜럼비아 40914A, 1943)과 〈아리랑 낭낭〉(태평 3014A, 1941)은 기쁨의 아리랑이라고 할 수 있다. 마지막으로 〈아리랑 울지마라〉(리갈 C435A, 1936)와 〈아리랑 술집〉(빅타 KA3018A, 1940)에 등장하는 아리랑은 위로의 아리랑이라고 할 수 있다.

슬픔과 눈물의 아리랑은 이성 관련 가사 중에서도 이별과 그리움의 내용을 담고 있다. 〈그리운 아리랑〉이 임과의 이별 후에 슬픈 마음을 아리랑 가락에 읊었다면, 〈아리랑의 꿈〉은 임을 두고 떠나는 화자의 심정을, 〈아리랑 삼천리〉는 기다려도 오지 않는 임에 대한 그리움을 표현하고 있다.

가신 님 발자국 차즐 길 업네
몽롱한 안개에 살어젓고나
아리랑 아리랑 아라리요
써나간 곳이라고 닛지를 마소

엄동이 다가고 春三月 되면
江山도 봄이라 꼿이 피련만

아리랑 아리랑 아라리요
언제나 우리님은 도라오려나

가랑입 구으는 문허진 선엔
무심한 달빗만 고요히 흘너
아리랑 아리랑 아라리요
저문날 종소래에 이밤도 우네

— 〈그리운 아리랑〉

(신민요, 이준례 작사, 이준례 작곡, 선우일선 노래, 포리돌 19186B, 1935)

각 절마다 "아리랑 아리랑 아라리요"를 반복하고 있는 〈그리운 아리랑〉은 떠나간 임을 그리워하고 기다리는 내용으로 이루어져 있는 노래이다. 앞서 살펴보았던 채동원 〈아리랑〉과 달리 위의 노래는 열린 구조가 아닌 닫힌 구조로 이루어져 있다. 이별, 기다림, 그리고 체념과 슬픔을 각 절이 이어서 표현하고 있는 것이다. 이 노래 속 화자의 정서는 임과의 이별에서 비롯한다. 화자는 부재한 임을 그리워하고 기다린다. 그러나 무심한 달빛만 고요히 흐르고 어디선가 적막을 깨고 울려 퍼지는 종소리에 화자는 임이 그리워 눈물을 흘리는 것이다. 〈그리운 아리랑〉에서 아리랑은 화자의 슬픔을 표현한 구슬픈 노래라라고 할 수 있다.

이에 반해, 〈아리랑 풍년〉은 풍년의 기쁨을, 〈아리랑 낭낭〉은 사랑의 환희를 표현하고 있다. 풍년을 소재로 한 노래는 일제강점기에 발매된 신민요가 보여주었던 충족 의식을 표현한 노래이다.[22] 즉 충족의

22 신민요에 나타나는 충족의식으로는 국토예찬, 봄맞이, 풍년맞이를 들 수 있다. 이에 대해서는 장유정, 앞의 책, 245~263쪽 참조.

식을 표현한 신민요의 관습을 따른 것으로 볼 수 있는 것이다. 그러나 〈아리랑 풍년〉이 발매된 1943년은 한창 전시체제로 시국이 어수선하던 시기이다. 이런 시기에 〈아리랑 풍년〉이 나왔다는 것은 시대와 세태에 대한 의식이 결여되었다고도 볼 수 있다. 간주에 〈본조 아리랑〉이 삽입되어 있는 〈아리랑 낭낭〉은 흥겨운 선율에 사랑의 기쁨을 표현한 노래이다.

봄이 오는 아리랑 고개
제비 오는 아리랑 고개
가는 님은 밉상이요
오는 님은 곱상이라네
아리 아리랑 아리랑 고개는 님오는 고개
넘어 넘어도 우리 님만은 안 넘어요

달이 뜨는 아리랑 고개
꽃도 뜯는 아리랑 고개
우는 님은 건달이요
웃는 님은 도련님이지
아리 아리랑 아리랑 고개는 도련님 고개
울어 울어도 우리 님만은 안 울어요

경사났소 아리랑 고개
입춘대길 아리랑 고개
족도리에 나삼소매
시집가는 아리랑 고개

그림 65. 〈아리랑 낭낭〉 광고(『매일신보』, 1941.1.12)

아리 아리랑 아리랑 고개는 족도리 고개
어찌 어찌도 좋았던지요 쪼금 울었소

— 〈아리랑 낭낭〉

(신민요, 처녀림 작사, 김교성 작곡, 백난아 노래, 태평 3014A, 1941)

전체적으로 흥겨움과 즐거움이 묻어나는 〈아리랑 낭낭〉은 사랑의 기쁨을 표현하고 있다. '봄', '제비', '꽃'처럼 봄을 연상시키는 어휘와 '경사', '입춘대길', 그리고 '시집'이 어우러지면서 밝고 명랑한 분위기가 연출되는 것이다. 특히 임을 표현한 부분이 재미있다. "가는 임은 밉상이요 / 오는 임은 곱상이요"와 "우는 님은 건달이요 / 웃는 임은 도련님이지"처럼 반의적 대구를 통해 곱상에다가 웃기까지 하는 임의 사랑스러움을 강조하는 것이다. 마지막 3절에서 여성으로 보이는 화자는 드디어 시집을 가면서 좋은 나머지 눈물까지 흘린다. 결국 〈아리랑 낭낭〉의 아리랑 고개는 시집가는 고개이자 기쁨의 고개라고 할 수 있다.

마지막으로 〈아리랑 울지마라〉와 〈아리랑 술집〉에 나오는 아리랑은 위로의 아리랑이라고 할 수 있다. 〈아리랑 울지마라〉에서 화자는 만나면 이별하는 것이 인지상정이라며 가고서 오지 않는 사랑 때문에 울고 있는 처녀와 지나간 꿈을 따라 한숨에 잠긴 젊은 나그네를 위로한다. “희망의 웃음 속에 초목들이 움트고 갔던 봄이 다시 왔으니” “아리랑 울지 마라”고 하는 것이다. 〈아리랑 술집〉에 등장하는 아리랑도 위로의 아리랑이라고 할 수 있다.

눈물도 이리다오 한숨도 이리다오
사나이 일만시름 술집에 던지고
잔속에 노래담고 부르자 부르자
아리랑 아리랑 아리랑 아리랑
아라리요 아리랑 술집은 몇구비냐

잘나도 아라리요 못나도 아라리요
세상이 알송달송 누가 알소냐
왕대포 한잔술에 부르자 부르자
아리랑 아리랑 아리랑 아리랑
아라리요 아리랑 눈물은 몇섬이냐

— 〈아리랑 술집〉
(가요곡, 화산월 작사, 문호월 작곡, 김봉명 노래, 빅타 KA3018A, 1940)

〈아리랑 술집〉에서 아리랑은 위로의 아리랑이자 체념의 아리랑이다. 자신의 시름을 술로 푸는 것이 결코 건강한 발상은 아니다. 그럼에도 불구하고 노래 속 남성 화자는 눈물과 한숨을 술잔에 담아 아리랑을 부르는 것으로 자신의 시름을 달랜다. 인생을 살다 보면 어찌 슬픔과 한숨이 없겠는가. 아무리 노력해도 풀리지 않는 시름이 있을 때 한

잔술은 위로가 될 수 있다. 화자는 한 잔 술에 아리랑을 부르며 설움과 울분을 달래는 것이다. 그러므로 〈아리랑 술집〉에서의 아리랑은 위로의 노래이자 체념의 노래라고 할 수 있다.

4. 맺음말

이상으로 대중가요 아리랑의 양상을 살펴보았다. 가사와 후렴에 아리랑이 들어간 경우와 제목에 아리랑이 들어간 경우로 나누어서 각각의 구체적인 모습을 고찰하였다. 완전한 의미의 대중가요 아리랑은 제목에 아리랑이 들어가 있으면서 동시에 가사에 아리랑이라는 어휘나 후렴이 들어간 노래가 될 것이다. 제목에 아리랑을 넣었다는 것은 노래를 만들 때부터 기존의 아리랑을 염두에 두었다는 것을 의미하기 때문이다.

현재 찾을 수 있는 대중가요 아리랑을 모두 찾았다고는 하나 목록이 완전하지 않고 가사를 찾은 곡이 적어서 대중가요 아리랑을 한마디로 정리해서 말하기는 어렵다. 다만 본고에서는 대중가요 아리랑의 다양한 모습을 보여주었다. 대중가요 아리랑의 곡종을 보면 신민요 뿐만 아니라 유행가, 재즈민요, 댄스곡 등으로 다양하게 음악적 변모를 시도하였을 알 수 있다.

반주는 주로 관현악 반주가 담당하였으나 프랑스의 물랑루즈 재즈밴드와의 혼성도 시도하였다. 그리고 서양악기인 기타와 일본의 전통악기인 샤쿠하치 사중주에 아리랑을 담기도 하였다. 또한 관현악 반주로 이루어진 경우에도 간주 부분에 피리와 같은 전통 악기를 접목시켜 서양음악과 전통음악의 교섭을 이루기도 하였다. 그렇다면 악기라는 측면에서 볼 때, 대중가요 아리랑은 동시대 다른 대중가요와 마찬가지로 전통악기, 서양악기, 일본악기의 혼성 속에서 다양한 모습으로 변주되었다.

대중가요 아리랑의 가사는 기존 아리랑과 마찬가지로 열린 구조에 반복과 대구를 사용해 의미를 엮은 것이 상당수 있었다. 반면에 〈할미꽃 아리랑〉처럼 언어유희를 통해 웃음을 유발시키는 노래도 있고, 닫힌 구조를 사용하여 인생과 이성 관련 내용을 기쁨과 슬픔으로 표현한 노래도 있었다.

한마디로 대중가요 아리랑의 지속과 변모는 매우 다양한 차원에서 이루어졌다고 할 수 있다. 김시업은 잡가 아리랑이 보여주는 생명력을 유동성, 순발력, 탄력성이라고 한 바 있다.[23] 어느 한 가지 만으로 규정할 수 없는 대중가요 아리랑도 매우 다채롭게 존재하였다. 그리고 그것이 당대 대중가요 아리랑의 힘이기도 하다.

그러면서도 김시업은 근대 민요 아리랑을 검토한 글에서, 아리랑은 현실을 풍자하고 고통을 털어놓고 모순에 항거하는 성격의 노래가 되었으며 개화와 일제의 침략을 마주하여서는 끊임없는 저항과 힘찬 투쟁을 고취한다고도 하였다.[24] 그러나 대중가요 아리랑에서는 근대 민요 아리랑이 보여주었던 시대정신은 찾을 수 없다.

그러면 대중가요 아리랑은 의미가 없는 것일까? 근대 민요 아리랑이 보여주는 저항성도 아리랑의 한 모습일 뿐 아리랑의 본질이라고 하기는 어렵다. 이보형은 아리랑의 기원을 강원도 아리랑에서 찾고 있는

---

23 김시업, 「근대 노래의 장과 아리랑」, 『근대의 노래와 아리랑』, 소명출판, 2009, 11쪽.

24 김시업, 「근대민요 아리랑의 성격 형성」, 위의 책, 343쪽.

데,[25] 강원도 아리랑이 담고 있는 가사 또한 인생과 이성에 관련된 것이 많다. 강원도 아리랑뿐만 아니라 수많은 지역의 아리랑을 위시한 민요들은 다양한 삶의 이야기를 담고 있다. 따라서 대중가요 아리랑에서 저항성이 보이지 않는다고 해서 평가절하 할 필요는 없을 것이다.

대중가요 아리랑은 기존의 아리랑을 계승하면서 다채로운 변주를 시도하였다. 간혹 〈아리랑 풍년〉처럼 시대를 망각한 채 흥겨움에만 경도된 노래가 없는 것은 아니다. 그러나 대중가요 아리랑은 다양한 변주를 통해 본조 아리랑이 민족의 노래로 자리하는데 일조하기도 하였다. 그 어느 하나로 고정시킬 수 없는 아리랑의 유동성이야말로 아리랑의 본질이며 대중가요 아리랑에서도 이러한 모습을 확인할 수 있다. 지금 이 순간에도 아리랑은 변신 중이다. 아리랑이 또 어떤 모습으로 우리 곁에 존재할지 자못 궁금하다.

25 이보형, 「아리랑소리의 근원과 변천에 관한 음악적 연구」, 위의 책, 402쪽.

참고문헌

『별건곤』, 『삼천리』, 『매일신보』

기미양, 「영화 주제가 〈아리랑〉 연구」, 성균관대 석사논문, 2009.
김시업 외, 『근대의 노래와 아리랑』, 소명출판, 2009.
김점도 편, 『유성기음반총람자료집』, 신나라레코드, 2000.
이준희 · 장유정, 『유성기음반 가사집』 7, 민속원, 2008.
임동권, 『한국민요집』 II, 집문당, 1993.
장유정, 「교환창 모노래의 2행시 구성방식 연구」, 서울대 석사논문, 1998.
______, 『오빠는 풍각쟁이야 – 대중가요로 본 근대의 풍경』, 민음in, 2006.
최동현 · 임명진 편, 『유성기음반 가사집』 5, 민속원, 2003.
________________, 『유성기음반 가사집』 6, 민속원, 2003.
한국고음반연구회 · 민속원 공편, 『유성기음반 가사집』 I, 민속원, 1990.
______________________________, 『유성기음반 가사집』 II, 민속원, 1990.
한국고음반연구회 편, 『유성기음반 가사집』 3, 민속원, 1992.
____________________, 『유성기음반 가사집』 4, 민속원, 1994.
한국정신문화연구원 편, 『한국 유성기음반 총목록』, 민속원, 1998.

제3부 / 제3장

20세기 전반기 〈방아타령〉계 노래의 지속과 변모[1]

1. 머리말

본고의 목적은 20세기 전반기에 유행하였던 〈방아타령〉계 노래를 중심으로 그 지속과 변모가 어떻게 이루어졌는지를 살펴보는 것이다. 〈방아타령〉계 노래란 〈방아타령〉, 〈자진방아타령〉, 〈긴방아타령〉처럼 제목에 '방아타령'이 들어가는 노래를 통칭한다. 당시 〈방아타령〉계 노래를 확인할 수 있는 매체로는 크게 노래책과 유성기음반이 있다. 활자화된 노래책과 청각에 의존하는 음반이라는 매체의 차이는 텍스트의 변화를 수반한다. 문제는 같은 텍스트가 매체에 따라 어떤 변화를 겪는가이다. 물론 음반의 한 면이 3분이라는 시간의 제약을 지니

1 「20세기 전반기 〈방아타령〉계 노래의 지속과 변모」, 『한국민요학』 30집, 한국민요학회, 2010.

고 있기 때문에 원곡의 길이가 줄어든다는 것은 얼마든지 예상할 수 있다. 하지만 단순히 길이만 줄어든 것인지, 원곡을 축약할 때 적용되는 규칙이 있는지에 대해서는 실제 작품을 살펴보기 전에는 알 수 없다. 이에 본고에서는 노래책과 음반에 수록된 〈방아타령〉의 전반적인 모습을 살펴보고, 이후 매체가 달라지면서 텍스트가 어떻게 변모하였는지를 고찰하기로 한다.

그러면 왜 〈방아타령〉계 노래인가? 〈방아타령〉은 20세기 전반기에 〈수심가〉, 〈난봉가〉 등과 더불어 상당한 인기를 얻었던 곡이다. 이러한 〈방아타령〉의 인기는 노래책과 음반에 수록된 횟수, 그리고 라디오 방송 횟수를 통해 확인할 수 있다. 정재호 편저 『한국속가전집』 1권에서 6권[2]까지를 살펴보면, 〈긴방아타령〉과 〈자진방아타령〉을 포함한 〈방아타령〉계 노래가 38편 수록되어 있다. 그리고 유성기음반의 경우, 김점도 편 『유성기음반총람자료집』[3]과 한국정신문화연구원 편 『한국유성기음반총목록』[4]을 토대로 〈방아타령〉계 노래의 목록을 정리해 본 결과, 총 86편의 〈방아타령〉계 노래를 찾을 수 있었다. 또한 라디오 방송 현황을 보면, 〈방아타령〉이 484회로 가장 많이 방송된 것을 알 수 있다.[5] 이러한 수치는 당시 〈방아타령〉의 인기를 증명한다.[6]

〈방아타령〉과 더불어 인기를 얻었던 〈수심가〉와 〈난봉가〉에 대한 연구는 이미 기존에 이루어진 바 있다. 노래책과 유성기음반 수록 〈수

---

2 정재호 편저, 『한국속가전집』 1-6, 다운샘, 2002.

3 김점도 편, 『유성기음반총람자료집』, 신나라레코드, 2000.

4 한국정신문화연구원 편, 『한국유성기음반총목록』, 민속원, 1998.

5 박지애, 「20세기 전반기 잡가의 향유방식과 변모 연구」, 경북대 박사논문, 2010, 118쪽.

6 〈방아타령〉이 20세기 전반기에 인기를 얻었다는 것은 장유정, 「대중매체의 출현과 전통가요 텍스트의 변화 양상 고찰」, 『고전문학연구』 제30집, 한국고전문학회, 2006, 46쪽; 고은지, 「20세기 전반 소통 매체의 다양화와 잡가의 존재 양상」, 『고전문학연구』 제32집, 한국고전문학회, 2007, 113쪽에서 이미 언급하였다.

심가〉와 〈난봉가〉의 비교 연구가 이루어졌던 것이다.[7] 그러므로 여기서는 아직 노래책과 유성기음반 수록 작품의 비교가 이루어지지 않은 〈방아타령〉을 중심으로 그 전반적인 모습과 특징을 살펴보기로 한다. 이러한 연구를 통해서 당대에 인기를 얻었던 〈수심가〉, 〈난봉가〉, 그리고 〈방아타령〉의 공통점을 추출할 수 있다면, 당시 대중들이 선호하던 음악의 경향을 알 수 있지 않을까 한다.

한편 〈방아타령〉에 대한 음악적인 연구는 이미 이루어진 바 있다.[8] 손인애에 따르면, 통속민요 〈방아타령〉은 이미 예로부터 전래된 토속민요 〈방아타령〉을 바탕으로 소리꾼이 선율을 확대, 양식화시켜 재창조한 것이라고 한다. 음악적으로 토속민요 〈방아타령〉은 수심가토리에서 시작해서 점차 경토리 및 수심가토리와 경토리 혼합 등의 다양한 토리 양상이 나타난다. 이후 토속민요 〈방아타령〉의 메기는 소리보다 선율이 확대된 통속민요 〈방아타령〉은 2소박 12박의 중모리 장단과 3소박 12박의 세마치 장단만 남았다고 한다.[9]

〈방아타령〉의 음악 연구는 기존 연구나 후속 연구에 맡기기로 하고, 본고에서는 노래책과 유성기음반에 수록된 〈방아타령〉의 전반적인 모습과 노래의 가사가 노래책과 유성기음반에서 어떻게 지속하고 변모하는지를 고찰하기로 한다.

---

7 노래책과 유성기음반 수록 〈수심가〉에 대한 연구로는 장유정, 위의 글과 최은숙, 「〈수심가〉의 흥행 양상과 요인」, 『민요 담론과 노래 문화』, 보고사, 2009 참조. 그리고 〈난봉가〉에 대한 연구로는 최현재, 「20세기 전반기 잡가의 변모양상과 그 의미 – 잡가집과 유성기음반 수록 〈난봉가〉계 작품을 중심으로」, 『한국문학논총』 제46집, 한국문학회, 2007.

8 〈방아타령〉에 대한 음악적인 연구로는 고금성, 「경기민요 자진방아타령 선율 비교연구 – 구대감 · 김옥엽의 선율과 현행 선율을 중심으로」, 추계예대 석사논문, 2007; 손인애, 「경기민요 방아타령 연구 – 토속민요와 통속민요 연구」, 서울대 석사논문, 2000; 손인애, 「경기민요 방아타령 연구 – 토속민요와 통속민요의 특성 연구를 통한 선후관계 고찰」, 『한국민요학』 9집, 한국민요학회 2001.

9 손인애, 위의 글, 2001, 132~133쪽, 139쪽.

2. 〈방아타령〉의 전반적인 양상

먼저 정재호 편저 『한국속가전집』에 수록된 방아타령계 노래의 목록을 제시하면 다음과 같다.

『한국속가전집』 수록 〈방아타령〉계 노래

제목	출처	연도
〈방에타령이라〉	『신구잡가』	1914년
〈방아타령〉	『시힝잡가』,	1914년
〈방에타령이라〉	『정정증보신구잡가』	1914년
〈방아타령〉	『증보신구잡가』	1915년
〈방에타령〉	『고금잡가편』	1915년
〈방아타령〉	『무쌍신구잡가』	1915년
〈방아타령〉	『신구류힝잡가』	1915년
〈방아타령〉	『신찬고금잡가』	1916년
〈방아타령〉	『특별대증보신구잡가』	1916년
〈방아타령〉	『증보신구시행잡가』	1916년
〈방에타령〉	『조선잡가집』	1916년
〈방아타령〉	『현행일선잡가』	1916년
〈방아타령〉	『시행증보해동잡가』	1917년
〈방아타령(경복궁타령)〉	『죠션쇽가』	1921년
〈방에타령〉	『죠션쇽가』	1921년
〈방아타령(芳兒打鈴))〉	『대증보무쌍류힝신구잡가』	1925년
〈방아타령〉	『朝鮮俗曲集』	1929년
〈방아타령〉	『朝鮮俗曲集』	1929년
〈방아타령(芳兒打鈴)〉	『대증보무쌍유행신구잡가』	1925년
〈방아타령(其二)	『대증보무쌍유행신구잡가』	1925년
〈자즌방ᄋᆡ타령〉	『정정증보신구잡가』	1915년
〈자즌방아타령〉	『특별대증보신구잡가』	1916년

제목	출처	연도
〈자즌방에타령〉	『신정증보신구잡가	1922년
〈자즌방아타령〉	『대증보무쌍류힝신구잡가』	1925년
〈자진방아타령	『歌曲寶鑑』	1928년
〈자진방아타령〉	『歌曲寶鑑』	1928년
〈자즌방아타령〉	『대증보무쌍유행신구잡가』	1925년
〈자진방아타령(其二)〉	『대증보무쌍유행신구잡가』	1925년
〈긴방이타령〉	『정정증보신구잡가』	1922년
〈긴방에타령〉	『고금잡가편』	1915년
〈긴방아트령〉	『무쌍신구잡가』	1915년
〈긴방아타령〉	『특별대증보신구잡가』	1916년
〈긴방에타령〉	『신정증보신구잡가』	1922년
〈긴방아타령〉	『대증보무쌍류힝신구잡가』	1925년
〈긴방에타령〉	『歌曲寶鑑』	1928년
〈긴방아타령〉	『대증보무쌍유행신구잡가』	1925년
〈신방에타령〉	『고금잡가편』	1915년
〈신방에타령〉	『신정증보신구잡가』	1915년

정재호 편저의 『한국속가전집』 이외에도 노래책이 많았기 때문에 위에 제시한 〈방아타령〉이 20세기 전반기 노래책 수록 〈방아타령〉의 전부라고 할 수는 없다. 그렇더라도 〈방아타령〉이 1910년대부터 지속적으로 노래책에 수록된 것을 볼 때, 〈방아타령〉은 오랫동안 인기 곡목이었음을 짐작할 수 있다. 또한 노래책에 수록될 당시만 하더라도 〈방아타령〉, 〈자진방아타령〉, 〈긴방아타령〉이 모두 인기가 있었음을 알 수 있다.

그러나 이러한 현상은 유성기음반에서는 달라진다.[10] 일단 유성기음반 수록 〈방아타령〉계 노래 86편의 제목을 보면, 〈긴방아타령〉 1곡, 〈경방아타령〉 2곡, 〈방아타령〉 58곡, 〈자진방아타령〉 16곡, 〈남도방

10 유성기음반 수록 〈방아타령〉의 목록은 부록으로 제시하기로 한다.

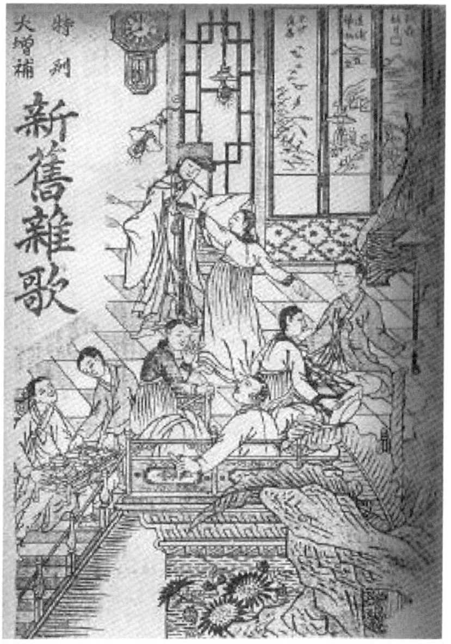

그림 66.
『특별대증보신구잡가』(1916) 표지

아타령〉 1곡, 〈사설방아타령〉 1곡, 〈서울방아타령〉 1곡, 〈신방아타령〉 3곡, 〈심봉사 방아타령〉 2곡, 〈경쾌한 방아타령〉 1곡으로 나타났다.[11] 여기서 주목할 것은 노래책에서 〈자진방아타령〉과 거의 비슷한 수치를 드러냈던 〈긴방아타령〉이 유성기음반에는 거의 수록되지 않았다는 것이다. 사실상, 〈긴방아타령〉은 월령체로 이루어져 있어서 분절과 축약이 용이하다. 그 때문에 노래책에도 어떤 〈긴방아타령〉은 8월까지, 또 다른 〈긴방아타령〉은 5월까지 실리곤 하였다.

선행연구에서는 긴잡가의 쇠퇴 요인을 지적하면서 유성기음반이라는 매체의 특성과 결부시켜 설명하고 있다. 통절형식으로 이루어진 긴잡가를 유성기음반에 싣기가 어려웠다는 것이다.[12] 그러나 이러한 설

11 유성기음반 수록 〈방아타령〉 중 토속민요와 통속민요 구분은 쉽지 않다. 대중가요 〈방아타령〉은 곡종명과 작사자 내지는 작곡자의 존재로 알 수 있으나, 토속민요와 통속민요는 제목만으로는 알 수 없기 때문이다. 음원이나 가사지가 온전하게 남아 있지 상황인지라, 일단 본고에서는 토속민요와 통속민요의 구분 없이 〈방아타령〉의 목록을 제시하기로 한다.

명을 〈긴방아타령〉에 적용하기는 어려워 보인다. 오히려 〈긴방아타령〉의 가사는 〈방아타령〉이나 〈자진방아타령〉과 마찬가지로 분절체로 이루어져 있고 가사도 오히려 짧아서 유성기음반에 싣기도 적합하였다. 그럼에도 불구하고 유성기음반 소재 〈긴방아타령〉이라는 제목은 찾아보기 어렵다. 그렇다면 〈긴방아타령〉은 어디로 갔을까? 이에 대해서는 3장에서 언급하기로 하고 유성기음반 수록 〈방아타령〉계 노래의 곡종명을 살펴보기로 한다.

유성기음반 수록 〈방아타령〉계 노래의 곡종명을 수치별로 제시하면 다음과 같다. 가야금바이올린 이중주 1곡, 가야금병창 5곡, 경기가요 1곡, 경기잡가 3곡, 고악잡곡 2곡, 관현악 1곡, 기악 1곡, 남도가요 1곡, 남도민요 1곡, 남도잡가1곡, 단소 1곡, 민요(합창) 6곡, 서도잡가 7곡, 삼중주 1곡, 서도가요 1곡, 서도속요 1곡, 속가(속요) 11곡, 심청전 4곡, 잡가 26곡, 정악합주 1곡, 취주악 2곡, 하모니카 합주 1곡, 해금독주 1곡, 곡종 표기 안 된 곡이 5곡이다.

이상의 곡종명을 통해서 동일한 방아타령계 노래임에도 불구하고 그 곡종 표기가 매우 다양했다는 것을 알 수 있다. 잡가, 속요, 민요로 불리는 와중에 동일한 노래가 '서도잡가'와 '경기잡가'로 불리기도 하였다. 이는 당시 경기소리와 서도소리가 혼성되었던 상황을 반영한다. 이 중에서 '심청전'으로 곡종이 표기된 방아타령계 노래는 민요 〈방아타령〉이 아니라 판소리 〈심청가〉에 삽입된 〈방아타령〉을 의미한다. 따라서 민요 〈방아타령〉과는 구분할 필요가 있다. 실제로 그 창법도 달라서 오태석이나 이동백이 부른 〈방아타령〉은 판소리 창법을 사용하여 〈심청가〉에 삽입된 〈방아타령〉을 음반에 수록한 것이다.

---

12 박지애, 「유성기음반 소재 잡가의 현황과 레퍼토리의 양상」, 『어문학』 99집, 한국어문학회, 2008, 156~157쪽.

당시의 곡종명은 그 경계가 분명하지 않았고 용어가 혼효되었다. 때로는 연주 악기명을 곡종명에 부기하기도 하였다. 그런데 이런 곡종명을 통해서 기존의 〈방아타령〉이 다양하게 변주되었다는 것을 알 수 있다. 예를 들어, '가야금바이올린이중주'라는 곡종명이 부기된 〈방아타령〉(콜럼비아, 1935)은 가야금이라는 전통악기와 바이올린이라는 서양악기가 어우러지면서 선양합주를 시도한 것이다. 정악구락부에서 '정악합주'로 〈방아타령〉(콜럼비아, 1930)을 연주하고, 조선악단의 '취주악'이 〈방아타령〉(일축, 1927)과 만나고, 궁전(宮田)하모니카 밴드가 '하모니카 합주'로 〈방아타령〉(콜럼비아, 1936)을 선보이기도 한 것이다.

일종의 크로스오버 음악(crossover music)으로 이해할 수 있는 이러한 선양합주는 당시 전통음악에서 다양하고 다채롭게 이루어졌다. 특히 판소리와 달리 경서도 민요에서 선양합주가 빈번하게 일어난 것은 독특한 창법과 서사를 담고 있는 판소리보다는 경서도 민요가 크로스오버하기에 적합하였기 때문이었던 것으로 추정한다. 이는 판소리가 이후에 극 형태로 나아간 것과 경서도 민요가 신민요와 같은 대중가요로 발전한 것과도 궤를 같이한다고 생각한다.

다음으로 유성기음반 수록 방아타령계 노래의 연도별 수치를 보면, 1912년 2곡, 1925년 10곡, 1926년 2곡, 1927년 5곡, 1928년 1곡, 1929년 2곡, 1930년 4곡, 1931년 8곡, 1932년 7곡, 1933년 11곡, 1934년 5곡, 1935년 8곡, 1936년 9곡, 1937년 4곡, 1938년 3곡, 1939년 4곡, 1940년 1곡으로 나타났다. 연도별 발매 수치를 통해서 〈방아타령〉이 비교적 이른 시기에서부터 1940년까지 지속적으로 음반에 수록되었음을 알 수 있다.

발매 연도를 볼 때, 당시 노래책과 음반을 통한 방아타령계 노래의 향유가 동시에 이루어졌다고 할 수 있다. 그러면서도 음반 산업이 호황을 누리던 1930년대 이후부터는 노래책보다는 유성기음반을 통한 향유가 더 빈번하지 않았을까 추정한다. 아울러 음반의 가사지는 노래책이 하던 역할을 대신하기도 하였다. 방아타령계 노래를 실은 음반이 가장 높은 수치를 기록한 1931년부터 1936년은 이른바 20세기 전반기 '음반의 황금시대'이기도 하다. 따라서 다른 음반의 발매수가 높아진 것과 때를 같이하여 방아타령계 노래의 음반도 많이 발매되었다고 할 수 있다. 게다가 신민요의 인기에서 촉발된 우리 민요에 대한 관심이 여러 민요를 음반에 싣는 작업으로 이어졌다. 이러한 상황에서 방아타령계 노래도 음반으로 많이 발매되었던 것이다.

요컨대 노래책과 유성기음반을 통한 방아타령계 노래의 향유가 거의 동시에 있었으나 1930년대부터 노래책보다는 유성기음반을 통한 향유가 더 많이 이루어졌다고 볼 수 있다. 새로운 매체의 등장으로 향유 방식이 시각에서 시청각으로 확대된 것을 목도할 수 있다. 또한 직접 공연장에 가야 음악을 들을 수 있었던 것과 달리 유성기음반이 등장하면서 공연장에 가지 않고도 음악을 향유하는 일이 가능해졌다. 그야말로 새로운 매체의 등장으로 음악의 대중화가 가능해진 것이다.

3. 〈방아타령〉계 노래의 지속과 변모

2장에서는 노래책과 유성기음반에 수록된 〈방아타령〉계 노래의 전반적인 모습을 살펴보았다. 노래책과 달리 유성기음반에는 〈긴방아타령〉이 별로 실리지 않았다는 것을 비롯하여 연도별 발매 수치, 곡종별 발매 수치 등에 대해 알아보았다. 이 장에서는 〈방아타령〉을 중심으로 노래책과 유성기음반에서 어떻게 달라지는지를 살펴보기로 한다.

일단 음반이 앞면과 뒷면을 합해서 총 6분 정도 재생할 수 있다는 것에 맞추어서 내용이 줄어든 것을 지적할 수 있다.[13] "에헤에헤이요호엘화찌여루 방에로구나"와 같은 후렴은 어떤 노래가 〈방아타령〉이라는 것을 알려주는 표지이다. 유성기음반에 수록된 통속가요 〈방아타령〉도 노래책에 수록된 〈방아타령〉과 후렴을 공유한다. 그러면서도 몇 가지 달라진 점이 있다면 '가사의 용이성'과 '익숙함의 재생'을 들 수 있다.

김학성은 잡가가 작품을 형성하는 대원칙으로 '낯익은 것(진부성)을 자극하기(자극성)'라고 한 방 있다. 사설을 엮을 때, 낯익은 상황과 낯익은 정서를 상식을 초월할 만큼 자극적인 방식으로 구성한다는 것이다. 낯익은 텍스트들을 낯설게 연결하여 자극을 준다는 김학성의 논의는[14] 노래책에 수록된 방아타령계 노래에도 적용된다. 통상 전렴이나 후렴을 기준으로 8절에서 9절 정도로 구성된 방아타령계 노래 중에서 한 작품을 제시하면 다음과 같다.

1. 에헤에헤이요호엘화찌여루 방에로구나 반이놈아 늙어스니 다시 졈지ᄂᆞᆫ 엘화 못홀네라 엣다 죠쿠나 이십오현탄야월에 불승쳥원 져 기력이 긴갈순 ᄒᆞᆫᄃᆡ를 입에다 물고 부러진 죽지를 좔좔 쓸며 졈졈이 날아드니 평ᄉᆞ락안이 엘화 이 아닌가.

2. 에헤에헤이요호엘화찌여루 방에로구나 이르렁셩 뎌르렁셩 휘츠러진 근심 만화방창에 엘화 궁굴너라. 엣다 죠쿠나 뒷동산 로숑지에 ᄌᆞ고 가ᄂᆞᆫ 져 황도며 후원초당 빅화 즁에 놀고 가ᄂᆞᆫ 져 봉덥아 그립든 님의 쇼식을 엘화 젼ᄒᆞ려무나.

3. 에헤에헤이요호엘화찌여루 방에로구나 련당에 노든 학이 날아든다고 엘

13 유성기음반 수록 〈방아타령〉계 노래는 대부분 3분가량의 한 면만을 사용하였다.

14 김학성, 「잡가의 사설 특성에 나타난 구비성과 기록성」, 『대동문화연구』 제33집, 성균관대 대동문화연구원, 1998, 61쪽; 64쪽; 66쪽.

화 츈당디로다 엣다 죠쿠나 강촌이 막막 주루룩 좔좔 오는 비는 아황녀영의 눈물이오 반죽에 셤긴 가지 졈졈이 푸루러스니 소상야우가 엘화 이 아닌가.

4. 에헤에헤이요호엘화씨여루 방에로구나 진북명산 만장봉에 쳥쳔삭츌이 엘화 금부용일다. 엣다 죠쿠나 촌촌이 완보ᄒᆞ여 박셕뒤를 넘어세니 긱샤쳥쳥류식신은 내 나귀 미고 노든데요 오초동남 넓은 뜰은 우리 님 둔니든 길이로다 광한류야 잘 잇더냐 오작교야 엘화 네 무ᄉᆞ터냐.

5. 에헤에헤이요호엘화씨여루 방에로구나 셰월네월아 오고가지 말아 쟝안호걸이 엘화 공로로구나. 엣다 죠쿠나 남산 밋헤 남도령아 온갓 화초를 다 뷔여도 금ᄉᆞ오쥭은 뷔지 말아 올줄아 니년줄아 삼ᄉᆞ오륙년 잠간 줄아 낙시나 졈디를 뷔여다 놋코 낙그면 능ᄉᆞ오 못 낙그면 샹ᄉᆞ라 샹ᄉᆞ능ᄉᆞ로 미듭을 미ᄌᆞ 그 미듭 풀니도록 너ᄒᆞ고 나ᄒᆞ고 놀ᄌᆞ.

6. 에헤에헤이요호엘화씨여루 방에로구나 너는 뉘며 나는 뉘며 상산짜에 엘화 됴ᄌᆞ룡이로다. 엣다 죠코나 쳐다보니 만학은 쳔봉 니려다보니 빅ᄉᆞ지라 허리 굽은 늙은 쟝숑 광풍을 못 이긔여 우줄우줄이 엘화 반춤만 춘다.

7. 에헤에헤이요호엘화씨여루 방에로구나 일락셔산에 히 써러지고 월츌동졍에 져게 져 둘이 막 소ᄉᆞ온다. 엣다 죠쿠나 츈츄졀이 젹막ᄒᆞ여 기ᄌᆞ취의 녁시로다 먼 산에 봄이 드니 불탄 짬썩가새 파라케 새 속닙 난다.

8. 에헤에헤이요호엘화씨여루 방에로구나 억만쟝안 남북촌에 호걸남ᄌᆞ 오입쟝이 명챵 명긔를 다 모화싯고 둘 붉은 밤에 경포디로만 가ᄌᆞ. 엣다 죠쿠나 영산홍노 봄바람에 넘노ᄂᆞ니 황봉빅덥 붉은 쏫 푸른 닙흔 산영산쳔을 그림ᄒᆞ고 나는 나뷔 우는 식는 츈광츈홍을 엘화 ᄌᆞ랑말아.

9. 에헤에헤이요호엘화씨여루 방에로구나 널과 날과 둣기나 감아라 비나 당기여라 물때 느져간다 (띄어쓰기와 연 구분은 인용자)

― 〈방에타령이라〉

『신구잡가』, 정재호 편저, 『한국속가전집(일)』, 다운샘, 180~183쪽)

인용문은 1914년에 간행된 『신구잡가』에 수록된 〈방아타령〉이다. 위의 노래는 "에헤에헤이요호엘화찌여루 방에로구나"라는 전렴을 표지로 하여 총 9절로 나눌 수 있으나 가사의 등가성은 나타나지 않는다. 이는 다른 〈방아타령〉도 마찬가지이다. 상대적으로 어떤 절의 가사는 다른 가사들과 달리 매우 길다. 특히 뒤로 갈수록 사설의 내용이 많아졌다가 마지막에 갑자기 짧아지는 양상을 드러냈다.

또한 위의 〈방아타령〉에서 알 수 있듯이, 각 절 사이의 내용적 유기성을 찾을 수 없다. 다만 낯익은 정서들을 무작위로 엮어놓았다는 생각이 들 뿐이다. 주로 한문 어구와 전고를 사용한 가사로 이루어진 〈방아타령〉은 익숙한 내용의 가사를 나열했다는 느낌이 든다. 1절은 〈흥부가〉와 〈춘향가〉와 같은 판소리에 삽입된 사설의 일부이고, 5절은 〈상주 모심기〉에서도 찾아볼 수 있는 가사이고, 7절은 전라도 지역의 노동요에 등장하는 가사인 것이다.

가사가 드러내는 정서에서도 일관성을 찾기 어렵다. 경쾌한 선율에 "엣다 죠쿠나"를 반복하는 것이 '유흥'을 소재로 한 가사와 어울리기는 한다. 8절처럼 "남북촌의 호걸남자 오입장이들이 명창 명기를 다 모아 싣고 경포대로 뱃놀이를 가는" 것이 〈방아타령〉의 흥취와 어울린다. 그러나 7절처럼 산에 불을 질러도 나오지 않아 그대로 타 죽은 중국 춘추시대의 개자추의 설화를 가사로 한 부분이나, 1절의 '탄로(歎老)'와 2절의 부재하는 임에 대한 '그리움'은 〈방아타령〉의 흥취와 배치되기도 한다. 그리고 이러한 정서의 비일관성은 유성기음반 수록 〈방아타령〉에도 유사하게 나타난다.

> 에에에헤에야 엘화욱여라 방아로구나
> 반넘어 늙엇스니 다시 점지는 코집이 앵도라든다

엣다 조쿠나 바람불어지는 입과 수풀 속의 우는 김싱 무심이 듯게나 되면 관계할 바 업건만은 유유별한 간절한데 소릐소릐가 에헤라 수심이로다

에에에에야 엘화욱여라 방아로구나

일락은 셔산에 히는 쑥 썰어지고 월출의 동령에 져 달이 막 소사온다

엣다 조쿠나 닭아 닭아 우지말라 네가 울면 날이 새고 날이 식면 나는 쥭네 나 쥭는 건 설지 안으나 압 못 보시는 우리 부친 요셰상 빅년을 에헤라엇지나사나

에에헤헤헤헤에야 엘와욱여라 방아로구나

— 〈방아타령〉

(서도잡가, 이중선 · 표연월 병창, 빅타, 1935)

죳타 죠쿠나 오초동남 넓은 물에 오고가는 상고선은 북을 둥둥 울니면서 어기여차 닷감는소래 원포귀범이 에헤로이아니란말가

에헤요 에헤요 에헤헤에야 에라우여라방아로구나 일락은서산에 해써러지고 월출동령에 져기져달이소사온다

— 〈방아타령〉

(김갑자 노래, 가야금 · 바이올린이중주, 콜럼비아, 1934)

위에 인용한 유성기음반 수록 〈방아타령〉을 보면, 일단 그 길이가 대폭 줄어든 것을 확인할 수 있다. 그리고 위에서 언급한 '가사의 용이성'과 '익숙함의 재생'이 나타난다. 한문 어구와 전고를 많이 사용했던 노래책 수록 〈방아타령〉과 달리 유성기음반에 수록된 〈방아타령〉은 그 가사가 쉬워서 내용을 이해하기 용이한 것이다. 또한 "일락은 셔산에 히는 쑥 썰어지고 월출의 동령에 져 달이 막 소사온다"와 "오초동남 넓은 물에 오고가는 상고선은 북을 둥둥 울니면서 어기여차 닷감는소래 원포귀범이 에헤로이아니란말가"처럼 기존 〈방아타령〉의 익숙한

구절을 그대로 사용한 것을 알 수 있다.

그렇다면 상대적으로 긴 절로 이루어진 노래책 수록 〈방아타령〉을 유성기음반에 수록할 때 나타나는 규칙이 있는가에 대해 살펴볼 필요가 있다. 애초부터 어떤 규칙을 정해놓고 유성기음반에 실은 것으로 보이지는 않는다. 그러나 빈번하게 수록되는 가사가 있는데, 다음과 같은 구절이 그에 해당한다.

> "반넘어 늙엇스니 다시 점지는 코집이 앵도라든다"
> "일락은서산에 해써러지고 월출동령에 져기져달이소사온다"

위에 제시한 두 구절은 '구비공식구'처럼 유성기음반 수록 〈방아타령〉에 지속적으로 나타난다. 특히 위의 구절에서 첫 번째 구절은 노래책 수록 〈방아타령〉의 처음에 나오는 구절이다. 따라서 첫 구절을 그대로 인용하고 이후에는 자유롭게 가사를 선택해서 실었다고 할 수 있다. 그러면서도 되도록 이해하기 쉬운 내용을 그 가사로 하는 경우가 많았다. 여기서 주목할 것은 유성기음반 수록 〈방아타령〉에 새롭게 삽입된 내용이다.

> 엣다 조쿠나 바람불어지는 입과 수풀 속의 우는 김싱 무심이 듯게나 되면 관게할 바 업건만은 유유별한 간절한데 소릭소릭가 에헤라 수심이로다.
>
> — 〈방아타령〉(서도잡가, 이중선 · 표연월 병창, 빅타, 1935)

> 엣짜 조호쿠나 鄕山落日 찬바람에 울고 가는 져 기럭아
> 영문학과 음심난한대 北方消息 뉘 젼하리 別간지
> 이내 글 한 장 任 계신 곳으로 에헤라 傳하여주렴

— 〈방아타령〉

(민요, 김주호 노래, 적 고재덕, 단소 최수성, 가야금 김우학, 포리돌 1934)

노래책 수록 〈방아타령〉에서는 좀처럼 찾아보기 어려운 위의 가사는 유성기음반 수록 〈방아타령〉에 삽입된 내용이다. 그런데 그 내용이 '수심(愁心)'이나 '그리움'처럼 감상적인 것으로 이루어져 있다. 그리고 두 작품은 유사하게 자연에 감정 이입하여 화자의 감상을 표현한다. 첫 번째 〈방아타령〉의 화자는 바람에 흔들리는 잎과 숲 속의 우는 짐승의 소리를 무심히 들으면 아무렇지 않다는 것을 안다. 그러나 자신의 마음 속 수심과 설움이 자연의 소리를 무심히 듣지 못하게 한다. 그 때문에 자연의 소리가 간절하게 들리고 소리마다 수심이 가득 찬 것처럼 느끼는 것이다.

두 번째 〈방아타령〉도 마찬가지이다. "기러기가 '울고' 간다"고 생각하는 것은 화자이다. 화자는 자신의 마음이 심란하기 때문에 기러기 소리를 예사롭게 들을 수 없는 것이다. 그렇게 화자가 심란한 이유는 마지막 줄에 나타난다. 즉 자신의 임이 멀리 있기 때문이다. 임에 대한 그리움에 마음이 심산해진 화자는 울면서 날아가는 기러기에게 자신의 소식을 임에게 전해달라고 부탁하는 것이다.

이렇게 본다면 새롭게 삽입된 구절은 자연에 빗대어 개인의 정감을 드러내는 경우가 많다고 볼 수 있다. 노래책 수록 〈방아타령〉에서 드러났던 개방성과 잡연성이 유성기음반 수록 〈방아타령〉에서는 점차 개인의 정감을 표출하는 방향으로 집약되었던 것이다. 그리고 이는 '서정성의 강화'라고 볼 수 있다. 이러한 〈방아타령〉의 서정화는 대중가요 〈방아타령〉에서 더 강화된다. 이에 대해서는 다음 절에서 살펴보기로 하고 앞서 언급하였던 〈긴방아타령〉의 행방부터 알아보기로 한다.

〈긴방아타령〉은 〈방아타령〉 및 〈자진방아타령〉과 비슷한 수치로 노래책에 수록되었다. 그러나 유성기음반 수록 방아타령계 노래 중에서 〈긴방아타령〉이라는 제목의 노래는 오직 한 곡만 찾을 수 있었다. 그런데 앞서 언급하였듯이, 〈긴방아타령〉은 월령체이자 분절체로 이루어져 있어서 오히려 음반에 수록하기에 용이하다. 그럼에도 불구하고 유성기음반 소재 방아타령계 노래 중에서 제목이 〈긴방아타령〉으로 된 노래가 없는 것은 무슨 이유일까? 살펴본 결과, 〈긴방아타령〉이라는 제목만 없어졌을 뿐, 노래책 수록 〈긴방아타령〉의 가사는 유성기음반 〈자진방아타령〉속에 수용된 것을 알 수 있었다.

> 아 에헤요 에헤로 방아로구나 정월이라 십오일에 액맥이 연이 쩟다 에라듸여 에헤요 에헤로방아로구나
>
> 이월이라 한식날에 종달새 쩟다 에라지여 에헤요 에헤로 방아로구나
>
> 삼월이라 삼진날 제비새기 막마구리 바람개비가 쩟다 에라듸여 에헤여 에헤로방아로구나
>
> 사월이라 초파일 관등화류임고대 사면구석장안수 아가리 쨍긋 잉어등에 등대 등이 쩟다 아 에헤여 에헤로 방아로구나
>
> 오월이라 단오일 송백수 푸른 가지 놉드라케 그네 매고 작작도화 느러진 가지 백능보손두발길에 에헤헤 후리처 탁탁 차니 락엽이 등등 쩟다 에라듸여 에헤요 에헤로 방아로구나
>
> — 〈자진방아타령〉(이옥화 노래, 리갈, 1936)

이러한 현상은 〈자진방아타령〉(김태운 노래, 콜럼비아, 1936)에서도 똑같이 나타났다. 그렇다면 오히려 노래책 수록 〈자진방아타령〉의 원가사가 유성기음반에서는 사라졌다고 볼 수 있다. 그리고 이는 노래책

REGAL

C 315 (2)

C 三一五

雜歌 자진방아타령 李玉花

草琴 姜春發
伽倻琴 吳翡翠
長鼓 韓成俊

아-예혜요 예혜로방아로구나 정월이라십오일에 액막이연이떳다 에라되여 에
혜요 에혜로방아로구나
이월이라한식날에 종달새떳다 에라지여 에혜요 에혜로방아로구나
삼월이라삼진날 제비새기딱나구리 바람개비가떳다 에라되여 에혜요 에혜로방
아로구나
사월이라초파일 관등화매임고대 사면구석장안수 아가리벌엇 잉어등에동떠동이
떳다 아-에혜요 에혜로방아로구나
오월이라단오일 송백수푸른가지 놉드랏케그네매고 각々도화느려진가지 백농보
손두밤징에 에혜-후리쳐 탁々차니 하엽이동々떳다 에라되여 에혜요 에혜로
방아로구나

株式會社日本蓄音器商會

그림 67. 〈자진방아타령〉의 음반 가사지

수록 〈자진방아타령〉 가사의 비속성이 유성기음반에 맞지 않았기 때문이라고 볼 수 있다.

> 진ᄀᆡ망당 큰ᄋᆡ기들은 망건쓰기를 잘ᄒᆞᆫ다더라 이야그것모도다 그즛말이로다 아모ᄀᆡᄊᆞᆯ이라 다그럴것가 망건고당이기그럿치 에에헤루찌여찌여 방아로구나
>
> 슐이라ᄒᆞᄂᆞᆫ것은 아니먹자밍셰터니 안쥬보고슐을보니 밍셰둥둥허ᄉᆞ로구나 에에헤로찌여방아로구나
>
> 길짜집큰ᄋᆡ기들은 ᄂᆡ다보기를잘ᄒᆞᆫ다더라 이야그것모다 거즛말이로다 길가집큰ᄋᆡ기라구 다다다그럴것가 호랍ᄌᆞ식이기 그럿치 에에헤로찌여찌여로방ᄋᆡ로다
>
> — 〈자즌방아타령〉
>
> (『특별대증보신구잡가』, 정재호 편저, 『한국속가전집(삼)』, 다운샘, 140쪽)

위의 가사가 노래책 수록 〈자진방아타령〉의 공통된 내용이다. 대체로 유성기음반에 수록된 노래들은 서민들이 향유하던 민요나 잡가에 종종 등장하던 걸쭉하고 질펀한 내용의 비속한 가사들이 탈각된 현상을 보여준다. 노래책 수록 〈자진방아타령〉도 그 가사의 비속성으로 인해 유성기음반에 수록되지 못한 것으로 보인다. 실제로 〈범벅타령〉은 그 가사의 비속성으로 인해 검열에 걸린 후, 가사가 모두 바뀌었다고 한다.[15] 그러므로 〈자진방아타령〉의 가사가 유성기음반에 실리지 않은 것도 같은 맥락에서 이해할 수 있다. 그러나 그 선율은 남아서 월령체로 이루어진 〈긴방아타령〉의 가사를 실은 것이 아닐까 추정한다.

15 박지애, 앞의 글, 2010, 168~171쪽.

2) 대중가요 〈방아타령〉

그 수가 많은 것은 아니지만 대중가요 〈방아타령〉은 대체로 신민요라는 곡종명을 달고 음반에 수록되었다. 제목에 모두 '방아타령'이 들어가고 "에라 좋구나"나 "방아로구나"와 같은 후렴을 사용하고 있어서 민요 〈방아타령〉을 대중가요로 만든 작품이라는 것을 알 수 있다.

> 돌밧헤 해당화 빨가케 필대
> 우리네 가슴도 빨가케 탄다
> 아 강산 조흔 강산 떠나지 마자
> 하눌에 뜬 구름 달두고 간다
> (후렴)
> 에헤야 조쿠나 방아로구나
> 이 강산 조흔 강산 떠나지 마자
>
> 압내 강변 수양버들 누가 심엇나
> 바람 불제 가루오루 서로 얼킨다
> 갓흔 방아 발짓하는 우리들도
> 강바람에 서로 얼킨 두가닭 더들
>
> 발짓 방아 찔 때마다 긔차는 우루루
> 눈물로 세상 보낸 저 늙은 내외
> 희머리 쓰다드무며 방아 방아 찐는다
> 옛날에 사랑튼 방앗간에서

— 〈방아타령〉

(김동환 작사, 안기영 작곡, 강석연 노래, 빅타, 1932)

그림 68. 가수 강석연

'치안방해'라는 이유로 금지곡 처분을 받기도 했던[16] 위의 〈방아타령〉은 신흥 프로덕션에서 제작한 영화 〈방아타령〉의 주제가로 보인다. 1931년에 와케지마 슈지로[分島周次郎]가 제작한 흑백 무성영화 〈방아타령〉은 김상진 감독, 김소영, 김선영, 심영 등이 출연한 영화이다. 〈방아타령〉은 영화 속 주인공 '방쇠와 향아의 노래'라는 뜻을 지닌다. 난리로 인해 평범하게 살아가던 방쇠와 향아가 헤어졌다가 후에 나이가 들어 다시 만난다는 내용의 영화이다.

영화 〈방아타령〉은 그 내용을 집약한 '영화설명' 〈방아타령〉으로 유성기음반에 실렸다. 당시 유명한 변사 서상필의 목소리로 이루어진 영화설명 〈방아타령〉은 이야기 중간에 강석연이 부른 주제가가 삽입되어 있다. 그리고 강석연이 부른 주제가 또한 별도로 음반에 실렸는데, 그것이 바로 위에 제시한 〈방아타령〉이다. 주제가 〈방아타령〉이 금지곡 처분을 받은 것은 아마도 "에헤야 조쿠나 방아로구나 / 이 강산 조흔 강산 써나지 마자"와 같은 남다른 후렴 때문이었을 것이다. "이 강산 좋은 강산 떠나지 말자"가 민족적인 감정을 불러일으킬 수 있기 때문에 일제로부터 금지곡 처분을 받은 것으로 보인다. 실제로 영화해설 〈방아타령〉의 가사지 마지막 부분에 표기된 "레코드 취입 후 영화 자막에는 '芳釗'를 '芳國'으로 곳치엿습니다"라는 문구는 영화와 주제가 〈방아타령〉이 방쇠와 향아의 사랑 이야기 이상의 의미를 지니고 있음을 말해주기도 한다.

대중가요 〈방아타령〉에서는 기존 〈방아타령〉계 노래에서 보여준 가사의 비유기성이나 감정의 비일관성이 상당히 감소된다. 가사의 1절과 2절도 등가적으로 이루어져 있어서 균형을 이루고 있을 뿐만 아

16 『삼천리』, 1936.4.

그림 69. 영화 〈방아타령〉(1931)의 한 장면

니라 내용도 일관되게 전개된다. 아래에 제시한 두 작품에서 그러한 사실을 확인할 수 있다.

엣다좃쿠나 시들은 이쌍에 東風이 부니 가지마다 새싹이 요송이 요송이 끗이 피니
그립든 봄철은 돌아를 온다 그립든 그 봄이 돌아를 온다 에헤 에헤야 에헤 에헤야 좃타
에헤야 에헤야 에헤야 에라 욱여라 방아로구나 눈물을 씻츠라
일어를 나서 괭이 메고 에헤야 일터로 막 쒸여 가자

엣다 설구나 東園의 桃李도 片時春은 그님도 응당 아시련만은 九十春色이
다지나가도록 온다든 그님은 웨 아니오나 온다든 그님은 웨 아니오랴
에헤 에헤야 에헤 에헤야 좃타 에헤야 에헤야 에헤야 에라 욱여라 방아로구나

그림 70. 왕수복(박민일 소장 이미지)

흐르난 봄딸아 이몸도 가니 明春三月엔 에헤야 어데로 이몸이 가랴

— 〈방아타령〉

(민요, 왕평 작사, 문예부 편곡, 이경설 노래, 포리돌, 1932)

길든 해가 짧아오고 더운 김이 식어가면 인생길은 줄음잡아 젊든 마음 갓치 늙네

에라우여라 방아로다 에라우여라 방아로다

밤만이야 길어진들 설음조차 어이 길며 나무닙히 흔든다고 이맘 마저 딸아가나

에라우여라 방아로다 에라우여라 방아로다

열매업는 잔디밧헤 가을혼이 한숨 쉴 제 거삼업는 내넉만은 눈물조차 둘 곳 업네

에라우여라 방아로다 에라우여라 방아로다

— 〈신방아타령〉

(신민요, 박용수 작사, 왕수복노래, 콜롬비아, 1933)

위의 두 작품은 대중가요 〈방아타령〉에 해당한다. 첫 번째 작품은 곡종을 '민요'로 표기하였으나 왕평이 작사하고 문예부에서 편곡한 노래이고, 〈신방아타령〉도 박용수가 작사하고 왕수복이 부른 신민요이다. 첫 번째 〈방아타령〉은 "엣다 조쿠나"와 "에헤야 에헤야 에헤야 에라 욱여라 방아로구나"와 같은 후렴을 사용하여 이 곡이 〈방아타령〉을 대중가요화 한 것이라는 걸 알려준다.

그 내용을 보면 1절과 2절 사이의 유기성은 떨어지는 편이나 각 절의 내용은 그 자체로 유기성을 지닌다. 1절에서는 봄이 왔다는 것을 알

리고 봄의 희망적인 분위기를 이어받아 눈물을 씻고 일터로 가자고 말한다. 희망적인 봄의 분위기가 "일터로 막 뛰어 가자"는 역동적인 모습과 잘 어울린다. 〈방아타령〉의 앞면에는 〈세기말의 노래〉가 수록되어 있다. 주지하다시피, 일본이 음반에 대한 검열을 시작하기 전에 발매된 〈세기말의 노래〉는 시대 인식을 바탕으로 소극적인 저항을 담고 있는 노래이다.[17] 그렇다면 〈세기말의 노래〉 뒷면에 수록된 〈방아타령〉의 1절도 단순히 봄날의 희망적인 풍경만을 묘사한 것은 아니라고 할 수 있다. 특히 "눈물을 씻으라"라는 구절을 통해서 짐작할 수 있듯이, '봄이 돌아오니 눈물을 씻고 더 열심히 생활하자'는 것은 민족적인 정감을 표출한 것으로 볼 수도 있다.

그러나 2절에서는 1절에서 보여준 희망적이고 역동적인 모습이 반감된다. 구십춘광의 화창한 봄 날씨와 대조적으로 임은 돌아오지 않고 있다. 그 때문에 화자는 "온다는 그 임이 왜 안 오냐"며 임에 대한 원망을 드러낸다. 그리고 지향 없이 봄을 따라 떠도는 자신의 신세를 한탄한다. 이처럼 1절과 2절로 자연스럽게 연결되지는 않으나, 각 절의 내용은 자연과 자신의 심사를 비교하는 공통된 방식으로 전개되고 있다.

가사의 유기성 강화는 〈신방아타령〉에서도 마찬가지로 확인된다. 1절에서 3절은 각각 탄로, 설움, 슬픔을 표현하고 있다. 1절에서는 "길던 해가 짧아오고 더운 김이 식어가는 것"처럼 자신이 늙어가는 것을 묘사하고, 2절에서는 자신의 설움을 밤이 길어지고 나뭇잎이 흔드는 것에 비유하고 있다. 여기서 2절은 일종의 반어법으로 이해할 수 있다. 즉 "밤이 길어진다고 설움조차 어이 길며, 나뭇잎이 흔든다고 이 맘마저 따라가나"라고 하였으나, 이는 자신의 설움이 길다는 것과 마음이

17 〈세기말의 노래〉에 대한 분석은 장유정, 『오빠는 풍각쟁이야— 대중가요로 본 근대의 풍경』, 민음in, 2006, 277~281쪽.

흔들린다는 것을 역설적으로 표현한 것으로 볼 수 있다. 이렇게 볼 수 있는 이유는 '어이'라는 부사어와 '따라가나?'라는 의문문 때문이다. 마지막 3절에서도 '한숨 쉬는 가을 혼'에 빗대어 눈물조차 둘 곳 없는 자신의 슬픔을 묘사하고 있다.

이처럼 〈신방아타령〉은 개인의 감상적이면서도 부정적인 정감을 자연에 빗대어 표현하고 있다. 그리고 이는 기존의 통속민요 〈방아타령〉이 보여주었던 비유기적인 가사의 나열과 '낯익은 것을 자극하기'와는 다르다고 할 수 있다. 대중가요 〈방아타령〉은 서정성을 강화하는 차원에서 개인의 정감을 유기적으로 드러내는 데 치중하였다고 볼 수 있다. 그에 따라 사설의 체계화와 정서의 일원화[18]로 바뀌는 양상을 〈방아타령〉에서도 확인할 수 있다.

4. 맺음말

이상으로 본고에서는 〈방아타령〉계 노래를 중심으로 노래책과 유성기음반에 수록된 〈방아타령〉계 노래의 지속과 변모를 고찰하였다. 〈방아타령〉계 노래가 〈수심가〉나 〈난봉가〉와 마찬가지로 인기가 있었던 곡목이었다는 점에 착안하여 그 모습이 어떻게 같고 달라지는 지를 살펴본 것이다.

그 결과 노래책 수록 〈방아타령〉계 노래는 〈방아타령〉, 〈긴방아타

18 최현재, 앞의 글, 53쪽.

령〉, 〈자진방아타령〉이 골고루 나타나는 것과 달리, 유성기음반에는 〈방아타령〉과 〈자진방아타령〉만이 제목에 등장하는 것을 알 수 있었다. 그러나 노래책 수록 〈긴방아타령〉의 가사를 검토한 결과, 기존의 〈자진방아타령〉의 사설은 사라지고 유성기음반에는 〈자진방아타령〉이라는 제목 아래 노래책에서 〈긴방아타령〉이라는 불리던 가사가 들어간 것을 확인할 수 있었다. 그렇다면 〈자진방아타령〉의 사설은 남고 기존 〈자진방아타령〉의 사설은 소멸했다고 볼 수 있다. 대신에 기존 〈긴방아타령〉의 가사만 남아서 유성기음반에 〈자진방아타령〉이라는 제목으로 수록된 것이다.

이러한 현상이 벌어진 것은 기존 〈자진방아타령〉의 가사가 상대적으로 비속하여서 음반에 싣기에 부적합하였기 때문이다. 그에 반해 기존 〈긴방아타령〉의 가사는 분절체와 월령체로 이루어져 있어서 음반에 수록하기에 용이하였다. 게다가 이전부터 〈긴방아타령〉과 〈자진방아타령〉이 후렴을 공유하였으므로 가사를 바꾸는 일이 어렵지 않았을 것이다. 그 때문에 〈긴방아타령〉의 가사가 유성기음반에서는 〈자진방아타령〉이라는 제목 아래 들어가게 된 것이다.

한편 〈난봉가〉나 〈수심가〉와 마찬가지로 〈방아타령〉도 그것이 유성기음반에 수록되거나 대중가요로 바뀔 때 상대적으로 사설이 체계화되고 정서가 일원화된 것을 확인할 수 있었다. 질서 없이 분출하였던 감정의 소용돌이가 대중가요 〈방아타령〉에서는 정제되고 정화되어 나타난다. 즉 대중가요 〈방아타령〉은 기존 〈방아타령〉계 노래와 후렴을 공유하면서도 가사는 '서정성을 강화'시키는 차원에서 구성된 것을 확인할 수 있다.

그러나 여전히 〈방아타령〉계 노래와 관련해서 해결할 문제가 남아 있다. 〈방아타령〉과 일부 사설을 공유하는 〈경복궁 타령〉의 관계와

〈방아타령〉계 노래의 연원에 대해 살펴보아야 한다. 〈방아타령〉과 〈경복궁 타령〉의 음악과 사설을 비교할 필요가 있다. 그리고 〈방아타령〉의 연원을 백결 선생의 〈방아타령〉에서 찾을 수 있는지, 아니면 그것과 무관한지에 대해서도 고찰할 필요가 있다. 아울러 20세기 전반기에 유독 〈수심가〉, 〈난봉가〉, 〈방아타령〉 등의 노래가 인기를 끌게 된 이유에 대해서도 생각해보아야 한다. 이에 대해서는 다른 논고를 통해 다루기로 한다. 본고에서는 노래책 수록 〈긴방아타령〉의 행방과 유성기음반 수록 〈방아타령〉계 노래와 대중가요 〈방아타령〉의 구체적인 모습을 살펴보았다는 것으로 소임을 마무리하고자 한다.

참고문헌

『삼천리』

고금성, 「경기민요 자진방아타령 선율 비교연구－구대감 · 김옥엽의 선율과 현행 선율을 중심으로」, 추계예대 석사논문, 2007.

고은지, 「20세기 전반 소통 매체의 다양화와 잡가의 존재 양상」, 『고전문학연구』 제32집, 한국고전문학회, 2007.

김점도 편, 『유성기음반총람자료집』, 신나라레코드, 2000.

김학성, 「잡가의 사설 특성에 나타난 구비성과 기록성」, 『대동문화연구』 제33집, 성균관대 대동문화연구원, 1998.

박지애, 「유성기음반 소재 잡가의 현황과 레퍼토리의 양상」, 『어문학』 99집, 한국어문학회, 2008.

______, 「20세기 전반기 잡가의 향유방식과 변모 연구」, 경북대 박사논문, 2010.

손인애, 「경기민요 방아타령 연구－토속민요와 통속민요 연구」, 서울대 석사논문, 2000.

______, 「경기민요 방아타령 연구－토속민요와 통속민요의 특성 연구를 통한 선후관계 고찰」, 『한국민요학』 9집, 2001.

장유정, 「대중매체의 출현과 전통가요 텍스트의 변화 양상 고찰」, 『고전문학연구』 제30집, 한국고전문학회, 2006.

______, 『오빠는 풍각쟁이야－대중가요로 본 근대의 풍경』, 민음in, 2006.

정재호 편저, 『한국속가전집』 1-6, 다운샘, 2002.

최은숙, 「〈수심가〉의 홍행 양상과 요인」, 『민요 담론과 노래 문화』, 보고사, 2009.

최현재, 「20세기 전반기 잡가의 변모양상과 그 의미－잡가집과 유성기음반 수록 〈난봉가〉계 작품을 중심으로」, 『한국문학논총』 제46집, 한국문학회, 2007.

한국정신문화연구원 편, 『한국유성기음반총목록』, 민속원, 1998.

제3부 / 제4장

〈엿장수 타령〉을 통해 본 민요의 웃음 창출 방식과 그 계승[1]

1. 머리말

장 자끄 아노 감독의 영화 〈불을 찾아서(Quest for fire)〉에는 인류 최초의 웃음과 인간이 처음으로 웃음을 배우게 되는 장면이 나온다. 이처럼 인류가 시작된 이래로 웃음은 인간 고유의 특성으로 인식되었다. 물론 동물, 특히 침팬지처럼 인간과 유사한 동물들은 더러 인간과 비슷하게 웃을 수도 있을 것이다. 그러나 인간만큼 다양하고도 복잡한 웃음의 양상을 드러내지는 못한다. 우리나라의 경우만 하더라도 '하하'나 '호호'와 같은 웃음 상징어가 무려 200개 정도나 된다고 하니 웃음이

1 「민요의 웃음 창출 방식과 그 계승 고찰—〈엿장수 타령〉을 중심으로」, 『구비문학연구』 25집, 한국구비문학회, 2007.

얼마나 다양한 방식으로 존재하는지를 알 수 있다.[2]

우리 민족에게 있어서 웃음은 매우 중요한 정서 표출 방식이다. 우리 민족은 단지 기쁘고 좋을 때만 웃었던 것이 아니라 슬프고 힘들 때도 웃음으로 그 상황을 견뎌내곤 하였다. 김대행은 슬프고 힘든 상황을 웃음으로 견뎌내는 것을 '웃음으로 눈물 닦기'라고 명명한 바 있는데, '웃음으로 눈물 닦기'는 '웃음으로 비애의 정서를 해소하는 의도적 행위'를 의미한다.[3] 특히 우리는 구비문학 속에서 다양한 형태의 웃음을 찾을 수 있고 힘들고 어려운 상황을 웃음으로 슬기롭게 이겨내고자 한 수없이 많은 민중들도 만날 수 있다. 판소리에 나오는 해학적인 웃음이나 탈춤에 숨어 있는 풍자적인 웃음만이 아니라 민중들의 삶과 문화가 녹아 있는 민요에서도 웃음을 찾을 수 있음은 물론이다.

이러한 민요에 나타나는 웃음의 양상이나 웃음의 형성 원리에 대해서는 이미 일부 논의가 이루어졌다. 유희 민요 전반에 대한 논의[4]를 비롯하여 민요나 잡가에서 어떤 식으로 웃음을 생성하는지에 대한 논의가 있었다. 그리하여 잡가와 민요와 같은 구비시가는 텍스트 구성에 동원되는 말들의 음을 교묘하게 이용한다든지, 특수어를 집요하게 나열하거나 비속어를 구사하여 웃음을 유발시킨다는 것이 밝혀졌다.[5]

본고에서는 민요 중에서 〈엿장수 타령〉을 중심으로 웃음의 표출 방식을 살펴보고자 한다. 〈엿장수 타령〉은 〈장타령〉과 더불어 부분적으로 언급되기는 하였으나 아직까지 본격적인 논의가 이루어지지 않은

2 한국의 웃음 상징어에 대해서는 윤석민, 「웃음의 의미론적 분석」, 『국어문학』 40, 국어국문학회, 2005 참조.

3 김대행, 『웃음으로 눈물 닦기』, 서울대 출판부, 2005, 3쪽.

4 유희요 전반을 다룬 논의로는 이창식, 「한국 유희 민요 연구」, 동국대 박사논문, 1991.

5 민요와 잡가의 웃음 생성 방식을 다룬 논문으로는 한채영, 「구비시가 사설에서의 말놀이와 골계 생성방식－민요와 잡가를 중심으로」, 『동의어문논집』 제7집, 동의어문학회, 1994.

작품이다. 〈엿타령〉 내지는 〈엿불림〉이라고도 불렸던 〈엿장수 타령〉은 엿장수가 엿을 팔면서 부르던 노래로, 재미있는 사설로 이루어져 있어서 민요의 웃음 창출 방식을 살펴보는데 유효한 작품이다. 아울러 〈엿장수 타령〉과 유사한 형태를 띠고 있는 일제강점기 시대의 대중가요 작품을 들어 웃음의 표출 방식이 어떤 식으로 계승되었으며 그 의미가 무엇인지도 고찰하기로 한다.

2. 〈엿장수 타령〉의 분포와 연행 양상

음악적으로는 육자배기토리와 3소박 4박으로 이루어져 있는[6] 〈엿장수 타령〉은 전국적으로 분포한 것으로 보이나 실제 채록된 각편의 수는 많지 않다. 대표적인 민요 조사 자료집인 『한국구비문학대계』와 『한국민요대전』에 수록된 〈엿장수 타령〉은 겨우 23편에 불과하다. 두 자료집에 수록된 〈엿장수 타령〉의 분포 양상을 제시하면 다음과 같다.

	강원			충북	충남				경북	경남	전북	전남				계
	삼척	강릉	명주	단양	논산	부여	예산	홍성	상주	통영	정읍	고흥	진도	함평	해남	
구비대계	1	1	1	0	0	0	0	0	1	0	4	1	2	2	0	13
민요대전	0	0	0	1	1	1	1	1	1	1	1	0	1	0	1	10

표를 통해서 알 수 있듯이, 〈엿장수 타령〉은 전남 지역에서 가장 많

6 김혜정, 『여성민요의 음악적 존재양상과 전승원리』, 민속원, 2005, 112~115쪽.

이 채록되었고 이어서 전북, 충남, 강원의 순으로 이어지고 있음을 알 수 있다. 워낙 적은 편수인지라 지역적인 분포 양상에서 그 의미를 도출하기는 어렵다. 다만 경기와 제주에서는 〈엿장수 타령〉이 채록되지 않았다는 것이 특기할 만하다.

상업노동요이자 호객요이면서 가창유희요의 성격도 띠고 있는[7] 〈엿장수 타령〉은 엿장수들이 엿을 팔면서 부르던 상업노동요로 시작하였다가 그 기능이 탈각되면서 점차로 가창유희요로서의 성격만 강해졌다고 할 수 있다. 즉 엿장수가 〈엿장수 타령〉을 더 이상 부르지 않게 되고 일반 사람들이 유희의 목적으로 이 노래를 부르게 되면서 〈엿장수 타령〉은 유희 민요로 자리 하게 된 것이다. 그러나 〈엿장수 타령〉은 처음 만들어졌을 때부터 가창유희요로서의 성격도 이미 충분히 지니고 있었던 것으로 보인다.

실제로, 현재 채록된 〈엿장수 타령〉 23편 중에서 남성 창자가 부른 노래가 12편, 여성 창자가 부른 노래가 11편이었는데, 이들 중에서 실제 엿장수를 직업으로 하였던 사람은 거의 없고 엿장수가 불렀던 노래를 듣고 배워서 부르는 사람들이 대부분이었다. 또한, '농촌의 일반 민중들도 총기 좋은 사람은 장터 같은 데서 이런 노래를 배워서, 함께 어울려 놀 때 우스개로 곧잘 불렀다'[8]고 한 것으로 보아서 〈엿장수 타령〉은 그 생성 초기부터 가창유희요로서의 성격을 지니고 있었다고 할 수 있다.

〈엿장수 타령〉은 기본적으로 시골 장터나 마을을 돌아다니면서 엿을 팔던 엿장수에 의해 연행되었을 것이다. 그런데, 충남 부여와 예산 등지에서 전승되는 '보부상 놀이'에도 〈엿장수 타령〉이 삽입되어 있어서 〈엿장수 타령〉이 〈장타령〉이 연행되는 현장에서 함께 가창되었을

7 위의 책, 39쪽.
8 『한국민요대전』 전라북도 민요해설집, 443쪽.

가능성을 보여준다. 보부상 집단이 친목을 도모하고 상권을 원활하게 하기 위해 마련한 연회의 뒷풀이 형태로 이루어졌던 '보부상 놀이'는 ① 서낭당 굿놀이-② 장터놀이-③ 史實 모의 놀이-④ 公文祭와 상벌 주기 놀이-⑤ 뒷풀이로 구성되어 있다.[9] 이 중 '장터놀이' 부분에서 〈장타령〉과 〈엿장수 타령〉, 〈각설이 타령〉 등이 불렀다.[10]

요컨대 〈엿장수 타령〉은 엿장수가 엿을 팔며 부르던 상업노동요로 출발하였으나 점차로 그 기능이 탈각되면서 가창유희요로서의 성격만을 지닌 노래가 되었다고 할 수 있다. 또한 〈엿장수 타령〉은 엿장수에 의해 독자적으로 불리는 한편 〈장타령〉과 함께 놀이의 현장에서도 연행되었다고 할 수 있다.

3. 〈엿장수 타령〉의 웃음 창출 방식

〈엿장수 타령〉은 주로 중중모리나 자진모리를 사용하여 흥겹고 경쾌한 분위기를 자아내는데, 그 웃음의 원천은 사설을 엮어나가는 방식과 그 내용에 있다고 할 수 있다. 따라서 이 장에서는 〈엿장수 타령〉의 사설

9 보부상 놀이의 자세한 내용은 이창식, 앞의 글, 124~151쪽 참조.

10 〈장타령〉과 〈각설이 타령〉, 〈엿장수 타령〉의 관계와 그 시대적 변천에 대해서는 앞으로 고찰할 필요가 있다. 종종 같은 노래로 인식되지만 〈장타령〉과 〈각설이 타령〉은 그 명칭이 다르듯이 내용도 다른 노래이다. 다만 각설이패가 〈장타령〉의 레퍼토리를 흡수하면서 두 노래가 같은 곡으로 인식되었을 뿐이다.(강은해, 「각설이타령 원형과 장타령에 대한 추론」, 『국어국문학』 85, 국어국문학회, 1981) 그런가 하면, 요즘에는 각설이 복장을 하고 엿을 파는 엿장수를 볼 수 있다. 그야말로 각설이와 엿장수의 만남이라고 할 수 있는데, 어떤 경위로 엿장수가 각설이와의 접합을 시도하게 되었는지를 문화적 차원에서 살펴볼 필요가 있다.

을 중심으로 그 웃음 창출 방식을 살펴보고자 한다. 〈엿장수 타령〉의 사설은 크게 두 가지 차원으로 나누어서 살펴볼 수 있다. '상품 선전'과 '호객 행위'가 그것이다. 〈엿장수 타령〉에서 '상품 선전'과 '호객 행위'는 둘 중의 어느 한 부분만 나오기도 하고 두 부분이 모두 나오기도 한다. 대체로 온전한 형태의 〈엿장수 타령〉에는 두 부분이 모두 나오는 것으로 확인되었다. 간혹, 여기에 '신세타령' 부분이 첨가되기도 하나 이는 매우 예외적인 것으로 일반적인 〈엿장수 타령〉의 형태는 아니라고 할 수 있다.[11] 그러면 '상품 선전'에 해당하는 부분부터 살펴보기로 한다.

1) 말놀이를 통한 상품 선전

불기좋은 나팔엿
일본대판에 사탕엿
동지섣달에 설한풍에
백설같은 찹살엿
뚤뚤말아 멍석엿
덩굴덩굴 호박엿
둥글둥글 수박엿
네모빤듯 안반엿
납쪽납쪽 맷돌엿

—『구비문학대계』 2-1 강원 명주군 주문진읍

11 강원도 명주군에서 채록한 〈엿장수 타령〉은 '상품 선전'과 '호객 행위' 부분에 이어서 엿장수의 신세타령이 전개되고 있다. 그러나 〈엿장수 타령〉에 '신세타령'이 삽입된 것이 일반적인 형태도 아니고 '38선' 등의 표현이 있는 것으로 보아서 '신세타령' 부분은 후대에 첨가된 것으로 추정된다.

한 대 두 대 고운 엿
이리 가미도[12] 파는 엿
저리 가미도[13] 파는 엿
일본대판에 사탕엿
동래부산에 조청엿
강원도 금강산 수수엿
물청물청에 호박엿
쫀득쫀득에 찹쌀엿
울긋울긋 대추엿
울퉁불퉁 밤엿이라

—『한국민요대전』 충북 단양

〈엿장수 타령〉의 '상품 선전'은 기본적으로 병행구문(parallelism)에 의존하여 동일한 통사 구조를 사용하되, 그 통사 구조에 새로운 구성 요소를 삽입해서 재사용하고 있다.[14] 즉 수식언과 피수식언으로 이루어진 통사구조가 반복되고 있는 것이다. 예를 들어, '불기 좋은 나팔엿, 백설같은 찹쌀엿'은 모두 수식언과 피수식언의 통사구조가 반복된 것이라고 할 수 있다. 〈엿장수 타령〉의 피수식언은 그 종류는 다르지만 엿이라는 점에서는 모두 공통적이다. 그리고 수식언은 이러한 엿을 꾸며주는 말로서, 지역명이 오거나 엿의 특징을 드러내는 말이 오거나,

12 이리 가미도 : 이리 가면서도.
13 저리 가미도 : 저리 가면서도.
14 한채영은 텍스트 구조 내에서 이미 사용한 구조나 패턴이 재사용되는 경우를 반복(repetition)이라 하고, 이를 다시 되풀이(recurrence), 병행구문(parallelism), 환언(paraphrase)로 세분화하였다.(한채영, 「구비시가의 텍스트 구성 책략」, 『한국문학논총』 제14집, 한국문학회, 1993, 141~143쪽) 본고도 이러한 개념 정의와 분류를 따르고 있다.

의태어와 같은 음성상징어가 온다.

먼저 지역명이 오는 경우는 '일본 대판에 사탕엿, 동래 부산에 조청엿'을 들 수 있다. 그런데, 단순히 통사 구조만의 재사용이 아니라 '4·3', '5·3'처럼 사설의 글자수까지 정확하게 일치시켜서 리듬감을 살리고 있다는 것을 알 수 있다. 전북 정읍에서 채록한 〈엿장수 타령〉은 '동래 부산에 사탕엿, 햄열[15] 용산에 찹쌀엿, 무주 금산에 인삼엿, 강원도는 청산엿, 천산 부안에 대추엿, 울릉도는 호박엿'이라고 해서 수식언으로서의 지역명을 적극적으로 활용하고 있는 예이다. 이처럼 지역명을 수식언으로 사용하는 것은 아는 지명을 구체적으로 활용함으로써 사설의 현장감이나 사실성을 높이는 구실을 한다.

다음으로 엿의 특징을 드러내는 말이나 음성상징어가 수식언의 역할을 하는 경우는 유사성의 원리에 입각하여 사설을 구성하고 있다. '불기 좋은 나팔엿이나 백설 같은 찹쌀엿'에서 불기 좋은 나팔엿은 '나팔'이라는 의미에 의거하여 '불기 좋은'이라는 수식어가 나올 수 있었던 것이다. 또한, '백설 같은 찹쌀엿'은 찹쌀의 '흰 색'에 의거하여 '백설 같은'이라는 수식어를 사용하였다. 그러므로 '의미론적 등가성'을 지니면서 결합되는 이와 같은 사설 구성 방식을 '의미의 유사성의 원리'라고 명명할 수 있으며,[16] '의미의 유사성의 원리'는 〈엿장수 타령〉이 엿 소개하는 사설을 구성하는 중요한 원리라고 할 수 있다.

'의미의 유사성의 원리'는 의태어를 선택하는데도 중요한 기준으로 작용하고 있다. 첫 번째 〈엿장수 타령〉에서 '덩굴덩굴 호박엿, 둥글둥글 수박엿, 네모빤듯 안반엿, 납쪽납쪽 맷돌엿'과 두 번째 〈엿장수 타령〉에서 '물청물청에 호박엿, 쫀득쫀득에 찹쌀엿, 울긋울긋 대추엿, 울

15 햄열 : 전북 익산군 함열.

16 위의 글, 148쪽.

쿵불쿵 밤엿이라'에서도 이러한 사실을 확인할 수 있다. 이러한 의태어의 사용은 노래의 리듬감을 부여함과 동시에 재미를 더해준다. 사실상, 엿장수가 실제로 파는 엿은 '호박엿'이나 '찹쌀엿' 정도일 것이다. 그럼에도 불구하고 '네모빤듯 안반엿'이나 '납쪽납쪽 맷돌엿'을 사설에 추가한 것은 일종의 말놀이를 통해서 사설을 재미있게 구사하려는 화자의 의도가 반영되어 있는 것으로 볼 수 있다. 그리고 이러한 말놀이는 엿을 선전하는데 긍정적인 영향을 끼쳤을 것으로 보인다.

2) 과장광고를 통한 호객 행위

앞서 살펴본 바와 같이, 〈엿장수 타령〉은 병행구문과 의미의 유사성의 원리에 입각하여 사설을 재미있게 구성하고 이를 통해 엿이라는 상품을 소개한다. 이렇게 엿이라는 상품을 소개하고 나면 엿을 팔기 위한 본격적인 호객 행위가 사설에 등장한다.

> 시살먹은 어린애가 먹고나면
> 빨래독을 들쳐이는엿
> 남자들이 먹고나면
> 생바우를 뚫는엿
> 여자들이 먹고나면
> 새동해주를 짜리는엿
> 백살노인이 먹고나면
> 하랫저녁 아홉 번석 하는엿
> 정말싸구려 파는엿

허랑방탕에 주는 엿이야
정말씨구라 파는엿

—『한국구비문학대계』 6-2 전라남도 함평군 엄다면

어화둥둥 엿이야
엿사시오 십원짜리
가져오시면 스물스물
삼스물에 홑일곱
열다섯가락씩 열아홉 네 가락씩
어린애기 주먹만큼
영감테기 퇴침만큼
젊은신사 단장만큼
평양영광정 애들보만큼씩
오봉산 정기방망이만큼씩
헐쭉헐쭉 엿팝니다.
엿사러 오세요
깨어진거 떨어진거
떨어진거 깨어진거
삐루병 사이다병
간장병 자 가져오세요
헐커든 사러오고
비싸거든 물려가시오

—『한국구비문학대계』 2-1 강원도 명주군 주문진읍

어쩌면 오늘날 과장 광고의 효시로 볼 수 있는 이와 같은 사설은 〈엿장수 타령〉을 재미있게 만들어주는 구실을 한다. 첫 번째 작품에서는 엿이 정말 싸다고 하면서 그 엿을 먹고 난 뒤의 효험을 병행구문을 활용해서 풀어내고 있다. 특히 '~이 먹고 나면, ~를 ~엿'이라는 통사구조를 반복하고 있음을 알 수 있다. 그런데 그 구체적인 내용이 다소 성적이어서 재미있다. 엿을 먹으면 "세 살짜리 아이가 빨래독을 들쳐 메고 남자들은 바위를 뚫고 여자들은 새 동아줄을 자르고 백살 노인이 밤일을 하루 저녁에 아홉 번씩이나 할 수 있는 것"이다. 그만큼 엿을 먹으면 힘과 정력이 세어진다는 것인데, 이는 과장 광고가 아닐 수 없다. 그러나 이러한 내용의 〈엿장수 타령〉을 듣고 그대로 믿을 사람은 없다. 알면서도 서로 속고 속이면서 사람들은 웃고 즐거워할 뿐이다. 그야말로 암묵적으로 합의된 거짓말인데, 〈엿장수 타령〉이 지니고 있는 웃음의 묘미는 여기에 있다. 즉 거짓인줄 알면서 서로 속이고 속아주면서 웃고 즐기는 가운데 하나가 되는 공동체적인 웃음인 것이다.

두 번째 〈엿장수 타령〉도 기본적으로 과장법을 활용하여 사설을 풀어가고 있다. 이 또한 과장 광고가 아닐 수 없다. 즉 10원짜리 하나만 가져오면 많은 양의 엿을 준다는 것을 과장법을 이용해서 사설을 재미있게 구사하는 것이다. 정확하게 어떤 계산법인지는 모르겠으나 '스물스물 삼스물에 홑일곱 열다섯 가락씩 열아홉 네 가락씩'이란 표현도 엿을 많이 준다는 것을 의미한다고 할 수 있다. 이어서 '어린 애기 주먹만큼'부터는 점층적으로 과장법이 이루어지고 있다. 그리하여 '젊은 신사 단장'이었던 엿이 '오봉산 정기 방망이'까지 확대된 것이다. 그만큼 엿을 많이 주겠다는 것인데, 과장법을 활용해서 사설을 재미있게 구사하고 있다고 할 수 있다.

이처럼 〈엿장수 타령〉은 과장법을 활용해서 웃음을 유발시키고 이를 통해 손님들을 끌어들이고 있다. 사람들은 〈엿장수 타령〉을 듣고 웃으면서 긴장을 풀고 엿이라는 상품을 대하게 되는데, 이는 엿을 구매하는 행위로까지 이어질 수 있는 것이다. 〈엿장수 타령〉이 노린 것도 그러한 점이다. 웃음의 이론 중에서 '해방 이론(Release Theories)'은 '웃음이 긴장이나 정신적 에너지를 해방시키거나 금지, 관습, 그리고 법률들로부터 사람들을 해방시킨다고 주장'하는 이론인데,[17] 〈엿장수 타령〉도 사람들로 하여금 긴장을 풀고 자유롭게 웃고 즐기게 한다는 점에서 이러한 이론으로 설명이 가능하다.

요컨대 〈엿장수 타령〉은 '말놀이를 통한 상품 선전'과 '과장 광고를 통한 호객 행위'라는 두 가지 차원에서 이해할 수 있다. 이러한 두 가지 차원은 각각 '의미의 유사성의 원리'를 이용해서 말놀이를 하고 과장법을 활용해서 웃음을 유발시키고 있다. 사람들은 〈엿장수 타령〉을 듣고 부르면서 웃게 된다. 그리고 이러한 웃음은 긴장이나 정신적인 속박으로부터 사람들을 해방시키고 그들을 하나로 이어주는 공감대로서의 역할을 한다는 차원에서 그 의미를 지적할 수 있다.

4. 〈엿장수 타령〉의 계승 모습

민요 〈엿장수 타령〉은 일종의 상업노동요이면서 호객요로서의 성격을 지니고 있는데, 20세기 전반기에 유행하였던 대중가요 중, 만요

17 임수만, 「현대시의 '언어유희와 웃음'」, 『관악어문연구』 제26집, 서울대 국어국문학과, 2001, 393쪽. '해방 이론' 외에도 대표적인 웃음 이론으로는 '불일치 이론'과 '적대 / 멸시 이론'을 들 수 있다.

(漫謠)라는 갈래에서 〈엿장수 타령〉과 유사한 작품을 찾을 수 있다. 만요는 트로트, 신민요, 재즈송과 더불어 20세기 전반기의 대표적인 대중가요 갈래로서 웃음을 지향하는 특징을 지니고 있다.[18] 이러한 만요에서 〈엿장수 타령〉과 유사한 가사의 노래를 찾을 수 있어서 주목된다. 먼저 〈낙화유수 호텔〉은 〈엿장수 타령〉의 일부가 그대로 수용된 예에 해당한다.

우리 앞방 대학생 밤엿장수 대학생
쭈그렁 금단추에 울퉁불퉁 여드름
쓸쓸한 밤거리에 엿목판을 메고서

(대사) 싸구려 싸구려 밤엿이 싸구려
수수엿 깨엿 콩엿 개성 인삼엿 북청 검은엿
시어머니 몰래 이불속에서 둘이 먹다
하나가 죽어도 모를 후추 양념에 밤엿
어으아 밤엿

싸구려 싸구려 대추엿이 싸구려
대추엿이 싸구려.

— 〈낙화유수 호텔〉

(화산월 작사, 조자룡 작곡, 김용환 노래, 빅타 KJ1319B, 1939)

18 20세기 전반기 대중가요의 갈래와 만요에 대해서는 장유정, 『오빠는 풍각쟁이야— 대중가요로 본 근대의 풍경』, 민음in, 2006; 장유정, 「만요를 통해 본 1930년대의 근대문화」, 『웃음문화』 창간호, 한국웃음문화학회, 2006 참조.

그림 71. 김용환과 〈낙화유수 호텔〉 광고

〈낙화유수 호텔〉의 3절에 해당하는 위의 노래 가사에 〈엿장수 타령〉의 일부가 수용되어 있다. 즉 말로 이루어져 있는 '대사'에 〈엿장수 타령〉의 '말놀이를 통한 상품 선전'과 유사한 부분을 발견할 수 있는 것이다. 비록 의미의 유사성의 원리에 입각하여 엿을 선전하는 〈엿장수 타령〉과는 달리 엿의 다양한 종류를 열거하는 데에 그치고 있으나 〈낙화유수 호텔〉에서 엿의 종류를 나열한다는 것 자체가 〈엿장수 타령〉과 일맥상통한다고 볼 수 있다. 그런가 하면, 다음의 작품들도 〈엿장수 타령〉처럼 호객요의 형태를 빌려서 웃음을 자아내는 만요들로 주목된다.

> 대추드렁 사려 대추드렁 사려
> 충청도 당대추 꿀맛이요
> 자 ~ 신부신랑 잔칫상에
> 이 대추를 쓸라치면
> 옥동자가 한 쌍이요 귀동자가 한 쌍이요
> 장사하면 돈 잘 벌고 백녀해로
> 언제든지 싸움 안하고 살터이니
> 있을 적에 다들 사소
> 자 ~ 대추 대추 대추드렁 사려
>
> 고비드렁 사려 고비드렁 사려
> 용문산 고비가 꿀맛이지요
> 자 ~ 아침저녁 진지상에
> 이 고비를 쓸라치면
> 가내태평 만수무강 봄나비가 날아들고
> 딸을 보면 열녀춘향 아들 보면 어진낭군

그림 72. 〈복덕장사〉 광고(『매일신보』, 1939.5.18)

옹기종기 웃을 테니 있을적에 다들사소
자~ 고비 고비 고비 드렁 사려

명태드렁 사려 명태드렁 사려
함경도 동 명태 꿀맛이요
자~ 임 그리워 병났을 때
이 명태를 들라치면
입맛 있고 병이 낫소 살이 찌는 약이라오
잠 안 올 때 잠이 오고 속상할 때 맘 풀리고
이병저병 나을테니 있을 적에 다들 사소
자~ 명태 명태 명태 드렁 사려

— 〈복덕 장사〉
(조명암 작사, 김령파 작곡, 김정구 노래, 오케 12236B, 1939)

(야 이건 참 싸구나)
자 둥글둥글 수박이로구려 어허어 자
자 둥글둥글 수박이로구려 어허어 자
먹기 좋은 수박이요 보기 좋은 수박이요
노인네가 잡수시면

둥굴둥굴둥굴 젊어지고
처녀 총각 잡수시면
둥굴둥굴둥굴 사랑일세
자 싸구려 싸구려 싸구려
(야 이건 참 싸구나)
둥글 둥글 둥글 둥글
먹기좋은 수박이로 구려

자 둥글둥글 수박이로구려 어허어 자
자 둥글둥글 수박이로구려 어허어 자
무르녹는 수박이요 냄새 좋은 수박이요
목마를 때 잡수시면
둥굴둥굴둥굴 시원하고
출출할 때 잡수시면
둥굴둥굴둥굴 배가불러
자 싸구려 싸구려 싸구려
(야 이건 참 침넘어 가누나)
둥글 둥글 둥글 둥글
굴러가는 수박이로 구려

(야 이건 참 싸구나)
자 둥글둥글 수박이로구려 어허어 자
자 둥글둥글 수박이로구려 어허어 자
어른에겐 어른수박
아이에겐 아이수박

우락부락 잡수시면
둥굴둥굴둥굴 아들 낳고
야금야금 잡수시면
둥굴둥굴둥굴 딸을 낳소
자 싸구려 싸구려 싸구려
(야 이건 참 침넘어가누나)
둥글 둥글 둥글 둥글
익살맞은 수박이로구려

— 〈수박 행상〉

(조명암 작사, 손목인 작곡, 김정구 노래, 오케 12265B, 1939)

위에 제시한 〈복덕 장사〉와 〈수박 행상〉은 모두 20세기 전반기에 만요 가수로 유명하였던 김정구가 부른 만요이다. 그런데 그 내용을 보면, 앞서 살펴보았던 〈엿장수 타령〉과 마찬가지로 과장 광고를 통해 호객 행위를 하고 있음을 알 수 있다. 먼저 전체 3절로 이루어진 〈복덕 장사〉에서는 각각 파는 물건이 다르다. 1절에서는 충청도 당대추, 2절에서는 용문산 고비, 마지막으로 3절에서는 함경도 명태를 상품으로 내세웠다. 이처럼 각 절에서 소개하는 상품은 다르지만 모두 과장법을 활용해서 호객 행위를 한다는 점에서는 동일하다.

1절에서는 "이 대추를 신랑 신부 잔칫상에 쓰면 옥동자가 한 쌍이고 돈도 잘 벌고 부부가 백년해로 한다"고 하고 있다. 다음으로 2절에서는 "아침저녁 진지상에 이 고비를 올리면 가내가 태평하고 만수무강하며 딸을 보면 열녀 춘향을 낳고 아들을 보면 어진 낭군을 낳는다"고 한 것이다. 마지막으로 3절에서는 '명태를 먹으면 입맛 있고 병이 낫고 살도 찐다'고 하였다. 이처럼 아들 낳게 하는 약으로서 대추나 모든 병을 낳게 하는 만병통치 약으로서의 명태 등은 모두 과장 광고라 할 수 있다.

이는 〈수박 행상〉도 마찬가지이다. 수박을 파는 수박 장사의 말로 이루어진 〈수박 행상〉은 1절에서부터 3절까지 수박을 파는 내용으로 이루어져 있는 노래이다. 그런데 〈수박 행상〉도 〈엿장수 타령〉과 유사하게 '말놀이를 통한 상품 소개'와 '과장 광고를 통한 호객 행위'로 사설이 구성되어 있음을 알 수 있다. 전체적으로 반복을 활용하고 있는 〈수박 행상〉의 1절에서는 과장 광고의 전형적인 형태를 발견할 수 있다. 즉 '노인네가 먹으면 젊어지고 처녀 총각이 먹으면 사랑을 하게 되는' 수박이라는 것이다. 이는 분명히 과장 광고이나 이러한 내용을 들으면서 그 말을 곧이곧대로 믿거나 과장 광고라고 나무랄 사람은 없다. 그저 속고 속이면서 웃고 그렇게 공감대를 형성하면서 사람들은 해방감을 느끼는 것이다.

이상에서 살펴본 바와 같이 만요 〈복덕 장사〉와 〈수박 행상〉은 〈엿장수 타령〉이 웃음을 창출하는 방식을 계승한 노래에 해당한다. '말놀이를 통한 상품 소개'와 '과장 광고를 통한 호객 행위'는 위의 만요가 웃음을 창출하는 기본 원리로 작용하고 있는 것이다. 그리고 사람들은 이러한 만요를 듣고 부르면서 민요 〈엿장수 타령〉을 들었을 때와 마찬가지로 웃음의 공감대를 형성하였다고 할 수 있다. 그러므로 이러한 웃음은 공동체적 웃음이라는 점에서 그 의의를 지적할 수 있다.

5. 맺음말

이상으로 민요 〈엿장수 타령〉을 중심으로 웃음의 표출 방식과 그 계승 양상을 고찰하였다. 〈엿장수 타령〉은 '의미의 유사성 원리'에 입각한 말놀이를 통해 상품을 선전하는 부분과 '과장법'을 사용한 과장 광고로 호객 행위를 하는 부분으로 나누어져 있다. 사람들은 〈엿장수 타령〉을 부르고 들으면서 웃게 되는데, 이는 사람들을 긴장이나 정신적인 속박으로부터 해방시키는 공동체적 웃음으로서의 의미를 지닌다.

다시 영화 〈불을 찾아서〉로 돌아가 본다. 〈불을 찾아서〉에서는 웃음을 모르던 인간들이 어떻게 처음으로 웃음을 알게 되는지가 나온다. 우연히 무리 중 한 명의 머리에 돌이 떨어져서 이마를 다치고 피가 흐른다. 그런데 그 광경을 보고 한 명이 웃기 시작하자 다른 사람들도 따라서 웃게 되고 피를 흘린 사람마저 웃게 된다. 그렇게 함께 웃으면서 사람들은 처음으로 웃음을 배우게 되는 것이다.

이처럼 웃음은 전염성을 지닌다. 그러므로 웃음은 일방적이 아니라 쌍방적인 행위이다. 사람들은 함께 웃으면서 감정을 공유하고 하나가 된 느낌을 받는다. 이렇게 함께 웃는 웃음은 공동체적인 웃음으로서의 의미를 지닌다. 그리고 이러한 공동체적인 웃음을 민요, 〈엿장수 타령〉과 이를 계승한 만요에서 찾을 수 있었다. 본고는 아직까지 본격적인 연구가 이루어지지 않았던 민요 〈엿장수 타령〉과 만요를 통해 이러한 사실을 확인하였다는 점에서 의의를 지닌다.

참고문헌

강은해, 「각설이타령 원형과 장타령에 대한 추론」, 『국어국문학』 85, 국어국문학회, 1981.

김대행, 『웃음으로 눈물 닦기』, 서울대 출판부, 2005.

김혜정, 『여성민요의 음악적 존재양상과 전승원리』, 민속원, 2005.

윤석민, 「웃음의 의미론적 분석」, 『국어국문학』 40, 국어국문학회, 2005.

이창식, 「한국 유희 민요 연구」, 동국대 박사논문, 1991.

임수만, 「현대시의 '언어유희와 웃음'」, 『관악어문연구』 제26집, 서울대 국어국문학과, 2001.

장유정, 『오빠는 풍각쟁이야－대중가요로 본 근대의 풍경』, 민음in, 2006.

______, 「만요를 통해 본 1930년대의 근대문화」, 『웃음문화』 창간호, 한국웃음문화학회, 2006.

한채영, 「구비시가의 텍스트 구성 책략」, 『한국문학논총』 제14집, 한국문학회, 1993.

______, 「구비시가 사설에서의 말놀이와 골계 생성방식－민요와 잡가를 중심으로」, 『동의어문논집』 제7집, 동의어문학회, 1994.